掌尚文化

SALUTE & DISCOVERY

致敬与发现

中国人民银行营业管理部优秀调研成果选编（2019）

高质量发展下的
首都金融研究与实践

RESEARCH AND PRACTICE OF CAPITAL FINANCE UNDER HIGH QUALITY DEVELOPMENT

杨伟中 ◎主编

经济管理出版社
ECONOMY & MANAGEMENT PUBLISHING HOUSE

图书在版编目（CIP）数据

高质量发展下的首都金融研究与实践 / 杨伟中主编 . —北京：经济管理出版社，
2020.8

ISBN 978-7-5096-7377-5

Ⅰ . ①高… Ⅱ . ①杨… Ⅲ . ①地方金融事业—经济发展—研究—北京 Ⅳ . ① F832.71

中国版本图书馆 CIP 数据核字（2020）第 152950 号

组稿编辑：宋　娜
责任编辑：张　昕　丁凤珠
责任印制：黄章平
责任校对：张晓燕

出版发行：经济管理出版社
　　　　　（北京市海淀区北蜂窝 8 号中雅大厦 A 座 11 层　100038）
网　　址：www.E-mp.com.cn
电　　话：（010）51915602
印　　刷：唐山昊达印刷有限公司
经　　销：新华书店
开　　本：710mm×1000mm/16
印　　张：23.75
字　　数：440 千字
版　　次：2020 年 12 月第 1 版　2020 年 12 月第 1 次印刷
书　　号：ISBN 978-7-5096-7377-5
定　　价：98.00 元

课题组成员

主　编：杨伟中

副主编：贺同宝　边志良　马玉兰　刘玉苓　曾志诚

　　　　姚　力　梅国辉　李玉秀

编　审：林晓东　余　剑　陶娅娜　李　康

前 言

当前，世界面临着百年未有之大变局，大国关系深入调整，国际秩序加速演变。在外部环境深刻变化和国内改革发展面临新挑战的形势下，习近平总书记强调，要坚持底线思维，增强忧患意识，提高防控能力。特别是在金融领域，需正确把握金融本质，深化金融供给侧结构性改革，平衡好稳增长和防风险的关系，增强金融服务实体经济能力，推动我国金融业高质量发展。

做好新时代金融工作，离不开高质量的调查研究。调查研究有助于我们真实了解客观世界，清晰把握事物发展脉络，深切了解群众需求，是谋事之基、成事之道。对于中国人民银行而言，货币政策的制定与执行、金融风险的防范与化解、金融市场的改革与发展等多方面内容需要每一位工作者深入基层一线、深入市场主体，以更宽的视角、更广的格局、更专业的水平开展调研，夯实情况，有效为正确的决策判断提供支撑。

中国人民银行营业管理部作为中国人民银行总行在北京的派驻机构，在辖区履行贯彻执行国家货币信贷政策、维护金融安全与稳定、提供金融服务、外汇管理等各项工作职责，并以此支持首都经济提质增效升级发展。近年来，北京市面临"四个中心"功能建设和非首都功能疏解的机遇与挑战，金融业作为首都经济发展的支柱产业，既是首都高质量发展的重要内容，也是推动首都各项发展目标实现的有力保障。这需要我们通过扎扎实实的调研，稳妥高效推进首都金融工作，着力打造金融科技、绿色金融、普惠金融等新业态，适应新时代、聚焦新目标、落实新部署。

《高质量发展下的首都金融研究与实践》是从人民银行营业管理部 2018 年完成的 150 余篇调研成果中精心筛选出 57 篇进行集结出版，反映了人民银行营业管理部 2018 年度对经济金融相关领域的研究和思考，凝聚了我们在履职过程中的心血和感悟，同时从侧面记载了首都金融改革发展的轨迹。根据主题，全书分为五部分：一是宏观经济与金融政策篇，共收录 12 篇文章，其中既有研究小微企业融资、虚拟货币监管、人民币跨境使用等与人民银行履职相关的问题，也有聚焦中美贸易摩擦、企业杠杆率、产业发展等方面的热点重点问题。二是区域经济与金融发展篇，共收录 12 篇文章，对北京地区金融业与金融支持产业、企业发展等方面的最新状况和问题进行了翔实而深入的探讨。三是金融稳定与金融服务篇，共收录 11 篇文章，分析了新形势下人工智能、大数据等在金融支付、征信等行业的应用，以及保险公司风险处置、国际监管沙盒应用、融资平台状况等问题，从多个角度为维护金融稳定、提升金融服务提供了夯实的素材资料。四是外汇管理篇，共收录 11 篇文章，集中研究了对外投资、跨境担保、汇率波动、炒汇等外汇管理中值得加强注意和深入思考的问题。五是综合管理篇，共收录 11 篇文章，主要涉及新时代央行改革发展和内部治理过程中，在强化党风廉政和思想政治工作、优化会计工作管理、推进数据中心建设等方面的理论思考和实践探索。

全书坚持理论研究、政策分析与实践探索的统一，反映新情况、开启新思路，为科学决策出实招、做实功、求实效。将这些调研成果与社会同仁分享，希望能够为首都经济金融工作提供有益参考，进一步促进央行金融理论实践的深化与提高。

编者

2019 年 6 月

目　录

第五篇　综合管理篇　307

第一篇

宏观经济与金融政策篇

Macro-Economy and Financial Policy

完善政策性融资担保体系　助解小微企业融资难题

——基于北京市政策性融资担保体系的思考

杨伟中[①]

政策性融资担保体系作为普惠金融体系的一部分，具有准公共产品性质，承担着小微企业融资服务的重要职责。目前政策性融资担保体系运行中存在缺乏整体规划与统一管理、资金补充机制和风险分担机制不完善、政策性目标与盈利性目标未分开考核的问题，建议调整优化政策性担保机构股权结构，建立"4321"风险分担模式，着力围绕"小微企业担保规模、小微企业担保覆盖率、重点行业覆盖率"等指标优化考核体系，最大限度发挥其普惠政策效能。

一、当前北京市政策性融资担保体系基本情况和主要特点

根据产业政策导向与担保体系建设要求，北京市区两级财政出资设立了 19 家政策性融资担保公司。截至 2018 年 9 月末，市属 5 家融担公司[②]注册资本 73.4 亿元，净资产规模达到 114.0 亿元，融资担保责任余额 625.4 亿元，平均放大倍数 5.3 倍，平均代偿率 1.37%；14 家[③]区属政策性融资担保公司，注册资本 125.4 亿元，净资产规模达到 148.7 亿元，融资担保责任余额 860.4 亿元，平均放大倍数仅为 1.5 倍，平均代偿率高达 3.76%。2017 年，19 家担保机构的平均担保费率为 1.77%，整体处于较低水平。北京市融资担保基金正在筹划设立中，初步总规模为 100 亿元。

一是融资担保业务整体保持稳定增长，小微企业担保业务呈现快速增长态势。2017 年末，18 家担保机构融资担保业务在保余额 714.83 亿元，同

---

① 杨伟中：中国人民银行营业管理部主任。

② 含 1 家再担保公司。

③ 其中 1 家为 2018 年新成立的政策性融资担保公司。

比增长 18%。2017 年新增规模 633.34 亿元，其中新增小微企业（含个人及农户，下同）融资担保金额 296.2 亿元，同比增长 24%，占融资担保业务总额的 46.8%，较 2016 年提高 2 个百分点；新增小微担保户数 7835 户，同比增长 40%，占融资担保业务户数的 79.0%，较 2016 年提高 3 个百分点。

二是间接融资担保业务仍为主要业务类型，户均担保额度持续下降。2017 年 18 家担保机构与银行业金融机构合作的各类间接融资担保业务（包括贷款、票据承兑和信用证担保）的占比较上年提高 2.7 个百分点，仍然是担保机构的主要业务类型。18 家担保机构户均融资担保规模为 640 万元，同比下降 12%；户均小微担保业务规模 378 万元，同比下降 11%。

表 1　新增融资担保业务构成情况

项目	2016 年		2017 年		
	新增金额（亿元）	占比（%）	新增金额（亿元）	占比（%）	变化率（%）
贷款担保	427.33	79.93	529.71	83.64	24
票据承兑担保	14.85	2.78	10.88	1.72	−27
信用证担保	1.44	0.27	1.60	0.25	11
债券发行担保	32.30	6.04	40.55	6.40	26
其他融资担保	58.71	10.98	50.60	7.99	−14
合计	534.63	100	633.34	100	18

三是再担保充分发挥核心带动作用，放大倍数远高于其他政策性担保机构。2017 年，北京再担保[①] 承保项目全部为中小微企业，其中小微企业户数超过 80%，特别是北京再担保受托管理的央地两级财政 5 亿元小微企业代偿补偿资金，带动了 8 家入围的担保机构，为近 2000 户符合首都功能定位的小微企业提供了总计 45.3 亿元的融资担保支持，同比增长了 48%。2017 年，再担保业务放大倍数[②] 已达 18.11 倍，而 17 家担保机构平均融资担保放大倍数仅为 3.27 倍。

四是小微企业融资担保新增代偿额有所下降，整体风控水平较高。

---

① 纳入再担保体系的担保机构有 20 家，其中政策性担保机构占 85%、民营担保机构占 15%。北京再担保为合作担保机构提供的均是分散风险的比例，再担保且平均分担责任比例在 40% 左右。

② 融资担保放大倍数 = 期末融资担保业务在保余额 / 净资产。

2017 年末，17 家机构小微企业担保代偿余额为 8.61 亿元，占全部担保业务代偿余额的 47%。新增小微企业融资担保代偿总额为 3.17 亿元，较 2016 年同比下降 18%，占全部担保业务新增代偿额的 49%。2017 年，18 家担保机构平均融资担保代偿率为 1.26%，低于全国平均 3.31% 的融资担保代偿率，整体风控水平较高。

二、政策性融资担保体系运行中存在的主要问题

构建资金来源、政策目标、服务标准与绩效考核相对统一的政府性融资担保体系，是有效解决政策性担保机构普惠金融功能作用发挥不充分的根本办法。重塑政策性融资担保体系，使其有效发挥小微企业融资促进作用方面仍有许多问题需要解决。

一是管理体制方面，缺乏整体规划与统一管理。目前，担保行业处于多头管理的状态，管理部门涉及财政、银保监、地方金融局（办）等多个部门，没有主管部门，缺乏规范有序的管理，且有的区县政府各委办局多头设立政策性担保机构，缺乏总体协调规划，很难引导政策性担保机构全身心地专注于小微企业融资担保业务。同时，所出台的政策缺乏一定的连续性，也不利于政策性担保机构的可持续发展。例如，自 2012 年起，取消了担保机构享受多年的税前准备金计提优惠政策，改为当年税前计提、次年回拨交纳所得税的政策，大大弱化了担保机构的积累能力和抵御风险的能力。

二是运营机制方面，缺少持续的资金补充机制和合理的风险分担机制。部分政策性担保机构杠杆倍数接近上限，亟须资本金补充，如中关村担保杠杆倍数已达到 8 倍，接近 10 倍的监管上限。我国大部分地区还没有建立持续的资金补充机制，且当担保机构发生风险时，申请政府的风险补偿资金较为困难，流程繁杂、时间较长。此外，中关村担保、首创担保等均表示，政策性担保公司在与银行合作时，需要承担 100% 的担保责任，银行在小微企业担保贷款方面不愿意承担任何风险责任，且对有担保的小微企业贷款依然执行较高的上浮利率政策，约 50%。

三是体系构建方面，各地融资担保资源分散且各自为政。我国担保普惠性功能作用未能更好发挥，形成不了有效的社会公信力和规模效应，导致财政资金总体放大倍数有限，亟须强化核心平台与机构网络的协同效应。北京市区两级财政投入担保机构的资本金合计已达 100 亿元，但 2017 年政策性担保机构新增中小微企业融资担保额合计 600 多亿元，财政资金的担保放大能力远未达到行业监管的 10 倍上限。各担保机构 2017 年服务的中小微企业达 1 万余户，

担保覆盖率在 2% 左右，与日韩担保机制的 40% 覆盖率相比差距较大。

四是考核激励方面，政策性目标与盈利性目标未分开考核。政策性担保机构具有准公共产品属性，重点服务小微企业和"三农"，并不具备较高的盈利水平。2017 年，18 家担保机构平均净资产收益率为 4.5%（考虑 25% 的企业所得税）。其中，多数担保机构的净资产收益率在 3% 以下，北京再担保净资产收益率仅为 1.1%。然而，财政所出资金由国有控股集团代持，过于追求市场化目标，导致担保机构过于追求利润而不愿做小微企业融资担保业务，尽管通过财政补贴能在一定程度上调动各家担保机构的积极性，但要从根本上扭转融资担保普惠性不足的问题，还需要从"考核机制"这个"牛鼻子"入手。

五是风险控制方面，技术手段、数据共享尚待加强。北京信用担保协会反映，目前担保机构在从事小微企业融资担保业务时，无论是在事前目标客户选择与营销，还是在事中审核审批与保后跟踪等方面，很少有机构能运用大数据等现代化信息技术手段和精细化管理方式开展小微企业融资担保业务，导致小微企业担保业务办理效率低下，通常项目调查至少需要 2 周时间，且很难有效控制风险。同时，导致小微企业融资难的最大瓶颈就是信息不对称，担保机构采集小微企业及实际控制人的各类信息比较困难且成本较高，如 50 万元左右的担保项目，信息采集成本高达 0.5%~1%。

三、构建政策性融资担保体系的路径选择及建议

从国际经验和我国中小企业信用担保近 20 年的业务实践来看，为更好地发挥政策性担保机构在支持小微企业融资方面的作用，有必要打破制约融资担保机构切实发挥政策功能的体制机制问题。下一步应按照《国务院关于促进融资担保行业加快发展的意见》（国发〔2015〕43 号）精神，推动构建以省级再担保为核心，以信用共享为关键节点，以市融担联盟四个专委会为抓手，上接国家和地方融资担保基金、下联辖内担保机构，经营目标、服务标准、监管政策与绩效考核相对统一的政策性融资担保体系，使其在助推小微企业融资、促进区域经济社会发展方面发挥更大作用（见图 1）。

一是加快推进管理体制改革，调整优化政策性担保机构股权结构。按照《关于促进融资担保行业加快发展的意见》（国发〔2015〕43 号）及《融资担保公司监督管理条例》等顶层设计文件的要求，重新优化调整政策性担保机构的股权结构，确保政府的政策导向要求在公司治理层面得到有效贯彻落实。同时，建议尽快确认行业主管部门，统一规范管理，健全政府配套政策措施，切实解决政府支持小微企业融资政策目标传导不畅、层层衰减甚至被弱化这一突出问题。

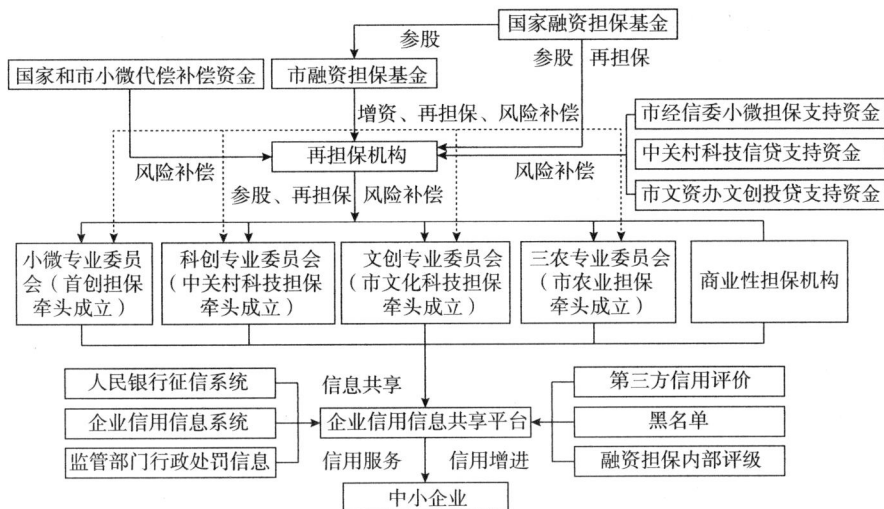

图 1　政策性融资担保体系构建路径示意图

注：①市融资担保基金组建方案由市财政局牵头研究并于 2017 年底报市政府审议，目前正在进一步充实完善。市融资担保基金拟实现以下四个主要功能：完善北京市融资担保体系、建立不良资产处置机制、大数据建设、加强政银担合作。②虚线表示市融资担保基金除对市级政策性担保机构增资外，对符合首都功能定位的融资担保项目给予风险补偿。

二是加快完善风险分担机制、资本金补充和风险补偿机制等运营机制。风险分担机制是政策性融资担保体系构建和高效持续发展的关键机制。建议通过"4321"模式，由地方政策性担保机构、省级再担保机构、银行业金融机构、地方政府四方按 4∶3∶2∶1 的比例共同分担风险。同时，研究通过对再担保进行增资，解决再担保资本金约束问题，并建立财政资金对再担保的代偿补偿机制，形成政府为再担保提供有限补偿、再担保为辖内担保机构提供比例补偿的风险分担机制，打通融资担保体系建设的关键环节。

三是加强省级再担保机构的核心作用，推动政策性融资担保机构网络的构建与协同管理。以再担保的增信、分险、规范与引领功能为基础，充分发挥再担保整合资源的平台和政策导向作用，在科技、文创、小微、"三农"四个重点领域形成"前有补贴、后有补偿、联盟协作"的政策合力，优化融资担保行业业务结构。同时，由于中小微企业融资过程中的信用信息不对称问题，中小微企业融资担保中风险可控的有效保障措施为小半径服务。可结合原有基础条件，以省级再担保为龙头，以参股方式整合全省政策性融资担保机构，形成覆盖全省各地的机构网络。

四是强化"统一考核"，形成刚性约束和正向激励。以"统一考核"为切入点，着力解决政策性担保机构的普惠性不足问题。改变原有以利润为导向的国有企业一般考核机制，转而考核"小微企业担保规模、小微企业担保覆盖率、重点行业覆盖率、担保代偿率"等特性指标，形成贯穿公司上下的绩效考核体系，以有效解决政策性担保机构功能错位、做小微企业融资担保业务意愿与动力不足问题，使政策性担保回归服务小微企业、"三农"和实体经济的本源，最大限度发挥其公共财政政策效能。

五是尽快建立信用信息共享平台，完善数据统计制度。信用信息共享平台是社会信用体系有效运行的基石，核心作用就是解决信息不对称问题，创建一种新型的资源配置方式。建议各地政府相关部门与人民银行分支机构双牵头，建立城市金融服务信用信息共享平台，收集能够全面反映企业信用状况的相关信息，不仅包括金融信用信息，还应包括公共信用信息，在此基础上进一步处理数据，加强动态监测与预警。同时，为了解担保企业所属行业、融资成本、风险状况等信息，全面反映担保机构服务小微企业的真实状况，应进一步完善数据统计制度，统一规范各机构业务明细及业务报表等相关事项。

国际虚拟货币监管实践研究

贺同宝[①]

近年来，虚拟货币交易及首次代币发行（Initial Coin Offering，ICO）呈现爆发式增长，并伴生洗钱、非法金融活动等风险隐患，各国政府及监管部门对此高度关注，纷纷加快监管脚步。本文在梳理美国、日本、新加坡虚拟货币监管实践的基础上，总结了全球虚拟货币监管趋势，并对我国虚拟货币监管提出了相关建议。

一、发达国家虚拟货币监管实践

（一）美国：分层监管与功能监管相结合，监管规则逐渐由分散向统一发展

美国尚未在联邦立法层面对虚拟货币进行监管，目前主要采取州层级立法与联邦各监管部门功能监管相结合的监管模式。

一是虚拟货币在美国具有替代货币、商品、证券等多重属性。不同州、不同交易场景下虚拟货币被赋予不同属性。例如，在纽约州、加利福尼亚州，虚拟货币被认为具有"货币价值"，受所在州货币服务监管框架制约；在代币发行场景下，虚拟货币由证券交易委员会视为证券并进行监管；在期货交易场景下，虚拟货币由期货交易委员会作为大宗商品进行监管。

二是州层面立法将虚拟货币机构纳入各州行政许可范畴。主要代表有2015 年 6 月出台的纽约州"BitLicense"监管框架及康涅狄格州"Act 81"货币流通法案等，采取"牌照化管理"监管模式，具有明确、严格的准入标准和监管要求。

三是联邦各监管部门对虚拟货币实施功能监管。例如，美国财政部分别于2013 年 3 月、2014 年 12 月出台《虚拟货币指导意见》《数字货币指引》，规定被明确认定为从事货币服务尤其是货币转移业务的虚拟货币机构必须满足《银

---

① 贺同宝：中国人民银行营业管理部副主任。

行保密法案》所规定的登记、报告、记录等法规约束；2018 年 3 月，美国证券交易委员会明确 ICO 属于证券发行，从事代币交易的数字资产平台必须注册为国家认可的证券交易所。

四是监管标准逐渐由分散向统一发展。在联邦层面，2017 年 12 月出台的新税收法案规定进行，所有虚拟货币交易都是应税事项，标志着美国从征税角度对所有虚拟货币交易进行统一监管。在各州层面，2017 年 7 月，美国统一州法全国委员会通过了《虚拟货币商业统一监管法案》草案，标志着州层级虚拟货币监管标准逐渐由分散向统一发展。

（二）日本：从国家立法层面搭建监管框架，将虚拟货币交易纳入日常监管

2016 年日本国会修订的《资金结算法案》(已于 2017 年 4 月 1 日正式实施，以下简称《法案》)明确了虚拟货币及交易机构的法律属性、监管部门及监管规则，从立法层面搭建了虚拟货币监管框架。

一是明确虚拟货币及虚拟货币交换业者的法律属性。《法案》将虚拟货币界定为支付结算工具，虚拟货币交换业者是从事虚拟货币交换业务并在金融服务厅登记注册的股份有限公司，业务范围包括虚拟货币的买卖、交换、中介代理、代客户保管等业务。

二是对虚拟货币交换业者实施"登记注册制"。从事虚拟货币交易机构必须满足最低资本金 1000 万日元、净资产不得为负等基本要求，并按《法案》规定向金融服务厅提交注册申请材料。目前日本共 16 家虚拟货币交易所在金融服务厅注册登记。

三是明确虚拟货币监管部门及监管职责。确定金融服务厅对虚拟货币交易业者的注册登记及经营行为进行监管。2017 年 8 月，金融服务厅成立"虚拟货币监管小组"，2018 年以来共对 32 家虚拟货币交易所开展现场检查和行政处罚。

四是加强反洗钱、反恐怖融资方面的联动管理。将虚拟货币交换业者列为《犯罪收益转移防止法》中的特定事业者，纳入现有反洗钱、反恐怖融资规制体系，要求其进行客户身份审查、交易记录保存、可疑交易报告、完善内控制度等。

（三）新加坡：采取分类监管和沙盒监管模式，将资本市场类代币发行纳入监管范畴

新加坡未在国家法律层面对虚拟货币纳入监管，但其金融监管局先后发表系列公开声明及规范性文件，表明对虚拟货币、ICO 的监管态度和监管规则。

其中，最全面也最具代表性的是 2017 年 11 月 14 日发布的《数字代币发行指南》
（以下简称《指南》）。

一是对代币是否属于资本市场类产品进行界定。《指南》以案例分析方式
列举出当前 ICO 最常见的六类案例，按照不同案例中代币的结构特征及其所
代表权益，将代币划分为证券、期货等证券期货法下资本市场类产品及非资本
市场类功能型产品。

二是对不同属性的代币采取分类监管模式。若 ICO 发行的数字代币被认
定为属于资本市场类代币，发行机构必须符合《证券期货法》要求，编制招股
说明书（除非获得豁免[①]）并在金融监管局登记。对于功能性代币，金融监管
局不直接监管，但需要接受反洗钱、反恐怖主义融资等相关法律制约。

三是将资本市场类代币纳入"监管沙盒"。新加坡对金融科技实施"监管
沙盒"制度，若 ICO 发行的代币被视作资本市场产品，可申请进入"监管沙
盒"进行试验性运营。申请获批后，金融监管局将提供适当政策支持，放松规
定的具体法律或监管要求。

二、全球虚拟货币、ICO 监管特点及发展趋势

一是建规立制纳入审慎监管框架。从全球范围看，各国（地区）对虚拟货币
及 ICO 的监管态度及监管规则总体朝审慎、规范的中性方向发展，监管主流趋势
是既承认虚拟货币存在的客观性，也高度警惕其在洗钱、投机、非法金融活动等
方面的风险隐患，将虚拟货币及其衍生的金融业务纳入现有监管框架（见表 1）。

表 1　各国虚拟货币监管方式

业务属性	代表国家	主要对象	监管方式
虚拟货币支付业务	美国、日本	虚拟货币交易机构	市场准入 + 日常行为监管
虚拟货币衍生品交易	美国、英国	虚拟货币期货期权	按大宗商品纳入期货监管
虚拟货币平台交易	美国、日本	虚拟货币交易平台	视同金融交易场所监管
资本市场类代币发行	瑞士、新加坡	代币发行机构、代币二级市场交易服务商	按公开发行证券监管
非资本市场类代币发行	瑞士、新加坡	代币发行机构	纳入反洗钱监管

---

① 有三种豁免的情况是不需要做招股书的，一是规模小于 500 万新币，二是私募型的且募集对象少
于 50 个，三是募集对象是机构投资者。

二是按照业务穿透原则对 ICO 实施监管。各国（地区）均未从立法层面对 ICO 实施监管，目前主要采取监管部门发布公开声明或发行指引的方式，按照业务穿透原则将其纳入现行监管框架。

表2　各国 ICO 监管实践

监管模式	代表国家（地区）	监管形式	监管内容
按证券监管	美国	证监会发布《关于可能违法的数字资产交易平台的声明》	明确虚拟货币属于证券范畴，交易所必须在证监会注册或获取牌照
	英国	金融市场行为监管局发布《对于公司发行加密代币衍生品要求经授权的声明》	为通过 ICO 发行的代币或代币期货、期权等衍生品提供买卖、安排交易、推荐或其他服务，需获得金融市场行为监管局授权
明确划分代币种类，实施分类监管	瑞士	金融市场监督管理局发布《对于公司发行加密代币衍生品要求经授权的声明》	将代币分支付型、功能型及资产型三类，对于发挥投资作用的部分功能性代币及所有资产类代币纳入《证券法》监管范畴
	新加坡	金融监管局发布《数字代币发行指南》	将代币分资本市场类、非资本市场类，资本市场类代币发行及中介机构必须持牌经营
对符合证券特征的，按照证券监管	加拿大	证券管理委员会发布《加密货币发行》	承认 ICO 独立性和特殊性，对于符合证券特征的，按照证券监管
	中国香港	香港证券及期货事务监察委员会发布《有关首次代币发行的声明》	根据个别 ICO 的事实及情况，当中所发售或销售的数字代币可能属于《证券及期货条例》所界定的"证券"，并受到香港证券法例的管辖

三是反洗钱、税收及消费者权益保护是全球虚拟货币监管重点关注的方面。美国、欧盟、加拿大、日本、韩国等国家和地区要求虚拟货币交易平台严格遵循 KYC（Know Your Customer）义务，防范洗钱和恐怖融资，制定或研究虚拟货币交易税收政策。比特币交易平台在技术、资金安全等方面引发的消费者权益保护及社会稳定问题也是各国在监管机制设计中考虑的重点问题。

四是加快对法定数字货币的研究探索。2016 年，英国中央银行率先提出 RSCoin 数字货币原型，为其他国家央行研究数字货币提供了参考框架和系列准则，随后加拿大、日本等数十个国家均加强了法定数字货币研究。但截至目前，除委内瑞拉政府已正式发行自行开发的加密数字货币"石油币"外，大多数国家法定数字货币均未进入实质性发行阶段。

五是关注和呼吁全球监管协作。近年来，国际组织和各主要国家均密切关注虚拟货币全球监管问题，法国、德国的监管部门官员曾在 2018 年的 G20 峰会上联合发起对虚拟货币实施全球性监管的呼吁。

三、对我国虚拟货币及 ICO 的监管启示

一是保持监管高压态势，巩固前期清理整治成果。当前我国处在防范化解金融风险的关键时期，虚拟货币投机炒作极易滋生洗钱、非法集资等金融风险，在国内全面禁止虚拟货币集中交易和 ICO，有利于我国实体经济发展和金融安全稳定。笔者建议继续保持监管高压态势，屏蔽海外虚拟货币网站，关闭并解散虚拟货币相关群组，严查封闭"宣传荐币类"自媒体，严厉打击地下代投。

二是加强动态监测和监管研究，探索建立虚拟货币监管长效机制。以区块链技术为支撑的虚拟货币正逐渐被主要国家接受并纳入日常监管体系。从长远看，我国对虚拟货币监管宜疏不宜堵，建议密切跟踪、动态监测虚拟货币等新兴领域，科学界定和划分法定数字货币、比特币等主流虚拟货币、区块链互联网积分及山寨币、空气币等虚拟货币的法律属性、性质边界，针对不同类型的虚拟货币及交易确定相应监管部门和监管规则。

三是加快法定数字货币监管研究，积极推动虚拟货币国际监管协作。以国家信用为保证的法定数字货币是未来货币形态的发展方向。建议在加快法定数字发行研究的同时，将监管研究嵌套其中，配套搭建相应的监管体系。同时，积极参与国际虚拟货币监管研究，推动 20 国集团（G20）及国际标准制定者研究制定虚拟货币国际监管框架。

虚拟货币现状及监管问题研究

付喜国①

加强虚拟货币监管，对于维护金融秩序、防范金融风险具有重要意义。根据总行相关工作要求，笔者组织开展了针对去中心化加密代币和互联网积分等主要虚拟货币形态的调研，以厘清虚拟货币的概念特征，把握其发展特点与趋势，分析监管工作面临的挑战，提出政策建议。

一、虚拟货币的概念与特性

虽然虚拟货币的概念目前被广泛使用，但对其内涵与外延的界定事实上并不完全一致与明确。伴随着互联网、数字技术和电子商务的跨代发展，在不同阶段、不同时期和不同的国家地区，虚拟货币的概念与特性也不断变化，各存差异。

从全球范围看，英格兰银行认为虚拟货币是一种无形资产或电子化产品，其价值依赖于使用者对其代表价值所形成的共识。反洗钱金融行动特别工作组（Financial Action Task Force on Money Laundering，FATF）将虚拟货币定义为一种价值的数字表示，具备部分货币职能但不是法定货币。国际货币基金组织（International Monetary Fund，IMF）提出虚拟货币是价值的数字化表现，由私人机构发行并使用自有的记账单位，包括常见的电子优惠券、航空里程、加密数字货币及某些资产支持货币等。

在我国，理论界分别从职能、形态、法律地位、财产属性等不同角度对虚拟货币予以定义。但在规范性法律文件中，"虚拟货币"首见于人民银行等14个部门联合印发的《关于进一步加强网吧及网络游戏管理工作的通知》（文市发〔2007〕10 号），文件提出"要对网络游戏中'虚拟货币'加强规范和管理"。2018 年，人民银行等五部委联合发布《关于防范以"虚拟货币""区块链"名义进行非法集资的风险提示》，提出"要防范以'虚拟货币'等方式吸收资

---

① 付喜国：时任中国人民银行营业管理部副主任，现任中国人民银行长春中心支行行长。

金，侵害公众合法权益"。目前国内较为普遍接受的虚拟货币概念是："虚拟货币是价值的数字化表现，由私人机构发行，不被中央银行或公共机构背书，可能使用自有的记账单位，主要包括去中心化的加密代币和互联网积分两类。"基于上述概念，虚拟货币应具有以下特性：

一是从物理性质看，虚拟货币表现为数字化、非实体的虚拟存在形态，与实体经济金融领域存在天然界限。从发行机制看，虚拟货币以公用信息网为基础，以计算机技术和通信技术为手段，由特定主体或基于区块链技术等数字信任机制发行；在存储方式上，虚拟货币以数字化、电磁记录形式存在于网络和电子设备中；在流通环节中，虚拟货币常在特定网络社区以数据传输方式实现流通和交易。

二是在法律性质上，虚拟货币不具有法定货币地位，应与电子化银行存款和中央银行（以下简称央行）法定数字货币予以区分。法定货币是当代社会货币财产的基本存在形式。一国法定货币由国家信用支撑，由中央银行或相应机构依法垄断发行，在国家主权范围内具有无限法偿能力。在国际范围内，以银行存款为基础衍生的电子货币，以及委内瑞拉发行的数字货币"石油币"都属于法定货币。此外，瑞典央行、印度央行和中国人民银行均在稳步推进法定数字货币的研发。虚拟货币是存在于特定群体、特定场景下的虚拟商品或虚拟资产，既不是由货币当局发行，也不具有法偿性与强制性等货币属性。

三是就经济性质而言，虚拟货币在一定程度上发挥了准货币职能。在封闭环境中和约定主体内，虚拟货币能够充当一般等价物，具备了价值尺度、支付手段和流通手段等货币职能，但这种职能又是不完全和受局限的，所以将之称为准货币职能。当直接购买虚拟商品和服务时，虚拟货币表现出价值尺度职能，但最终仍要取决于它与法定货币的兑换比例，具有一定的"单向性"。在特定领域内，虚拟货币可自由流通，具有支付结算效力，但在不同平台和网站间不能自由交换，存在明显的"锁定性"。

二、我国虚拟货币的存在与监管

目前，世界上的虚拟货币主要可分为加密代币和互联网积分两类。其中，加密代币包括比特币等去中心化数字货币、首次代币融资（Initial Coin Offering，ICO）形成的中心化数字货币，以及数字货币分叉等行为产生的代币等。互联网积分表现为商家返利积分、折扣券、消费红包等多种形态，网络游戏币运行、使用的范围及属性与互联网积分较为类似。当前，虚拟货币在我国的发展现状及监管情况呈现出以下特征：

一是加密代币变化层出不穷，监管政策保持审慎态度。自 2009 年诞生以来，以比特币为代表的加密代币价格剧烈波动，模式创新让人眼花缭乱。与此同时，加密代币发行良莠不齐，从我国来看，大部分 ICO 均属于变相的非法融资行为。对此，监管政策采取了审慎的、先规范再发展的态度，以应对市场投机、维护法定货币地位。早在 2013 年，中国人民银行等五部委就下发《关于防范比特币风险的通知》（银发〔2013〕289 号，以下简称《通知》），对比特币的属性进行了定义，并要求各金融机构和支付机构不得开展与比特币相关的业务。随着打着 ICO 旗号的非法融资愈演愈烈，2017 年 9 月，中国人民银行等七部门又联合发布《关于防范代币发行融资风险的公告》，明确将 ICO 定性为一种未经批准的非法公开融资的行为，予以全面清理整顿。

二是互联网积分金融属性有所增强，逐渐进入监管视野。包括网络游戏币在内的互联网积分出现较早，由于数额较小，不具有跨平台、跨行业交易的特性，对其早期的监管政策较为简单明确。2007 年 3 月，中国人民银行在相关文件中提出要严格限制发行虚拟货币总量，严格区分虚拟交易和电子商务的实物交易，严格限制虚拟货币赎回额度，严禁倒卖虚拟货币。近年来，随着积分服务平台的不断完善，互联网积分规模种类日益扩展，已经覆盖了大量的实体经济行业，并逐渐跨越了行业、地域以及虚拟和现实的界限，具备了更强的货币属性，因此需要及时关注和跟进施策。我国互联网积分主要类型与特点如表 1 所示。

表 1　我国互联网积分主要类型与特点

代表产品	积分来源	积分用途	适用范围
海航金鹏俱乐部积分	航空积分主要由购票产生	兑换礼品；升舱、使用贵宾室等	在俱乐部会员内部使用；可用其他平台积分单向兑换；不能兑换人民币
蚂蚁金服积分	在淘宝购买商品或者完成平台任务获得	在阿里旗下平台上结算和使用	可兑换账户安全保险，涉及金融领域；淘宝和支付宝平台上的商户
平安万里通积分体系	购买、分享平安保险产品	购买金融产品；兑换积分产品	平台内部统一结算；覆盖线上电商及线下实体商户

三、虚拟货币监管面临的挑战

一是虚拟货币的隐蔽性、复杂性日益突出，传统监管模式有所缺位与相对滞后。虚拟货币发行流通模式的更新和变种，是当今世界互联网及数据存储技术发展的前沿，呈现出跨代发展、加速升级的特征，隐匿性不断增强，技术因子更为复杂，传统法规和监管手段对其约束不足。在监管效力上，针对去中心化的加密代币和网络游戏虚拟货币监管，多部委虽然出台了有关管理办法，但法律层级低、处罚措施简单轻微，权威性与效力明显不足。在监管内容上，对于互联网积分等模式，缺少规范性文件和相关细则的指导和要求，对相关企业没有约束，容易致其无序拓宽业务边界。在监管主体上，由于监管部门较多，分工和职责划分不清，处理案件时往往找不到监管主体，导致问题在多个部门流转而不能得到及时处理。

二是虚拟货币与法定货币体系联系日益增强，对货币政策与宏观调控提出挑战。当前，线上、线下经济边界逐渐模糊，虚拟货币与法定货币的交换兑付更为频繁，部分虚拟货币已具有交易跨界、应用隐蔽、普遍接受、集中清算等特征。一方面，有可能增加全社会的货币流通量，影响到中央银行对货币流通的精准测量，干扰货币供给调控的力度和弹性。另一方面，可能对现实金融体系的支付服务边界和核心支付功能带来挑战，在金融市场上引发较高的投机、洗钱及金融诈骗风险。

三是虚拟货币的全球化、无国界特性更为明显，各国对虚拟货币的不同监管态度导致国际合作缺乏支撑。由于国际缺乏统一的共识，虚拟货币的跨国监管协调机制难以建立。在我国大力开展 ICO 清理整顿之后，许多交易平台为规避监管，纷纷将服务器转移至国外，实际仍面向我国境内居民提供交易服务。各国监管政策的较大差异使虚拟货币运营主体可以通过转换司法管辖区来规避监管。

四、相关政策建议

一是坚持依法监管，提升虚拟货币监督管理的法律权威。建议就虚拟货币的监督管理制定更高层级的法规条例，明晰虚拟货币的属性、衍生品详细分类，确定各部门的监管职责、监管边界，制定更具效力的处罚规定，增强相关法律法规的威慑力。此外，相关部门也应根据各自监管职责出台更加详细的部门规章，形成一整套法律及制度体系，确保监管无死角且更具操作性。

二是坚持分类监管，改进监管政策的精准性与有效性。去中心化的加密代币与互联网积分同属虚拟货币，但对实体经济和中央银行监管带来的影响不尽相同，监管政策应有所区别。对于比特币、ICO 等模式，要视其违规违法程度不断升级监管力度与方式。在互联网积分管理中，对单向兑换的互联网积分，可暂不纳入监管范畴；对于应用领域广泛、公众接受度高的互联网积分，可暂对其实施持续监测，要求发行机构提供发行、交易及内控制度等信息，定期评估发展变化情况；对于可以双向兑换且在一定范围内可替代人民币支付公私债务的互联网积分，可视情形采取规范发行和交易行为、限制金融机构参与等措施进行监管；对于将互联网积分违规挂钩人民币、擅自突破使用范围、不当获取利息收益等行为，应予以坚决打击。

三是坚持协同监管，提升虚拟货币的监管合力。应探索与主要国家加强虚拟货币跨国监管协同的可行性，加强跨境支付监测，强化银行和支付账户监管，建立银行账户与虚拟货币交易场所账户联动监控，必要时冻结相关账户，对相关公司或交易所负责人进行信用惩戒，禁止或限制其在境内开展相关金融业务。针对加密代币的跨境使用和ICO等跨境违法行为，应积极推动国际社会加强国际政策协调，评估采取多边应对措施。

四是坚持创新型监管，提升监管手段的效率与技术。虚拟货币的土壤和根源在于金融科技的蓬勃发展。在对虚拟货币的监管中，要注重提升监管手段的技术层级，可尝试引入"沙盒监管"等模式实现穿透式监管和功能监管。同时，要注意将虚拟货币和虚拟货币技术区分开来，在防范风险的同时鼓励相关金融科技公司、行业机构继续做好区块链等金融科技的研发和应用。

中国住户部门债务测度及结构分析

林晓东　等[①]

近年来，我国住户部门债务规模快速扩张，居民债务负担和偿还压力逐渐加大，潜在的系统性风险趋于上升。本文通过界定住户部门债务核算范围，分析和比较我国与美、日、欧发达国家的债务率变动特点，指出我国住户部门债务统计存在的一些问题，并提出改进和完善建议。

一、住户部门债务概念与指标界定

住户部门债务是住户部门与金融机构或者其他主体间的消费融资行为，包括住户为了购买住房、耐用消费品及其他消费品和服务所导致的住房抵押债务和消费信贷。

从绝对水平衡量指标看，国内外尚未形成公认的统计口径，目前主要有四个：一是住户部门贷款；二是住户部门消费性贷款，为最小的住户部门债务统计口径；三是住户部门消费性贷款与住房公积金贷款之和；四是住户部门贷款与住房公积金贷款之和，为最大的住户部门债务统计口径。

从衡量指标看，也有四种方式：一是住户部门杠杆率[②]，用来监测一国宏观经济中住户部门面临的债务风险高低；二是债务收入比[③]，用于衡量住户部门的债务可持续性；三是债务资产比[④]，资产是其偿还债务的间接来源；四是债务贷款比[⑤]，用于衡量住户部门债务积累水平对银行系统稳定的影响程度。

---

① 林晓东：中国人民银行营业管理部调查统计处处长。参与课题研究人员：蒋湘伶、钱珍、王芳，均供职于中国人民银行营业管理部调查统计处。

② 计算公式：住户部门杠杆率 = 住户部门债务 /GDP。

③ 计算公式：住户部门债务收入比 = 住户部门债务 / 住户部门可支配收入。

④ 计算公式：住户部门债务资产比 = 住户部门债务 / 住户部门资产。

⑤ 计算公式：住户部门债务贷款比 = 住户部门债务 / 各项贷款。

二、中国住户部门债务发展情况分析

（一）中国住户部门债务发展情况

本文分别对住户部门债务的四个口径进行了测算。结果显示，截至 2017 年末，中国住户部门债务最小口径为 31.5 万亿元，最大口径为 45.0 万亿元；占 GDP 的比重分别为 38.1% 和 54.4%，差异较大。本文选择的统计口径为住户部门消费性贷款与住房公积金贷款之和（见图 1），原因有两个：一是住户部门经营性贷款中超半数用于生产经营需要[①]，相当于企业贷款的性质，应纳入企业部门的债务；二是住房公积金抵押贷款未纳入人民银行住户部门的贷款统计口径，但仍是住户部门的债务，不应被忽略。

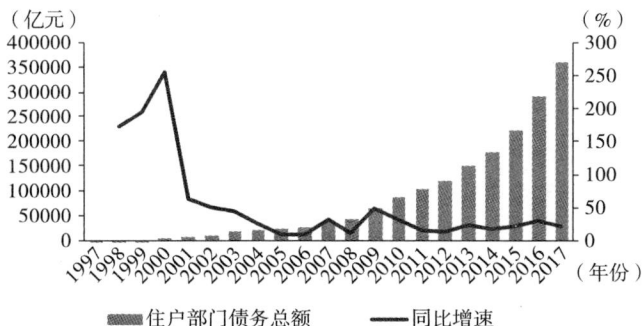

图 1　1997 年以来我国住户部门债务余额与同比增速

从住户部门债务增速看，大致分为三个阶段：第一阶段（1997~2004 年），快速增长阶段。第二阶段（2005~2010 年），受房地产调控松紧度影响进入窄幅波动增长阶段。受 2008 年金融危机影响，房地产市场止跌回升，住户部门债务增速在 2009 年和 2010 年分别达到了 50.5% 和 34.6%。第三阶段（2011 年至今），平稳增长阶段。2011 年住户部门债务增速降至 17.8%，但随着房价不断攀升，居民购房的热情又有所回升，由 2013 年的 25.3% 升至 2016 年的 30.9%，2017 年有所回落，但仍保持 23.8% 的增长速度。

---

① 　以北京地区为例，截至 2017 年 12 月末，小微企业主和个体工商户经营性贷款占住户部门经营性贷款的 67.7%。

（二）中国住户部门债务率指标及国际比较

1. 我国住户部门杠杆率总体不高，低于部分发达国家水平[①]，但累积速度惊人

2017 年末住户部门杠杆率为 43.6%，较 2013 年上升了 18.1 个百分点，高出美国金融危机前累积速度 4.1 个百分点（美国住户部门杠杆率由 2004 年初的 85.4% 上升到 2007 年的峰值 99.4%，也用了四年）。但如果将民间借贷、互联网金融借贷等因素均加入住户部门债务中，则住户部门杠杆率在 2016 年底已超过 60%[②]，具体见图 2。

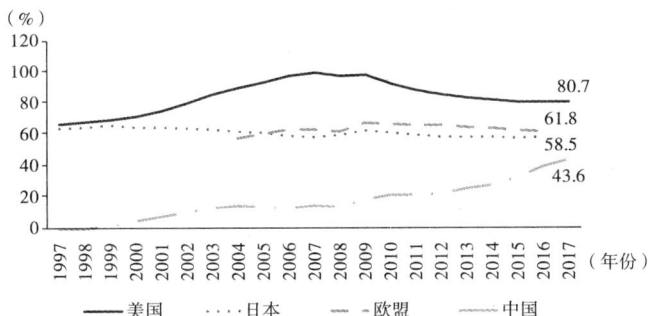

（%）

图 2　1997 年以来美、日、欧盟和中国住户部门杠杆率水平

2. 住户部门债务收入比[③] 增长迅速，最早将在 2019 年接近美国金融危机的峰值

2017 年末中国住户部门债务收入比为 96.5%，增长迅速。其中，住户部门房贷收入比[④] 由 2000 年末的 8.8% 增加到 2014 年末的 50.1%，又进一步升至 2017 年末的 70.7%，短短三年时间，上升了 20.6 个百分点（具体见图 3）。对比美国，美国住户部门房贷收入比 2000 年为 65%，2006 年达到 99%，2007 年突破了 100%，突破极限后立即爆发危机。从这个维度来看，中国住户部门

---

① 截止到 2016 年底，美国的住户部门债务占 GDP 的比重为 80.8%，日本为 58.5%，欧盟为 61.8%。

② 上海财经大学：《2017 年中国宏观经济形势分析与预测年中报告》。

③ 住户部门可支配收入 = 城镇居民人均可支配收入 × 城镇人口 + 农村居民人均可支配收入 × 农村人口。

④ 住户部门房贷收入比 = 住户部门住房抵押贷款（含住房公积金贷款）/ 住户部门可支配收入。

住房抵押贷款如按当前速度累积[①]，房贷收入比最早将在2019年达到美国金融危机前的峰值。

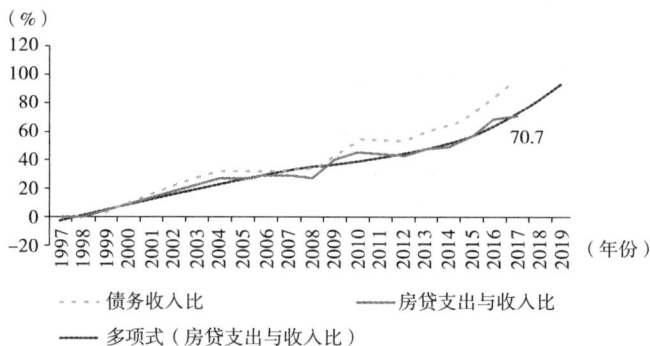

图3　我国住户部门债务和住房抵押贷款占住户可支配收入的比重

3. 住户部门债务资产比[②]总体呈缓慢上升趋势

2016年住户部门债务资产比不超过10%。美国住户部门的资产端以金融资产为主，而中国资产和负债端都以房地产为主。2016年末，中国住户部门房产在总资产中占比高达69%（具体见图4），美国仅为36%[③]，这意味着一旦房价出现较大幅度的下跌，居民资产将大幅缩水，在负债不变的情况下，住户部门债务资产比迅速上升，偿债能力快速下降。

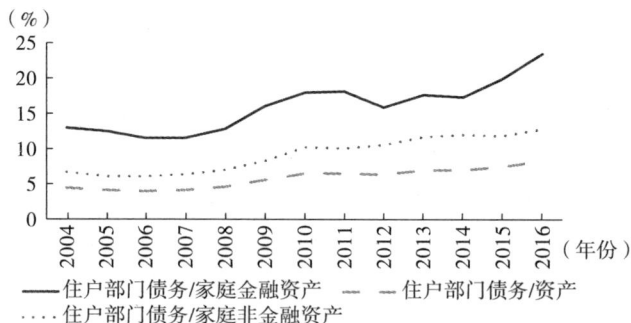

图4　我国住户部门债务占住户资产的比重

---

① 采用多项式方程 $y=0.001x^4-0.04x^3+0.386x^2+2.38x-4.041$ 拟合该趋势。

② 中国社会科学院发布的住户部门2004~2014年资产负债表表明，2015年和2016年住户金融资产测算根据住户金融资产定义，基于储蓄存款、股票、基金和金融理财产品等金融资产的余额。

③ 引自中国家庭金融调查（CHFS）和美国消费者金融调查（SCF）数据。

4. 住户部门债务积累水平尚未对银行系统的稳定构成明显威胁

虽然住户部门债务与金融机构各项贷款比重总体呈上升态势，由 1997 年的 0.2% 增加到 2017 年的 28.7%，但仍不超过三成（具体见图 5）。并且个人贷款的不良贷款率要远低于全部贷款，因此住户部门不良贷款对金融机构全部不良贷款的贡献度相对较低。

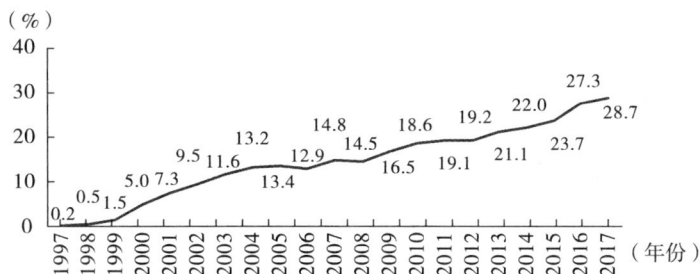

图 5 我国住户部门债务占金融机构各项贷款比重

三、中国住户部门债务结构特点分析

（一）债务过度集中在房地产上，居民偿债负担重

自 1997 年商业银行开办个人住房抵押贷款业务以来，住户部门债务中住房贷款一直占据主要地位，为衡量住户部门年度债务偿还压力，本文测算了住户部门年度需偿还债务本金及利息占可支配收入的比重[①]。截至 2017 年末，该比重为 29.7%，占比较上年同期提高 5.9 个百分点，也就是说，住户部门当年 1/3 的收入用来偿还年度的债务，仅 2/3 的可支配收入用于其他生活支出和储蓄。

（二）短期贷款占比逐年提升，住户债务平均偿还期限变短

住户短期贷款占比逐年提升，由 2006 年的 6.1% 升至 2017 年的 21.6%。一是因为商业银行大力开展个人消费信贷业务，各类消费需求的转变以及信用

---

① 测算方法：年度住户部门利息负担中短期、中长期消费贷款利率按照 1 年期贷款利率 4.35%、4.9% 计算，考虑到首套房贷利率打折程度不同，此处加权贷款利率按九五折计算，中长期消费贷款中其他贷款按照 1~5 年期贷款利率 4.75% 计算，公积金贷款利率按照 3.25% 计算；对于贷款本金的年度负担，短期、中长期中个人住房抵押贷款消费贷款的剩余到期期限按照 1 年、15 年计算，其他中长期消费贷款剩余到期期限按照 3 年计算，住房公积金贷款剩余到期期限按照 15 年计算。

卡的便利性促使短期消费贷款占比以较稳定的速度提升；二是因为近两年购房开支骤增对住户部门整体消费能力有一定透支，部分消费依赖贷款实现；三是因为部分地区对新房进行限购、限贷、限价政策，导致一、二手房价格倒挂，形成套利空间，居民有动力通过消费贷、首付贷等短期信贷产品凑够购房资金。

（三）分地区看，北、上、广住户部门杠杆率位居前三

2016年各地区住户部门债务[①]与GDP比重超过全国平均水平（33.7%）的省份分别是：上海、北京、广东、福建、重庆和浙江，住户部门债务与GDP的比重分别为53%、46%、45%、39%、38%和38%；对应的住户部门消费贷款占全部住户贷款的比重分别为：92%、83%、84%、75%、83%和64%。

（四）消费金融公司和互联网消费金融成为住户部门债务融资的重要补充渠道

目前住户部门债务融资渠道主要是商业银行和住房公积金管理中心，其他机构提供的个人消费贷款仅占约10%。随着国务院提振新消费，支持发展消费信贷，越来越多的消费金融公司和互联网消费金融大力发展消费信贷业务，目前虽然受众相对较小，但随着试点的扩大，未来将成为住户部门债务融资的重要补充渠道。

四、存在的问题

（一）住户部门债务统计口径有待明确

如住户部门经营性贷款是否应从住户部门债务口径中剔除；住房公积金抵押贷款和消费金融公司发放的住户消费贷款、互联网金融的消费贷款是否应纳入住户部门债务统计范畴等。

（二）居民偿债负担过重，挤占了消费升级和储蓄需求，影响中期经济增长

2017年末，居民年度偿还债务、基本生活性消费支出、消费性支出占可

---

① 由于数据可得性因素，分地区住户部门债务计算口径采用分地区住户贷款中消费贷款余额，未加上住房公积金抵押贷款。

支配收入的比重分别为 29.7%、45.6% 和 70.6%，扣除年度偿债负担和基本生活性消费支出，居民仅剩下 24.7% 的可支配收入用于满足旅游、教育、保险等更高的消费升级需求和储蓄等其他需求；再进一步，居民年度偿债负担加消费性支出占当年可支配收入的比重为 100.3%，已经没有更多能力去储蓄。

（三）缺少权威的消费者金融普查数据，无法获知住户的收入状况、年龄、受教育程度等微观人口结构特征

1983 年美国开展美国消费者金融调查（Survey of Consumer Finance，SCF），2006 年欧洲中央银行（European Central Bank，ECB）设立了住户金融和消费网络调查（Household Finance and Consumption Network，HFCN），2010 年在欧元区成员国统一开展住户金融及消费调查（Household Finance and Consumption Survey，HFCS）。目前我国没有权威的金融消费者调查，无法获得住户的收入、年龄、受教育程度等微观人口结构特征，无法进一步分析不同类型收入者的贷款分布类型。

五、政策建议

从标准上，厘清住户部门债务统计口径，逐步建立住户部门债务统计制度。

从政策上，进一步完善对金融机构宏、微观审慎监管，抑制信贷资金向住户部门的过度投放，加强对消费者金融权益的保护和舆论引导。

从具体措施上，可通过总量控制住户部门债务过快增长，特别要关注低收入阶层高成本负债问题。

从方法上，可借鉴国际经验定期开展消费者金融调查以了解住户部门债务状况变化的趋势和具体原因。

参考文献

［1］Hull J.C，White A D. The valuation of credit default swap options［J］. The Journal of Derivatives，2003，10（3）.

［2］Yun K. Kim. The Macroeconomic Implications of Household Debt：An Empirical Analysis［J］. Dissertations & Theses，Gradworks，2011.

［3］唐文进，张坤 . 基于 VEC 模型的住户债务、房价与消费的动态关系研

究［J］. 统计与决策，2013（15）：108–110.

　［4］郭新华，何雅菲. 中国住户债务、房价波动与居民消费的动态相关性分析［J］. 经济经纬，2011（1）：9–13.

　［5］叶绮娜. 美国家庭债务及其宏观经济效应研究［D］. 浙江大学博士学位论文，2012.

重点金融标准落地调研及贯彻实施建议

樊武星[①]

金融标准是金融业健康发展的技术支撑，是金融治理体系和治理能力现代化的基础性制度。实施金融标准有助于提升金融业竞争能力、抗风险能力、质量改进能力和可持续发展能力，有效防止系统性风险。2017 年，中国人民银行发布《金融业标准化体系建设发展规划（2016~2020 年）》（银发〔2017〕115 号），提出构筑标准化工作长效机制的工作要求。

2016 年国家标准化委员会发布了《银行营业网点服务基本要求》《银行业产品说明书描述规范》等国家标准，被中国人民银行总行列为重点金融标准。为全面推进标准化工作，建立健全标准化工作机制，采用检测认证及评估手段强化标准实施的监督管理，重点推动《银行业产品说明书描述规范》和《银行营业网点服务基本要求》等标准的落地实施，2018 年 7 月，人民银行营业管理部下发《中国人民银行营业管理部关于进一步做好北京市金融标准化相关工作的通知》（银管发〔2018〕200 号），在辖内商业银行开展重点标准对标自评估及相关调研工作。

一、银行标准化实施现状

营业网点作为银行最基本的经营单元，对业务发展起着最基础、最重要的作用，两项国家服务标准系统地提出了金融服务技术规范，进一步规范金融机构管理与服务行为，有利于提升银行营业网点精细化管理水平，提升服务质量。调查结果显示，标准自 2016 年 6 月 1 日起执行以来，北京市辖内各家银行网点标准化建设步伐不一，少数银行进展较快，不仅及时地对国家相关标准进行了培训和宣贯，而且形成了一套成熟的标准应用机制，部分银行在网点建设和管理中虽然起步较晚，但高度重视、积极组织落实相关工作。

---

① 樊武星：中国人民银行营业管理部科技处处长。参与课题研究人员：江山、王丽、陈静，均供职于中国人民银行营业管理部科技处。

（一）标准宣贯情况

辖内国有商业银行北京市分行、股份制商业银行在京营业机构、城市商业银行北京分行、北京银行、北京农商行、北京中关村银行、各村镇银行、中国邮政储蓄银行北京分行积极落实了标准贯标培训和对标自评估工作，其中建行北京分行在网点标准化建设方面起步较早，已经形成了较为完善的标准化体系，建章立制工作也较为成熟。建设银行北京分行于 2017 年率先开展银行网点服务国标认证工作，分行网点服务管理部门负责人亲抓落实，明确工作联系人，并建立月报机制；总行持续跟进试点分行工作进展，对进度滞后的分行进行重点督导，并赴北京分行网点进行现场调研，对试点分行反映的需总行协助事项优先办理，确保总体工作质量和实施进度。

（二）网点对标达标情况

在网点对标方面，辖内各银行积极部署，普遍提升网点标准化建设意识，采用落实标准的方式主要为成立相关自评估工作小组依据国标逐项自查、纳入服务考核体系、引入或拟引入第三方认证、完善规章制度、对标后进行整改复查以改善软硬件环境、加强管理等。《银行营业网点服务基本要求》的对标达标情况主要如下：除村镇银行外的其他类型银行普遍在安全性、功能性、规范性、便捷性和舒适性等方面执行服务基本要求较好，村镇银行的达标情况有待提高。其中，基础性指标的达标情况优于非基础性指标，主要问题体现在：第一，部分网点受客观条件限制暂时无法达标，如网点不提供理财服务，网点的无障碍通道属于物业，自助区域与网点不相连导致无法对自助设备使用客户进行辅导和帮助；第二，便民服务欠缺，部分网点因人员数量有限未设置弹性窗口，无弹性排班制度等；第三，舒适性服务有待完善，部分网点因所处位置原因未设置机动车、非机动车停车位。

（三）《银行业产品说明书描述规范》对标达标情况

依据《银行业产品说明书描述规范》开展的对标达标工作发现以下几个主要问题：一是规范要素。银行产品说明书与国标主要要素差异体现在产品说明书版本、产品的中英文全称和简称、发行机构社会信用代码、金融机构代码、LEI 编码、产品凭据载体的保管／清洁／维护／更换／能源／处置、产品用途及相关产品进行说明等国标要求要素，而银行实际产品说明书在上述要素存在缺失。二是要素次序。国标对要求的 37 个要素的先后次序进行了统一规范，商业银行实际产品说明书要素顺序与国标次序存在差异。三是要素性质界定。国标对要素性质进行了明确界定，分别是应有信息、宜有信息和可有信息，所有属于应有信息的要素和部分属于宜有信息的要素，当内容不存在、不适用或不明确时，也须保留该要素名称，并填写"无""不适用"或"尚不明确"。商业银行产品说明书并未进行有效性质界定，即后续相关规范不足。

（四）标准落地检验情况

在检验标准落地质量方面，辖内银行实施标准采取的方式主要为内部评估、外部评估、第三方认证，其中已采用第三方认证的有两家机构，分别是建设银行北京分行和北京农商银行。内部评估方法包括：自评估和抽检评估相结合、现场评价和非现场评价相结合、监控录像检查、客户满意度调查、客户投诉统计等。外部评估方法主要为第三方机构的神秘人检查等。

二、标准贯彻实施中亟待解决的问题

当前，辖内银行推进网点标准化建设实施过程中还面临着许多困难和挑战，主要表现在以下方面：

（一）金融标准化贯彻执行差异化较大

国有商业银行上级机构金融标准化重视程度较高，对下属各级机构进行牵头指导，部分国有商业银行在上级行的指导下已经开展网点标准化建设，国标贯彻落实力度明显高于其他类型银行。股份制银行大多能认识到标准化的重要性，但执行中多遵照其他监管机构如银行业协会制定的网点评价标准，对国标的认识需要进一步提升。地方性金融机构如村镇银行因其规模较小，受发起行牵制等因素影响，在经营管理方面自主性较弱，因此也需要加强对国标的理解。

（二）银行网点多项标准内容重复

目前各家银行营业网点建设与管理规范化意识日益增强，但执行的标准内容上多有重复，渠道不一，各项标准规范之间存在较多的交叉、重复，有的执行自身上级机构制定推出的标准，也有的执行其他监管机构制定的标准，只有少数银行在国标指导下进行了营业网点标准化体系的建设与完善。标准内容的重复使银行在网点标准化建设中存在困惑，多重标准导致的重复认证、重复评价也在无形中为银行加大了工作量，不利于银行网点规范管理，提升服务质量。

（三）标准管理机制和制度尚待健全

地方法人金融机构网点标准化建设相对滞后，实施标准质量有待提高。以村镇银行及农商银行为主的地方法人金融机构网点在乡镇地区覆盖面广，且服务对象主要为弱势群体，包括农民、低收入群体及小微企业等，地方法人金融机构是发展普惠金融体系的重要抓手，然而辖内地方法人金融机构受规模大小、机构性质等因素影响，在国标的宣贯与执行上较为落后，有的刚刚起步，在网点建设及服务管理方面均没有形成规范统一的标准体系，此类金融机构网点标准化建设的相对滞后不利于辖内普惠金融体系的建设和完善。

（四）缺乏标准应用评价机制

目前，各家银行营业网点标准的贯标、达标的进度参差不齐，贯彻落实银行营业网点标准的过程、进展及成效缺乏评价反馈机制，比如标准的宣贯培训，标准的执行力度、达标程度等都缺乏监督与检查内容，缺少有效反馈和整改跟踪监测，不利于推动辖区内银行整体标准化体系的建设。

三、促进标准贯彻实施的建议

（一）督促银行加快标准的落地，提高实际应用水平

目前，营业管理部辖内多数银行营业网点标准化体系尚未真正建立，尤其是地方法人金融机构网点标准化的建设仍处于起步阶段，因此，应以差别化实施的方式推动辖区内银行网点标准化建设。对当地国有商业银行、股份制银行等分支机构，应在上级机构的指导下，积极主动地进行网点标准化建设。对地方法人金融机构，尤其是村镇银行等规模较小的机构，由监管部门主动进行牵头指导，督促其制定标准化建设实施细则，地方法人金融机构要明确标准化职能部门，对照银行产品说明书和银行营业网点服务标准，对软、硬件设施达标情况进行梳理，制定对标升级方案，对网点服务管理等相关制度进行本地化修

订。充分利用金融业协调机制，鼓励银行间加强贯彻实施网点标准化的成果及经验做法的交流，发挥辐射、带动作用，为地方法人金融机构提供经验参考和做法借鉴。

（二）突出国标权威性，建立以国标为主线的营业网点标准化体系

统一和明确目前银行业执行的各项银行营业网点标准，整合同一领域的各项交叉重叠标准，同一项内容中存在多个标准时，应突出国标的权威性，提高标准的统一性，形成系统、明确的标准规范体系，解决金融机构执行多重标准、重复认证、重复评价的问题，有利于国标更好地贯彻执行到位。

（三）强化标准的社会公众监督手段，增强标准的约束力和执行力

采取多种手段加大普及银行营业网点标准的宣传力度，通过常态化、持续的标准普及宣传，消除金融机构和公众之间的信息不对称，调动社会公众的积极性，强化标准意识，引导公众了解银行营业网点的标准内容，主动使用质量达标的服务，尤其是要强化社会公众的消费者权益保护意识，各银行营业网点应畅通各种消费者投诉渠道，主动接受社会公众的监督，从而促进银行提升金融服务质量，确保银行营业网点标准的效用落到实处。

（四）建立标准应用评价机制

金融标准作为一种规范性指引，只有有效地贯彻落实才能体现出标准的真正价值，因此建立配套的标准应用评价机制，强化标准实施的监督评估非常有必要。下一步可考虑利用第三方认证手段帮助银行检验营业网点标准贯彻的实效，积极引导、推动辖内银行网点主动开展国家标准认证，定期开展标准认证评估，并将网点认证评估情况纳入营管部综合评价范畴，同时结合人民银行对金融机构的开业管理机制将银行营业网点服务标准的达标情况作为开业验收的内容之一，形成由建立标准化体系逐渐转向标准化体系持续改进的常态化模式。

"一带一路"沿线人民币跨境使用路径研究

周丹 等①

自 2013 年"一带一路"倡议提出以来，我国与沿线国家经济交往日益密切，人民币在沿线跨境使用比例不断提高，而且在不同国家呈现出不同的人民币结算需求。根据跨境人民币资金流动情况，可以将沿线各国人民币使用路径划分为五种模式。鉴于当前人民币的使用广度与深度，建议围绕"一带一路"倡议，推动形成人民币跨境循环流动，促进人民币在沿线国家的区域化，提高人民币在经常项下的使用占比，利用高效开放的资本市场吸引沿线各国市场主体投资人民币计价的金融产品，在"一带一路"沿线有序推进人民币跨境使用。

一、沿线人民币跨境使用路径模式

目前，我国已经与沿线 60 余个国家（地区）开展跨境人民币业务，与沿线大部分国家经常项下跨境人民币结算呈顺差，资本项下交易相对较少。这表明，人民币的计价结算功能在沿线国家得到一定认可，投融资和储备功能尚处于起步阶段。按照人民币跨境流动方向划分，目前我国与"一带一路"沿线国家人民币使用路径主要有五种模式（见表 1）。

表 1 "一带一路"沿线人民币跨境使用路径模式

模式	国家	个数
经常项下顺差，资本项下逆差	蒙古、马来西亚、印度、缅甸、泰国、老挝、越南、以色列、巴勒斯坦、沙特阿拉伯、科威特、埃及、巴基斯坦、阿富汗、斯里兰卡、塔吉克斯坦、俄罗斯、乌克兰、阿塞拜疆、匈牙利、波兰、塞尔维亚、阿尔巴尼亚、保加利亚、黎巴嫩	25

---

① 周丹：中国人民银行营业管理部跨境办负责人。参与课题研究人员：陈岩、安飒、朱琳琳，均供职于中国人民银行营业管理部跨境办。

续表

模式	国家	个数
经常项下逆差，资本项下顺差	新加坡、卡塔尔、巴林	3
经常项下顺差，资本项下顺差	柬埔寨、文莱、菲律宾、土耳其、约旦、黎巴嫩、也门、阿联酋、希腊、塞浦路斯、孟加拉国、尼泊尔、哈萨克斯坦、吉尔吉斯斯坦、白俄罗斯、亚美尼亚、立陶宛、拉脱维亚、斯洛伐克、罗马尼亚	20
经常项下逆差，资本项下逆差	印度尼西亚	1
全部集中于经常项下结算	伊拉克、叙利亚、阿曼、不丹、马尔代夫、土库曼斯坦、乌兹别克斯坦、格鲁吉亚、摩尔多瓦、爱沙尼亚、斯洛文尼亚、克罗地亚、黑山、北马其顿	14

数据来源：RCPMIS，数据期限为 2013~2017 年。以中国为衡量主体，顺差表明人民币净流入，逆差表明人民币净流出。

（一）模式一：经常项下顺差，资本和金融项下逆差

此模式中的国家数量最多，这些国家大多与中国接壤，同中国保持密切的经贸往来，是"一带一路"倡议连通的重点国家。比如，我国是马来西亚、蒙古、缅甸的第一大进口来源国，这在一定程度上可以有效提升人民币跨境结算的使用量。同时，这些国家存在巨大的资金缺口，需要我国提供基础设施贷款或进行直接投资。这不仅能够提高沿线国家对人民币的接受程度，而且能够带动经常项下人民币回流。

（二）模式二：经常项下逆差，资本和金融项下顺差

此模式的典型国家是新加坡，它是沿线人民币跨境使用最集中的国家。我国与新加坡的跨境人民币结算量占比超沿线国家结算总量的五成，且逆差主要集中在货物贸易项下。此外，在我国金融市场和资本项目不断开放的同时，部分离岸市场沉淀的人民币资金通过直接投资或证券投资的渠道回流至我国，形成人民币跨境使用的循环流动。

（三）模式三：经常项下顺差，资本和金融项下顺差

此模式主要包括柬埔寨、菲律宾、阿联酋等国家。这些国家对我国生产的

机电产品、电子产品等存在巨大需求，中国制造的商品具有一定比较优势。因此我国出口商具有一定话语权，能够推动人民币计价结算。

（四）模式四：经常项下逆差，资本和金融项下逆差

此类型只有印度尼西亚一个国家。我国是印度尼西亚第一大出口市场和进口来源地，我国对印度尼西亚基础建设领域的直接投资和跨境融资规模持续增加，带动更多的人民币资金"走出去"。

（五）模式五：只有经常项下结算

此模式中的国家结算规模有限，多为经济相对欠发达国家。

二、沿线人民币跨境使用路径形成原因

（一）受贸易结构影响，我国出口产品在沿线国家具有一定议价能力，经常项下人民币结算规模相对较大

2017年，中国对"一带一路"沿线国家出口额排名前五的国家分别为越南、印度、新加坡、俄罗斯和马来西亚，主要出口商品为电机、电气设备及其零件等。除新加坡为发达国家外，其余国家无论是在经济体量还是产业结构上都与中国存在一定差距，这使得我国企业在对沿线国家出口时具有一定话语权，能够选择以人民币进行结算。

（二）受中资金融机构服务能力提升的影响，人民币贷款规模有所增加，在一定程度上满足沿线国家资金需求

目前政策性和开发性金融是提供"一带一路"资金融通的主力。例如，国家开发银行一方面通过商业贷款、出口信用保险、优惠买方信贷、协助境外主体发行债券等方式为"一带一路"的大型建设项目提供低成本融资支持；另一方面，国家开发银行作为牵头行和主承销商，协助马来亚银行有限公司在我国银行间债券市场通过"债券通"方式发行10亿元人民币熊猫债，募集资金全部用于支持"一带一路"建设。

（三）受国际惯例影响，进口的大宗商品以美元结算为主

"一带一路"沿线国家拥有大量的原油储备资源，是我国石油的重要提供方。2017 年中国自沿线国家进口原油石油及自沥青矿物提取的原油支出合计1019.4 亿美元，占自沿线国家进口总额的 15.3%。但是，由于大宗商品交易结算仍以美元为主，具有极强的使用惯性，因此这些国家在原油贸易领域一般只接受美元或欧元，严重制约了人民币在大宗商品领域的使用。

（四）受交易习惯影响，美元为部分国家最主要的结算计价币种

由于历史原因等多方面影响，目前沿线部分国家已经形成以美元为主的计价结算体系。比如柬埔寨是典型的美元化国家，美元可以在该国自由流通。2017 年，我国对柬埔寨进出口合计 393.97 亿元（以 2017 年年均汇率核算进出口总额），其中我国对柬埔寨的跨境人民币收付占比远低于跨境人民币在我国对外贸易中的占比。

（五）受发展水平和外部环境影响，人民币跨境投融资业务仍受限

一是对投资人和债权人的保障程度低。由于各国经济金融发展水平各异，部分国家存在法律风险较大、金融环境不佳、普遍存在不同程度的外汇管制等问题。二是主权国家融资渠道多依赖世界银行和国际货币基金组织，由于这些组织的贷款援助多以美元结算，导致借款国为匹配还款来源，更愿意在国际交往中选择美元进行结算。以越南为例，2016 年越南未偿债务余额 869.52 亿美元，其中 52.96% 为美元贷款。

三、政策建议

（一）围绕"一带一路"倡议，扩大经常项下人民币的结算占比

从出口来看，"一带一路"沿线多为发展中国家，工业化程度较低，因此我国在工业领域的生产和产品具有一定比较优势，在这些产品出口中使用人民币结算具有一定现实基础。从进口来看，"一带一路"沿线国家多为资源集中或农业大国，拥有丰富的自然资源。因此，特别是要积极发展人民币原油期货，扩大以人民币进行石油结算的比例，并通过以人民币计价的期货价格传递

给全球参与者。在此模式下，石油出口国家收到的人民币又可以用于从中国进行物资采购，推动我国与沿线国家贸易往来中人民币的循环流动。

（二）结合宏观经济状况，继续深化我国资本市场开放程度，推动形成人民币流动闭环

一是继续推动我国债券市场开放的广度和深度，让境外主体持有的人民币资产有广阔的投资市场和丰富的投资产品。货币国际化的关键不仅在于让其成为贸易结算货币，也在于资本项下的使用国际化程度。目前，我国资本市场境外投资者占比相对较低，部分远期、掉期业务仍尚未允许开展。因此，应继续有节奏、有计划地继续开放国内债券市场，提高境外参与者的参与广度和深度，为推进人民币跨境使用创造有利条件。

二是积极研究各方需求，完善大宗商品期货市场制度，以金融市场交易带动经常项下人民币结算。目前，我国期货市场交易框架也已基本建立，但仍在市场准入等方面存在一定障碍，无法形成"企业进口大宗商品时使用人民币支付、境外主体持有人民币参与大宗商品期货交易、以人民币计价的大宗商品价格影响程度提高"的良性循环。因此，建议继续完善期货市场交易环境，提高期货市场交易效率，吸引更多境外交易商入场交易，以实现有效的国际价格比较功能，最终推动大宗商品人民币计价结算。

三是在合作项目中混合使用"外币＋人民币"，以商业资金为主搭配一定比例政策性资金的安排，充分发挥人民币融资和投资功能，提高人民币的接受和使用程度。利用中国基础设施建设和资金的绝对竞争优势，在对外进行基础建设、能源矿产和劳务承包等大型项目融资安排时，可以优先推广人民币贷款、贸易融资、买方（卖方）信贷等投融资模式，并鼓励其在向中国出口时使用人民币支付，通过"信贷＋投资＋贸易"的方式实现人民币闭环流动。

（三）借助"一带一路"倡议，优先推动本币区域化

当前，我国前两大进出口目的地为美国和欧盟，与这些国家（地区）在进出口贸易中推行人民币计价结算有很大困难。一则因为它们的货币本就为国际储备货币；二则也因为我国企业对其比较优势并未显现。因此，在无法改变大环境的情况下，我国可以在全球范围内加强同东盟、金砖五国，特别是"一带一路"沿线国家的广泛合作，通过产业转移、优势互补、创新贸易、资金融通

等方式，利用我国在外交、政治和经济贸易领域的影响力，优先推进人民币在"一带一路"沿线国家中的贸易结算和投融资结算功能，提高人民币在与沿线国家经贸往来中的结算份额。

中美贸易摩擦对高新技术企业影响调查

——以中关村企业为例

张涵宇 等[①]

近期，在美国政府的单边推动下，中美贸易摩擦进一步升级。为分析相关影响，人民银行营业管理部结合重点企业监测机制，选取 50 家企业进行了调查，涵盖电子与信息、先进制造技术、生物工程和新医药、航空航天技术、新能源与高效节能技术、环境保护技术、新材料及应用技术、现代农业技术等领域。结果显示，高新技术企业[②]对美贸易总体仍保持平稳增长，但贸易摩擦对部分行业的企业仍有潜在负面影响。货物和服务跨境交易同比分别增长 3.2% 和 18.5%，增幅均高于上年同期，美资仍看好中国人工智能、共享经济等投资领域，民营企业跨境融资仍具优势，但部分行业企业贸易经营环境日趋严峻、赴美投资关键领域受阻等问题仍需持续关注。

一、中关村高新技术企业对美贸易投资情况

（一）对美贸易以进口为主，贸易总规模占比近一成

据统计，2018 年 1~7 月，1594 家发生对美货物贸易的高新技术企业对美货物进出口总额占地区进出口总额的 8.4%，同比增长 3.2%；整体进出口形势仍较为平稳。其中，进口同比增长 5.5%，占地区全部进口的 9.8%，出口占地区全部出口的 5.3%；进出口逆差同比增长 9.6%，占地区进出口逆差总额的 13.9%。对美进口产品主要为交通运输类产品和高新技术机电产品，其中交通运输类产品进口比重为 28.6%，同比下降 6.3 个百分点；对美出口产品主要为化工产品、金属原料及其制品及高新技术机电产品，其中化工产品出口比重为 21.1%。

---

① 张涵宇：中国人民银行营业管理部征信管理处处长。参与课题研究人员：徐珊、宋谷予、徐莉，均供职于中国人民银行中关村中心支行。

② 高新技术企业名单来自中关村科技园区管理委员会。

（二）对美服务贸易呈现顺差，支出增长较快

据统计，2018 年 1~7 月，中关村示范区对美服务贸易跨境收支总额同比增长 18.5%，在地区占比两成；跨境收入同比增长 15.7%，支出同比增长 21.3%。主要收汇项目是其他商业服务和电信、计算机与信息服务；主要付汇项目是知识产权和电信、计算机与信息服务。其中，对美知识产权项下跨境收入、支出规模同比分别增长近八成。

（三）对美双边直接投资规模和占比均较小，美资流入下降明显

2018 年 1~7 月，中关村示范区来自美国 FDI 项下资金流入同比下降 70.6%，占地区 FDI 总额的 0.7%；对美 ODI 项下资金流出同比下降 7%，占地区 ODI 总额的 2.1%。对美利润汇出同比下降 50.6%，占地区利润汇出总额的 2.4%。

二、中美贸易摩擦对高新技术企业的影响分析

（一）对高新技术企业进出口总体影响有限，但部分企业国际贸易及经营环境恶化

出口方面，在现代农业技术领域，YT 公司向美国出口农药占其总出口的四成左右，受美征收进口关税影响，7 月出口额同比下降 85.8%，订单量下降 30%，且很多美国客户拖延订单并要求降价，但该公司考虑到美国作为农业生产大国对农药存在大量需求，且面临国内环保要求和原材料成本上涨的双重压力，目前仍呈观望状态；ZL 公司对美出口浓缩果汁占比近 80%，该公司表示目前出口未受影响，但美国对 2000 亿美元商品加征关税，因无法找到出口替代国，只能被动接受。在先进制造技术领域，JDF 公司表示，其产品曲面液晶屏全部为自主知识产权，具有一定的不可替代性，目前未受到贸易摩擦影响，但 2000 亿美元征税清单中可能会涉及该产品，如关税成本增加，该公司将与美方协商直接把货物发送给非美国的最终用户；HW 公司对美出口 CT 机 /X 射线断层扫描的医用设备，表示未受显著影响。在电子与信息领域，LYD 公司生产 LED 显示屏的成品及半成品，目前未受显著影响，但 2000 亿美元征税清单可能会涉及该公司产品，具体应对方案仍在商讨中，可能会先出口到香港等子公司，再由子公司加工生产出口至美国。BY 公司表示，数控机床和基础

制造广泛应用于航空航天、船舶、机械制造、高精密仪器、军工、医疗器械等多个领域的设备制造，虽然高档数控机床并未在加征关税行列，但企业上述行业的下游客户受到潜在不利影响，企业国内的销售收入或减少。

进口方面，国务院税委会发布公告宣布自美进口实行对等惩罚性措施，MB 公司表示，从短期来看进口车辆关税将增加至 40%，其进口成本必然上升，进而提高国内销售价格，对其经营影响较大。HW 公司表示，其部分进口航空设备材料属于即将于 8 月 23 日加征关税的 160 亿美元自美进口产品范围，企业拟进行纳税方案筹划，将部分产品进口至境内保税区。ZHY 公司从美国进口天然气，目前仍在积极研究进口关税提高的应对方案。

（二）对企业知识产权和计算机信息服务使用影响不明显

2018 年 1~7 月，2550 家发生对美服务贸易的高新技术企业对美服务进出口总额同比增长 18.5%，较上年同期提升近 6 个百分点。调查企业中，有 16 家涉及知识产权及研发成果转让付汇，其中，80% 的企业不涉及技术转让而是使用或许可，部分企业为关联公司内部交易，受中美贸易摩擦影响较小。例如，DY、QY、HY 等公司知识产权付汇为支付影视类作品版权费用；GL 公司等生物工程和新医药行业企业，研发成果转让付汇多为药品临床检测费用；NY、DT 等新能源行业企业，以及 SM 公司等电子与信息行业企业，均是向美国子公司支付研发费用，研发成果双方共享。此外，计算机信息服务项下重点企业的跨境交易对象多为境外关联公司或长期合作伙伴，所受影响有限。例如 XM 公司表示，公司每年向美国 GT 公司支付 3G、4G 网络费用，不涉及知识产权，且双方为长期合作伙伴，合作基础较为稳固。

（三）赴美投资政策不确定性增强，涉及军事、航空等技术领域的并购受阻，单笔投资规模较小的交易更易成功

WL 公司表示，该公司在 2017 年下半年收购美国一家摄像机研发制造企业遭到失败。主要原因如下：一是美国国会正通过美国海外投资委员会（Committee on Foreign Investment in the Uuited States，CFIUS）来扩大国家安全投资审查制度；二是特朗普政府通过"301 调查"来对中国企业赴美投资设限。出于对未来美国投资法律环境恶化的担忧，该公司至今未再开展其他赴美投资或并购项目。相对而言，单笔投资或并购规模较小的交易更易成功。Wind 数据显示，2014~2018 年二季度，科技型企业跨境并购规模在"1000 万美元以下"

的笔数占全部交易笔数的近五成。以 ZG 公司为例，由于受到美国海外投资委员会（CFIUS）审查，该公司 2015 年计划参股美国 XB 的交易终止，次年转而通过与西部数据共同成立合资公司，并将相关技术保留在合资公司内。企业认为即使后续出台投资限制措施，此类合作的商业模式受到管制的可能性仍然较小。VS 公司表示，由于该公司目前未获得美国 TSA 认证，无法直接开展业务，目前通过收购当地同行业公司或与代理公司合作的方式在小范围内开展业务。例如，TZ 公司 2018 年初以 300 万美元参股投资美国 M 公司，以获取医疗移动 CT 技术的国内代理和使用权，完善了该公司骨科机器人产业链布局，预计年内带来 20% 以上的增收。

（四）美资看好中国营商环境，人工智能、共享经济领域受青睐

商务部数据显示，2018 年 1~6 月全国新设外商企业主要投资来源地中，美国实际投资金额同比增长 29.1%。调查中，5 家企业 2018 年以来仍获得美资投入或与美资基金进行融资洽谈，均来自人工智能和共享消费领域。部分公司表示，美方仍看好中国新兴投资领域，2018 年 1~8 月，美国 GT 公司向中国 GT 公司增资超 2 亿美元，用于教育、物联网、人工智能等领域投资，控股公司累计对上述领域投资占比达五成。QY 公司 2018 年上半年在美国纳斯达克上市，融资金额达 22.5 亿美元，远超此前计划募集的 15 亿美元。KS、ST 等人工智能领域公司表示，2018 年以来有多家美资基金进入融资洽谈过程，ST 已于 2018 年 5 月获得 6.2 亿美元战略融资，其中包括老虎基金、高通创投等美资投资人。DD、MT、YX 等 O2O 公司均表示，近几年公司高速成长得到了苹果、老虎基金、Coatue Management 公司等多家美资投资机构的持续支持，截至 2018 年上半年，上述 3 家公司境外累计融资规模近 250 亿美金。

（五）贸易摩擦加剧汇率波动，企业跨境融资仍具优势

贸易摩擦背景下，人民币兑美元即期、远期汇率波动加剧。调查中有 10 家企业开展跨境融资，90% 的企业表示，外债融资仍具有价格优势。据某软件企业测算，7 月末，企业一年期美元外债综合成本为 4.3%~4.8%，而目前企业境内流动资金成本为基准利率上浮 5%~20%。部分公司表示，当前境内外利差可达 10~65bp。

三、政策建议

（一）加强政策性融资担保体系建设，缓解中小出口企业融资难题

建议加快完善政策性融资担保体系，健全风险分担和补偿机制，如开展政策性担保风险分担和代偿补偿机制试点；指导银行积极探索进出口融资担保等金融服务，解决科技型企业贷款的融资难题，加大对实体经济的支持力度。

（二）支持出口企业自主创新，鼓励企业增加研发投入

建议综合运用财税、金融手段增强企业自主创新的扶持力度，加强对知识产权保护工作的指导与服务，为自主创新创造良好的环境。

（三）加强跨部门沟通，营造良好营商环境

加强与商务、海关、税收等部门的合作，进一步完善法律和金融环境，吸引非美国家和地区企业来华投资，进一步为科技和中小企业对美贸易投资创造更好的政策环境。

（四）加强对相关行业跨境资金流动的监测

加强对技术、知识产权等行业服务进出口和跨境支付的统计监测，及时了解企业对美国贸易、商业、发展和改革部门的影响，重视商业投资、兼并和收购等，监测对重点行业跨境交易的影响。

中兴事件短期将冲击高端及
核心技术进口企业发展，相关企业正积极
寻求替代、加大研发投入及合规管理

陈涛 等[1]

受美国制裁中兴通讯事件的影响，集成电路行业引发了市场的广泛关注。为此，我们对集成电路产业发展现状进行了初步分析，并结合重点企业监测机制，通过电话、问卷调查的方式对中关村地区 15 家高科技企业[2]进行了快速调查。调查显示：企业认为中兴事件短期将冲击高端及核心技术进口企业发展，相关企业正积极寻求替代品或将贸易流转向其他国家，并加大研发投入、合规管理，建议合理加大对芯片产业的政策支持，鼓励国产芯片的产业化规模应用，建立国际化人才优惠政策及激励机制，提示境外合规风险。

一、我国集成电路产业发展现状及企业经营特征

（一）集成电路产业持续保持高速增长

根据中国半导体行业协会统计，2017 年中国集成电路产业销售额达 5411.3 亿元，同比增长 24.8%，其中，集成电路制造业增速最快，销售额为 1448.1 亿元，同比增长 28.5%；2018 年一季度仍保持高速增长态势，销售额为 1152.9 亿元，同比增长 20.8%。根据海关统计，2017 年中国集成电路进口金额 2601.4 亿美元，同比增长 14.6%，出口 668.8 亿美元，同比增长 9.8%。2018 年一季度进口金额 700.5 亿美元，同比增长 38.7%，出口 180.7 亿美元，同比增长 34%。

---

[1] 课题研究人员：陈涛、徐珊、刘瑾、马艺铭、徐莉，均供职于中国人民银行中关村中心支行。

[2] 调查样本涵盖集成电路设计类企业4家、制造类企业4家、封装测试类企业3家、成品应用企业4家。

（二）集成电路上市公司^①的经营特征

一是整体营业收入增长较快，但亏损企业数有所增加。2017年上市公司共实现营业收入2278亿元，同比增长34.9%，共实现净利润132亿元，同比增长14.5%，2018年一季度营业收入同比增长17.1%，净利润增长5.3倍。9家公司亏损，较2016年增加3家，个别上市公司营收及净利润下降明显。二是研发支出占比高，增速高于营收。集成电路产业需要持续性的高研发投入，2017年上市公司共发生研发支出130亿元，同比增长38.2%，快于营业收入增速3.4个百分点。研发支出与营业收入的比值为5.7%，同比增长0.1个百分点，其中17家公司比值超过10%。三是投资增速快。2017年股权投资余额为77亿元，同比增长44.8%，2018年一季度为94.18亿元，较上年底增加22.3%。四是资产负债率较为健康，借款额微增。上市公司资产负债率保持较为健康的水平，2017年平均为40.0%，2018年一季度为39.9%，其中有3家公司超过75%。2017年借款金额合计874亿元，较上年增长2.0%，中长期借款占比为53.1%。五是资本市场债券余额大幅上涨，增发募资明显下降。2017年共有10家企业通过发行债券募资，较上年增加2家，债券余额127亿元，同比增长41.1%，2018年一季度为110.87亿元，较上年底下降12.7%。2017年共有8家上市公司增发，较上年减少6家，实际募集资金132亿，较上年下降31.9%，2018年一季度，已有6家公司进行增发，募集资金86.72亿元。

二、中兴事件对集成电路企业的影响

（一）短期看，高端及核心技术进口企业生产将面临严峻挑战

此次事件中兴通讯被禁止从美国进口通信设备元器件，部分企业担心若美国扩大高新技术产品限制出口范围，将对生产经营造成不利影响。以某知名芯片集团公司为例，目前虽然该公司从美国直接进口的产品虽占比较低（1%），但其下属公司中，间接来自美国的网络产品类占比约为40%、服务器产品类占比约为75%。该集团下属3家芯片制造和芯片设计企业认为，未来如果美国对芯片关键生产设备、涉及核心IP及软体工具、集成电路EDA（电子设计自动化）软件等也实施限制出口令，短期内通信芯片设计及生产将难以为继。

---

① 按照Wind行业分类，选择二级分类为半导体与半导体生产设备的上市公司作为统计样本，数据来源为Wind数据库。

部分科技型企业表示，即使部分产品可以替代，但短期内很难寻找到合适的境外替代厂商，企业或将面临产量下滑。

（二）高端技术产品进口周期延长，美国部分贸易厂商坐地起价，增加国内企业成本

某探测设备公司反映，受美国政府加大对高端及核心技术产品出口审查力度影响，美国出口清关手续较以前繁杂，近期该公司从美进口的探测器、加速器、传感器等核心芯片类产品收货周期从 3 个月延长至 4 个月。另外，部分科技型企业表示，少数美国供应商有利用贸易战提高商品价格的趋势，例如自美进口的熔断类电子产品报价上涨了 5%~10%，企业仍与美方进行价格谈判。

（三）市场主体担心恐慌情绪的蔓延会增加对行业的冲击

美国将贸易战继续延伸引起了国内市场的不安。在发放调查问卷的 8 家企业中，75% 的企业表示，目前市场上各种观点冲突比较激烈，美国制造的贸易不确定性，以及舆论压力会造成市场恐慌，影响投资者信心，进而影响行业发展和市场预期。

三、企业应对措施

（一）积极寻求替代品或将贸易流转向其他国家

调研中多家企业表示短期内国内相关产品仍然无法替代进口，部分企业拟寻求法国、日本、中国台湾地区等方面合作。如芯片设计类企业表示，公司所需加速度、噪声类传感器在国内可找到替代供应商，但精度比较高的传感器目前仍需从美国采购，若进口受阻，将考虑与法国公司合作。芯片应用类企业表示，对于公司所需的部分光学类传感器等生产零件，未来考虑与有类似替代品的日本厂商合作。

（二）加大研发投入促进芯片产业的转型升级

某导航技术公司主营业务是生产研发通信、导航等芯片，该公司近期对芯片的生产研发力度较以往显著提升，未来将推动扩大芯片产品在境内的销售渠

道。芯片设计类企业表示，集团总部近几年不断加大芯片研发资金投入，协调上游产业链联合研发，寻求产品升级，提升高端芯片生产能力，增强核心技术，争取早日打破美国限制材料对行业的制约。

（三）将合规管理提升到新的高度

调研中多数企业表示，中兴事件暴露了中国企业管控合规风险能力的滞后以及企业合规管理体系的重大缺陷。企业将进一步提升合规经营意识，深入了解经济高度全球化时代全球型公司的竞争方式，提升自身以合规为基础的全球竞争力。部分芯片类企业集团及下属涉及与美国有关进出口业务的公司为应对此次事件专门建立了一级部门——合规部，通过培训、公司内部管理、专业人员监测等方法将合规风险降到最低，同时敦促合作伙伴遵守各国法律。

四、政策建议

（一）合理加大对国内芯片产业技术研发环节的政策支持，精细化扶植细分领域龙头企业

一是由于芯片研发费用投入大，但因成果实现周期长且具备不确定性，往往难以获得银行融资，希望有关部门加大配套金融和外汇支持政策，持续推进国家集成电路产业基金投入。二是希望政府借助行业专家资源，评估相关企业的生产研发芯片技术类型，优先支持国产工业级芯片等薄弱领域发展。三是建议基于双链条[①]对各环节细分领域龙头企业进行差异化扶植，对芯片的重大技术突破给予重大奖励，避免重复引进或过度开发中低端芯片，挤占现有自主芯片市场，产生局部过剩。

（二）鼓励国产芯片的产业化规模应用，推动芯片产业上下游联合开发合作

一是从政策层面推动相关行业标准出台，鼓励应用自主研发技术，逐步实现重要领域国产化自主可控；二是逐步提高信息化系统中硬件设备自主可控比例，对国产芯片的产业化应用给予支持，运用市场作用从需求端间接推动国产

---

① 生产链条（设计、制造、封装、测试）及产品链条（存储芯片、处理器芯片、传感器芯片、通信芯片等）。

芯片产业发展；三是建议芯片产业链上下游企业联盟，通过联盟成员联合开发合作，实现全产业链自主可控。

（三）建立国际化人才优惠政策及激励机制，加强国际人才引进

目前，国内芯片行业高端人才资源和科技研发能力明显不足。国内该行业顶尖学者、院士数量少且缺乏经验，国外基于长期经验积累，芯片行业各领域均领跑国内一定距离，建议在芯片设计、生产制造领域建立与国际接轨的人才优惠政策及激励机制，吸引全球优秀的半导体人才加入到中国企业，为我国的半导体产业提供智力支持。

（四）提示境外合规风险，积极引导经济贸易市场预期

一是有关部门加强对涉外主体境外合规风险的提示，帮助企业加强自身合规认识，抵御海外合规风险；二是加强对经济贸易预期的引导和宣传，减少国外贸易壁垒信息对行业的冲击，提振市场情绪，促进行业快速发展。

美国市政收益债券发展经验及对我国的启示

施海韫　魏超然[①]

2014 年，新《预算法（2014 年修订）》和《国务院关于加强地方政府性债务管理的意见》（国发〔2014〕43 号）构建了我国地方政府举债融资机制的法律制度框架，我国地方政府举债行为开始合法化、规范化发展。我国地方政府专项债券与美国市政收益债券特征相近。美国是市政债券发行最早、规模最大的国家，在市政收益债券运行管理方面积累了许多经验，对美国经验的合理借鉴有利于我国地方政府专项债券市场的蓬勃健康发展。

一、美国市政收益债券概况

美国市政收益债券是指由州和地方政府及其授权机构发行的，以投资项目收益作为偿债资金来源的市政债券，是美国地方政府主要的融资工具。美国证券业及金融市场协会（Securities Industry and Financial Markets Association，SIFMA）的数据显示，2013 年以来，美国市政收益债券发行规模占比维持在55% 左右（见图 1），按面值计算的交易规模占比维持在 70% 左右（见图 2）。

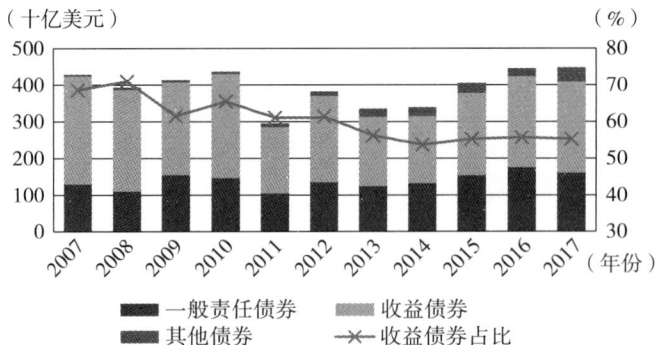

图 1　美国市政债券发行规模

---

① 施海韫、魏超然：供职于中国人民银行营业管理部国库处。

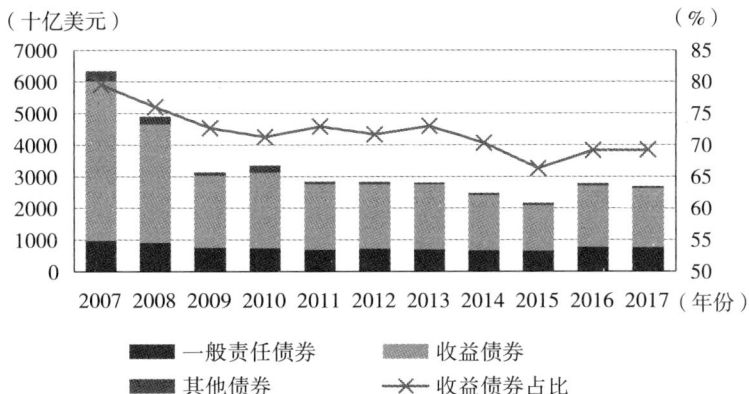

图2　美国市政债券交易规模

　　从投资者结构来看，美国市政债券由于风险低、利息税收优惠等特点，受到广大个人投资者和共同基金的欢迎，个人成为美国市政收益债券的最大持有者。

二、我国地方政府专项债券与美国市政收益债券的不同之处

　　一是发债主体不同。美国市政收益债券的发行主体除州和地方政府外，还包括政府的代理或授权机构。我国地方政府专项债券只有省级政府（包括省、自治区、直辖市政府）可以发行，市县级政府确需发行专项债券的，由省级政府统一发行并转贷给市县级政府。经省级政府批准，计划单列市政府可以自办发行专项债券。

　　二是限额管理做法不同。美国市政收益债券一般不纳入债务限额管理。我国将地方政府专项债务规模与一般债务规模一同纳入限额管理，限额由国务院确定并报全国人大或其常委会批准，分地区限额由财政部在全国人大或其常委会批准的地方政府债务规模内根据各地区债务风险、财力状况等因素测算并报国务院批准。

　　三是债务存续期限不同。美国市政收益债券的发行期限为1~30年不等，以长期债为主，且大多具有可赎回特征。我国地方政府专项债券不具有可赎回特征，发行期限为1年、2年、3年、5年、7年或10年，规定其中7年和10年期债券的合计发行规模不得超过专项债券全年发行规模的50%。

　　四是信息披露标准不同。美国对市政债券信息披露有明确的法律要求，制定了较完善的信息披露准则和规范性文件，还建立了全美统一的市政债券信息披露电子系统。目前我国尚未出台专项债券信息披露相关的准则或指引，也尚

未建立全国统一的专项债券信息披露电子系统。

五是债券增信措施不同。美国对初始信用评级较低的市政收益债券有两种增信方式，地方政府可以通过设立偿债准备金，或者购买保险的手段为市政收益债券提供偿付保障，从而提高市政收益债券信用评级，降低违约风险。我国地方政府专项债券的偿付由省级政府信用担保，暂未建立增信制度。

六是自律监管机制不同。美国对市政收益债券的监管以自律监管为主。自律机构并不直接监管债券发行人或债券的发行兑付工作，而是对债券市场的参与机构和从业人员进行监管。我国地方政府专项债券的监管机构为财政部驻各地财政监察专员办事处，办事处负责规范专项债券的发行、资金使用和偿还等行为。

七是风险隔离措施不同。除少数有地方政府担保的收益债券外，美国地方政府对市政收益债券不负有担保和偿还责任，从而实现了项目风险与地方政府的充分隔离。相较而言，我国地方政府对其发行的专项债券具有完全偿债责任。

八是破产保护规定不同。美国《破产法》为地方政府设计了一套完整的债务清理程序，允许无力偿还债务的地方政府（不包括州政府）申请破产保护，将自己从违约边缘拯救回来。目前我国尚未建立地方政府破产保护制度。具体见表1。

表 1　我国地方政府专项债券与美国市政收益债券的区别

类别	我国地方政府专项债券	美国市政收益债券
定义	地方政府为有一定收益的公益性项目发行的、约定一定期限内以公益性项目对应的政府性基金或专项收入还本付息的政府债券	州和地方政府及其授权机构发行的，以投资项目收益作为偿债资金来源的市政债券
发行主体	省级地方政府	除州和地方政府外，还包括政府代理或授权机构
限额管理	纳入	—
发行期限	1 年、2 年、3 年、5 年、7 年和 10 年，其中 7 年和 10 年期债券的合计发行规模不得超过专项债券全年发行规模的 50%	1~30 年不等，以长期为主
赎回特点	不可赎回	可赎回为主
信息披露	—	信息披露准则和全美统一的市政债券信息披露电子系统

续表

类别	我国地方政府专项债券	美国市政收益债券
增信措施	—	偿债准备金制度和购买保险制度
监管部门	财政部驻各地财政监察专员办事处	SEC、美国市政证券立法委员会（MSRB）和反欺诈条款为核心的三方监管框架
政府责任	偿债责任	政府不负有担保和偿还责任，项目风险和地方政府充分隔离（少数有政府担保的收益债券除外）
破产保护	—	适用于符合法律要求的市政当局，包括市、县、镇一级地方政府，学区、公共区域，以及诸如桥梁、高速公路等收费运营主体，但不包含州政府

三、美国市政收益债券的先进经验

（一）自主的债券发行职权

美国市政收益债券发行主体广泛，州和地方政府及其代理或授权机构均可发行，发行规模不纳入限额管理，且大多无地方政府担保，发行与否完全自主。在美国发达的资本市场与监管体制下，市政收益债券与普通企业债券特征相似。

（二）灵活的债券存续期限

美国市政收益债券通常将长期发行期限与可赎回条款综合应用，使其实际存续期限更加灵活，能够更好地匹配基础资产的项目周期和不同阶段的资金需求，同时减少不必要的举债行为，缓解发行人偿债压力。

（三）完备的信息披露制度

在信息披露方面，美国构建了较完备的法律制度框架、内容规范和格式标准以及全美统一的市政债券信息披露电子系统，这种自上而下的制度安排能够保证市政债券相关信息及时、准确、便捷地为市场参与者所用。

（四）有效的信用增进方式

政府性的偿债准备金制度和市场化的购买保险制度通过不同的手段为美国初始信用评级较低的市政债券提供偿债担保，一方面有利于提高地方政府融资效率，另一方面有利于保护投资者利益，降低市政债券违约风险。

（五）专业的自律监管组织

美国 MSRB、FINRA、NFMA 等自律组织负责制定市政债券相关规则，协助 SEC 对债券市场的参与机构和从业人员进行监管。相对于政府监管来说，自律组织的监管更加专业细致，涉及的范围更加全面，对市场的影响更加深远。

（六）可靠的破产保护制度

破产保护制度是美国市政收益债券爆发违约风险的最后一道防线，可以使地方政府在保证其基本公共服务职能的前提下，通过集体协商方式与所有债权人达成新的债务清偿协议，将自己从财务危机中解救出来，实现财政复兴。

四、美国市政收益债券发展经验对我国的启示

（一）简政放权，逐步实现专项债券发行自主化

实现我国地方政府专项债券发行自主化，一是要逐步扩宽专项债券发行主体范围，将专项债券发行主体从省级政府扩展到市县级政府，进而扩展到地方政府授权机构。二是要完善专项债券发行的配套制度，为市县级地方政府设定适当的举债限额，明确地方政府债务限额设置的算法和依据，实现限额确定程序的公开透明，使限额设置更好地与地方政府财力相匹配。

（二）丰富品种，推进专项债券条款设置多样化

我国地方政府专项债券条款设置形式单一，存在很大的发展空间。其一，适当扩宽专项债券发行期限范围，有利于地方政府根据项目周期和自身发债优势灵活选择发行期限，在短期利率优惠与长期稳定的资金来源之间做出权衡。其二，为专项债券增加可赎回条款，有利于专项债券存续期限更好地匹配项目

周期，避免不必要的举债行为。其三，将专项债券票面利率设计为浮动利率或零利率，为投资者提供更多选择，有利于地方政府专项债券的市场化发展。

（三）加强管理，规范信息披露和信用评级制度

一方面，要从法律或法规层面约束和规范地方政府信息披露行为，设计信息披露的规范性指引，并建立全国性统一的地方政府专项债券信息披露数据平台，方便公众查询。另一方面，要打破清一色的高评级现状，拉开不同地区、不同项目地方政府专项债券信用评级之间的差距，规范信用评级公司的评级标准，客观公正、实事求是地评价专项债券信用风险情况，并按固定频率及时更新评级报告。

（四）增强信用，建立偿债基金和购买保险制度

引入信用增进制度，一是要鼓励地方政府以债券发行的溢价收入、发行人自有资金以及投资项目收益建立偿债准备金，二是要引入市场化的增信手段，培育发展债券保险品种，鼓励地方政府为其发行的专项债券购买保险，以保障债券本金和利息的偿还。

（五）多级监控，跟踪资金流动并成立自律组织

多级监控是指监管当局、行业自律组织、社会公众对地方政府专项债券风险的监控行为。其一，监管当局应当建立项目资金跟踪机制，监控资金流动，跟踪项目进展，预测项目未来现金流，保证现金流对债券偿付的充分覆盖。其二，应成立地方政府专项债券市场自律组织，由这些自律组织来制定规则规范市场参与者的行为，提升市场参与者的道德素养和专业水平。其三，地方政府辖区的社会公众是地方政府专项债券项目运行最直接的受益者和最直观的监督者，应鼓励社会公众对地方政府专项债券资金运行的监督，建立举报机制从基层获取信息，防范违约风险。

（六）隔离风险，允许破产保护或剥离政府信用

作为地方政府专项债券风险管理的最后一环，当地方政府专项债券出现无法按时还本付息的情况时，破产保护制度可以避免地方政府陷入财务危机，同

时保证其基本的公共服务职能。建立地方政府破产保护或债务清理程序，能够将债务风险遏制在萌芽状态，实现风险隔离。此外，在限额管理、信息披露、信用评级、信用增进、多级监控等市场机制健全的情况下，地方政府专项债券可以尝试剥离政府信用，仅以项目收益和债券保险作为偿债资金保障，从而实现地方政府与专项债券风险的充分隔离。

参考文献

［1］李艳.市政收益债：中美对比与经验借鉴［J］.国际金融,2017（11）：57–62.

［2］钟永红.美国市政债券偿债机制经验及启示［J］.征信,2015（1）：61–65.

［3］祁志伟,阮峥.美国市政债券相关制度介绍及对我国的启示［J］.债券，2014（2）：64–70.

基于空间经济学的金融资源分布与产业发展

陶娅娜[①]

优化金融资源分布，提升金融资源配置效率，既是新时代推动金融业高质量发展、实现金融与实体经济良性互动的重要途径，也是深化金融供给侧结构性改革的重要内容。本文基于空间经济学研究框架，运用空间计量建模方法，对金融资源分布影响产业发展的作用机制进行了理论研究和数值模拟分析，从空间维度丰富了对金融集聚与经济增长关系的认识。

一、文献综述

伴随空间计量经济学的研究逐渐深化（Anselin，1987；Lesage et al.，2009），国内学者将空间计量方法应用于我国金融布局、产业升级和经济增长中的空间效应研究。王修华和黄明（2009）认为我国金融资源空间分布呈现非均衡态势；利用各个区域的差异和互补共生性来实现金融资源空间分布的协调与优化，形成区域间互补型的金融资源空间分布结构，能够提高金融资源的整体空间配置效率。孙晶和蒋伏心（2013）验证了金融集聚对区域产业结构升级的空间溢出效应。周海鹏等（2016）的研究结果表明，金融产业集聚和经济增长存在明显的空间自相关，金融产业集聚对经济增长规模和经济增长质量均有正向促进作用。

二、基于空间经济学的模型构建

（一）数据来源和变量选择

本文选择中国省际面板年度数据（样本中不含港澳台地区）研究金融业分布对产业发展的影响，样本区间为2007~2016年。数据来源于国家统计局和

---

① 陶娅娜：供职于中国人民银行营业管理部金融研究处。

Wind。被解释变量为采用区位熵方法计算出的产业集聚指数。解释变量包括：

（1）金融业集聚指数。计算方法为区位熵。i区域内金融业的集聚指数 Ei 为：

$$E_i = \frac{\text{金融业总产值}_i / GDP_i}{\text{行业全国总价值} / GDP} \tag{1}$$

（2）金融机构异质性。指同一地区金融机构分布的差异性大小，本文使用各地不同金融机构的营业网点数量占金融机构总数量比重的标准差来计算。统计的金融机构种类包括：大型商业银行、政策性银行、股份制商业银行、城市商业银行网点、小型农村金融机构、信托公司、邮政储蓄、外资金融机构、新型农村金融机构。

（3）融资渠道异质性。本文通过计算各地信贷、股票、债券融资金额占社会融资规模总量比重的标准差来度量。

（4）金融信息传播能力。本文通过计算各地网民普及率与移动电话用户普及率之和来度量。

（5）其他控制变量包括投资和对外开放程度，分别以固定资产投资占GDP 比重和对外直接投资流量占 GDP 比重度量。

（二）空间计量模型设定

Anselin（1987）考虑了空间数据的非匀质性后建立空间计量模型，主要包括将空间滞后被解释变量纳入模型中的空间自回归模型（Spatial Autoregressive Model, SAR）。将空间滞后误差项纳入模型中的空间误差模型（Spatial Error Model，SEM）等。

空间误差模型（SEM）在解释变量中加入空间滞后误差项，参考张辉等（2016）的研究，本文将方程设定如下：

$$C_{it} = \beta_0 + \beta_1 E_{it}^{\text{finance}} + \beta_2 E_{it}^{\text{finance}} \times F_{it} + \beta_3 \text{invest}_{it} + \beta_4 \text{fdi}_{it} + \beta_5 \text{gdp\_per\_capita}_{it} + \lambda W\varepsilon_t + \mu_{it} \tag{2}$$

$$\mu_{it} \sim N(0, \sigma^2 I_n)$$

空间自回归模型（SAR）在解释变量中加入空间滞后算子 Wc。Wc 的计算方法为标准化空间权重矩阵乘以原空间相关变量 c2，即 Wc=W·c。

SAR 的回归方程设定如下：

$$C_{it} = \beta_0 + \beta_1 E_{it}^{\text{finance}} + \beta_2 E_{it}^{\text{finance}} \times F_{it} + \beta_3 \text{invest}_{it} + \beta_4 \text{fdi}_{it} + \beta_5 \text{gdp\_per\_capita}_{it} + \rho W_c + \mu_{it} \tag{3}$$

$$\mu_{it} \sim N(0, \sigma^2 I_n)$$

（三）空间权重矩阵设定

本文采取 Rook 相邻，即根据两省市地理位置上是否拥有共同边界定义空间权重，考察地理因素的重要性。具体估算中，本文对相邻矩阵进行标准化处理，通过矩阵变化，使每一行之和为 1，空间权重矩阵就是所有空间单元与单元在相邻关系中的权重。

（四）空间相关性检验

Moran's I 指数是最早应用于全局空间相关性检验的方法。定义如下：

$$\text{Moran's I} = \frac{n \sum_{i=1}^{n} \sum_{j=1}^{n} \omega_{ij} (x_i - \bar{x})(x_j - \bar{x})}{\sum_{i=1}^{n} \sum_{j=1}^{n} \omega_{ij} \sum_{i=1}^{n} (x_i - \bar{x})^2} \tag{4}$$

其中，n 是研究区内地区总数，ω_{ij} 是空间权重。当空间权重矩阵的设定为邻接矩阵时，区 i 域与区域 j 相邻，$\omega_{ij}=1$，否则，$\omega_{ij}=0$。$\bar{x} = \sum_{i=1}^{n} x_i / n$ 是属性的平均值。

三、检验结果

（一）空间相关性检验结果

基于邻接空间权重矩阵，本文采用 Moran's I 指数和拉格朗日乘数形式 LMlag、LMerr 对中国省际金融因素对产业集聚影响的全局空间相关性进行检验，检验结果见表 1。

表 1　空间相关性检验结果

	Moran's I	LMerr	LMlag
指标结果	0.3875	168.03	73.9037
t / 卡方统计量	8.8098	17.611	17.611
Prob.	0.0000	0.0000	0.0000

检验结果显示：第一，Moran's I 显著为正，表明金融业集聚具有显著的

正向外溢效应，金融业布局存在高度的空间集聚特征，验证了建立空间计量模型研究金融集聚与产业集聚关系的必要性。第二，LMerr、LMlag 等统计量值都十分显著，表明被解释变量和扰动项存在空间滞后自相关。考虑分别建立空间误差模型（SEM）和空间自回归模型（SAR）以度量金融因素对产业集聚的影响。

（二）空间面板模型估计结果

为对比验证计量结果的稳健性，本文采用纳入空间滞后误差项的空间误差模型（SEM）和纳入空间滞后被解释变量的空间自回归模型（SAR）两种方法分析空间溢出效应，估计结果分别见表 2 和表 3。

表 2　空间误差模型（SEM）估计结果

变量	模型 1	模型 2	模型 3	模型 4
金融业集聚指数	0.4416*** （0.014）	0.4090*** （0.018）	0.4217*** （0.014）	0.4257*** （0.014）
金融业集聚指数 × 金融机构异质性		0.0160*** （3.30e-03）		
金融业集聚指数 × 融资渠道异质性			0.0156** （5.05e-03）	
金融业集聚指数 × 金融信息传播能力				0.0229** （9.11e-03）
投资	0.6959*** （0.0218）	0.6111*** （0.0259）	0.6572*** （0.0238）	0.6651*** （0.0237）
对外开放程度	1.30e-03 （7.88e-04）	7.98e-04 （7.71e-04）	1.00e-03 （7.95e-04）	1.20e-03 （7.74e-04）
λ	0.540***	0.571***	0.573***	0.547***
Observations	310	310	310	310
Log likelihood	166.20	180.31	172.20	171.15

表3　空间自回归模型（SAR）估计结果

变量	模型1	模型2	模型3	模型4
金融业集聚指数	0.3339*** （0.015）	0.3281*** （0.015）	0.3298*** （0.015）	0.3298*** （0.015）
金融业集聚指数 × 金融机构异质性		3.40e-03* （2.01e-03）		
金融业集聚指数 × 融资渠道异质性			8.19e-04 （3.17e-03）	
金融业集聚指数 × 金融信息传播能力				2.30e-03 （5.66e-03）
投资	0.2843*** （0.030）	0.2682*** （0.030）	0.2743*** （0.030）	0.2743*** （0.030）
对外开放程度	4.91e-04 （5.95e-04）	6.94e-04 （6.03e-04）	5.56e-04 （6.54e-04）	5.38e-04 （6.07e-04）
ρ	0.484***	0.473***	0.482***	0.479***
Observations	310	310	310	310
Log likelihood	223.90	226.13	224.79	224.85

　　SEM 和 SAR 的回归结果均显示：第一，金融业集聚指数的回归系数为正且在 1% 的显著性水平下显著，这在一定程度上说明区域间金融发展水平的提高对实体产业发展具有正向影响。进一步采用格兰杰因果关系检验验证这一作用（见表4）。结果显示，在 1% 的显著性水平下，拒绝了金融业集聚不是产业集聚的格兰杰原因这一假设，但没有拒绝产业集聚不是金融业集聚的格兰杰原因的假设，进一步表明金融业集聚是促进产业集聚的重要因素，体现了金融在推动实体经济发展中的重要作用。第二，空间误差模型中变量 λ 和空间自回归模型变量 ρ 都为正，且在 1% 的显著性水平下显著，表明了金融业集聚对产业集聚的影响存在显著的正向空间溢出效应。第三，作为控制变量的投资和产业集聚呈现正相关关系。第四，考虑金融机构异质性、融资渠道异质性、金融信息传播能力与金融业集聚指数的交叉项后，发现金融业集聚指数的回归系数减小。表明在提高金融机构异质性、融资渠道异质性、金融信息传播能力后，金融业集聚对产业集聚的边际效应有所减弱。其中，以提高金融机构异质性的削弱程度最为明显。提高金融机构异质性、融资渠道异质性，能够扩大金融资源的辐射效应，提高金融信息传播能力能够促进金融服务跨区域流动。随

着金融服务水平的提高，金融中心的产业分散化作用有助于实现产业的均衡化发展，从而实现区域经济的一体化。

表4　金融集聚和产业集聚的格兰杰因果关系检验

因果关系	F统计量	Prob.
产业集聚不是金融业集聚的格兰杰原因	2.02*	0.0919
金融业集聚不是产业集聚的格兰杰原因	3.71***	0.0058

四、结论与启示

本文在空间经济学分析框架下，对金融空间分布影响产业布局的机制进行了理论研究和数值模拟分析，并运用2007~2016年中国省际面板数据进行了实证检验，得出以下结论：第一，金融业集聚指数存在显著的正向空间溢出效应。第二，投资和产业集聚呈现正相关关系。第三，随着金融机构异质性、融资渠道异质性、金融信息传播能力的提升，金融业集聚对产业集聚的边际效应有所减弱，推动产业的均衡布局和区域经济协调发展。其中，金融机构异质性提高导致的弱化程度最为明显。第四，金融异质性程度与信息扩散强度的提高可以强化区域金融合作，增强金融服务的溢出效应。主要源于异质性程度与传播能力的提升能够降低同质性竞争，提高区域金融协作效率，有助于补齐后发地区发展短板，缓解其面临的金融约束，推进该地区经济发展。

鉴于此，发挥金融力量助推地方经济发展和产业转型升级，推动区域协同发展应注意以下四点：

一是优化区域发展空间布局和功能定位，促进共同驱动、联动发展。鉴于经济增长和产业集聚的"倒U型"关系，不同地区在制定产业政策时，应充分立足自身资源要素禀赋优势和产业发展阶段，构建与城市战略定位、承载能力相适应的产业体系，促进产业空间布局的优化和良性发展，尤其要避免大城市产业集聚过度导致的不利后果，提高欠发达地区产业集聚水平。

二是建立与经济发展相适应的金融服务体系，同时兼顾区域协调，实现金融资源在更大地理空间范围内的优化配置。考虑到金融业的空间联系和空间溢出效应，应注重金融资源的空间配置与产业布局的匹配度，将服从服务于经济社会发展作为金融工作的出发点和落脚点。适应产业转型升级需要，把更多金融资源配置到经济社会发展的重点领域和重点环节，同时兼顾区域协调，实施错位发展。政府在引导产业集聚时，应结合城市发展战略和资源禀赋优势合理规划金融布局，避免资源错配。对欠发达地区实施差异化的金融政策倾斜，适度的"政策梯度"是实现区域协调发展的有效手段（张辉等，2016）。不同产业在发展模式、资本结构、风险收益等方面存在差异，这也决定了其金融需求将有所不同，一个地区的金融供给（金融机构、资金数量、资金成本、金融产品等）应与其产业的金融需求相适应，过多或过少的金融投入都容易造成资源错配。

三是完善金融供给，推进金融改革创新，提升区域整体金融体系活力和资源配置效率。在提升金融机构与融资渠道异质性方面，应围绕支持实体经济转型发展，拓展金融市场的宽度和深度，提供更加多元化和多样性的金融工具和金融服务，建立更加开放、包容、具有韧性的金融市场体系，创造优良的金融生态环境。重点聚焦增加金融市场交易主体、丰富交易工具、降低交易成本、扩大交易规模、优化金融发展营商环境等方面推进金融创新，拓宽融资渠道。加快融入全球金融体系，引入更多的市场主体参与竞争，实现金融的高端化和异质化。

四是加强区域金融信息共享，扩大金融服务正向溢出。努力打破区域信息壁垒，借助新型信息通信技术，利用大数据、云计算的发展加强金融信息扩散共享，化解信息不对称，降低交易成本，进而促进金融服务正向溢出效应的扩大，形成对周边地区经济社会发展的有效辐射，促进区域协同发展。

参考文献

［1］孙晶，蒋伏心. 金融集聚对区域产业结构升级的空间溢出效应研究——基于 2003—2007 年省际经济数据的空间计量分析［J］. 产经评论，2013（4）：5–14.

［2］王修华，黄明. 金融资源空间分布规律：一个金融地理学的分析框架［J］. 经济地理，2009（11）：1808–1811.

［3］张辉，刘鹏，于涛等. 金融空间分布、异质性与产业布局［J］. 中国工业经济，2016（12）：40–57.

［4］周海鹏，李媛媛，李瑞晶. 金融产业集聚对区域经济增长的空间效应研究［J］. 天津财经大学学报，2016（2）：63–76.

［5］Anselin L，Spatial Econometrics：Methods and Models［J］. Economic Geography，1987，65（2）：160–162.

［6］Lesage J P，Pace R K，Introduction to Spatial Econometrics. Introduction to Spatial Econometrics［J］. CRC Press，2009：513–514.

非金融企业杠杆率：事实、影响、动因与对策

陈阳[①]

一、引言

作为决胜全面建成小康社会的三大攻坚战之首，打好防范化解重大风险攻坚战，防控系统性金融风险是重中之重。其中，高杠杆是宏观金融脆弱性的总根源。在中国各部门的宏观杠杆率中，非金融企业的杠杆率已经高于国际警戒线，在近年来无论是规模还是增长率都值得关注。为了对企业杠杆率有进一步的认识和研究，本文梳理了近年来国内外关于非金融企业杠杆率的研究文献，并从四个部分进行评述。第一部分从宏观和微观两个视角概括了中国企业杠杆率的变化趋势和现状；第二部分总结出过高的企业负债对经济的负面影响；第三部分从微观、宏观和制度三个维度讨论了企业杠杆率的驱动因素；最后本文提出去杠杆的三个政策建议。

二、杠杆率的特征事实

非金融企业的杠杆率往往从宏观和微观两个层面进行观察。在宏观层面，企业部门的宏观杠杆率一般定义为部门债务总额与GDP之比，而微观上的企业杠杆率一般由企业的总负债与总资产的比率来衡量。

宏观上，非金融企业部门的债务规模在近几年来大幅增长，占GDP的比重也创下新高。如图1所示，截止到2015年底，金融部门、居民部门、政府部门（包含地方融资平台）和非金融企业部门的债务规模与GDP之比分别为21%、40%、57%和156%，其中非金融企业部门的债务规模与GDP之比是四个部门中最高的。如图2所示，中国非金融企业杠杆率的增长水平居于世界前列，领先于发展中国家。

---

① 陈阳：供职于中国人民银行营业管理部外汇综合业务处。

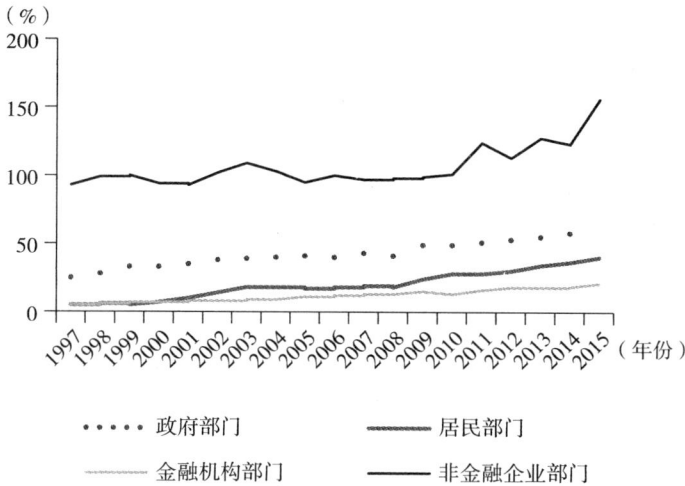

图1 各部门杠杆率

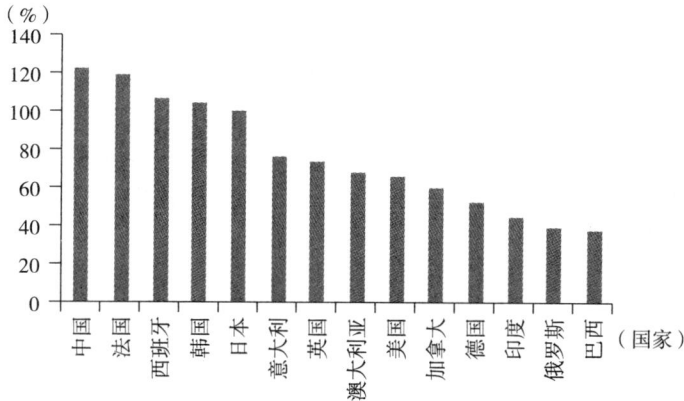

图2 2014年各国非金融企业债务/GDP

微观上，大多数企业的杠杆率在近年来呈下降趋势，杠杆率显著增加的企业集中在一小部分上市公司、国有企业，以及房地产、建筑业等少数行业。从总体上来看，钟宁桦（2016）研究了工业企业数据库，发现在1998~2013年这15年间，中国大部分工业企业已经显著地"去杠杆"了，而显著"加杠杆"的是少数大型、国有、上市公司。而上市公司整体的平均杠杆率自2007年以来保持上升的趋势（Mali Chivakul，2015），但与主要经济体相比，上市公司的杠杆率处于较低水平（陈卫东，2017）。从结构方面来看，上市公司的杠杆率分布具有厚尾特征，2007年以来，杠杆率在前25%的上市公司平均杠杆率呈现上升趋势，而其他企业的平均杠杆率是下降的（Wenlan Zhang，2015）。从所有制方面来看，2008 年之后，国有企业的杠杆率高于非国有企业，国有企业的杠杆率显著上升，而非国有企业杠杆率下降。从行业来看，2008 年之后新增的公司债务很大一部分集中在少数大型房地产和建筑企业，此外，显著"加杠杆"的企业还包括过剩产能和能源等行业（Wenlan Zhang，2015）。在债务总体规模增长的同时，信贷分配的效率不断下降，存在信贷资源错配的问题。

综上，观察非金融企业的杠杆率可以发现以下两点基本事实：第一，宏观杠杆率和微观杠杆率在近年来发生了背离。纪敏等（2018）认为微观杠杆率可以分解为（总负债/GDP）×（GDP/总资产），其中前者是宏观杠杆率，后者相当于增加值表示的资产效益，也即经济效率。宏微观杠杆率的背离，是资产收益率下降的体现。第二，中国非金融企业杠杆率的问题是结构性的。大部分债务规模的增加由小部分的企业承担，而这些企业集中在上市公司、国有企业以及建筑业等特定行业中。

三、杠杆率过高的影响

企业部门债务过高对经济产生的影响，主要有两条路径：一是企业债务负担过重导致自身利润的下降和经营状况的恶化，会影响整个经济的增速，并且存在部门间交叉传染的风险，最终导致系统性金融危机；二是较大的债务规模，意味着利率上升将会产生严重的后果，从而导致财政政策和货币政策的空间将变得十分有限。

Reinhart 和 Rogoff（2010）利用世界经济合作与发展组织（Organization for Economic Cooperation and Development，OECD）中 18 个国家 1980~2010 年的宏观债务数据进行研究，得出的结论是，企业债务占 GDP 比重超过 90% 时会拖累经济增长，加深经济衰退。企业部门过高的负债水平将对财政政策产生制约。一般而言，扩张的财政政策会导致利率的提升，从而加重企业部门的债务负担。因此，当一国的企业债务水平较高时，财政政策的可操作性将大打折扣。通过对各个部门资产负债表变化的研究，Koo（2008）认为各个经济主体部门之间的债权债务关系存在一定相关性，部门主体之间的债务风险会相互交叉传导，最终对国家政体的宏观经济产生冲击。债务负担较重的企业在受到经济衰退等外部冲击时，违约概率大大增加。这将导致银行的不良贷款率、呆账坏账比例提升，债券市场违约事件增多，诱发一系列信用风险爆发，从而产生系统性金融危机。对于企业来说，过高的债务在企业经营状况较差的情况下，造成较重的债务负担，进而影响企业的业务扩张，对经济产生负面影响。在实体经济的实际利率走高时，企业债务加重，外部融资成本上升，从而导致企业资产负债表的恶化，最终受影响的还有银行和地方政府的资产负债表。在这一连锁反应之下，生产部门的通货紧缩可能通过"金融加速器"机制继续恶化，这需要中国经济的积极转型和升级来解决。

四、杠杆率的驱动因素

（一）微观因素对企业资本结构的影响

微观上，企业关于杠杆率的决策实质上可以看作企业资本结构的决策。对杠杆率影响因素的研究涉及了企业规模、有形资产占比、盈利能力、成长性、收益波动性、非债务税盾等各种代表企业自身特征的微观因素。部分文献还探索了如技术创新、企业持股金融机构等较为新颖的影响因素。

黄贵海等（2004）对中国上市公司的数据进行研究，发现中国上市公司的财务杠杆随企业规模、非债务税盾和公司固定资产的增加而增大，随公司盈利能力的增加而减小，而且同上市公司所属行业相关。钟宁桦（2016）利用工业企业数据，发现企业的经营性风险上升、有形资产比例下降以及盈利能力的提高，与负债率的下降一致。于博（2017）发现技术创新通过强化企业市场竞争能力和调整成本对冲能力来调节企业杠杆水平，对过度杠杆企业表现为"去杠杆"效应，对杠杆不足企业表现为"加杠杆"效应。刘贯春（2018）对上市企业进行研究，发现企业的金融资产持有份额与企业杠杆率显著负相关，在企业融资活动中扮演着蓄水池功能，具有预防性储蓄动机；金融渠道获利与企业杠杆率显著正相关，金融化特征会加剧企业杠杆率上升，上述效应主要体现于短期负债。

（二）宏观因素对企业资本结构的影响

本节归纳了研究宏观经济与企业杠杆率相关性的主要文献，主要讨论企业负债的顺或逆周期性。此外，企业的行业平均负债、货币政策、财政补贴政策、政策不确定性等，都会对企业的杠杆率产生相应的影响。

Hackbarth、Mial 和 Morellec（2003）建立的模型指出，企业的借贷能力呈现顺周期性，资本结构的规模和调整的速度决定于宏观经济环境。Levy 和 Hennessy（2007）利用一般均衡模型检验了企业融资决策的选择，研究证明在宏观经济较差的时期，企业更有可能减少负债。Bhamra 等（2010）指出，公司在经济较差的时期，对债务融资变得更保守，以便在经济好转时能够拥有更好的财务灵活性来提高杠杆。而李扬（2015）提出了非金融企业杠杆率的逆周期特性。在负债保持不变的情况下，资产价格具有明显的顺周期特性。同时由于货币政策的逆周期特性使经济繁荣时期的负债成本较高，从而产生负债的逆周期特性。

Frank 和 Goyal（2009）的研究表明，行业的平均负债率对企业负债率具有较强的解释力。伍中信等（2013）发现货币政策对流动负债的影响程度远远大于长期负债。纪洋（2018）认为经济政策不确定性与杠杆率的走势分化显著相关。不确定性指数每增加 1 个标准差，国有企业杠杆率增加 2.05 个百分点，非国企杠杆下降 1.35 个百分点。于博（2017）发现政府补贴与税收优惠可以产生杠杆率调整的"加速效应"，加速程度对不同所有制和不同成长能力的企业具有异质性。此外，行业整体创新水平能够显著加速企业"去杠杆"进程。

（三）制度因素对企业资本结构的影响

制度因素主要指企业所有权性质。大部分研究表明，风险更高、效率更低的国有企业甚至僵尸企业反而能够更容易地获得贷款，这主要是由于国有企业的社会责任、预算软约束和隐形的政府担保。国有企业高杠杆降低了金融资源的配置效率，拖累长期的经济增长，积聚了债务风险。

Ding 等（2005）研究了中国的上市公司，发现在同等条件下，银行贷款更倾向于借给国有企业。张洽（2013）通过实证分析表明，中国的国有企业的负债显著高于非国有企业，盈利能力和生产效率却低于非国企。钟宁桦（2016）发现，国有企业和私营企业在获得贷款的概率上差异越来越大，究其原因，中国的国有企业承担了更多社会责任，如解决就业问题、保持 GDP 增速等（Bo，et al.，2009）。因此，国有企业有了更强烈的动机进行举债。而银行出于政策的倾向性，也倾向于向国有企业放贷。因此，国有企业在获得更低价格贷款的同时，还款的压力也并不紧迫。

Mali Chivakul（2015）通过实证分析证明，央企最容易在利率上升中遭遇债务危机。施康和王立升（2016）运用省级数据进行回归分析发现，在私有企业比重越高的地区，信贷对经济增长的贡献率越高。王宇伟（2018）通过固定效应回归发现，在 2008 年以来宽松的宏观政策环境下，金融资源被过多配置到资产周转率和增加值较低的企业，是今年企业部门杠杆率猛增的主要原因。金融资源的产权错配和行业错配是中国宏观企业部门杠杆率飙升的重要原因。

五、去杠杆的政策建议

首先要明确去杠杆的主体。通过对主要企业数据库的结构性统计，设置关键财务指标的阈值，从而识别出具有以上特征的高杠杆企业，尤其是僵尸企业，进行重点监测和处置。此外，还需要关注作为金融中介进行吸贷放贷的非金融企业。

其次要做好持久战的准备工作。一方面，要提前预估处置企业可能产生的损失，尽可能做好损失的分配承担安排，将冲击性降到最低。另一方面，具体措施也需要具体到企业，不打折扣地落实。在政策推进和落实的过程中，更需要将政策执行到底。

最后要建立起长效机制，从源头减少金融资源的错配。增强国有企业的预算约束，提高国有企业运营效率，并建立低效企业退出机制；提高直接融资比重，建立多层次的资本市场；不断促进市场化水平的提升，最终提高整体经济效率。

参考文献

［1］黄贵海，宋敏. 资本结构的决定因素——来自中国的证据［J］. 经济学（季刊），2004，3（1）：395-414.

［2］纪敏，严宝玉，李宏瑾. 杠杆率结构、水平和金融稳定——理论分析框架和中国经验［J］. 金融研究，2017（2）：11-25.

［3］纪洋，王旭，谭语嫣，黄益平. 经济政策不确定性、政府隐性担保与企业杠杆率分化［J］. 经济学（季刊），2018，17（2）：450-470.

［4］李扬，张晓晶，常欣，等. 中国国家资产负债表2015——杠杆调整与风险管理［M］. 北京：中国社会科学出版社，2015.

［5］刘贯春，张军，刘媛媛. 金融资产配置、宏观经济环境与企业杠杆率［J］. 世界经济，2018，41（1）：148-173.

［6］王宇伟，盛天翔，周耿. 宏观政策、金融资源配置与企业部门高杠杆率［J］. 金融研究，2018（1）：36-52.

［7］伍中信，张娅，张雯. 信贷政策与企业资本结构——来自中国上市公司的经验证据［J］. 会计研究，2013（3）：51-58.

［8］于博. 技术创新推动企业去杠杆了吗？——影响机理与加速机制［J］. 财经研究，2017，43（11）：113-127.

［9］张洽. 企业盈利能力、负债水平和生产效率的实证分析——基于我国国有企业与私营企业比较视角［J］. 华东经济管理，2013（3）：140-145.

［10］钟宁桦，刘志阔，何嘉鑫，苏楚林. 我国企业债务的结构性问题［J］. 经济研究，2016（7）：102-117.

［11］A Levy，C Hennessy. Why Does Capital Structure Choice Vary with Macroeconomic Conditions?［J］. Journal of Monetary Economics，2007，54（6）：1545-1564.

［12］Bo，Hong，Tao Li & Linda A. Toolsema. Corporate Social Responsibility Investment and Social Objectives：An Examination on Social Welfare Investment of Chinese State-Owned Enterprises［J］. Journal of Political Economy，2009，56（3）：267-295.

［13］Carmen M. Reinhart，Kenneth S. Rogoff. Growth in A Time of Debt［R］. NBER Working Paper，January 2010.

［14］D Hatzinikolaou，G M Katsimbris，A G Noulas. Inflation Uncertainty and Capital Structure：Evidence From a Pooled Sample of the Dow-Jones Industrial Firms［J］. International Review of Economics & Finance，2002，11（1）：45-55.

［15］Ding Lu，Shandre M. Thangavelu & Qing Hu. Biased Lending and Non-Performing Loans in China's Banking Sector［J］. Journal of Development Studies，2005，41（6）：1071-1091.

［16］D Hackbarth，J J Miao，E Morellec. Capital Structure，Credit Risk，and Macroeconomic Conditions［J］. Financial Economics，2003，82（3）：519-550.

［17］H S Bhamra，L A Kuehn，I A Strebulaev. The Aggregate Dynamics of Capital Structure and Macroeconomic Risk［J］. Social Science Electronic Publishing，2010，23（12）：4187-4241.

［18］Mali Chivakul，W. Raphael Lam. Assessing China's Corporate Sector Vulnerabilities［R］. IMF Working Paper，2015-03.

［19］Wenlan Zhang，Gaofeng Han. Brian Ng and Steve Chan. Corporate Leverage in China：What Has It Increased Fast in Recent Years and Where Do the Risks Lie［R］. HKIMR Working Paper，2015-10.

无现金化对人民币法偿地位的挑战及对策分析

王雷 等①

无现金化是指以电子支付方式取代现金支付，使刷卡支付、移动支付等"无现金"支付方式成为主流支付方式。近年来，许多国家和地区现金交易数量和金额都在下降，"无现金"支付飞速发展，加快推进了"无现金社会"的变革。国内随着互联网技术和金融创新的发展，无现金化在越来越多的支付场景下成为现实。

一、无现金化的提出、影响与发展

移动网络等技术的飞速发展与用户数量的规模增长，为无现金化支付提供了坚实的软硬件基础，2015 年微信支付首次提出了"8·8无现金日"，而以"盒马鲜生"为代表的"无现金"结算商户越来越多地出现在我们生活中。进入 2017 年，以微信、支付宝为代表的移动支付商将"无现金"概念引入白热化，"无现金社会""无现金日"等热门词汇频频出现在各大媒体报道中，一时之间随着商家的纷纷涌入以及扫码支付的方便快捷，在整个社会中产生了很大的影响力。杭州市率先推出"无现金支付城市"建设，随即武汉、福州、天津、贵阳、青岛、常州六个城市相继加入，主要在政务、交通、医疗、教育、社保等公共服务领域启动无现金支付。但是随着无现金概念的热捧，有些地区和行业出现了拒收人民币现钞的行为，在一定程度上威胁了人民币的法定货币地位，亟待监管部门密切关注并进行指导。

二、北京地区无现金化现状分析

《2017 年智慧生活指数》报告显示，北京是我国"最智慧"的城市。因

---

① 王雷：供职于中国人民银行营业管理部货币金银处。参与课题研究人员：祝艳，供职于中国人民银行营业管理部钞票处理中心；胡月，供职于中国人民银行营业管理部货币金银处；康小宇，供职于中国人民银行营业管理部货币信贷管理处。

此，对北京地区现金与非现金支付情况的进一步调查分析，有助于掌握当前全国"无现金化"的发展进程。

（一）调查样本

本文选取北京市共计 61 家商户进行了实地走访调查，调查内容包括各类支付方式在收款金额中所占比例、商户倾向于何种收款方式、过去一年不收现金次数、不愿意收现金原因、目前不收现金所带来的影响等问题。为确保结果的准确性、客观性，对样本的选择进行了界定和规范：

一是商户性质。此次调查在样本的选取上仅选择具有实体店面的商家、具有公共服务性质的单位作为样本。类似如外卖平台、共享单车、滴滴出行等，因其本身的"互联网"因素，仅可通过线上进行交易和使用，未列入调查范围。

二是调查区域。此次调查范围涵盖了北京市全部主城区及部分远郊区县，包括西城区、东城区、海淀区、朝阳区、丰台区、石景山区、顺义区、昌平区、房山区。

三是调查行业。调查商户的行业包括商品批发零售类、住宿和餐饮类、文化体育和娱乐服务类、城市公共交通和运输服务类、旅游类、医疗卫生类、直接收取公众费用的行政事业单位和公共服务部门共计 7 个类别 61 家商户（见表 1）。

表 1　调查样本商户行业类别及名称

行业类别	商户名称	数量
商品批发零售	盒马鲜生（大成路店）、七星宏伟超市、啊呦便利店、好邻居便利店、曙光里生活超市、左家庄社区便民服务点、大自然超市、世纪联华超市、玉泉购物连锁、迪信通（通州店）、华联超市（顺义店）、淘宝百货、朝阳区曙光里卖菜摊位、杰克服装店（丰台店）、361°服饰	15
住宿餐饮	同乐迪 KTV、全聚德烤鸭店、鸿雁宾馆、京吉宾馆、速 8 酒店、汉庭酒店、7 天酒店、世纪奥城宾馆、新华苑宾馆、北大泊星地咖啡厅、芝士煎饼、宴鸭楼生煎、家乡肉饼	13
文化体育和娱乐服务	圣莱造型、发型剪艺、大帝影院、繁星剧场、天坛体育活动中心、新影联华谊兄弟影院	6
城市公共交通和运输服务	万达广场（石景山店）停车场、凯德 MALL（望京店）停车场、兴达停车场、环岛加油站、木樨地地铁站	5

续表

行业类别	商户名称	数量
旅游	中粮智慧农场、颐和园、圆明园、金海湖、中山公园	5
医疗卫生	金象大药房、健康药房、雅医家口腔、京惠丰堂大药房、国大药房、解放军总医院挂号窗口、协和医院（购买病例本）	7
直接收取公众费用的行政事业单位和公共服务部门	望京北机动车检测厂（年检验车）、中国电信朝阳区酒仙桥店、中华门街道综合执法队、京通快速路、中国移动顺义区南陈路店、诚信烟酒小卖部（充电话费）、珠江物业公司、中国邮政朝阳区西坝河、中国移动顺义区石门店、宏上超市（办理方正宽带业务）	10

（二）调查结果

一是大部分商家收款时均能接受现金及非现金支付手段。如图 1 所示，有约 91% 的商户可接受现金、银行卡、微信、支付宝等多种支付手段，有 5% 的商户只接受现金，有 4% 的商户仅接受非现金支付手段，且以微信、支付宝为主。

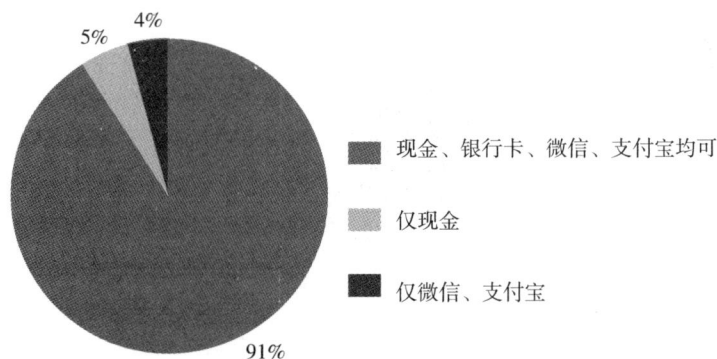

图 1 被调查商户各类收款方式占比

二是在各类收款方式占比中，现金支付、银行卡支付、微信支付宝支付占比超过 50% 的分别为 21 家、1 家、38 家，由此可见，以微信、支付宝为主的非现金支付已经占据了支付方式的主导地位。

三是从用户体验上来说，在"最喜欢用何种方式付款"方面，现金占

15.0%，银行卡占 8.3%，微信及支付宝占 76.7%，如图 2 所示。从主观上来说，用户及商家也都倾向于以微信、支付宝为代表的非现金支付方式。

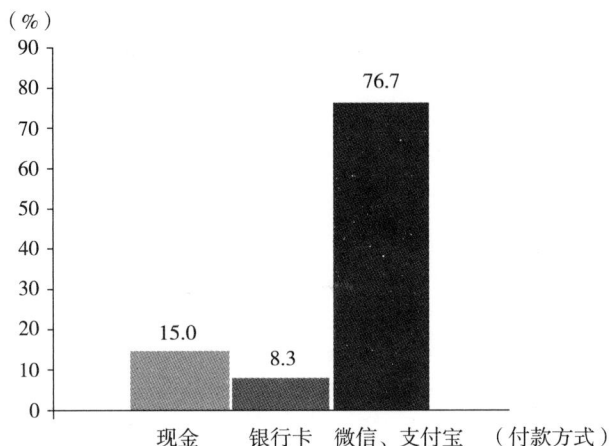

图 2 被调查商户最喜欢的付款方式占比

四是针对不收现金的情况，在被调查的商户中，过去一年出现拒收现金次数 10 次以上的为 10 家、5 次到 10 次的为 4 家，不到 5 次的为 5 家、未拒收的 41 家，占比分别达到 16.7%、6.7%、8.3%、68.3%，如图 3 所示。

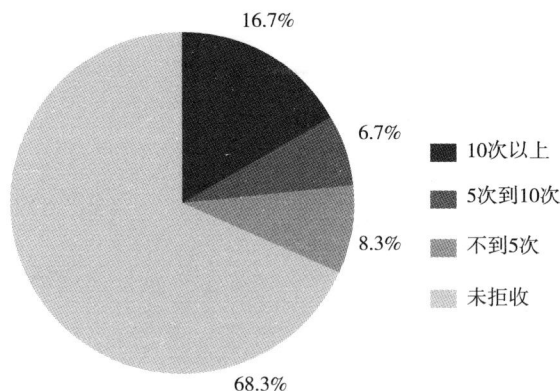

图 3 被调查商户拒收现金情况分析

在不愿意收取现金的原因选择中，"怕收到假币""没有零钱找钱""硬币清点麻烦"为最主要的三项，分别占到了 32.1%、28.6%、19.6%。

（三）现状分析

一是当前非现金支付已经成为了主流的支付方式，且受假币、找零、清点等因素影响，未来会有越来越多的商户倾向于非现金收付手段。在调查时，部分商户表示，尽管使用支付宝、微信进行收付款时，支付机构会向商户收取交易金额 0.5% 的手续费（该费率与使用 POS 机收款手续费一致），但其仍愿意为使用便捷的交易方式买单。

二是拒收现金情况大量存在，应引起高度关注。在调查中，已经有 2 家商户明确表示只接受微信、支付宝支付，不接受其他支付手段；调查结果显示，出现过拒收现金行为的商户比例为 31.7%，占到全部被调查商户的近 1/3，且出现拒收现金 10 次以上的占到全部被调查商户的 1/6。由此可见，拒收现金的情况确实已经出现，并对公众的支付行为产生了一定程度的影响，应引起关注。

三是商户对拒收现金带来的负面影响有一定的认识。在问及"不收现金会带来的影响"时，有超过 1/3 的商户认为"影响人民币形象及法定货币地位受损"为最主要影响；其次是"怕容易引起投诉"，占比达到 17.9%。因此，在拒收现金问题上，商家也认识到此种行为会影响人民币的法定货币地位，给人民币的正常流通带来阻碍。

三、无现金化对人民币法偿地位的挑战

（一）拒收现钞挑战了现行的法律规定

根据《中国人民银行法》第三章第十六条，"中华人民共和国的法定货币是人民币。以人民币支付中华人民共和国境内的一切公共的和私人的债务，任何单位和个人不得拒收"。个别商家打着"非现金化"的旗号拒绝接受人民币现钞，构成对现行法律规定的挑战。同时，关于建设无现金支付城市的地方政府政策也与《中国人民银行法》第一章第四条的规定"中国人民银行履行发行人民币，管理人民币流通职责"有所背离。

（二）构成对货币供给体系的破坏和替代

无现金化的发展影响了货币供给口径的划分。以余额宝为例，它表面上是货币市场基金，应为 M2，但是其流动性、安全性又相当于 M1，甚至 M0，而

且它的增量快、存量大，增加了中央银行监测货币供给的难度，可能造成货币统计监测指标的失真。

无现金化的发展造成现金漏损率下降，扩大了中央银行监测外的货币供给，影响了货币创造乘数。第三方支付机构吸引了大量脱离银行体系的沉淀资金，这部分资金并未征收准备金，降低了中央银行通过法定准备率、超额准备金率等货币政策工具调控货币供给的有效性。同时，花呗、借呗、京东白条等金融工具的创新，实现了部分的货币创造、信用创造功能，削弱了中央银行对货币供给的监控能力。

（三）造成数据资源的流失，催生了系统性金融风险

目前，我国非现金支付的主要机构，都在积极牵头或自建支付闭环。在此过程中，监管机构无法实时掌握非现金支付方式下的支付流、资金流、信息流，既无法做出对经济运行情况的全面准确判断，也无法对非现金支付过程中出现的问题进行及时纠正，保护消费者权益。

同时，随着行业市场深入发展，第三方机构可能通过合并成为货币体系新的垄断机构，但是其背后却没有国家信用的支撑，极易损害市场发展的公平性，引发系统性金融风险。

四、政策建议

（一）适时修订相关法律法规，维护消费者包括现金在内的多种支付选择权

建议适时修订、完善货币流通和人民币管理方面的法律法规，在保证人民币法偿地位不变的前提下，重新审视人民币及货币的定义和统计口径，扩大其法律外延，从而使具有货币属性的非现金支付类账户能够在现有的金融监管框架下得到必要的约束。

（二）微观功能监管和宏观审慎管理相结合，将非现金支付纳入货币政策监管框架和宏观审慎监测框架

建议将无现金化进程中有关支付结算、资金沉淀、货币创造、打击犯罪、信息收集、隐私保护等方面的金融功能进行划分和归类，建立跨产品、跨机构、跨市场、可协调的全方位监管网络。将影响货币供给统计口径和货币乘

数的业务类别纳入当前的货币政策监管框架，将非现金支付纳入宏观审慎监测框，提出相应的管理要求，防范系统性风险，维护金融体系的整体稳定。

（三）遵循货币发展规律，加快研发由央行发行管理的数字货币

积极参与、勇于直面互联网科技发展对货币流向、流通规模和经济运行情况的理念革新，研发具有法定货币地位的央行数字货币，由中央银行主导其发行、流转和调整，更好地发挥中央银行在金融调控、金融监管和公共服务方面的职能。

（四）规范治理各类非现金支付场景，保护消费者数据隐私

参照美国《2018 加州消费者隐私法案》，结合中国不同非现金支付场景的特点，制定符合我国国情的消费者数据收集、使用和保护机制，预防数据流失和滥用。

（五）维护人民币法偿地位，综合治理拒收现金行为

建议由人民银行组织牵头，工商部门、财税部门参与，针对个别商户、小微企业拒收现金的行为开展综合治理，采取警告、公示、信用记录、限制收单、经济处罚等多种措施，确保现金流通环境得到明显改善。

第二篇

区域经济与金融发展篇

Regional Economy and Financial Development

北京地区金融支持"一带一路"倡议的现状、问题及建议

严宝玉[①]

2013 年，习近平总书记提出"一带一路"倡议，其中资金融通是"一带一路"倡议的重要支撑。为进一步了解境内金融机构对沿线项目的支持情况，本文通过问卷调查、座谈、走访等方式对北京地区境外直接投资规模较大的 32 家企业和 21 家银行进行了调研[②]。调研显示，当前金融支持"一带一路"倡议面临着外部风险复杂、金融供需相对不匹配、同业合作机制松散等问题，需要从金融供给入手，统筹规划，分层推进。

一、北京地区与沿线经贸往来特点

自"一带一路"倡议提出以来，北京地区与沿线主要国家[③]之间的经济交往日益密切，与沿线国家的跨境收支占北京全部跨境收支的比重从 2013 年的 17.2% 上升到 2016 年的 19.3%，并呈现以下特点：

一是以贸易往来为主，国别较集中。2016 年，在与沿线国家的经贸往来中，货物贸易进出口占全部跨境收支的 75.9%，且 88% 的货物贸易集中在前十个国家。二是"引进来"投资规模有限。FDI（外商直接投资）方面，资本项目信息系统统计数据显示，2013 年至 2017 年 7 月，沿线共有 28 个国家和地区对我国进行了 FDI 投资，金额累计 27.24 亿美元。新加坡是 FDI 投资的主力军，占总体流入金额的 89%。三是"走出去"存量项目资金需求仍较大。ODI（境外直接投资）方面，选取了 32 家企业的 44 个境外投资登记信息（其尚可汇出额度共计 1866 亿美元，占北京地区全部境外投资尚可汇出资金的 80%），涉及 125 个存量项目，其中有 43 个属于"一带一路"倡议建设项目，

---

① 严宝玉：时任中国人民银行营业管理部副主任，现任中国人民银行成都分行行长。

② 32 家企业的可汇出对外投资金额在北京地区约占八成；21 家银行包括口行和开行的总行和北京分行、5 家国有商业银行北京分行、7 家股份制银行北京分行、2 家城商行、3 家外资银行北京分行。

③ 包括"一带一路"沿线 68 个主要国家。

共需投入资金 832.4 亿美元，占全部项目资金需求总量的 40%。四是跨境人民币资本项下使用增长较快。在与沿线国家的跨境结算中，使用人民币的比重占 12% 左右，占比基本保持稳定，且在跨境投融资中人民币的使用呈快速增长态势。2017 年上半年，北京地区与沿线主要国家资本项下收付总额高达 751.48 亿元，而 2012 年这一规模仅为 74.84 亿元。

二、"一带一路"倡议的金融支持现状

（一）总体概况

调研显示，北京地区银行将"一带一路"倡议与自身发展紧密结合，发挥各自优势，提供多样化的金融产品和服务。

1. 银行战略定位各有侧重

政策性银行定位于"一带一路"倡议的主力金融机构；中资商业银行定位于构建多元化、创新型的企业"走出去"金融服务平台；外资银行则依靠完善的海外网络、丰富的国际金融经验和多样化的金融产品，积极参与沿线合作项目。

2. 大部分银行已成立内部协调议事机制

如国开行和进出口行均成立"一带一路"倡议工作领导小组；工商银行北京市分行成立"一带一路"金融工作组；汇丰银行在亚太区及中国区建立"基建项目工作组""丝路基金亚投行工作组"等。

3. 积极在沿线国家建立分支机构和搭建服务网络，中资银行不断拓宽海外经营范围

如工商银行已在沿线 18 个国家拥有 127 家分支机构，中国银行海外机构覆盖 20 个沿线国家。外资银行拥有独特的全球网络优势，如渣打银行全球有 47 家网点与沿线相重合，占渣打全球网点的 68%。

4. 为沿线项目提供多种形式的金融支持

截至 2017 年 7 月末，被调查的 21 家银行共为 83 个海外项目提供多种形式的金融支持。从融资方式看，包含了贷款、出口买方信贷、银团贷款、非融

资性保函等业务类型。从融资利率看，既有固定利率，也有浮动利率；利率价格也各有差异。政策性银行贷款多采用固定利率，在 2.65%~5.9% 之间，币种多使用人民币；中资银行融资利率多与 6 个月美元 Libor 利率挂钩并上浮 2%~4% 不等；外资银行融资利率相对较低。从融资币种看，主要是以美元、欧元融资，使用人民币融资的主要是政策性银行。

（二）具体情况

1. 低成本资金需求大，政策性和开发性金融是主力

政策性银行充分发挥其政策性综合金融服务优势，结合自身机构特点，通过商业贷款、出口信用保险、优惠买方信贷、设立产业基金等方式为沿线大型建设项目提供低成本融资支持。

2. 中资商业银行在国际结算和贸易融资、融信类产品方面较具优势

目前来看，直接贷款、协助发债以及提供担保和增信为当前中资银行服务"一带一路"融资的主要方式，且效果比较显著，其中大额项目融资多为银团贷款。部分中资银行为更好地支持企业"一带一路"倡议，不断创新金融产品。例如，农业银行北京市分行设置低息专项资金、中信总行营业管理部通过中信银行基金子公司设立了"上海自贸区一带一路基金"等。

3. 外资银行海外优势明显

外资银行凭借其在沿线国家市场具备的丰富经验及广泛的海外网络，为企业提供"一揽子"跨境金融服务业务。例如，渣打银行通过"一站式"金融服务为客户提供多币种，多语种的项目建设和贸易结算相关的保函服务。

4. 金融同业合作逐步加强

在业务发展中，银行间逐步建立起了中资金融同业合作模式，并加强与多边金融机构或投资基金的合作。如国开行在中埃产能合作中牵头发起"三行一保"（国开行、进出口银行、工商银行和中信保）合作机制，避免无序竞争，提升服务能力。

三、值得关注的问题

（一）外部风险复杂，影响银行的金融支持力度

1. 对投资人和债权人的保障程度较低

部分国家法律环境不健全，且项目所在国相应政策法规调整存在不可预期性。比如，2016 年巴基斯坦政府对前期签订的 ppa 电价协议进行重新定价，直接导致多个国内企业推进中的电站项目进度延缓，银行被迫推迟相应的融资安排。

2. 部分国家金融环境不佳，普遍存在不同程度的外汇管制

以经济严重依赖石油发展的安哥拉为例，由于外汇极度短缺，进入安哥拉的外汇资金必须强制结汇成当地货币，使得我国企业不仅要承担一定的汇率损失和通胀损失，还无法将项目产生的利润正常汇回国内。

3. 业务开展受美国 OFAC 制裁和敏感地区影响

美国通过美国财政部海外资产控制办公室（OFAC）对"一带一路"沿线部分国家（如叙利亚、伊朗等）实施单方面制裁，受此限制，我国企业在这些国家无法开展正常的经济业务和金融投资。此外，部分公司表示，在津巴布韦、伊朗等敏感地区资金安全风险较高，业务拓展较难。

（二）金融供给与金融需求相对不匹配

1. 项目盈利周期长，低成本、长周期资金来源有限

"一带一路"倡议所涉及的基础设施建设和能源项目投资具有资金需求大、投资建设周期长、金融风险高的特点。但与此同时，银行机构面临资金成本相对偏高、长期大额资金相对缺乏、主权信用资源相对有限的融资困境，无法充分满足基础设施建设等大型项目的资金需求。

2. 企业需求的转变需要银行及时提升配套服务

随着"一带一路"倡议的深入，企业的需求开始从经常项下转向资本项目，从贸易融资转向投资、并购和整合，从单一的资金需求转向一揽子金融服务需求。银行迫切需要做好准备为企业提供配套升级服务。

3. 我国传统间接金融体系难以满足资金需求

现阶段我国间接融资为主的金融体系在综合化金融服务方案的提供和创新融资方式的设计等方面显得相对不足，无法满足沿线投资企业多样性、立体式、个性化的金融服务需求。

（三）金融机构国际竞争力相对较弱，同业合作机制较松散

目前，中资银行面临境外网点不健全、金融服务产品单一、金融创新能力有待提高等问题，相对于已在沿线国家布局多年的银行，开拓海外业务面临较大经营压力。此外，金融同业合作机制尚需加强。各金融机构在发挥资源整合优势方面尚存不足，在可行性研究、市场开拓、对外报价等方面仍存在各自为政现象，没有有效形成合力，无法为企业提供全面的综合金融服务。

（四）结算币种多为美元，人民币境外使用受限

由于缺乏人民币收入来源、有效的汇率避险工具和金融产品，以及受交易习惯的影响，目前沿线国家普遍使用美元作为结算和融资货币，回款收入来源大部分为外币，境外企业使用、持有人民币的意愿十分有限。

四、政策建议

鉴于当前金融支持存在的问题，建议按照"统筹规划，分层推进"的方式，关注重点国家、领域和项目，以开发性金融和政策性金融为基础，积极推进商业化运作，引导市场力量更多地支持"一带一路"倡议。

（一）资金支持"分层"推进，吸引多元化的资金来源

一是发挥政策性资金的引导和带动作用，进一步突出抵押补充贷款（PSL）对沿线重点项目的支持，提高政策性银行使用 PSL 资金支持"一带一路"倡议的占比。二是鼓励商业银行发行长期专项债券，将基础设施项目的银团贷款进行证券化出售给机构投资者。三是通过资本市场融资，吸引私人资本参与基础设施项目的建设，以多元化的资金来源达到可持续发展。

（二）境外资金管理政策"分层"支持，考虑允许企业实行区域性资金集中管理

面对部分国家强制结汇的限制，建议选择资信良好、符合一定条件的典型企业，允许其对国情类似的多个国家采取区域性资金集中管理模式，统一管理相关区域内多个承包工程项目，合理调度资金的循环使用。

（三）人民币国际化"分层"推动，在沿线推动扩大人民币使用

一是在我国政策性资金对外安排上积极落实本币优先原则，特别是与沿线国家在进行双边谈判和对外援助时，引导市场主体优先使用人民币，推广人民币优惠买方信贷。二是对商业银行投向沿线重点项目的人民币贷款给予信贷规模等专项支持，在 MPA 评估中予以一定比例的占用豁免。三是在合作项目中混合使用"外币 + 人民币"，以商业资金为主搭配一定比例政策性资金的安排，通过"信贷 + 投资 + 贸易"的方式实现人民币闭环流动。四是培养人民币使用的习惯，逐步建立便利的人民币兑换服务体系。

（四）金融同业合作"分层"加强，发挥各自的优势和特长

一是鼓励政策性银行、大型国有银行聚焦重点国家、重点项目，全方位满足"走出去"企业的境外金融需求。二是进一步建立和深化同业合作机制，扩大现有合作机制的银行参与范围和数量，形成"一带一路"金融支持合力。三是在传统银行融资服务的基础上综合运用各种金融工具和业态，构建一个可持续的融资支持体系，确保项目全周期的资金支持。

财务公司数据治理应切实加强

梅国辉[①]

北京地区财务公司数量多，且多为国资委直接管理的、对国民经济影响较大的中央企业集团财务公司。在北京地区金融统计数据质量治理框架中，财务公司是重要的一类金融机构。一些财务公司由于成立时间短，金融统计基础先天薄弱，数据治理能力不强，金融统计数据差错较多。虽经检查督促，但数据质量问题仍很突出。为解决此问题，笔者组织力量深入差错较多的财务公司进行了专题调研。通过调研发现，完善北京地区金融统计数据质量治理框架，提高财务公司金融统计数据质量，需要多方联动、共同发力，解决处理好财务公司对金融统计工作认识、工作机制、操作细节等各个环节中的问题，才能实现为"双支柱"调控政策框架实施提供高质量统计数据的目标。

一、财务公司数据质量是北京地区数据治理中的重点与短板

北京地区财务公司数量多、规模大，对北京地区数据质量影响较大。截至 2019 年底，北京地区有 73 家财务公司，占营业管理部管理法人机构的比重为 58.9%，财务公司存款 3.05 万亿元、贷款 1.74 万亿元，占比分别为 76.2%、79.7%。同时，财务公司差错较多，在近三年金融统计工作中，共发现 801 起财务公司差错，差错量占营业管理部管理的北京地区法人金融机构的 64.6%，差错绝对量和相对量均为最多的一类金融机构。因此，提高财务公司数据质量是提升北京地区金融统计数据质量的关键。

二、影响财务公司数据质量的原因

财务公司一般是企业集团公司控股的子公司，其目的是服务集团内企业，受集团影响较大。影响金融统计数据质量的因素中，既有统计人员素质不高、

---

① 梅国辉：中国人民银行营业管理部巡视员。

信息技术手段落后等因素，也有服务集团企业与宏观政策冲突时主观利益驱动的因素。

（一）重视程度不够，对金融统计工作重要性认识不足

不少财务公司对统计相关法律法规要求理解不到位，统计工作定位出现偏差，制度执行落实不彻底；对金融统计工作对于决策的支撑性作用认识不足，将统计工作视为一般辅助性工作挂靠计财部门，将统计人员仅作为数据搬运工，人员变动大，导致统计业务在公司业务中被虚化、弱化，甚至于个别机构不能坚守统计原则，对于业务部门为逃避监管为调整数据的问题姑息迁就。

（二）人员素质不高，不能满足金融统计工作要求

为了更好地满足"服务好稳健中性的货币政策和宏观审慎管理'双支柱'政策框架的实施、服务好供给侧结构性改革"的统计目标，近年来增加了很多新的统计制度，另外随着金融业务创新统计制度也做了较大调整。金融统计工作的变化对金融机构的统计人员提出了更高要求，不仅要在认真、深入学习统计制度的基础上准确理解统计制度的修订内容和增设指标的含义，更要及时了解新业务对统计制度的影响。这些新变化、新要求对统计人员的业务能力提出了更高要求。但是，大部分财务公司没有制定统计工作发展及人员培养的长期规划，金融统计人员多为兼职且更换频繁、流动性大，统计人员专业性不强且人员上岗前培训不足，工作衔接性差，导致数据报送易出现错误，会影响统计数据质量。

统计数据差错时有发生，既有个别统计人员不认真学习统计制度和要求，自以为是，对制度与指标理解出现偏差甚至错误，也存在一些统计人员对应用软件的使用不熟悉，因操作失误多报或少报表单的现象。

（三）技术手段落后，金融统计工作操作风险较大

财务公司重业务系统建设落后于核心业务系统建设。据我们调查，北京地区财务公司中 70% 以上的报表仍为手工报表，"系统出数，手工取数"的现象较为普遍。随着金融统计制度的不断完善，金融统计内容维度多、业务覆盖面广、填报数量大，同时金融统计数据报送时间紧、任务重、频次高，数据质量要求也不断提高，以手工作业为主的统计方式已不能满足现有统计工作的要

求，统计人员报送压力大，疲于应付，数据出错较多。目前涉及财务公司的统计数据包括日报、月报、季报、年报等各类报表达52张，业务覆盖存款、贷款、投资、监测等业务数据和财务报表数据。例如，贷款业务统计需要按行业、企业类别、资金投向、贷款期限、贷款性质等多维度进行填报。金融统计工作信息系统建设落后，技术手段单一，电子化程度较低，在很大程度上影响了财务公司统计工作的质量和效率。

（四）统计部门权威性不够、无法协调内部业务部门，解决统计数据质量问题

统计部门需要的各项业务相关数据大量分散于不同业务部门，数据来源渠道多、信息归集难度大，需要相关业务部门共同配合完成。但在调研中我们发现，财务公司统计部门对业务缺乏指导管理权，从属于业务部门，成为数据搬运工与"传话筒"，而无法有效对数据进行整合、清理，导致数据质量无法满足统计要求，统计数据口径及逻辑关系屡屡出现问题。统计数据反映了业务经营情况，很多外部考核指标以统计数据为基础，这导致个别财务公司出于满足考核指标甚至是规避监管要求的目的有意调整统计数据。因此，统计数据质量好坏的根源在业务部门，统计数据的质量不仅反映了业务水平，更体现了财务公司的经营管理水平。

三、提高财务公司数据质量已采取的措施

（一）多措并举，提高财务公司对统计工作的重视程度

一是开展实地调研。通过与财务公司开展一对一面谈，摸清财务公司金融统计工作开展现状及存在问题，督促财务公司重视金融统计工作，提升数据质量。我们组成调研小组赴财务公司调研了金融统计工作开展的实际情况。通过与财务公司管理层直接沟通交流，提高了管理层对金融统计工作重要性的认识，端正了对待统计部门及统计人员的态度，有助于从根本上解决金融统计工作中存在的问题。二是扩大金融统计执法检查面。2018年，我们将财务公司纳入金融统计执法检查范围，通过现场检查，有效提高了财务公司对金融统计工作重要性的认识，达到了以检查促金融统计业务水平提升的目的。三是综合运用约谈、差错通知、通报等手段，持续督促财务公司提升金融统计管理水平，促其做好统计数据治理工作。

（二）细化管理，提升金融统计数据的管控能力

一是开展金融统计制度培训，深化财务公司金融统计工作人员对统计制度的理解，贯彻落实各项金融统计制度。二是在对财务公司日常统计管理中，编好数据审核要点提示，做好差错总结与重点提示。三是在制度执行中，认真落实金融统计重大事项报备制度，对于有人员调整的机构，做好一对一培训。四是在数据审核中，认真落实双人复核，加大对统计数据的审核力度。五是在内部分工上，坚持机构、业务两个维度分工，工作岗位责任到人，提高统计工作责任感。

（三）多方发力，加大处室之间协同配合，发挥管理合力

为解决财务公司金融统计问题，我们多次与货币信贷处、金融稳定处共同讨论学习统计制度与统计要求，明确统计工作要为"双支柱"调控政策的实施服务。并要求调统部门对于发现的统计差错要及时通报货币信贷处、金融稳定处。为提高小微企业统计数据质量，调查统计处联合货币信贷处，共同发布了《关于规范大中小企业贷款统计表中大中小微企业划型调整的通知》，对企业划型调整工作提出了明确的要求，提高了统计数据的权威性。同时，针对2018年金融统计执法检查中发现的问题，调统部门也逐一向货币信贷与金融稳定部门进行了反馈，提请两个部门重视宏观调控数据的真实性与准确性问题。

（四）精准施策，将解决统计问题与做好金融服务相结合

为找准影响金融统计数据质量的症结，笔者要求调查统计部门对金融机构统计考核的情况进行整理，建立档案，在全面梳理与分析近年来金融机构统计数据质量问题的基础上定位重点机构与差错类型。针对调研中发现的财务公司反映的政策问题、遇到的实际困难，分管行领导也及时向其他行领导及相关部门做了反馈，力图将金融统计问题寓于金融服务中解决，获得了财务公司领导的支持与好评，也有助于提升财务公司对统计工作重要性的认识，进而达到促其提高统计工作水平的目的。

（五）统筹内部资源，抓好统计能力建设

我们以金融业综合统计工作的开展为契机，努力提升自身金融统计能力。

营业管理部召开主任办公会议，专门讨论研究金融统计问题与解决方案，并在人事、技术与资金上对调查统计部门在人事、技术与资金上给予了充分支持，为统计工作质量的提升和数据的真实、可靠提供了人力、物力上的有力支持。

四、进一步提升财务公司数据质量的举措

（一）不断加强与财务公司管理层的沟通，提高财务公司对统计工作的政治站位

继续保持、加强与财务公司管理层的沟通与交流，提升财务公司特别是数据管理水平较低的财务公司对金融统计工作的认识及重视程度。要求财务公司应该站在国家发展战略与公司长期稳健经营的角度来对待统计工作与统计数据质量管理，把数据做准，不能只简单地考虑公司短期的利益得失。

（二）增强财务公司统计人员成就感，稳定统计人员队伍，提高统计人员整体素质

从财务公司角度出发，通过提高财务公司对金融统计工作的站位，使其重视统计工作、关心统计人员，并使统计人员认识到不能简单地做数据的搬运工，而要做数据的管理者和挖掘者，提升其统计工作成就感与获得感。

从人民银行角度来看，我们也要为财务公司统计人员的业务学习和岗位培训创造更多的机会。我们将通过汇编金融统计制度、搭建同业交流平台、增加统计培训频度等措施为统计人员业务知识与技能的学习和提高创造更好的条件。在例行的统计制度培训基础上，增加专项培训与专题培训，并拓展统计业务的培训范围。

（三）督促财务公司加大信息技术投入，提高自动化水平

指导和督促财务公司加大信息系统建设投入，提高数据生产和分析的信息化、自动化水平，并帮助财务公司金融统计系统与人民银行的金融统计管理信息系统进行有效对接。营业管理部也将持续加大技术投入和系统建设，通过前置系统的开发建设，将数据审核关口前移，辅助金融机构发现数据问题并及时改正，提高数据准确性。

（四）加强内部合作，通过形成管理合力促进统计管理水平的提升

为了提高统计数据质量，更好地做好对"双支柱"调控政策的服务，调统部门正在积极争取货币信贷、金融稳定部门的支持，形成工作合力，在金融管理中体现出金融机构统计数据的治理情况，将统计工作与业务管理挂钩，从根本上提高金融机构对统计工作的重视程度。

（五）将管理与服务有机融合，帮助财务公司反映、解决实际问题

通过统计数据了解财务公司的业务与经营情况，形成与统计管理对象之间的良性互动。将财务公司经营中存在的问题与困难，如报表重复报送、贷款额度不足等问题及时向上级及有关方面报告与反映，帮助财务公司解决实际困难，体现统计数据对宏观决策的重要性，保证宏观调控数据的真实、准确，进而提高为人民银行决策的能力和水平。

关于北京地区银行小微企业贷款定价情况的调研报告

魏海滨　等①

　　人民银行营业管理部就《关于深化小微企业金融服务的意见》贯彻落实情况对辖内 82 家②商业银行进行了调研。调研结果显示, 54.9% 的银行已制定小微企业贷款差异化考核激励办法, 实施内部资金转移价格的银行中有 43.9% 的银行推行了小微企业贷款内部优惠价格。但也存在个别银行未进行考核激励政策配套、仅硬性压降小微企业贷款利率的做法, 小微企业贷款亏损经营不利于业务长期持续发展等问题需要关注。

一、银行小微企业贷款优惠定价和差异化考核情况

（一）近半数实施内部资金转移价格的银行推行了小微企业贷款内部优惠价格

　　调研中, 57 家实施内部资金转移价格的银行中已有 25 家推行了小微企业贷款内部资金转移优惠价格, 占 43.9%。其中, 15 家银行直接针对小微企业贷款业务制定了较为优惠的内部资金价格, 优惠幅度为 10~100 个 bp ; 10 家银行在利润考核时给予小微企业贷款业务一定的内部资金价格补偿, 间接调降其内部资金价格, 价格补偿幅度为 15~110 个 bp, 个别银行不设具体补偿幅度, 而是按照业务部门实际给予小微企业贷款利率优惠幅度进行全额或比例补偿, 或者在计算部门利润时通过调减小微企业贷款经济资本成本方式给予补偿。

---

　　① 魏海滨: 中国人民银行营业管理部货币信贷管理处处长。参与课题研究人员: 周丹、张英男, 均供职于中国人民银行营业管理部货币信贷管理处。

　　② 其中, 政策性银行3家、国有银行4家、股份制银行14家、城市商业银行15家、农村商业银行1家、村镇银行11家、外资银行34家。

（二）超过半数银行制定了小微企业贷款差异化考核激励办法

调研中有 45 家银行对小微企业贷款业务制定了差异化的考核激励办法，占被调查银行的 54.9%。差异化考核主要可以分为以下七大类：

一是对小微企业贷款发放额和户数进行考核激励。采用此类考核激励的银行数量最多，为 24 家，占 29.3%。

二是提高小微企业贷款业务整体考核权重。如在考核办法中，对小微条线利润给予系数调整，加大对小微条线的计奖比例，即在计算机构整体经济利润时，小微条线的考核利润按照 1.2 倍计算。

三是安排小微企业贷款专项额度或对小微条线单列预算。如在绩效考核中针对小微企业贷款单列全年预算，并且按月推进额度使用进度，持续支持小微企业信贷需求。

四是在风险管理考核中提高小微贷款不良容忍度。如在综合绩效考核办法中规定："分支机构小微企业不良贷款率计划目标高于机构各项贷款不良贷款计划指标 2 个百分点，在考核机构整体不良率时，允许该机构不良贷款总额扣除小微不良贷款中占该机构小微贷款不超过 2% 的部分。"

五是放宽小微贷款效益考核或将降价作为考核指标。如规定新发放的小型及微型企业贷款专项效益工资配置条件，从基准利率要求上浮 30% 下调至 26%，政策有效期暂定至 2018 年底。同时，下调普惠型小微企业贷款投放额度申请时的利率水平要求。

六是配置小微贷款战略专项激励费用。如在小微企业信贷客户拓展、业务发展、专营机构建设等方面配置战略专项激励费用。

七是下放小微企业贷款价格审批权限。如优化法人贷款的利率审批流程，将 1000 万元以下的法人贷款价格审批权限完全授予分行，增强了分行对于小微企业贷款定价管理的灵活性。

（三）积极借助支小再贷款降低小微企业贷款资金成本

调研中，一家城商行由于吸收存款能力较弱成本较高，其主要资金来源为吸收三年期定期存款，付息率为 4%。其小微企业贷款定价超过 7%。为了积极拓展小微企业贷款业务，该行于 2018 年 8 月 30 日向我营业管理部申请了 3.49 亿元 6 个月期的支小再贷款，利率为 2.65%，小微企业贷款利率降为 5.65%。通过申请支小再贷款，降低了内部资金成本，进而降低了小微企业贷款融资成本。

总体看来，各银行积极贯彻落实 162 号文要求，在内部推行多种针对小微企业贷款的绩效激励措施，取得明显成效。北京地区小微企业贷款加权平均利率自 6 月起显著下降，贷款内部优惠定价和差异化考核政策效果已经传导至小微企业。6 月的平均利率为 5.5131%，环比、同比分别下降 54 个、6 个 bp；7 月的平均利率为 5.3904%，环比、同比分别下降 12 个、37 个 bp；8 月的平均利率为 5.4264%，虽然环比略升 3 个 bp，但同比大幅下降 40 个 bp。

二、银行小微企业贷款定价中存在的相关问题

（一）未建立健全配套考核激励机制，仅硬性压降小微企业贷款利率

调研发现，个别股份制银行和少数城市商业银行还存在政策执行不到位的情况，未实施考核激励配套政策。如未在绩效考核时给予小微企业贷款业务差异化激励，仅在利率定价方面硬性要求分支行 2018 年下半年对小微企业贷款投放利率水平不高于第一季度的分支行小微贷款加权平均利率水平。简单的利率定价"一刀切"的做法虽然能够降低小微企业贷款利率，但也削弱了相关业务人员拓展小微企业贷款的积极性，不利于小微企业融资难问题的解决。

（二）小微企业贷款亏损经营不利于业务长期持续发展

多数银行反映现行小微企业贷款利率价格无法完全覆盖相关成本。以国有银行为例，其小微企业贷款平均风险成本为 1.675%，平均内部资金转移成本为 3%，平均费用成本为 0.3%，平均税收成本为 0.75%[①]，如需覆盖上述成本，其小微企业贷款平均利率价格应为 5.725%，而 8 月国有银行实际小微企业贷款加权平均利率仅为 4.8423%，两者有 88 个 bp 的缺口，造成了小微企业贷款实际亏损经营，不利于业务持续发展。

（三）小微企业贷款"控成本"监管指标未考虑抵押担保方式变化情况

调研中，部分银行反映，年初发放的小微企业贷款多数为抵押或担保方式，且抵押品担保方式安全等级较高，所以利率相对较低。但随着小微贷款业

---

① 税收成本是指企业所得税，税率为 25%，按照平均息差 3% 作为税基计算，两者相乘得出 0.75%。

务量的不断拓展、市场竞争加剧，2018 年第二、第三季度发放的小微贷款多数为信用类或抵押品，担保方式安全等级降低。上述抵押担保方式变化会引起贷款风险溢价的上升，导致利率定价相应升高。但小微贷款"控成本"监管指标并未区分抵押担保方式的变化情况，而要求小微贷款加权平均利率逐季下降。银行在积极拓展小微企业业务的同时，风险定价面临的挑战也在增加。

（四）只针对强抵押、强担保小微企业贷款进行绩效考核激励

如某股份制银行虽在小微企业主个人经营性贷款内部资金转移定价中给予 20bp 的优惠，但在小微企业对公贷款方面，仅针对能提供房产抵押和担保公司担保的强抵押、强担保"快捷贷"授信业务进行绩效激励。激励方式为"快捷贷"业务利润以三倍计入利润考核。"快捷贷"产品定价为基准利率上浮30%。此种针对强抵押、强担保小微企业贷款进行绩效激励的方式，会将众多无法提供房产抵押和担保公司担保的小微企业挡在门外，使小微企业融资难问题更加凸显。另外，虽然"快捷贷"产品利率定价较低，但由于需要提供担保公司的担保，又额外增加了企业的担保费用，间接提高了小微企业融资成本。

（五）季末贷款余额增速考核易引发银行小微企业放贷集中季末"冲时点"行为

监管部门小微贷款"两增两控"监管指标和 MPA 中针对小微企业贷款增速的考核均以季末时点贷款余额为计算标准。银行内部小微贷款绩效考核也随之以季末余额为参照。上述考核方式容易引发银行业务部门将小微企业贷款推迟至季末放款，季初和季中的小微企业贷款需求难以得到及时满足。在调研中，某国有银行北京市分行反映，其总行在 7 月初出台了针对小微企业贷款业务差异化绩效考核办法，但由于是以季末贷款余额为计算标准，所以 7、8 两月小微贷款增长缓慢，而 9 月贷款量集中增长。

（六）外资银行在开展小微企业贷款业务方面积极性有待提高

调研的 34 家外资银行中，仅有 9 家对小微企业贷款业务制定了差异化的考核激励办法，且激励力度较弱。如虽在考核激励办法中规定根据小微企业贷款客户数以及贷款余额与去年相比的增长率情况进行评分，但此项目在对各分行进行的表彰制度考核项目 100 分中仅占 1 分，激励效果不明显。调研中多数外资银行反映其目标客户为大型企业。由于其整体规模偏小，小微企业业务利

润率低，在资源有限的情况下发展大企业客户是最优选择。加之监管机构并未对其提出小微企业服务方面的监管要求，其发展小微企业贷款的外部动力也不强烈。

三、相关政策建议

（一）继续推进商业银行内部资金转移定价机制建设

一是对于尚未实现内部资金转移定价的银行，人民银行、监管部门和行业协会可以通过组织专题培训、业内交流等方式，提供技术支持，帮助其提升内部定价技术。二是对于已实现内部资金转移定价的银行，人民银行应督促其根据政策导向动态调整内部定价，为小微企业贷款业务定价做好内部导向性指引。

（二）加强对商业银行小微企业贷款内部考核激励机制建设的跟踪督导

人民银行联合监管部门，对于未进行考核激励而硬性压降小微贷款利率或只针对强抵押、强担保小微贷款考核激励的银行加强指导，督促其完善小微业务内部考核激励机制，有效提升业务条线和分支机构开展小微业务的积极性。

（三）通过"几家抬"的方式支持银行小微企业贷款业务可持续发展

一是建议财政部门加大专项资金扶持力度，对于小微企业贷款特别是单户授信 500 万元及以下小微企业贷款达到一定比例的银行给予业务补助或专项奖励，同时加大风险补偿分担力度。二是建议税务部门将"小微企业主经营性贷款"纳入金融机构小微企业贷款利息收入免征增值税范围。三是金融管理部门推动银行有效利用金融科技手段，进一步压缩运营成本，提升风控能力，为持续发展小微贷款业务提供保障。

（四）综合考虑小微企业贷款抵押担保方式，增加利率变化容忍度

建议人民银行协调监管部门，在指导银行小微企业贷款降利率过程中，充分考虑"抵押担保方式变化"这一因素，对于信用类或弱抵押、弱担保方式的小微企业贷款增加利率变化容忍度，引导和支持银行小微企业贷款方式创新，

避免一味追究"降利率"导致贷款方式简单化。

（五）调整小微企业贷款考核方式

建议人民银行和监管部门调整小微企业贷款"两增两控"监管指标和MPA中针对小微企业贷款增速的考核计算标准，由季末时点贷款余额修改为季度贷款发生额或日均额，抑制银行季末集中放贷"冲时点"的行为冲动。

（六）完善支小再贷款管理

一是建议放宽支小再贷款机构申请范围。将申请资格改为主要考核业务是否达标，不区分主体"出身"，地方法人银行或全国性银行省级分行小微企业贷款达到一定比例，则具备支小再贷款申请资格。二是支持外资银行申请支小再贷款，增强其小微企业贷款能力，提高其服务小微企业的积极性。

关于北京地区支付机构开展跨境电子商务人民币结算业务的研究

周丹　等①

随着我国对外开放程度的日益加深以及人民生活水平的不断提高，跨境电子商务逐渐成为对外贸易的重要方式。2014 年，人民银行印发《关于贯彻落实国务院办公厅关于支持外贸稳定增长的若干意见的指导意见》（银发〔2014〕168 号，以下简称"168 号文"），支持支付机构同结算银行合作开展跨境电子商务人民币结算业务，这不仅为我国跨境电子商务发展提供了新的发展动力，也进一步拓展了跨境人民币业务的广度和深度。政策的出台为北京地区支付机构开展跨境电子商务人民币结算业务的发展奠定了坚实基础。但通过同市场主体的沟通以及对业务开展情况的分析，我们发现目前支付机构开展跨境电子商务人民币结算业务仍存在一些问题，甚至存在一定程度的业务风险。为促进跨境人民币业务深入发展，发挥电子商务对地区经济的促进作用，我们对北京地区支付机构开展跨境电子商务人民币结算业务的现状及问题进行了调查研究，并提出相关政策建议。

一、我国发展跨境电子商务的基本情况

我国开展跨境电子商务最早始于 20 世纪 90 年代末，伴随着我国经济对外开放进程的深入以及居民消费水平的提高而不断发展。2012 年 12 月，国家发展改革委和海关总署共同开展跨境电子商务服务试点工作，涉及城市包括郑州、上海、重庆、杭州及宁波，目的是通过先行先试，依托电子口岸建设机制及平台优势，尝试解决制约跨境电子商务发展的瓶颈问题，试点工作启动标志着我国跨境电子商务进入快速发展阶段，随后试点工作又拓展至广州、深圳

---

① 周丹：中国人民银行营业管理部跨境办负责人。参与课题研究人员：陈岩、李淼，均供职于中国人民银行营业管理部跨境办。

等具备良好经济和外贸基础的地区。2015 年后，我国对跨境电子商务的重视程度越来越高，出台《国务院关于大力发展电子商务加快培育经济新动力的意见》（国发〔2015〕24 号）等文件，促进了我国跨境电子商务进一步发展。截至 2018 年 7 月，国务院已设立三批包括北京市在内的共计 35 个跨境电子商务综合试验区。

跨境电子商务通过采用更便捷的交易工具与支付方式，提升了对外贸易和相关交往活动的效率，从根本上改变了我国对外贸易及交往的方式，有助于降低我国境内市场主体的各项成本，扩大境内消费市场，同时还可以进一步推动经济一体化和贸易全球化进程。更重要的是，中国作为世界第二大经济体，推动人民币在跨境电子商务和在国际贸易中的全面使用，是让国际社会了解人民币、接受人民币的有效手段。

二、北京地区支付机构开展跨境电子商务人民币结算业务基本情况

（一）现行政策

目前，支付机构开展跨境电子商务人民币结算业务的政策依据为 168 号文，但 168 号文政策条款以原则性表述为主，细节规定并不十分明确。具体操作层面的依据主要为跨境人民币自律机制的相关操作指引。例如，针对业务真实性审核主体，全国跨境人民币业务自律机制在《银行经常项目跨境人民币业务操作指引》中明确规定了银行同支付机构开展跨境电子商务人民币结算业务的审核原则，对银行同支付机构在业务开展过程中的权责划分具备一定的指导意义。此外，对于备案管理的规定，由各地人民银行结合地区实际、出台相关备案细则，北京地区 2015 年 7 月出台《关于辖区内银行办理跨境电子商务人民币结算业务备案有关事宜的通知》（银管发〔2015〕222 号），对备案要求及信息报送进行了详细规定。

（二）跨境人民币结算情况

1. 备案基本情况

2015 年 8 月，北京爱农驿站科技服务有限公司同中信银行总行营业部合作，在人民银行营业管理部完成支付机构开展跨境电子商务人民币结算业务备案，成为北京地区首家备案企业。截至 2018 年 10 月底，北京地区共有 10 家支付机构完成业务备案，合作银行数量 4 家。

2. 结算总体情况

截至 2018 年 10 月末，北京地区支付机构开展跨境电子商务人民币结算收付金额超过 30 亿元。从年度情况来看，业务结算量波动较大，2017 年业务结算量下降显著，2018 年业务开展趋势回升明显。从收支角度上看，北京地区支付机构跨境电子商务人民币结算主要为支出方向，支出金额超过 30 亿元，占收付金额的比例超过 98%，而收入金额不足 1 亿元。收支结构出现严重不平衡的原因有两个：一是与北京地区整体货物贸易进出口结构相符；二是北京地区居民收入水平高，出国旅游和留学人数较多，带动境外住宿、往返交通以及留学学费方面的跨境电子商务人民币结算支出。

3. 支付机构开展业务情况

北京地区目前共有 10 家支付机构完成备案，但仅有 4 家支付机构已经开展业务，包括北京爱农驿站科技服务有限公司、易智付科技（北京）有限公司、银盈通支付有限公司以及随行付支付有限公司。其中，北京爱农驿站科技服务有限公司开展业务收付规模最高，且全部为支出业务，主要涉及奶粉、箱包等货物贸易进口以及机票、留学费用汇出等服务贸易业务；易智付科技（北京）有限公司开展业务收付金额排名第二，且仅有该支付机构发生了收入业务。上述两家支付机构人民币收付金额占收付总额的比例接近 100%，业务开展集中度非常高。

北京地区目前已备案并开展业务的支付机构没有自设电商平台，因此需与跨境电子商务平台合作开展业务，目前与支付机构合作开展跨境电子商务业务的跨境电商平台包括敦煌网、去哪儿网、亚马逊等，商业模式涵盖 B2B 以及 B2C。企业及个人客户首先在同支付机构合作的电商平台选购商品或服务（包括购买普通商品、预订机票酒店以及缴纳留学费用等）并提交订单，再通过网络支付手段向支付机构付款。支付机构应审核并确认订单交易信息。若审核无误，最后会通过在合作结算银行开立的人民币备付金账户或跨境人民币业务专户完成人民币跨境支付，数据报送则由合作结算银行完成（具体流程见图 1）。

支付机构跨境电子商务人民币收入业务流程同支付业务总体一致，区别是由境外客户在电商平台选购境内商品或服务后，通过自有人民币或在兑换人民币，然后再将人民币资金汇入支付机构在境内合作银行开立的备付金账户或跨境人民币业务专户，支付机构则应对订单交易信息进行审核，若审核通过，则由银行向境内商户划转资金，银行负责后续数据报送工作（具体流程见图 2）。

客户
（个人/企业）　　　第三方支付机构　　　合作银行　　　电商平台

注册

提交材料 → 审核准入 ← 提交材料

用户上线 ← 建立合作商户关系

下单 → 审核订单 ← 接受订单

支付款项 → 备付金账户（确认订单交易信息结业务背景真实性）→ 付款操作 → 确认到账

完成 ← 跟进付款情况 ← RCPMIS申报

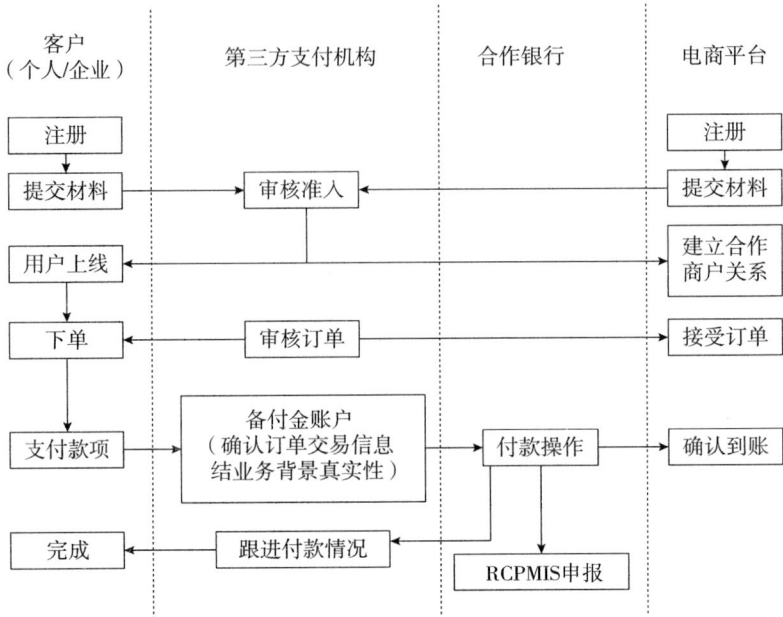

图1　支付机构跨境电子商务人民币支付业务流程

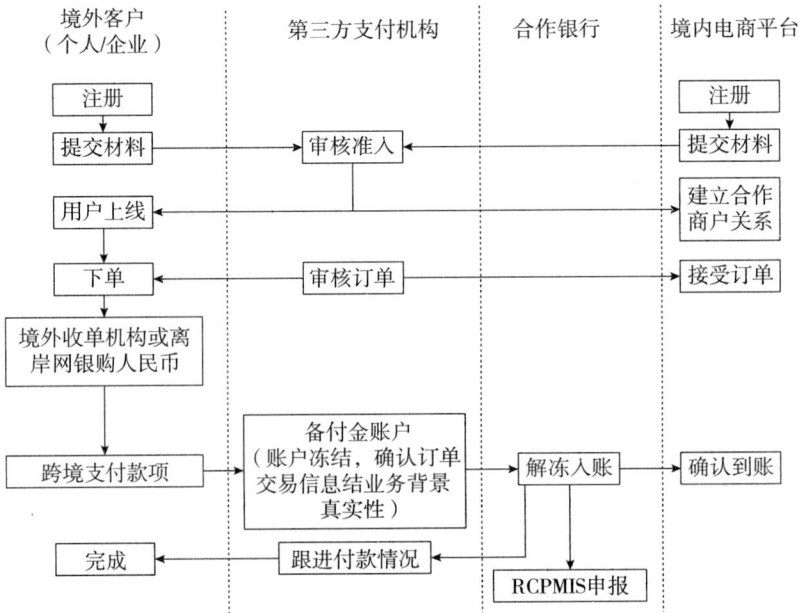

境外客户
（个人/企业）　　　第三方支付机构　　　合作银行　　　境内电商平台

注册

提交材料 → 审核准入 ← 提交材料

用户上线 ← 建立合作商户关系

下单 → 审核订单 ← 接受订单

境外收单机构或离岸网银购人民币

跨境支付款项 → 备付金账户（账户冻结，确认订单交易信息结业务背景真实性）→ 解冻入账 → 确认到账

完成 ← 跟进付款情况 ← RCPMIS申报

图2　支付机构跨境电子商务人民币收入业务流程

三、存在的主要问题

（一）市场准入条件不明确

168 号文规定，支付许可证中具有"互联网支付"资质的支付机构原则上均可与结算银行合作开展跨境电子商务人民币结算业务，并没有规定更为严格的市场准入条件，可能会使一些办理业务不规范、服务能力或市场资源不足的支付机构进入市场。若个别支付机构发生伪造业务背景、挪用客户备付金等违法行为，会对业务发展造成严重的后果。

（二）监督管理规定不明确

168 号文虽然对业务开展进行了明确支持，但对于支付机构与结算银行在真实性审核责任如何划分等方面没有制定详细规定，使市场主体开展业务存在合规方面的困惑。银行反映，按照规定相关业务应由支付机构承担客户准入以及业务真实性审核责任，银行主要从反洗钱方面进行审核，并通过事后抽查方式进行监督，银行自身单独落实业务真实性审核责任存在较大难度。但这与跨境人民币业务侧重于督促银行落实展业三原则，保证业务真实合规存在较大冲突。

（三）本外币管理政策存在差异

目前，支付机构依据《支付机构跨境外汇支付业务试点指导意见》（汇发〔2015〕7 号，以下简称"7 号文"）可以开展跨境外汇支付业务。7 号文在账户开立、业务开展以及信息报送等方面的规定较为明确，对外汇局监督管理相关事项进行了详细规定。而 168 号文虽然体现了本币便利性，但由于相关条款以原则性规定为主，可能导致同一家支付机构利用本外币政策差异进行政策套利以及逃避监管，不利于本外币协调管理。

（四）业务真实性存在一定风险

支付机构开展跨境电子商务业务具有无纸化等特点，使交易双方能享受业务便利的好处，但虚拟化的业务特征使业务真实性有时难以确认，存在一定风险。一是个别境内外市场主体构造虚假业务背景转移资金；二是不法分子利用网络窃取交易信息、骗取资金，给境内外交易对手方造成损失，给业务发展带来严重负面影响。

四、政策建议

（一）明确相关政策规定，加大政策支持力度

一是制定支付机构开展跨境电子商务人民币结算业务细则，明确政策相关事项。应在 168 号文的基础上，针对市场准入、业务开展以及监督管理相关事项出台更具体的条款。其中，针对业务开展，要对账户的开立使用、单笔限额、业务真实性审核责任划分、数据报送等进行明确规定，可强调支付机构对业务真实性审核负有直接责任，结算银行应加强支付机构事前准入审核及事后抽查力度。

二是实现多部门联动，促进跨境电子商务业务发展。建议北京地区由市商务委牵头，人民银行营业管理部、外汇管理局北京外汇管理部、市发改委、地区海关、市工商局以及税务等部门共同配合，搭建北京地区跨境电商综合服务平台，尝试从海关通关和企业公共服务等方面推动业务开展。同时，各监管部门可通过服务平台进行信息共享，充分了解各部门政策情况，严格监管支付机构资质准入以及业务开展中的不当行为。

（二）完善业务发展方式，突出管理重要性

一是加强本外币协调管理。跨境人民币业务管理部门需同外汇管理部门加强对业务开展情况的信息共享，尤其针对同时开展跨境人民币业务和外汇业务的支付机构，防止市场主体进行币种套利。

二是加强同支付结算管理部门的合作。部门之间形成管理合力，将支付机构开展跨境电子商务人民币结算业务纳入支付机构管理框架中，防止支付机构利用跨境人民币业务逃避境内相关法规管理。

三是充分发挥自律机制作用。目前，在支付清算以及跨境人民币业务方面，分别有支付清算协会和跨境人民币业务自律机制两个行业自律组织。应进一步加强两个自律机制的沟通与合作，尤其是市场主体开展业务方面的信息共享以及业务开展评估，从行业自律角度探索准入审核、业务惩戒与违规退出机制。

融资租赁支持首都经济高质量发展的相关建议研究

李海辉 等①

融资租赁是一种融资融物相结合的金融工具，是商业银行信贷模式的重要补充。鉴于融资租赁的特点及其在我国的发展现状与问题，本文提出几点建议，旨在提升融资租赁在改善民营和小微企业融资环境、促进首都经济高质量发展方面的能力与作用。

一、我国融资租赁行业的发展现状与特点

一是行业规模增长迅猛。截至 2017 年底，我国各类融资租赁机构数量达 9090 家，同比增长 27.4%，整个行业的资产规模突破 5 万亿元，仅次于美国。2007~2017 年，融资租赁合同余额从 240 亿元增长至 60600 亿元，年均复合增长率 73.87%，远高于同期 GDP 增速，具体如图 1 所示。

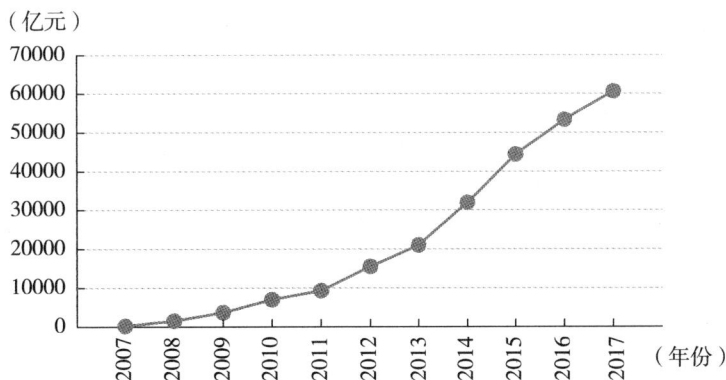

图 1　2007~2017 年全国融资租赁合同余额②

---

① 李海辉：中国人民银行营业管理部清算中心处长。参与课题研究人员有：周凯，供职于中国人民银行营业管理部货币信贷管理处；冯巍威，供职于中国人民银行营业管理部征信管理处。

② 数据来源：中国租赁联盟。

二是涉及地域范围广，重点集聚东南沿海地区。截至 2017 年底，全国所有省份都设立了融资租赁公司，但绝大部分仍分布在东南沿海一带。其中，上海、天津、广东、北京、福建、江苏、浙江、山东 8 个省（直辖市）的融资租赁企业总数占全国的比重达 93%。

三是顺应产业结构转型升级要求，对实体经济的贡献度日益上升。商务部资料显示，2014 年我国融资租赁行业的资产分布排名前五的行业分别是交通运输、通用机械、工业装备、建筑工程设备和基础设施及不动产；而在 2016 年，排名前五的行业分别是能源设备、交通运输设备、基础设施、通用机械设备和工业装备，且资产规模均超 1000 亿元（见图 2）。并且，医疗制药设备、建筑工程设备、通信电子设备、采矿冶金专用设备等行业的租赁资产规模紧随其后。另外，还值得注意的是，能源设备、医疗制药设备、通信电子设备等行业的租赁资产规模增速明显加快。

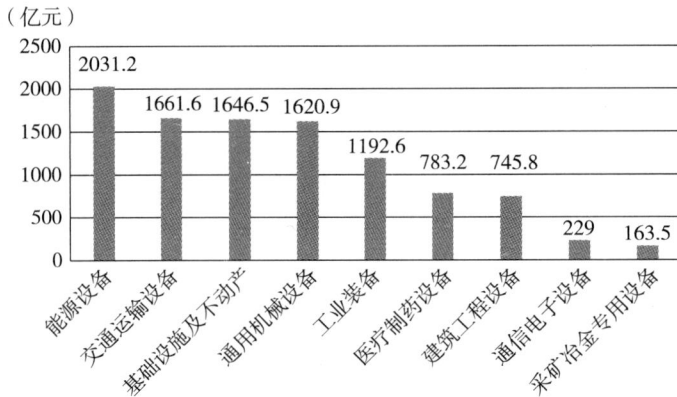

图 2　2016 年融资租赁资产行业规模统计

四是行业正在向统一监管转型。2018 年 5 月 14 日，商务部下发《商务部办公厅关于融资租赁公司、商业保理公司和典当行管理职责调整有关事宜的通知》（商办流通函〔2018〕165 号），将制定融资租赁公司、商业保理公司、典当行业务经营和监管规则职责划给中国银行保险监督管理委员会（以下称银保监会）。自此，我国融资租赁行业的监管正式向 2017 年全国金融工作会议和十九大定调的统一监管模式转型。

二、融资租赁在支持首都经济高质量发展中的独特功能

一是实现资金精准投放，定向支持重点行业。通过引导设立不同特色的融

资租赁公司，可实现将金融资本归集到特定领域的目的。目前，北京市已在全国范围内率先设立了科技租赁公司和文化科技租赁公司。截至 2017 年底，中关村科技租赁公司累计服务科技型中小企业 400 余家，累计投放项目 900 余笔，实现融资租赁投放额超 120 亿元，已帮助 15 家企业成长为细分领域的龙头。截至 2018 年 6 月，北京文化科技租赁公司累计投放项目 461 笔，投放总金额 203.27 亿元，精准支持了北京文化企业的发展。

二是降低企业融资门槛，缓解融资难问题。在承租人偿还全部租金之前，租赁物的所有权一直归属出租人，只有在承租人偿还全部租金并完成残值交割后，租赁物的所有权才会转至承租人名下。因此，在融资租赁交易中承担实质抵押作用的是租赁物，而非承租人的其他存量资产，实质上将承租人对设备未来的所有权进行质押担保、增信，这显然是降低了对承租人现阶段存量资产的要求。另外，融资租赁的投放逻辑是重资产创造的现金流、轻承租人信用，租赁资产的运营是承租人获得收入、偿还租金的保障。一旦承租人违约，出租人则有权取回租赁物进行市场化处置，以补偿租金损失。因此，只要租赁资产能够创造较好的现金流或易于处置，即使承租人是小微企业，出租人也具有较强的意愿进行投放，这切实提升了企业融资的可得性，非常契合有市场、有前景、技术有竞争力的高新技术企业的融资需求。

三是满足企业中长期融资需求。大部分融资租赁业务的交易期限为 3~5 年，且涉及飞机、船舶、轨道交通等大件设备时，交易期限更是长达 20 年。实质上，融资租赁是将需一次性全部支付的款项分拆为若干期，在很大程度上缓解了企业的流动性压力。而在传统信贷模式下，科技、文化企业规模较小、无高附加值固定资产可抵，很难从风险偏好较低的银行体系内获得中长期的资金支持以购置研发、生产、创作所需要的高端仪器或设备。

四是运用经营性租赁，切实降低企业融资成本。与简单融资租赁相比，经营性租赁是一种非全额清偿的融资租赁交易安排，是融资租赁发展的高阶形式。此模式下，出租人通过在租金计算预留残值的方式，使得承租人所需偿还的租金总额小于出租人的设备购置额，切实降低了承租人的设备使用与融资成本。值得注意的是，该模式能够产生并长期存在的关键是，出租人对于租赁资产具有专业化的管理水平，能够从租赁资产残值的处置中获得超额收益。

五是运用售后回租，盘活企业资产存量。售后回租模式下，企业可通过将自有资产出售给融资租赁公司而获得资金流入，同时签订的租赁合约又保障了企业对售出资产的正常使用权，切实起到了盘活企业存量资产的作用。据上市公司信息披露，2017 年，志高控股、安徽煤业、漳泽电力通过售后回租融资金额分别是 6000 万元、2 亿元、2.8 亿元。金一文化将商标等无形资产进行售后回租，融资金额为 3 亿元，为期 3 年。

六是支持高新技术企业产品出口，拓展海外市场。出口租赁作为销售辅助，有助于提升企业的市场份额与竞争力，另外，租赁方式还可绕过贸易保护主义的关税壁垒，这是产品销售所不具备的优势。在欧美发达国家，政府长期鼓励融资租赁公司为资本物品的出口提供融资支持，并对这些融资租赁公司提供信贷支持与政策优惠。20 世纪 80 年代，我国曾大量通过国外的融资租赁公司引进波音和空客飞机。因此，随着国内技术进步、高端装备制造业的崛起，融资租赁在支持高新技术企业拓展海外市场、高端装备出口以及"一带一路"倡议的实施具有重大意义。

三、当前融资租赁发展中遇到的主要问题

一是行业发展水平较低，社会认知度不高。据《世界租赁年报》显示，2016 年我国融资租赁交易额为 2067 亿美元，租赁渗透率[①] 为 6.0%，GDP 渗透率[②] 为 1.84%，与欧美租赁发达国家相比存在较大差距（见图 3）。国内大部分企业过于重视工具设备的产权和所有权，忽视了使用权的作用，对融资租赁这种新兴的融资方式认识不足，在一定程度上阻碍了融资租赁产业的发展。

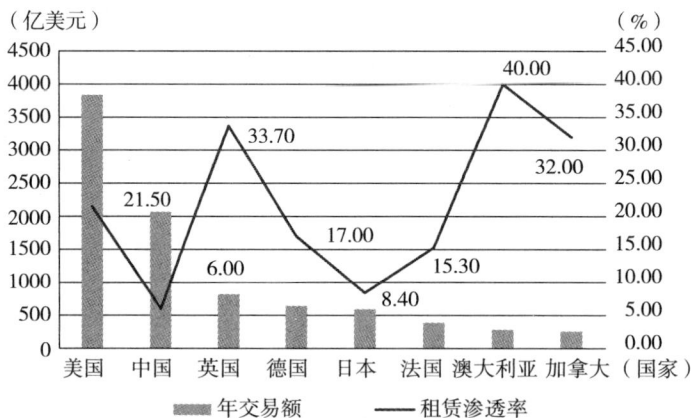

图 3 2016 年全球融资租赁市场比较

二是类信贷业务占比过高，行业发展偏离租赁本源。虽然融资租赁具有多

---

① 融资租赁渗透率：年融资租赁交易额与设备投资额的比例。

② GDP 渗透率：年融资租赁交易额占国内生产总值的比例。

种交易形式，但我国售后回租业务的占比过高。2018年10月至11月中旬期间，A股上市公司共发生48起融资租赁交易，其中仅6笔是直租业务，42笔是售后回租业务，回租业务占比高达87.5%。需要注意的是，售后回租业务是一种类信贷业务，其实质是向承租人提供流动性，而非新增设备，对全社会而言没有新增资本投入。在实际业务中存在以售后回租之名行借款合同之实的情况，偏离了融资租赁融资与融物结合、支持实体经济发展的本源，存在引发金融资本脱实向虚的风险。

三是售后回租为地方政府融资平台违规举债现象较为严重。近年来，受平台公司融资冲动、租赁公司利益驱动和监管环境较为宽松的影响，融资租赁异化为平台公司违规举债的方式之一，将政府融资平台公司的"融资"功能发挥到了极致。同时，在业务开展中呈现诸多乱象，主要包括租赁标的"乱"、融资主体"乱"、收费标准"乱"、资金使用"乱"、利益纠葛"乱"、风险管控"乱"等几个方面，这些乱象对金融市场秩序和地方政府性债务风险防范造成了严重的负面影响。首先是充当"资金来源"为政府平台公司"加杠杆"，帮助政府隐形举债；其次是充当"融资通道"为银行规避监管，帮助银行规避信贷规模约束，造成监管不足或监管真空。

四是租赁物的登记查询制度的覆盖面较低，租赁物的物权保护的法律层级与效力不高。虽然，中国人民银行、商务部分别于2009年、2013年上线了"融资租赁登记公示系统"和"租赁物登记公示信息查询系统"，推动了租赁物的登记与查询工作。但就目前来看，仅要求金融机构在办理资产抵押、质押和受让等业务时，有义务登录"融资租赁登记公示系统"进行权属查看，对其他类型的市场主体（包括自然人）无此要求。2014年，最高人民法院仅在司法解释的层面对租赁物权对抗善意第三人的情况进行了规定。在地方政府方面，仅有天津市明确对辖内的金融机构作出查询"融资租赁登记公示系统"的要求。实际上，对于有明确登记机关的租赁物，承租人的占用并不会影响所有权在法律上的归属问题，但对于其他没有明确登记机关的租赁物，占有是所有权的主要公示行为，当承租人对外转让租赁物时，受让人可根据善意取得制度取得所有权。

四、政策建议

一是行业主管部门应加强对融资租赁公司的日常监管，引导业务回归本源，凸显核心竞争力。加强对融资租赁的宣传推广，提高企业对融资租赁的认知度，通过政策宣导、企业交流、产品展示等方式培育融资租赁的有效需求。

积极培育二手设备流通市场，并逐步实现全国联网，为经营性融资租赁业务的大力开展创造条件。

二是金融管理部门应加强引导银租合作、投租联动，为重点领域的企业提供综合性解决方案。银租合作模式下，银行主要面向企业提供流动性贷款，融资租赁公司则向企业提供中长期的设备融资，两者相互配合、优势互补，为企业提供精准的金融服务方案。借鉴"投贷联动"，将股权融资与租赁债权融资相结合，以租养投，以投带租，投租并举。

三是建立统一的融资租赁登记公示系统，推动符合条件的融资租赁公司接入人行征信系统。目前，"融资租赁登记公示系统"和"租赁物登记公示信息查询系统"是两套并行的信息公示系统，应逐步统一。北京地区金融租赁公司有 3 家，已有 2 家正式接入人民银行征信系统，1 家正在加入过程中。在融资租赁企业方面，已有 20 家机构获批首批接入资格，其中 9 家已接入，11 家正在接入。

四是推动金融科技在融资租赁行业的应用。随着科技水平的提升，金融与科技的联系愈发紧密，特别是在风控领域。随着信息、传感器技术的提升，越来越多的设备具备信息采集与传输的功能，例如飞机、船舶、汽车、工程机械、医疗器具、印制设备等，这为出租人管控租赁资产提供了可能性，在很大程度上缓解了交易双方的信息不对称。

金融支持北京产业高质量发展研究

李康[①]

巩固扩大高端产业优势、优化产业分布、构建"高精尖"经济结构，既是推动首都经济发展迫切而现实的需要，也是金融支持首都经济高质量发展的重要抓手。本文首先对北京市产业发展的劳动效率、产出效率和空间分布进行比较分析，然后结合北京市高端产业发展现状，对高端产业金融服务情况及面临的困难进行深入挖掘，并提出政策建议。

一、北京市产业发展特征与空间分布

（一）服务业劳动效率国际比较

首都服务业增加值占比高于主要发达国家水平。2018 年一季度，全市服务业增加值占地区 GDP 的 82.2%，较全国服务业增加值占比高出 25.6 个百分点，居全国首位，且高于世界主要发达国家水平。首都服务业劳动力占比高于或接近于主要发达国家水平。2016 年，北京从事服务业的就业人口占总就业人口的 80.1%，高于或接近于主要发达国家水平。首都服务业劳动生产率远低于主要发达国家水平。2016 年，主要发达国家服务业劳动生产率在 7.5 万 ~12 万美元 / 人之间，而北京为 3.2 万美元 / 人，仅为发达国家的三至四成，劳动生产率亟待提升（见表 1）。

表 1　2016 年北京和主要发达国家 GDP、服务业指标比较

地区	GDP（亿美元）	人口（万人）	人均 GDP（美元）	服务业增加值占比（%）	服务业就业人口占比（%）	服务业劳动生产率（美元/人）
北京	3867	2173	17795	80.2	80.1	31734

---

① 李康：供职于中国人民银行营业管理部金融研究处。

地区	GDP（亿美元）	人口（万人）	人均GDP（美元）	服务业增加值占比（%）	服务业就业人口占比（%）	服务业劳动生产率(美元/人)
美国	185691	32313	57467	79.0	79.6	121480
日本	49394	12699	38894	70.0	70.9	75163
德国	34668	8267	41936	68.9	71.3	77181
英国	26189	6564	39899	80.2	80.4	82053
法国	24655	6690	36855	79.2	76.8	91654
意大利	18500	6060	30527	73.8	70.0	85258
加拿大	15298	3629	42158	—	78.5	—

数据来源：国家统计局、世界银行、北京市统计局。

（二）全市各产业产出效率比较

2016年，首都金融业、信息服务业、科技服务业人均产出及单位能耗产出均超过12万元，体现了"低投入、低能耗、高效益"的行业特点。住宿餐饮业、居民服务业人均产出及单位能耗产出两项指标均低于10万元，产出效率较低（见表2）。

表2　2016年北京市各产业增加值、从业人员、能耗等指标

产业	增加值（亿元）	从业人数（万）	能耗（万吨标准煤）	增加值/从业人数（万元/人）	增加值/能耗（万元/吨标准煤）
农、林、牧、渔业	132.2	4.9	80.43	27.0	1.6
采矿业	74.4	4.6	14.60	16.2	5.1
制造业	3141.0	110.7	1197.4	28.4	2.6
电力、热力、燃气及水生产和供应业	811.3	9.5	539.4	85.4	1.5
建筑业	1025.5	67.7	119.5	15.1	8.6
批发和零售业	2372.9	127.5	211.8	18.6	11.2
交通运输、仓储和邮政业	1061.0	64.1	1312.7	16.6	0.8

续表

产业	增加值 （亿元）	从业人数 （万）	能耗 （万吨标准煤）	增加值 / 从业人 数（万元 / 人）	增加值 / 能耗 （万元 / 吨标准煤）
住宿和餐饮业	399.4	42.0	279.6	9.5	1.4
信息传输、软件和 信息技术服务业	2805.8	92.9	181.1	30.2	15.5
金融业	4270.8	53.8	64.5	79.4	66.2
房地产业	1672.7	59.0	384.4	28.4	4.4
租赁和商务服务业	1838.3	168.8	205.5	10.9	8.9
科学研究和技术 服务业	2512.0	99.8	191.5	25.2	13.1
水利、环境和公共 设施管理业	204.4	12.8	62.5	16.0	3.3
居民服务、修理和 其他服务业	159.7	18.2	31.3	8.8	5.1
教育	1173.2	52.4	218.6	22.4	5.4
卫生和社会工作	636.6	30.6	84.9	20.8	7.5
文化、体育和 娱乐业	565.3	23.4	75.6	24.2	7.5
公共管理、社会 保障和社会组织	812.7	47.0	110.4	17.3	7.4

数据来源：北京市统计局。

（三）各区域产业空间分布比较

1. 三产区域空间分布情况

2016 年，朝阳、海淀、西城、东城 4 区服务业增加值全市占比合计为
72.3%，占各区 GDP 的比重分别为 93.2%、88.8%、91.5%、96.1%。第二产业
主要分布于经济技术开发区、顺义、海淀等区域。第一产业分散于顺义、大
兴、平谷、通州等远郊区域。

2. 各区域优势产业分布情况

2016 年，各区相关产业增加值占全市相关产业增加值 30% 以上的有：西

城区的金融业；朝阳区的商务服务业、批发零售业和房地产业；海淀区的信息服务业、教育业、文化体育业和科技服务业；顺义区的交通邮政业。东城区产业发展较为平衡，公共管理、文化体育、住宿餐饮、卫生、商务服务、金融6个产业增加值全市占比均在10%~20%之间。丰台区只有建筑业和居民服务业、北京经济技术开发区只有工业增加值全市占比超过10%；房山、通州、大兴、平谷、密云5个远郊区均仅有农林牧渔业增加值全市占比超过10%。石景山、昌平、门头沟、怀柔、延庆5区则无产业增加值全市占比在10%以上的优势主导产业（见表3）。

表3 2016年北京各区域优势产业

区域	产业增加值全市占比10%以上
东城	公共管理（17.5%）、文化体育（15.8%）、住宿餐饮（14.9%）、卫生（13.9%）、商务服务（11.5%）、金融（11.2%）
西城	金融（39.3%）、公共管理（21.2%）、卫生（17.9%）、文化体育（16.5%）、商务服务（14.6%）、批发零售（11.0%）
朝阳	商务服务（48.1%）、批发零售（43.2%）、房地产（30.0%）、居民服务（26.8%）、住宿餐饮（26.7%）、交通邮政（22.8%）、水利环境（20.9%）、卫生（19.0%）、科技服务（19.1%）、教育（14.7%）、金融（14.6%）、文化体育（13.3%）、信息服务（12.3%）、公共管理（12.1%）、建筑（11.6%）
丰台	建筑（13.7%）、居民服务（10.5%）
石景山	无
海淀	信息服务（55.2%）、教育（43.5%）、文化体育（41.4%）、科技服务（34.8%）、水利环境（23.7%）、建筑业（18.8%）、卫生（18.8%）、住宿餐饮（17.7%）、居民服务（16.8%）、房地产（14.5%）、金融（12.0%）、批发零售（11.9%）、公共管理（11.1%）、商务服务（10.3%）、工业（10.2%）
房山	农林牧渔（10.7%）
通州	农林牧渔（12.7%）
顺义	交通邮政（40.6%）、农林牧渔（15.5%）、工业（15.3%）
昌平	无
大兴	农林牧渔（14.8%）
北京经济技术开发区	工业（18.6%）
门头沟	无
怀柔	无

区域	产业增加值全市占比 10% 以上
平谷	农林牧渔（13.5%）
密云	农林牧渔（12.4%）
延庆	无

数据来源：北京市统计局。

二、北京市高端产业发展现状

近年来，北京市紧扣"四个中心"功能、"四个服务"职责，建设创新驱动型、全面开放型、服务主导型的现代化经济体系，基本形成了以现代制造、金融服务、文化创意、信息服务、科技服务、商务服务等行业为引领的高端产业发展格局，经济结构日趋呈现"高精尖"特点。

（一）高端产业快速增长，成为带动首都经济增长的重要引擎

从产业增加值看，2005~2016 年，北京市六大高端产业[①] 增加值由 3411.7 亿元上升至 17321.8 亿元，增长 4.1 倍。从增加值占比看，2005~2016 年，六大高端产业增加值占比由 50.1% 上升到 67.5%，提升了 17.4 个百分点。从年均增速看，2006~2016 年，北京市 GDP 年均增长 8.6%，而同期六大高端产业增加值年均实际增速 12.0%[②]，领先地区 GDP 年均增速 3.4 个百分点。从贡献率看，2013~2016 年，六大高端产业对首都经济的产业贡献率均在 80% 以上，信息服务业、金融业和文化创意产业的经济贡献率最大。

（二）高端产业集群日益集聚壮大，"六高四新"成为发展首都高端产业的重要载体

围绕产业集聚、人才集中、资源集约和功能集成，北京市着力打造六大

---

① 本文提出的北京市六大高端产业包括金融业、文化创意产业、现代制造业、信息服务业、科技服务业和商务服务业六大产业。以下简称"六大高端产业"。

② 高端产业增加值实际增速 = 名义增速 – GDP 平减指数。

高端产业功能区①和四个高端产业新区②，全市高端产业向"六高四新"聚集趋势明显，高端、高效、集约发展特征持续显现。其中，"六高"实现增加值占地区生产总值比重由 2011 年的 41.3% 提高到 2016 年的 48.3%，对全市经济增长的贡献率为 59.9%，比 2011 年提高 15.1 个百分点。2018 年一季度，"六高"合计实现收入 17187.8 亿元，同比增长 7.5%。

（三）投资、创业助推高端产业发展，有力促进产业结构调整和转型升级

2018 年 1~4 月，北京市信息传输、软件和信息技术服务业投资增长 1.4 倍，租赁和商务服务业增长 49.7%。2017 年，全市新设企业 19.4 万户，其中科技服务业企业占 36.3%；中关村发挥创新示范作用，拥有独角兽企业 67 家，占全国的 50% 左右。

三、金融服务北京市高端产业的现状与不足

（一）北京市高端产业发展的金融服务供给

1. 高端产业信贷支持力度增强

2014~2017 年，北京市六大高端产业人民币贷款余额保持年均 38.2% 的高速增长，占全市金融机构人民币贷款余额的 20% 以上。2018 年 1~4 月，六大高端产业贷款余额 1.6 万亿元，占全市金融机构人民币贷款余额的 25.3%。

2. 高端产业资本市场融资渠道拓展

2018 年一季度，北京市债券、股票等直接融资规模为 1487.4 亿元，占全市社会融资规模比重为 39.2%。北京市 A 股上市公司达 311 家，占全国的 8.8%；全国中小企业股份转让系统（"新三板"）中，北京挂牌公司达 1598 家，占全国的 13.8%；北京市区域性股权市场（"四板"）挂牌企业 169 家，展示企业 3967 家；机构间私募产品报价与服务系统（"五板"市场）参与人达 3547 家，累计发行私募产品 16662 只，累计发行规模达 11004.4 亿元。

---

① 北京市六大高端产业功能区包括中关村国家自主创新示范区、金融街、北京商务中心区、北京经济技术开发区、临空经济区和奥林匹克中心区，简称"六高"。

② 北京市高端产业新区包括通州高端商务服务区、新首钢高端产业综合服务区、丽泽金融商务区、怀柔文化科技高端产业新区，简称"四新"。

（二）金融服务北京市高端产业面临的困难与不足

1. 传统金融服务与部分高端产业存在多重错配性

高端产业大多具有高成长、高风险和轻资产的特点，商业银行传统的信贷模式在支持高端产业时，可能面临风险与收益不匹配、成本与产出相背离的现实困境，传统金融供给尚不能完全契合和有效满足高端产业金融需求，且资金在产业内部不同企业间配置不均，高端产业融资约束仍然存在。

2. 金融机构服务高端产业存在主客观障碍

主观上，部分金融关联主体支持高端产业发展从理念到行动均存在滞后，对高端产业发展阶段和发展特点认知有限，对高端产业融资风险的识别技术不足。尤其是在风险投资最该发挥作用的阶段，如处于种子期和起步期的前端投资严重不足，而进入成长期的后端投资则过于"拥挤"。客观上，金融机构支持高端产业的创新业务模式相关办法尚不完善。如商业银行投资功能子公司开展投贷联动等业务的风险计量、资本拨备、激励补偿等政策有待进一步明确。

3. 金融中介体系风险分散与补偿机制不完善

一是专利权、版权等无形资产缺乏有效的评估方法和市场广泛认可的评估机构，缺乏完善的产权交易平台和流转体系，影响了银行对企业提供抵质押资产作为单一保障方式的接受程度，且在办理质权质押登记过程中，手续时间相对较长。二是担保体系风险分散功能没有充分体现，特别是针对高端产业中处于初创期的优质小微企业提供的担保及费率优惠不足。三是保险业承保范围仍然较窄，信用保险仅在贸易融资试点、出口信用保险等业务中有介入。

四、政策建议

一是促进首都服务业提质增效、优化产业空间分布。进一步深化北京市服务业扩大开放综合试点，推动服务业加快向高端化、现代化、集聚化、国际化发展，实现提质增效。统筹利用丰台、大兴、通州等区域空间资源，辐射带动房山、平谷、密云等远郊区产业协同发展，打造北京未来发展的"金角银边"。

二是巩固扩大首都高端产业优势。加快高端产业发展，进一步发挥高端产业在优化经济结构、实现财政增收、促进经济发展提质增效等方面的作用。特别是发挥全国科技创新中心优势，聚焦"低投入、低能耗、高效益"的高端产业，建设创新驱动型、全面开放型、服务主导型经济体系。

三是拓宽高端产业融资渠道。有序发展投贷联动、投保联动、投债联动和高端产业企业资产证券化业务，完善创业投资退出机制。研究推动绿色债、创新创业债、战略性新兴产业债等试点工作，探索开发符合高端产业企业发展特点的信用评级体系。

四是发挥保险和金融中介的风险分担功能。探索完善专利权、著作权等无形资产的评估、质押、登记、托管、流转和变现。建立高端产业风险补偿基金，发挥风险分担功能。创新保险资金运用方式，鼓励保险公司在符合投向要求、有效分散风险的前提下，以股权形式直接或者间接投资于高端产业。

京津冀地区企业债券融资效率及影响因素研究

赵睿　等[①]

2018 年是实现京津冀协同发展规划纲要中期目标的开局之年，三地在经济社会各个领域的协同发展将迈向更高的台阶。为了解京津冀地区企业债券融资效率，并分析内外部因素对融资效率的影响，人民银行营业管理部选取京津冀地区 2010~2017 年发行的 2422 只企业债、公司债和债务融资工具中的中期票据[②]为研究样本，利用数据包络分析法（DEA）对样本的融资效率进行测算。结果显示，京津冀三地企业债券融资效率以 2015 年为转折点从下降趋势改为上升趋势，不同地区、不同属性、不同行业企业债券融资效率存在较大差异，且单个外部因素对三地企业债券融资效率的影响力度有所差异，京津冀协同发展水平对三地企业债券融资效率的提升具有重要意义。

一、京津冀企业债券融资现状

（一）京津冀地区企业债券融资总量较大，但三地企业债券融资规模存在巨大差异

截至 2017 年末，京津冀地区企业发行的企业债、公司债和中期票据融资余额 36506.4 亿元，占全国 28.1%。其中，北京企业的融资余额占京津冀地区的 83.7%，而天津、河北仅占 9.2% 和 7.1%（见表 1）。研究选取 2010~2017 年京津冀地区发行的 2422 只企业债、公司债和中期票据为样本，其中属地北京的 1748 只（占 72.2%），天津 363 只，河北 311 只；涉及债务融资主体共 491 家，其中属地北京的 343 家（占 69.9%），天津 81 家，河北 67 家。

---

① 赵睿：供职于中国人民银行营业管理部货币信贷管理处。参与课题研究人员：温静，供职于中国人民银行营业管理部营业室；魏超然，供职于中国人民银行营业管理部国库处。

② 由于债务融资工具中的短期融资券、超级短期融资券等期限较短，综合考虑期限、规模等因素，只选择中期票据作为样本的一部分。

表1　2017年末京津冀企业债券融资余额　　　　　　单位：亿元

	企业债	公司债	中期票据	合计
全国	30477.4	50797.4	48567.0	129841.8
北京	5382.7	9908.9	15273.6	30565.1
天津	647.2	1188.7	1520.7	3356.6
河北	525.0	1087.7	972.0	2584.7

数据来源：Wind 资讯。

（二）京津冀地区企业债券发行规模及发行数量总体上升，平均发行期限逐渐缩短

总体来看，样本企业债券发行规模从 2010 年的 4098.4 亿元增至 2016 年的 8823.4 亿元，翻了一番，其中 2012 年企业债券发行规模大幅增长，主要因为交易商协会放宽了企业发行债务融资工具的相关要求，使得发债空间进一步打开。而受市场波动和监管政策影响，2017 年发债规模仅为 2016 年的一半，下降较为明显。从发行期限来看，样本企业债券平均发行期限由 2010 年的 6 年缩短至 2017 年的 4 年，如图 1 所示。

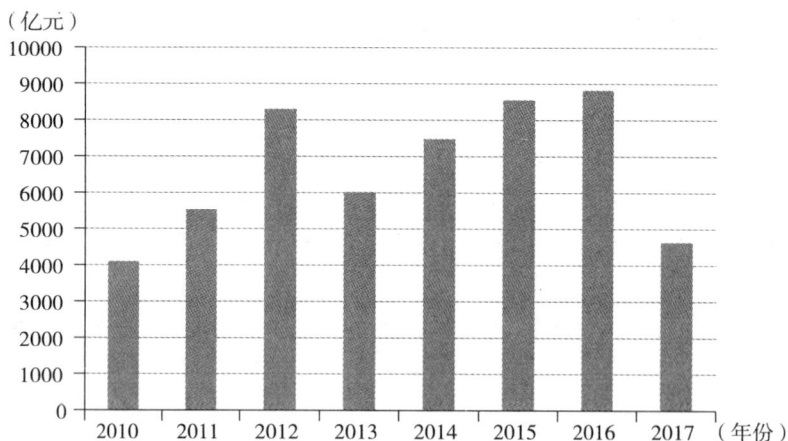

图1　2010~2017 年样本企业债券发行规模

（三）京津冀地区企业债券整体信用较好，平均融资成本呈下降趋势

2010~2017 年样本企业债券中，主体评级为 AAA 的占 50.5%，AA+、AA、AA− 的占比为 41.9%，AA− 以上的企业债券占比自 2013 年的 81.2% 逐年递增至 2017 年的 100%；债项评级为 AAA 的占 50.2%，AA+、AA、AA− 的占比为 33.4%。AA− 以上的企业债券占比自 2013 年的 63% 逐年递增至 2017 年的 99.7%，京津冀地区发债企业主体信用和债项信用逐渐提升，发债企业及项目信用整体较好（见图 2）。样本企业债券平均信用利差自 2013 年呈显著下降趋势，由 2013 年的 2.56% 下降至 2017 年的 1.77%（见图 3）。

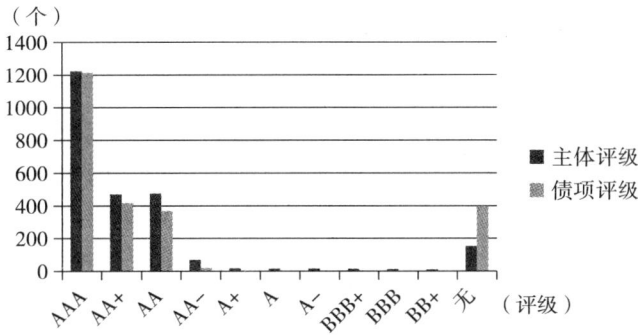

图 2　2010~2017 年样本企业债券发行主体类别

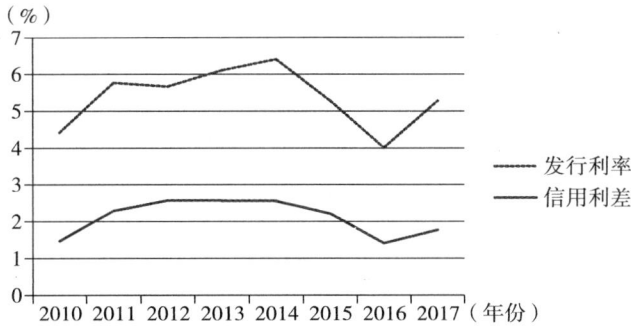

图 3　2010~2017 年样本企业债券发行利率和信用利差

（四）京津冀地区发债企业中国企居多，且主要集中在第二产业

2010~2017 年样本企业债券的 491 家发行主体中，中央和地方国有企业占

74.7%，民营企业仅占 17.7%（见图 4）。从分布行业来看，发行主体主要分布在制造业（128 家）、建筑业（65 家）、房地产业（44 家）等第二产业，占比为 63.7%，其余分布在批发和零售业（30 家），交通运输、仓储和邮政业（24 家），金融业（14 家）等第三产业，占比为 23.0%（见图 5）。

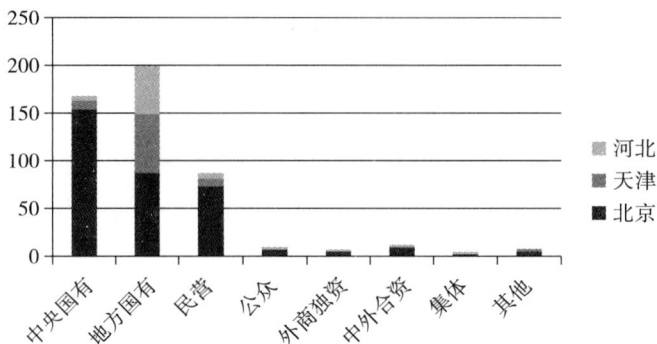

图 4 2010~2017 年样本企业债券评级结果

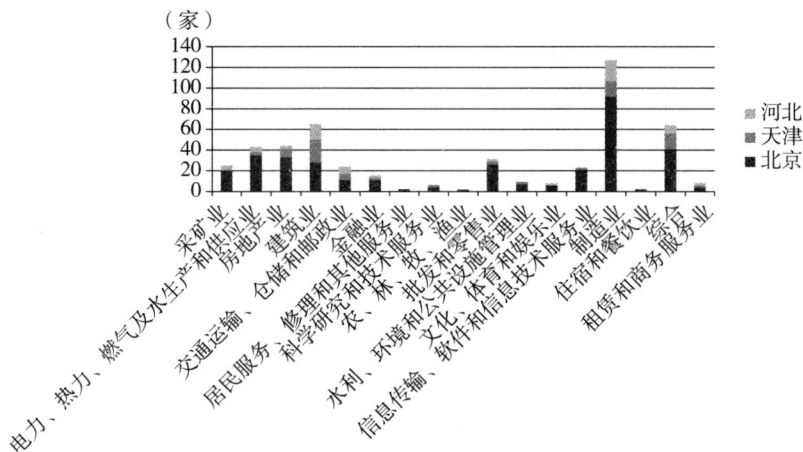

图 5 2010~2017 年样本企业债券发行主体行业分布

二、京津冀地区企业债券融资效率测算及影响因素分析

融资效率是对融资的交易效率的评价，可通过不同的指标进行衡量，本文选取收益质量、现金流量、营运能力、盈利能力作为债券融资效率的评价指标，同时选取融资成本、商业信用、经营成本作为内部影响因素，选取对外贸

易依存度、融资环境、金融服务环境、经济发展水平作为外部影响因素。利用数据包络分析法（DEA）对样本的融资效率进行测算，主要采用 CCR 模型和 NCN 模型（见表 2）。

表 2　DEA 模型指标设计表

分类		反映情况	指标选取
输入变量	内部因素	融资成本	发行利差比率（I1）
		商业信用	应付账款周转率（I2）
		经营成本	营业总成本（I3）
	外部因素	对外贸易依存度	进出口额 /GDP（IN1）
		融资环境	贷款余额 /GDP（IN2）
		金融服务环境	金融机构法人数（IN3）
		经济发展水平	人均 GDP（IN4）
输出变量		收益质量	经营活动净收益 / 利润总额（O1）
		现金流量	经营活动产生的现金流量净额 / 营业收入（O2）
		营运能力	应收账款周转率（O3）
		盈利能力	营业总收入（O4）

在研究加入外部因素后京津冀企业债券融资效率时，首先假设所有外部因素和内部因素都是企业可控的、可调整的因素，此时利用 CCR 模型计算企业债券融资效率；其次如果将外部因素视为企业不可控因素，则利用 NCN 模型计算企业的债券融资效率，并将两个模型的计算结果进行比较。通过模型测算，得出如下结论：

（一）京津冀三地企业债券融资效率存在差异，外部因素对津冀两地影响较大

不考虑外部因素影响时，京冀两地企业债券融资效率都高于天津，可能由于北京、河北债券融资企业中上市公司的比例分别为 30.0%、25.4%（天津为 13.6%），优质企业占比较高。考虑外部因素影响时，京津冀三地企业债券融资效率分别提高了 12%、61.8%、51.9%，这说明京津冀协同发展水平会影响三地企业债券融资效率，且对天津和河北影响更大，良好的经济金融环境可以

促进企业债券融资效率的提高（见表3）。

表3　京津冀三地企业债券融资效率对比

地区	不考虑外部因素的债券融资效率	考虑外部因素的债券融资效率
北京	0.6541	0.7326
天津	0.5721	0.9258
河北	0.6266	0.9521

（二）京津冀三地企业债券融资效率以2015年为转折点从下降趋势改为上升趋势

考虑外部因素影响时，2010~2017年的企业债券融资效率均有所提高，变化率从2010年的33.3%下降到2017年的19.0%，这说明近年来京津冀协同发展水平逐渐加强，且由于2015年《京津冀协同发展规划纲要》的印发实施，京津冀协同发展战略的全面启动，协同发展速度和质量也全面提升，京津冀三地企业债券融资效率以2015年为转折点从下降趋势改为上升趋势，京津冀协同发展水平对区域内企业债券融资效率影响较大（见表4）。

表4　2010~2017年京津冀三地企业债券融资效率对比

年份	不考虑外部因素的债券融资效率	考虑外部因素的债券融资效率
2010	0.6964	0.9286
2011	0.6592	0.8370
2012	0.6395	0.7853
2013	0.6036	0.7846
2014	0.6257	0.7837
2015	0.6277	0.7591
2016	0.6416	0.7672
2017	0.6546	0.7790

（三）京津冀三地民营企业债券融资效率不及中央国有企业，但高于地方国有企业

无论是否考虑外部因素影响，中央国有企业债券融资效率均处于领先地位，且民营企业债券融资效率高于地方国有企业。考虑外部因素影响后，中央国有企业、地方国有企业、民营企业债券融资效率分别提高了40.1%、27.1%、31.3%。这说明尽管民营企业具有更强的创新能力、更高的管理水平，但所享受的外部红利不及国有企业。国有企业享有较大的规模优势、政策优势，然而地方国有企业的盈利能力和发展水平远不如中央国有企业。京津冀协同发展水平对中央国有企业和民营企业债券融资效率影响更大（见表5）。

表5　京津冀三地不同属性企业债券融资效率对比

公司属性	不考虑外部因素的债券融资效率	考虑外部因素的债券融资效率
中央国有企业	0.5932	0.8311
地方国有企业	0.5517	0.7013
民营企业	0.5668	0.7428

（四）不同行业企业债券融资效率存在较大差异，外部因素对第三产业影响较大

不考虑外部因素影响时，采矿业、电力、热力、燃气及水生产和供应业，房地产业等第二产业的企业债券融资效率较高，可能由于传统行业中的大型国有企业较多，易受到金融市场的青睐，融资成本较低。考虑外部因素影响时，所有行业的企业债券融资效率均有所提高，而住宿和餐饮业、租赁和商务服务业、文化、体育和娱乐业等第三产业企业债券融资效率提高的较多，分别提高64.5%、46.5%、36.8%。京津冀协同发展水平对第三产业企业债券融资效率影响最大（见表6）。

表6　京津冀三地不同行业企业债券融资效率对比

行业	不考虑外部因素的债券融资效率	考虑外部因素的债券融资效率
采矿业	0.7652	0.8473
电力、热力、燃气及水生产和供应业	0.6952	0.8018

续表

行业	不考虑外部因素的债券融资效率	考虑外部因素的债券融资效率
房地产业	0.6517	0.7979
建筑业	0.6086	0.8337
交通运输、仓储和邮政业	0.6371	0.8507
金融业	0.6334	0.8380
居民服务、修理和其他服务业	0.6027	0.6814
科学研究和技术服务业	0.5430	0.7175
农、林、牧、渔业	0.5745	0.6695
批发和零售业	0.6330	0.6971
水利、环境和公共设施管理业	0.5634	0.7538
文化、体育和娱乐业	0.5606	0.7667
信息传输、软件和信息技术服务业	0.5359	0.7254
制造业	0.6483	0.7728
住宿和餐饮业	0.3668	0.6033
综合	0.6030	0.7698
租赁和商务服务业	0.5420	0.7939

（五）单个外部因素对京津冀三地企业债券融资效率的影响力度有所差异

对河北来说，提高企业债券融资效率最有效的方式是改善金融服务环境与融资环境。对天津来说，提高企业债券融资效率最有效的方式应该是改善经济发展水平。对北京来说，改善金融服务环境对企业债券融资效率几乎无影响，其他三个因素的影响也较小，这说明目前北京的经济金融水平比较好，继续改善外部环境对企业债券融资效率影响较小（见表7）。

表7　单个外部因素对京津冀三地企业债券融资效率的影响

	地区	北京	天津	河北
方案1	考虑外部因素的债券融资效率	0.7326	0.9258	0.9521
方案2	不考虑对外贸易依存度	0.7065	0.9195	0.9122
	影响力度	0.0260	0.0062	0.0398
方案3	不考虑融资环境	0.7036	0.8569	0.8778
	影响力度	0.0289	0.0689	0.0743
方案4	不考虑金融服务环境	0.7267	0.9075	0.7348
	影响力度	0.0058	0.0182	0.2173
方案5	不考虑经济发展水平	0.7115	0.7890	0.9086
	影响力度	0.0210	0.1368	0.0434

三、政策建议

一是推进区域协同发展，优化企业发展环境。一方面，政府应发挥积极引导的作用，利用资源、信息优势做好政策规划，根据三地的定位及特点对产业结构进行动态调整和优化，加强产业联动发展，优势互补。另一方面，要动员三地各部门在资源供给方面建立协调机制，推动监管协作、数据共享等各项业务同城化，加强基础设施互联互通及区域信用一体化建设。

二是因地制宜打通关键环节，改善企业融资环境。京津冀协同发展程度对京津冀三地企业债券融资效率的提高具有重要意义，三地政府应继续推进京津冀协同发展，改善区域企业融资环境，进而提高企业债券融资效率。与此同时，在服从和服务于区域整体定位的前提下，三地也应制定自身的发展重点，从不同方面着手，有针对性地提高企业债券融资效率。建议北京发挥核心引领带动作用，鼓励北京的金融机构支持京津冀企业债券融资。建议天津培育优势产业，提高经济发展水平，加大金融机构对实体经济的支持力度，持续改善企业融资环境。建议河北进一步优化金融服务环境，增加金融机构数量，加大普惠金融扶持力度，服务社会经济发展。

三是健全债券信用评级体系，提高企业债券融资效率。一方面，完善企业债券信用评级体系，避免过度重视企业规模对信用评级的影响，而更加关注企业的成长性和效益性，积极使用先进的债券评级方法和技术，降低债券评级的差异性，保证评级的规范化和标准化。另一方面，鼓励设立第三方信用评级机构，加大对评级机构的考核与监管，规范信用评级的业务，提高评级机构在市场上的公信力，使得信用评级可以真正地作为投融资的参考。

四是出台相应激励措施，鼓励发行方和投资方参与企业债券市场。建议地方政府通过投资补助、担保补贴、债券贴息、基金注资等多种方式支持企业债券发行。或拓宽担保增信渠道，允许项目收益无法在债券存续期内覆盖总投资的发行人，仅就项目收益部分与债券本息规模差额部分提供担保。设立地方企业债券担保基金，专项用于为发行企业债券提供担保。同时，建议对认购企业债券的机构投资者，执行类似购买国债享有的免税政策。对投资于企业债券的银行，允许其持有的企业债券所对应的风险资产占用比例减半。

参考文献

［1］孟佳颖.基于 DEA 模型的北京市新三板挂牌企业股权融资效率评价［J］.经营与管理，2018（1）：101-104.

［2］张杰，郑若愚.京津冀产业协同发展中的多重困局与改革取向［J］.中共中央党校学报，2017，21（4）：37-48.

［3］周楷唐，麻志明，吴联生.高管学术经历与公司债务融资成本［J］.经济研究，2017，52（7）：169-183.

［4］周桂荣，任子英.区域产业功能定位重构及协同发展机制创新——以京津冀为例［J］.区域经济评论，2017（1）：75-80.

［5］陈超，李镕伊.债券融资成本与债券契约条款设计［J］.金融研究，2014（1）：44-57.

［6］Anna M.Costello，Reginawittenberg-Moerman. The Impact of Financial Reporting Quality on Debt Contracting：Evidence from Internal Control Weakness Reports［J］. Journal of Accounting Research，2011（1）.

"营改增"后北京地区银行业金融机构税负变化情况

陈永波 等[①]

为了解银行业金融机构"营改增"后税负变化情况，人民银行营业管理部梳理了银行业金融机构增值税适用税率和征税范围，并对辖内 21 家商业银行[②]进行了调查。调查显示，半数以上商业银行表示"营改增"后税负水平与之前持平或有所下降，增值税专用发票难以取得的问题有所缓解，系统无法单独核算小额贷款利息收入问题正在解决。但同时，不良贷款利息垫付、金融商品转让负差不允许跨年结转以及税率调整导致可抵扣金额减少的问题加重了商业银行纳税负担。

一、银行业金融机构增值税税率和征税范围

（一）税率

自 2016 年 5 月 1 日起，金融业正式纳入"营改增"范围。银行业金融机构一般纳税人适用 6% 的增值税税率，适用一般计税方法计税；小规模纳税人[③]适用 3% 的增值税征收率，适用简易计税方法计税。

根据 2016 年 4 月 29 日发布的《关于进一步明确全面推开营改增试点金融业有关政策的通知》（财税〔2016〕46 号），农村信用社、村镇银行、农村资金互助社、由银行业机构全资发起设立的贷款公司、法人机构在县（县级市、区、旗）及县以下地区的农村合作银行和农村商业银行提供金融服务收入，可以选择适用简易计税方法按照 3% 的征收率计算缴纳增值税。

---

① 课题研究人员：陈永波、魏超然、翟盼盼，均供职于中国人民银行营业管理部国库处。

② 包括 4 家国有商业银行、5 家股份制商业银行、6 家城市商业银行、1 家农村商业银行和 5 家村镇银行。

③ 2018 年 4 月 4 日发布的《关于统一增值税小规模纳税人标准的通知》（财税〔2018〕33 号）将增值税小规模纳税人标准确定为年应征增值税销售额 500 万元及以下，自 2018 年 5 月 1 日起执行。

（二）征税范围

2016 年 3 月 23 日发布的《关于全面推开营业税改征增值税试点的通知》（财税〔2016〕36 号）规定，贷款服务、直接收费金融服务、保险服务和金融商品转让等金融服务需缴纳增值税，部分利息收入、金融商品转让收入、金融同业往来利息收入免征增值税，包括 2016 年 12 月 31 日前金融机构农户小额贷款，国家助学贷款，国债、地方政府债，人民银行对金融机构的贷款，住房公积金贷款利息收入；证券投资基金管理人运用基金买卖股票、债券，个人从事金融商品转让业务；金融机构与人民银行所发生的资金往来业务，银行联行往来业务，金融机构间的资金往来业务，金融机构之间开展的转贴现业务等。

此后，金融业增值税征收相关的政策文件陆续出台，银行业金融机构增值税征税范围经历了四次调减和两次调增。

2016 年 4 月 29 日发布的《关于进一步明确全面推开营改增试点金融业有关政策的通知》（财税〔2016〕46 号），将质押式买入返售金融商品、持有政策性金融债券纳入免税范围。2016 年 6 月 30 日发布的《关于金融机构同业往来等增值税政策的补充通知》（财税〔2016〕70 号）进一步扩大了银行业金融机构免征增值税业务范围：一是同业存款、同业借款、同业代付、买断式买入返售金融商品、持有金融债券、同业存单免征增值税。二是商业银行购买央行票据、与央行开展货币掉期和货币互存等业务免征增值税。三是境内银行与其境外的总机构、母公司之间，以及境内银行与其境外的分支机构、全资子公司之间的资金往来业务免征增值税。以上两个文件均于 2016 年 5 月 1 日起执行。

2017 年 6 月 30 日发布的《关于资管产品增值税有关问题的通知》（财税〔2017〕56 号）规定，2018 年 1 月 1 日起，资管产品管理人运营资管产品过程中发生的增值税应税行为暂适用简易计税方法，按照 3% 的征收率缴纳增值税。2017 年 7 月 11 日发布的《关于建筑服务等营改增试点政策的通知》（财税〔2017〕58 号）将贴现、转贴现业务纳入增值税征税范围，于 2018 年 1 月 1 日起执行。

2017 年 10 月 26 日发布的《关于支持小微企业融资有关税收政策的通知》（财税〔2017〕77 号）规定，自 2017 年 12 月 1 日至 2019 年 12 月 31 日，对金融机构向农户、小型企业、微型企业及个体工商户发放小额贷款取得的利息收入，免征增值税。2018 年 9 月 5 日发布的《关于金融机构小微企业贷款利息收入免征增值税政策的通知》（财税〔2018〕91 号）规定，自 2018 年 9 月 1 日至 2020 年 12 月 31 日，对金融机构向小型企业、微型企业和个体工商户发放小额贷款取得的利息收入，免征增值税。同时，上述文件要求单独核算符合免税条件的小额贷款利息收入，未单独核算的，不得免征增值税。

截至目前，银行业金融机构增值税征税范围与原营业税征税范围已基本无差异。

二、税负总体变化情况

（一）适用一般计税法的银行机构税负变化

在接受问卷调查的 4 家国有银行、5 家股份制银行、6 家城商行中，有 6 家银行反映营改增后税负增加，4 家税负情况基本持平，4 家税负下降，1 家税负变化不确定。4 家国有银行中，有 3 家反映税负无显著变化，1 家反映税负下降；5 家股份制银行税负 2 升 2 降 1 不确定；6 家城商行 4 升 1 降 1 平（见表 1）。

（二）适用简易计税法的银行机构税负变化

在接受问卷调查的 1 家农商行和 5 家村镇银行中，农商行和 2 家银行反映税负基本持平，3 家银行反映税负下降（见表 1）。

表 1　参与调查的 20 家银行税负升降情况

税负变化	银行
上升	中信、光大、北京、上海、宁波、江苏
下降	农行、浦发、广发、南京、延庆村镇银行、昌平包商村镇银行、门头沟珠江村镇银行
基本持平	工行、中行、建行、杭州、北京农商、大兴华夏村镇银行、通州中银富登村镇银行

三、当前存在的问题

（一）正在解决的局部性问题

一是银行业部分日常耗材及基层网点营业支出供应商多为小规模纳税人，较难取得增值税专用发票，无法实现充分抵扣；若更换为一般纳税人，则大部分产品价格上涨，将大幅增加日常耗材支出。民生银行、杭州银行反映了这类问题。但同时，部分银行已找到解决办法，如中国银行、中信银行反映目前从小规模纳税人采购的，小规模纳税人可以去税务局代开发票；南京银行、宁波银行、北京农商行采取比价、定点等方式选择供应商，选择时已充分衡量了税收成本与实际价格的比较优势，从而有效控制甚至降低了采购成本。

二是银联无法开具手续费发票，从而无法进行进项税抵扣，主要原因是银联公司手续费尚未出台相关增值税发票开具办法，目前其系统无法改造成按月开票模式。民生银行、光大银行等部分样本银行均反映了这类问题。但同时，部分银行已找到解决办法，如农业银行由总行统一从中国银联开具增值税专用发票，再由总行开具分支机构增值税专用发票，进而实现分支机构专票抵扣；工商银行表示，自2017年三季度起，银联已陆续向北京地区开展的业务开具增值税专用发票。

三是租赁水电费的增值税专用发票较难取得。绝大多数银行网点均采用租赁方式，但租赁费、水电费的增值税专用发票较难取得。如宁波银行、北京农商行反映由于自来水公司和国家电网公司只针对产权单位和个人开具增值税发票，作为租赁单位的水电费一般由产权单位或物业公司代收，一般只能凭代收单位出具的分割单进行账务处理，因此无法抵扣相关进项税额。光大银行、宁波银行反映存在支行租赁个人房屋为办公地点难以取得增值税专用发票的情况。农业银行、民生银行等受调查银行也反映了此类问题。

四是部分银行享受财税〔2017〕77号和财税〔2018〕91号文的优惠政策存在实际困难，主要原因是系统改造困难、单独核算难以实现，表现在商业银行若要享受小额贷款利息收入的税收优惠必须对其进行单独核算，这会牵扯到信管系统、贷款核算平台、核心账务处理等全流程系统改造，以及统计、绩效、分析等系统取数规则的调整。江苏银行、广发银行、北京农商行、大兴华夏村镇银行均反映由于系统无法单独核算或是系统正在改造而暂时无法享受政策优惠。

（二）有待改善的普遍性问题

一是不良贷款利息垫付增加银行垫付资金。根据36号文要求，金融企业发放贷款后，自结息日起90天内发生的应收未收利息按现行规定缴纳增值税，自结息日起90天后发生的应收未收利息暂不缴纳增值税，待实际收到利息时按规定缴纳增值税。但部分利息收入未来收回的可能性不大，这在无形中加大了银行税负成本。调查显示，除民生银行、宁波银行和门头沟珠江银行表示数据无法取得外，其余各行均出现过数额不等的垫付资金。如2017年以来，北京银行因不良贷款垫款缴纳的增值税达 2402.68 万元，工商银行为 76.32 万元，建设银行为 94.39 万元。

二是金融商品转让负差不允许跨年结转，加重了商业银行的纳税负担。根据 36 号文规定，转让金融商品出现的正负差，以盈亏相抵后的余额为销售额，若相抵后出现负差，可结转下一纳税期，与下期转让金融商品销售额相抵，但年末仍为负差时，则不得转入下一会计年度，这在一定程度上提高了商业银行的实际税负。受调查银行中，建设银行 2017 年金融商品转让形成的负差余额为 6.05 亿元，2018 年增加应缴税金 3632.88 万元；北京农商行 2017 年金融商品买卖的负差额为 9.88 亿元，2018 年将增加应缴增值税 5592.45 万元。

三是税率调整降低导致可抵扣金额减少。2018 年 5 月 1 日开始执行的《关于调整增值税税率的通知》（财税〔2018〕32 号）将原适用 17% 和 11% 税率的增值税应税销售行为或者进口货物税率分别调整为 16%、10%，大部分银行表示该政策会导致可抵扣额减少。其中，2018 年 6 月工商银行可抵扣金额减少 275.84 万元，中国银行 61.7 万元，股份制银行和城市商业银行处于 10 万元以下的规模；村镇银行执行的是简易税率，不受该政策影响。

四、政策建议

针对贷款利息无法抵扣进项税的情况，江苏银行建议将银行的客户回单作为客户记账的有效凭证，这样一方面避免了银行开票压力，另一方面也避免了银行开具税票金额远大于实际取得的利息收入。

针对税率调整导致可抵扣金额减少的问题，农业银行建议考虑银行业及金融业特殊情况，联合银行业协会，加强行业谈判，从不含税价格等角度协商安保、押运等服务的行业指导价格。

京沪深金融业对比及前景展望

杨小玄[①]

  北京、上海和深圳是目前公认的我国三大金融中心城市，三地金融业在规模、资源集聚、竞争力等方面均处于全国领先水平，对全国金融业的改革创新发展起着一定的引领示范作用。从金融运行、金融市场、发展目标三个角度对三地金融业发展概况进行比较分析后发现，北京总部经济优势明显，银行业和保险业相对占优，但证券、基金与期货业较沪深差距较大；上海拥有健全的全国性金融市场体系，外资资本更加活跃，金融业增加值增速全国居首；深圳在多层次股票市场建设及金融业发展的相对指标方面具备自身的比较优势。

一、金融运行情况对比

（一）上海金融业增加值总量、增速、GDP 占比均居三地首位，北京次之，深圳列末位（见图 1）

  总量方面，2017 年，北京金融业增加值为 4634.5 亿元，低于上海的 5330.5 亿元。深圳金融业增加值与北京和上海有较大差距，2017 年总量为 3059.98 亿元。

  增速方面，2017 年，上海金融业增加值同比增长 11.9%，居全国首位，较北京和深圳分别高出 3.3 个和 5.6 个百分点。

  金融业增加值 GDP 占比方面，2013~2016 年，三地均保持占比上升趋势，其中 2016 年北京、上海占比均超过 17%，但 2017 年北京、深圳金融业增加值占 GDP 比重分别下降 0.59 个和 1.12 个百分点，降至 16.55% 和 13.64%，而上海仍上升 0.35 个百分点，达到 17.69%。

---

  ① 杨小玄：供职于中国人民银行营业管理部金融研究处。

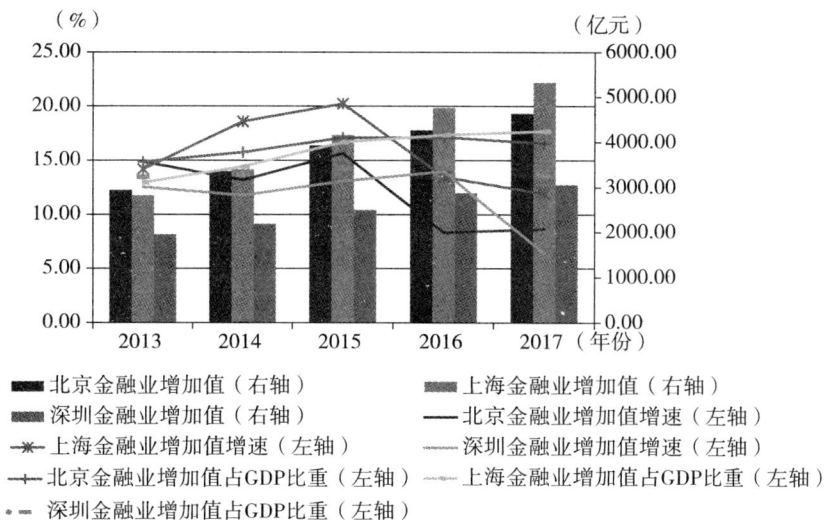

图 1　2013 年以来京沪深金融业增加值对比

数据来源：Wind 资讯。

（二）北京存贷款规模高于上海、深圳且整体杠杆较低，三地存贷款增速显著放缓

存款余额方面，截至 2018 年 6 月末，北京本外币各项存款余额为 15.39 万亿元，高于上海、深圳的 11.52 万亿元和 7.08 万亿元。截至 2017 年 6 月末，北京境内存款的各子项均高于上海和深圳，尤其是广义政府存款项[①]，北京为 3.38 万亿元，较上海的 1.53 万亿元高出一倍多。

贷款余额方面，上海高于北京、深圳。至 2018 年 6 月末，北京本外币各项贷款余额为 6.79 万亿元，上海、深圳分别为 7.20 万亿元和 5.05 万亿元。

贷存比方面，因集中大量金融机构总部，北京贷存比最低，为 44.12%，上海其次，为 62.50%，深圳最高，达到 71.32%（见表 1）。

表 1　2018 年 6 月北京、上海、深圳本外币存贷款余额对比

	各项存款余额（万亿元）	存款占全国比重（%）	各项贷款余额（万亿元）	贷款占全国比重（%）	贷款余额 / 存款余额（%）
北京	15.39	8.6	6.79	5.0	44.12

[①]　上海存贷款子项的数据仅更新至 2017 年 6 月，仅对 2017 年 6 月数据进行对比。

续表

	各项存款余额 （万亿元）	存款占全国比重 （%）	各项贷款余额 （万亿元）	贷款占全国比重 （%）	贷款余额 / 存款 余额（%）
上海	11.52	6.4	7.20	5.3	62.50
深圳	7.08	4.0	5.05	3.7	71.32

数据来源：Wind 资讯。

存款增速变化方面，2016 年以前，深圳本外币存款余额增速同比达到 50% 以上，显著高于同期北京和上海 20%~40% 的增速水平；2016 年以来，三地存款增速有所放缓，均降至 10% 以下水平，趋势一致（见图 2）。

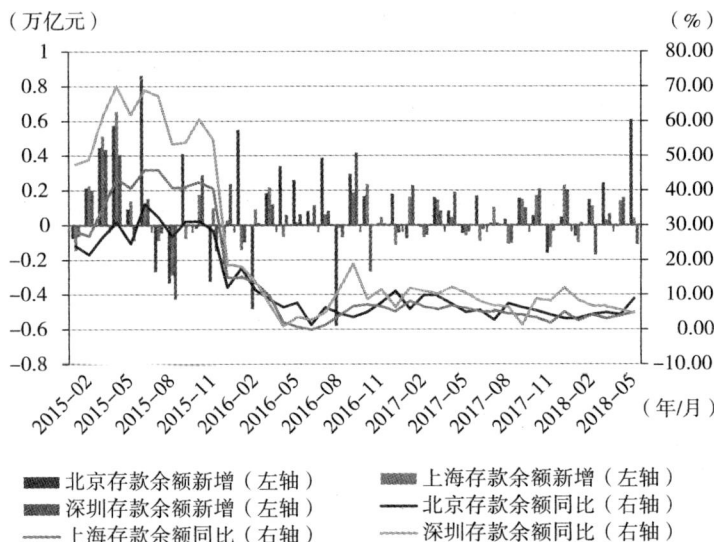

图2　2015 年 2 月以来北京、上海、深圳本外币存款变化

数据来源：Wind 资讯。

贷款增速变化方面，自 2016 年下半年以来，受北京市房地产调控政策影响，住户部门贷款余额增速显著放缓，导致北京贷款同比增速放缓至 10% 以下的水平，与上海和深圳的贷款增速有较大差距，也落后全国同期贷款增速（约为 13%）。深圳的贷款余额增速在三地中一直保持较高水平，2016 年四季度以前，同比增速达 20% 以上，增速来源主要是房地产贷款，但随着房地产调控，深圳贷款余额同比增速也逐渐下降至 15% 左右（见图 3）。

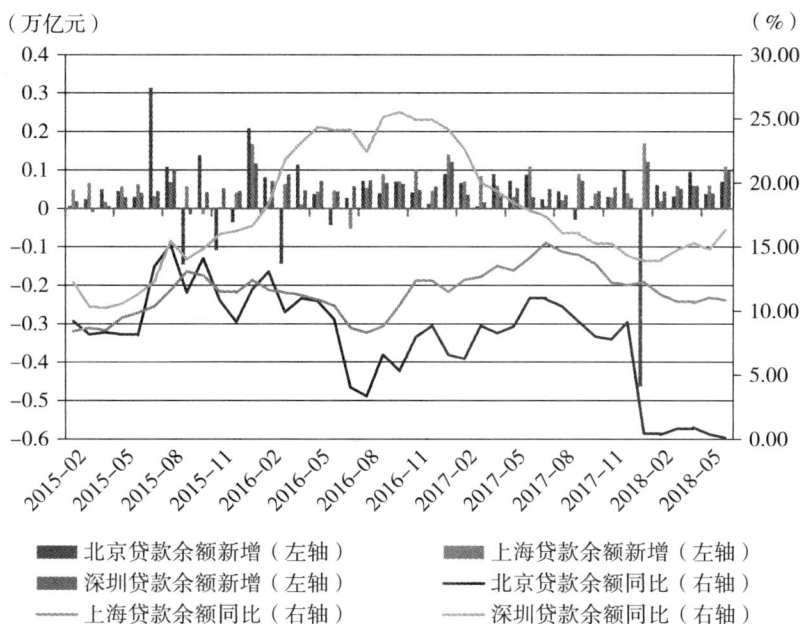

图3 2015年2月以来北京、上海、深圳本外币贷款变化 ①

数据来源：Wind 资讯。

（三）北京银行业、保险业领先，上海证券业领先

1. 银行业总量北京占优，外资银行上海占优，新型农村金融机构深圳占优

北京银行业在金融机构数量、金融从业人员和资产总额上都有较大优势。截至2017年末，北京银行业资产总额为22.2万亿元，远超上海的14.7万亿元、深圳的8.4万亿元；北京银行业从业人数约为12.0万人，略高于上海的11.8万人，深圳为7.3万人。从机构类别来看，北京的财务公司数量达到72个，规模远高于上海的22个和深圳的10个；上海在外资银行数据上有一定的优势，外资银行从业人数达到1.25万人，资产规模达到1.56万亿元。均高出北京和深圳2倍以上，虽然上海的新型农村金融机构数量较多，但从资产规模上看，深圳新型农村金融机构资产高达357亿元，相比上海的273亿元依然占有较大优势（见表2）。

---

① 2018年起，北京贷款余额统计口径有变化，导致1月以后数据显著减少。按同口径对比，2018年北京贷款余额平稳增长。

表2 2017年北京、上海、深圳银行业金融机构情况对比

| 机构类别 | 营业网点 | | | | | | | | | 法人机构（个） | | |
| | 机构个数（个） | | | 从业人数（人） | | | 资产总额（亿元） | | | | | |
	北京	上海	深圳	北京	上海	深圳	北京	上海	深圳	北京	上海	深圳
一、大型商业银行	1825	1690	641	53020	48289	23571	81692	50365	31012	0	1	0
二、国家开发银行和政策性银行	18	14	3	918	589	325	16149	4816	5000	0	0	0
三、股份制商业银行	900	723	563	24262	22641	27860	44884	32376	28738	0	1	2
四、城市商业银行	398	394	162	11475	13611	6139	25028	20211	7131	1	1	1
五、小型农村金融机构	675	377	199	8983	6198	2970	8165	7720	2683	1	1	1
六、财务公司	72	22	10	4784	1535	398	30958	5112	1448	71	20	10
七、信托公司	12	7	2	3510	1904	1103	1288	766	495	12	7	2
八、邮政储蓄	574	485	141	3267	3045	1711	3919	1881	826	0	0	0
九、外资银行	121	213	90	4357	12543	5341	4046	15626	3772	9	20	5
十、新型农村金融机构	39	154	47	750	2297	1389	244	273	357	11	136	10
十一、其他	13	20	5	4179	4947	1973	5623	7928	2378	13	20	4
合计	4647	4099	1863	119505	117599	72780	221995	147074	83840	118	207	35

数据来源：中国区域金融运行报告（2018）。

2. 上海基金、期货业规模优势明显，北京证券、基金与期货业较沪深差距较大

证券业方面，深圳的机构数量居全国首位；上海辖内证券公司总资产、净资产、净资本、净利润居全国首位，深圳次之。2017 年，北京法人证券公司资产总额达到 0.9 万亿元，同比增长 15.1%，但仍与沪深差距较大。

基金业方面，2017 年，上海基金公司资产管理规模为 5.6 万亿元，同比增长 22.3%，规模与增速都高于北京和深圳。

期货业方面，上海交易额全国占比提升而北京下降。2017 年，上海期货代理交易额达 145.1 万亿元，占全国的 38.7%，比重较 2016 年增长 1.3 个百分点；而北京期货代理交易额为 41.5 万亿元，出现小幅下降（见表 3）。

表 3　2017 年北京、上海、深圳证券业对比

项目	北京	上海	深圳
总部设在辖内的证券公司数（家）	18	20	22
辖内证券公司合计总资产（万亿元）	0.9	1.4	1.4
总部设在辖内的基金公司数（家）	32	44	27
辖内基金公司资产管理规模（万亿元）	1.8	5.6	1.7
总部设在辖内的期货公司数（家）	19	28	14
期货代理交易额（万亿元）	41.5	145.1	—

数据来源：中国区域金融运行报告（2018）。

3. 北京保险深度、保险密度、保险业机构数量和业务规模均显著高于上海和深圳，居全国首位

2017 年，北京保险深度和保险密度分别为 7.05% 和 9085 元 / 人，保持全国第一，超过上海的 5.3%、6563 元 / 人和深圳的 5%、8219 元 / 人。截至 2017 年末，北京、上海、深圳的保险公司总部机构数量分别为 68 家、55 家、25 家。三地保费收入增长来源均主要为人身险保费收入（见表 4）。

表 4　2017 年北京、上海、深圳保险业对比

项目	北京	上海	深圳
总部设在辖内的保险公司数（家）	68	55	25
其中：财产险经营主体（家）	16	20	15

续表

项目	北京	上海	深圳
寿险经营主体（家）	30	24	6
保险公司分支机构（家）	109	101	74
其中：财产险经营主体（家）	47	50	33
寿险公司分支机构（家）	59	49	39
保费收入（中外资：亿元）	1973	1529	1030
其中：财产险保费收入（中外资：亿元）	434	482.7	308
人身险保费收入（中外资：亿元）	1539	1104.4	721
各类赔款给付（中外资：亿元）	578	548.9	257
保险密度[①]（元/人）	9085	6562.8	8219
保险深度[②]（%）	7.05	5.3	5

数据来源：中国区域金融运行报告（2018）。

二、金融市场对比

（一）交易市场建设：北京产权交易市场占优，上海金融要素市场占优，深圳多层次股票市场占优

北京在产权交易市场发展方面走在全国前列，建立了包括物权、债权、股权、知识产权、环境排污权等在内的综合产权交易体系，形成了较为成熟的商业模式和业务品种体系。伴随 2010 年以来北京金融资产交易所、中小企业股份转让系统（"新三板"）、北京股权交易中心（"四板"）等陆续挂牌成立，北京多层次资本市场体系建设进一步完善，但与上海相比，北京的金融市场层次仍较为单一。

上海在金融市场方面的比较优势明显。一方面，上海拥有货币、债券、股票、外汇、期货、黄金和金融衍生品等在内的各类市场，是全球金融要素市场

---

① 保险密度是指按当地人口计算的人均保险费额（保费收入/总人口），反映该地国民参加保险的程度。

② 保险深度是指某地保费收入占该地国内生产总值（GDP）之比（保费收入/国内生产总值），反映了该地保险业在整个国民经济中的地位。

最齐备的城市之一；另一方面，上海各金融要素市场发展较为全面，在国际上也具备了较强的竞争实力。

深圳金融市场的比较优势主要体现在股票市场。深圳股票市场当前形成了主板市场、中小企业板市场、创业板市场以及OTC（非上市公司股份报价转让系统）市场协调发展的多层次资本市场体系架构，较上海股票市场更为完备。其中，中小企业板市场、创业板市场和OTC市场为深圳所独有，成长迅速。

（二）社会融资规模：北京逐年下降而上海逐年上升，沪深规模均已超越北京（见表5）

总量方面，2017年，北京社会融资规模为8255亿元，居三地末位，上海为11748亿元，深圳为9990亿元。

变化趋势方面，2015~2017年，因企业债券融资规模缩减，北京社会融资规模逐年下降；而上海则逐年增长；深圳自2016年社会融资规模同比增长高达46.6%（增长主要来源是人民币贷款的增加和因股票IPO发行提速带来直接融资的增加）之后，2017年有所回落。

表5　2015~2017年北京、上海、深圳社会融资规模　　单位：亿元

项目	2015年			2016年			2017年		
	北京	上海	深圳	北京	上海	深圳	北京	上海	深圳
人民币贷款	4595	4252	4406	5392	5104	6906	7206	7606	5818
外币贷款（折合人民币）	-1161	-511	-421	-1393	-815	572	-232	-52	58
委托贷款	2452	1539	748	2668	2233	613	1082	221	229
信托贷款	737	726	425	574	1882	744	1571	1869	2352
未贴现银行承兑汇票	101	273	309	646	17	-829	130	298	623
企业债券	7180	1476	601	3768	1920	808	-2748	351	316
非金融企业境内股票融资	1190	491	767	1464	861	1230	959	1144	447
其他	275	261	237	327	263	294	288	309	147
总计	15369	8507	7072	13446	11466	10396	8255	11748	9990

数据来源：中国区域金融运行报告（2018）。

（三）股票市场：北京上市公司较多，但上海股票交易额高出北京 80% 以上

截至 2017 年末，国内上市公司中，北京共有 306 家，上海共有 204 家，深圳共有 273 家。但在更加成熟的证券业依托下，上海的股票交易额显著更高。2017 年全年，根据深交所和上交所统计数据，上海股票交易金额比北京高出 80% 以上。北京与深圳股票交易金额大体相当，但在深交所交易的股票中，深圳股票交易额比北京高出 3%[①]。

三、对北京金融业发展的政策建议

一是明确金融业定位。在"京津冀一体化"国家战略背景和"金融支持实体经济发展，资金支持科技创新"的政策导向下，北京金融业定位也需与时俱进，进一步提高到服务国家战略和全国金融发展的高度上。把握住金融服务实体经济的原则，促进金融服务正向溢出效应的扩大，以形成对周边区域经济发展的有效辐射。

二是构建多层次金融体系。当前，北京金融业在金融要素市场建设和金融市场规模方面的短板比较明显。建议北京市发挥自身在产权交易市场的核心优势，推动"四板"市场规范发展，加快要素市场的培育和发展，并完善金融要素市场的互联互通，提升首都要素市场的定价话语权和全国影响力。

三是优化金融业结构。北京市银行业和保险业更加成熟，而证券业与上海和深圳存在一定差距，建议未来支持金融控股集团多元化发展，增强混业经营能力。在提升总部金融机构的同时，一方面壮大发展地方金融机构，促进金融业态多样化；另一方面吸引集聚国际金融组织，推进国际金融合作交流。

---

① 上海证券交易所仅公布省和直辖市的交易统计数据，未公布深圳的统计数据。

中美贸易摩擦持续背景下北京地区外贸发展情况的调查

黄玲畅 等[①]

为了解当前外贸形势总体情况，深度掌握中美贸易摩擦对地区外贸形势的影响以及进出口企业的预期判断，笔者选取了进出口重点企业和金融机构开展了问卷调查及访谈。

调查显示，较上年同期相比，截至 2018 年 9 月，被调查进出口企业订单、利润情况良好，未出现我国其他地区存在的"订单大幅减少、利润大幅下滑"的情况；中美贸易摩擦的持续对大部分进出口企业的直接影响有限，北京地区外贸企业应对贸易环境变化的能力较强，但面对内外环境不确定性加大、市场悲观情绪渲染，大部分被调查企业对未来半年外贸总体形势预期持"谨慎乐观态度"。

一、北京地区外贸总体情况调查

（一）外贸企业订单、利润方面的现状

（1）出口订单情况。大部分出口企业订单较上年保持基本持平，个别企业出现较明显下降。

截至 2018 年 9 月，饮料及烟类消费品出口企业、电器元器件及化学品出口企业等，订单量与上年同期变化不大；部分成品油、航空油料出口企业受需求趋强影响，订单较上年同期增长 10%~30%；个别企业受国际市场萎缩、市场需求下降等影响，订单较上年同期下降 30% 以上。

（2）进口订单情况。总体情况向好，大宗商品进口行业分化明显。

大部分企业进口订单情况良好，受国内需求转强影响，原油、农产品进口量增长明显，进口订单较上年同期增长 10%~30%；受消费降级、贸易战影响，高端汽车进口行业的进口订单与上年同期相比有所下降。

[①] 课题研究人员：黄玲畅、叶欢、刘晓丹、张玥，均供职于中国人民银行营业管理部经常项目管理处。

（3）中美贸易摩擦对外贸的订单、利润的影响。

对产品可替代性较小的部分出口企业短期影响有限，订单量变化不大，但出口预期信心不足。有公司表示，国际市场竞争对手暂时较为落后，产能不足，替代产品有限，为此交易对手已接受其涨价要求。截至 2018 年 9 月末，对美出口订单较上年同期增长 5%~10%，对美出口产品利润较上年同期增长 5%~10%。自美进口农产品订单下降明显，特别是大豆进口，但对于大豆进口总量来讲变化不大。有公司表示，其自 2018 年第二季度已全面停止从美国进口大豆，加大了从巴西、阿根廷等南美国家的进口规模。对美关税措施生效后，美国大豆进口成本较巴西大豆高约 300 元 / 吨。该公司主要承担国家储备大豆的进口以及代理下游企业进口，关税加征后成本上升部分转移至下游行业，利润方面受影响不大，与上年基本持平。

（二）进出口产品价格的变动情况

调查显示，四成以上的出口企业表示产品价格与上年同期变化不大，对美出口产品价格未出现大幅变动；近七成的进口企业表示进口产品价格比上年同期有一定增长，特别是原油进口企业价格增幅达到 30% 以上，主要是受国际行情的影响，与摩擦导致的价格上涨直接关系不大。总体来看，产品价格受贸易摩擦影响不大，部分出口企业因产品的不可替代性，对美出口产品价格反而较上年同期略有上涨。有公司反映，对美出口农药占其出口总额的四成左右，受美征收进口关税影响，很多美国客户要求降价，但考虑到美国作为农业生产大国对农药的大量需求，且面临国内环保要求和原材料成本上涨的双重压力，该公司不会降价销售，通过多轮商谈，目前交易对手已同意承担关税加征部分，对美出口产品价格较上年同期增长 5% 以内。

（三）资产负债率、资金需求方面的情况

被调查企业在资金方面尚未有资产负债率大幅上升、资金需求得不到满足的情况。被调查企业均为地区重点企业、大型国有企业、外资企业。大部分企业表示，金融机构给予的信用贷款额度能够满足当前的资金需求，还贷利息支出、资产负债率与上年同期相比基本持平。部分民营企业通过发行公司债弥补银行信用贷款额度不足的情况，资产负债率比上年同期有一定增加；另有公司表示，因已归还银团贷款，还贷利息支出部分比上年同期下降，库存增加推高应收账款导致资产负债率比上年同期增加。

（四）库存方面的情况

大部分出口企业库存基本持平或小幅增长，个别企业库存增加明显。受国内外市场需求下降影响，某公司 2018 年前 9 个月总库存有所增加。该公司主要生产高清液晶显示屏，出口业务和内销业务各占一半，主要出口目的国为韩国、日本、马来西亚等，由于 2018 年整体市场环境不好，国际国内需求下降，液晶显示屏的价格下降了 20% 左右，原材料主要是玻璃、背光源、液晶、驱动（IC）等，成品为 32 英寸、55 英寸高清液晶显示屏，该企业总库存较上年同期增长了 30%，其中，原材料库存增长 10%~30%，半成品库存增长 30%，成品库存增长了 30%。该公司已主动采取加大内销比例以及加强内部管理、提高存货周转率的方式消化库存。

（五）企业产能转移情况

大部分出口企业尚未有产能转移的打算，部分企业表示处于观望阶段，个别企业已着手将生产线转移至其他国家。有公司目前已将部分生产线转移至印度；另有公司通过收购的方式将部分产能转移至荷兰；还有公司主要代工美国波音公司飞机机翼，美进口关税上调使得双方的代工价格谈判变得艰难，可能影响后续出口，甚至被迫转产。

二、中短期预期判断

调查显示，六成以上的被调查企业对外贸形势预期选择持谨慎乐观态度，少部分进出口企业选择持比较悲观的态度，个别企业表示"说不清楚"。

1. 企业订单、利润方面的预期

大部分出口企业表示未来半年的订单量、利润情况变化不大，个别企业表示受市场占有率萎缩影响，订单量和利润将下滑 30% 以上。某公司反映未来半年订单将下滑 30% 以上，主要是受索尼手机市场份额萎缩以及生产基地转移至泰国等的影响，总部给予北京生产基地的生产任务逐年下降。

2. 价格方面的预期

一是以原油为代表的大宗商品价格预期上涨。多方因素影响下国际油价将进一步推高，未来半年航空煤油、成品油出口价格及原油进口价格将上升。

某公司主要出口航空煤油、成品油、石蜡等，表示未来半年产品价格将增长10%~30%，汇率因素、改变出口市场以及地缘政治等风险因素导致基准油价格上涨，进口原油价格也预计增长10%~30%。

二是电子元器件、新材料等高新技术企业的原材料价格预期上涨。中美贸易摩擦持续，集成电路、人工智能等高新技术企业可能受到进口原材料成本提高的影响。未来美国有可能以知识产权问题为由，扩大制裁企业名单，对战略性新兴产业实施技术和人才封锁，阻碍产业技术创新，抑制高技术产业领域投资，甚至大幅波及企业生产经营。北京相关企业对美国核心元器件的依赖度较高，且短期难以替代。新材料、节能环保、科技服务业、软件和信息服务产业受到的影响主要集中在原材料进口价格上涨、产品出口受限等方面。

3. 企业、银行在汇率方面的预期

一是多数企业认为人民币汇率会双向波动或小幅贬值，但对人民币汇率稳定抱有信心。多数企业将人民币汇率心理防线定位在 7.5 以内，而部分企业以 7 为心理防线。

二是银行普遍认为人民币汇率双向波动渐成常态，进出口企业的汇率风险管控意识和能力都有所提高。A 银行认为未来半年存在人民币贬值、汇率波动震幅加大的风险，中美贸易战加剧了人民币的贬值与汇率波动。B 银行认为美元走势、新兴市场波动、贸易摩擦等因素对人民币汇率都产生了一定程度的压力，使得人民币对美元汇率在三季度贬值约 7%。并且因为这些因素互相之间有一定的关联度，其产生的效应在未来一段时间可能会被放大，汇率双向波动会加大。鉴于目前中国经济能保持较良好的增长动能，人民币汇率对外部影响的抵御能力将增强。

三、在中美贸易摩擦持续背景下的地区外贸发展预期

通过调查与访谈了解到，大部分金融机构都认为从中长期来看中美贸易摩擦不改北京外贸形势向好预期，但也存在贸易摩擦国别范围进一步扩大化的担忧，同时，它们认为应对高新技术行业、航空业等领域给予高度的关注。

（一）贸易摩擦不影响北京外贸形势向好的预期

一是"北京特色"对外贸发展支撑作用明显。北京市场总部经济特征明显，行业集中度高，属于进口导向型市场，大企业自身的弹性、自我调节能力

以及抗风险能力都较中小企业要强，短期内贸易摩擦对其外贸及跨境经营负面影响有限。虽然中美贸易摩擦升级及美元加息抑制了企业跨境需求增长，但北京市通过出台多项优惠政策积极营造和改善营商环境，对外贸形势及招商引资，尤其对稳定外资总部信心效果显著，在很大程度上也抵消了贸易摩擦给市场带来的消极影响。

二是财政政策积极、货币政策稳健，能够应对贸易摩擦风险。2018年下半年以来，货币政策和财政政策有力支持了经济发展，下调存款准备金率、个人所得税改革及发行地方政府专项债等政策陆续出台。从资本流动来看，8月资本流入仍保持稳定。目前来看政府仍有足够工具对应增长放缓和贸易摩擦风险。

三是国家层面"稳外贸"政策稳步推进，有助于推动地区进出口增长。国务院常务会议部署完善出口退税政策、加快退税进度措施，提高多档出口退税率，退税时间缩短至10个工作日。部分商品进口关税降低。从2018年11月1日起，中方降低部分商品最惠国进口关税。降税商品共1585个税目，约占我国税目总数的19%，平均税率由10.5%降至7.8%，平均降幅为26%。此外，首届国际进口博览会在四季度举办，也有助于推动进口平稳增长。

（二）存在贸易摩擦国别范围进一步扩大化的担忧

部分国家和地区跟风美国对华贸易政策，拟对我国实施贸易保护措施，意在国际贸易和投资中打压中国获取利益。欧盟年内表示考虑与美联手解决双方都认为不公平的中国贸易做法，包括欧盟承诺与美国在世界贸易组织中联手对中国采取法律行动，以及欧洲主要国家政府承诺将对中国加大施压，要求中国为国际公司创造公平竞争环境等。韩国、日本等国一度表示对中国出口的部分产品加征关税，并考虑联合美国对华进行知识产权相关调查。虽然美国在全球范围内对主要贸易伙伴实施贸易保护和限制措施，目前主要发达经济体贸易关系脆弱多变，尚未形成实质性联盟，但是贸易摩擦国别范围扩大化的倾向和苗头需引起人们高度重视。

摩擦持续或扩大对高新技术产业、航空业的影响。一是中美贸易摩擦进一步升级，美国后续可能采取技术限制和禁运措施，短期会增加信息技术等行业的成本，加大海外市场拓展难度。中长期会对产业技术创新形成阻碍，抑制高新技术产业领域投资，甚至大幅波及企业生产经营，尤其对美国核心元器件依赖度较高的企业，将受到较大冲击。二是面对关税加征飞机引进成本提高、汇率波动带来的汇兑损失、油价波动增加运营风险等，航空业的经营发展值得对其予以密切关注。

中美贸易摩擦对北京地区进出口形势的影响分析

黄玲畅[①]

当前，中美贸易摩擦升级、争端愈演愈烈，2018 年 3 月 23 日，特朗普政府宣布对中国的"301"调查结果高调挑起中美贸易争端，同时宣布三项可能实施的制裁，其中包括对总额 600 亿美元左右的中国进口产品征收高额关税等。本文基于对近 6 年北京与美国贸易往来特点的分析，结合当前中美贸易争端的最新情况，对今后一段时间对美贸易形势进行预判，提出监测建议。

一、北京地区与美国贸易往来的特点

（一）贸易规模呈"N"型震荡走势，从规模占比看贸易地位有下降趋势

2012 年以来，北京地区对美贸易规模呈"N"型震荡走势（见图 1），最低点在 2012 年，进出口贸易规模为 122.8 亿美元，最高点在 2014 年，规模为 296.1 亿美元，2016 年贸易规模快速萎缩至 259.5 亿美元，2017 年贸易量有所

图 1 北京地区对美进出口贸易走势

---

① 黄玲畅：供职于中国人民银行营业管理部经常项目管理处。

回升；对美贸易占地区进出口贸易总额的比重由 2012 年的 6.15% 上升至 2015 年的 9.3%，2016 年、2017 年贸易占比略有下降，分别为 8.5%、8.7%；按贸易收付汇量排名，美国基本保持在第 5 名。

（二）长期呈现大逆差格局，占地区逆差规模比重低于 10%

不同于全国整体顺差格局，由于北京地区云集了涉及石油石化、煤炭、钢铁、民航、农林等行业的大型央企、国企，长期以来呈现进口额高于出口额的逆差格局。北京地区对美贸易特征与地区整体贸易特征相吻合，进口额高于出口额，长期处于大逆差格局。如图 2 所示，对美贸易逆差占地区总体逆差规模比重并不大，2012 年以来，占比最高点为 2017 年（9.72%），最低点为 2013 年（5.68%）。

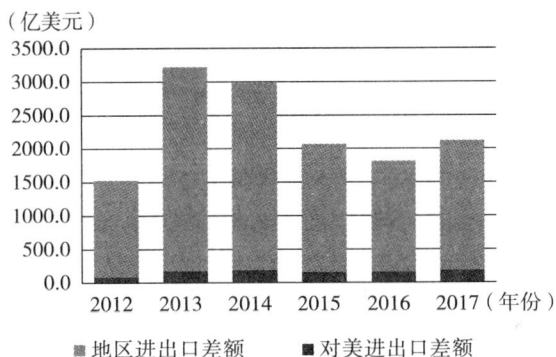

图 2　北京地区对美贸易差额

（三）进口产品结构稳定，出口产品由中低端向中高端产品转变

2012 年以来，北京地区从美国进口产品的结构较稳定，主要集中于高附加值的工业产品，如飞机、汽车、电子设备等，还有资源性商品，如大豆、谷物、原木等。以 2017 年为例，交易额排前五位的主要产品大类为载人机动车辆（42.1%）、原油及成品油（9.6%）、大豆油脂（6.8%）、飞机（5.6%）、天然气（2.4%）。

受低端制造业转移、非首都功能政策调整影响，近 6 年北京地区对美出口产品结构发生了"润物细无声"式的变化，初级化工制品、纺织品、钢铁制品及铜铝制品等出口规模占比逐年减少，电机电气设备、航空器及其零部件、有机化合物等出口规模占比逐年递增，由中低端产品出口向中高端产品出口转变。以 2017 年为例，北京地区对美国的出口产品交易额排前五位的主要产品大类为机电产品和机器零部件（26.9%）、有机化合物（7.9%）、钢铁制品（5.9%）、光学医疗精密仪器（5.3%）、车辆及零部件（4.9%）。

二、中美贸易摩擦升级对地区进出口形势的影响

（一）对地区总体出口形势深度影响不大，部分出口企业信心打击大于实质冲击

虽然美国市场对北京地区出口企业而言仍然很重要，但对地区外向型经济增长的相对重要性继续缩小，对出口企业造成的实质冲击也不会太大。2017 年，对美一般贸易出口总额为 33.8 亿美元，仅占地区出口总额的 5.7%。若中美贸易摩擦升级为针锋相对的贸易战，部分企业在美国市场的拓展将面临较大的困难。

一是部分中低端制造型出口企业将承受"短痛"。由于国内企业出口商品在价格方面已没有压缩空间，美国惩罚性关税政策将直接提高美国从中国进口商品的成本价，使得中低端中国制造产品价格竞争力大幅下降，市场份额进一步被其他发展中国家瓜分，承受短期阵痛，失去美国市场。

二是高新技术出口企业在美国市场的拓展难度加大，面临"长痛"。对于高端装备制造、电子设备制造、人工智能、航空航天领域等高新技术企业来说，不仅面临加征关税导致商品价格上涨、失去价格优势的困境，新产品进入美国市场或扩大市场份额也会遇到越来越多的阻力，将接受更严格的审查、非正常的限制，市场拓展举步维艰，个别高科技企业更有可能完全被美国拒之门外。

（二）对地区总体进口形势深远影响有限，对美进口量将在 2018 年下半年有所下降

近日，中国商务部发布公告将对原产于美国的大豆等农产品、汽车、化工品、飞机等进口商品对等采取加征 25% 关税。北京地区从美国进口的产品主要是汽车、原油、大豆、飞机、天然气，对美进口额占地区进口总额的比重为 9%。若该公告正式实施，地区对美进口量将明显下降。但由于大豆等农产品、飞机都可寻求替代供应商，对地区整体进口形势深远影响有限。

一是部分类别对美进口额下降明显，如大豆油脂、玉米、种子等农产品。作为对美国关税制裁的回击，中国拟对自美进口的大豆加征 25% 的关税。虽然目前政策还没有实施，但大豆进口企业表示会加大从巴西等南美国家进口大

豆，或者通过其他国家大豆贸易商从美国进口大豆经他国中转后再运回国内，预计 2018 年下半年自美国进口的大豆进口量同比下降明显，但大豆进口总量不会下降。

二是对占地区进口绝对比重的原油进口影响较小。就目前形势来看，中美贸易摩擦对原油、成品油、天然气进口尚未造成影响。后续将高度关注我国商务部门对美贸易的政策回应，鉴于原油进口涉及战略资源储备，预计提高从某一地区进口原油关税的可能性不大，中美贸易战升级对原油的进口影响有限。而中东地区的地缘局势紧张对国际油价的影响较大，局势恶化将导致原油供应链中断，降低原油供给的预期，推动国际油价上涨。

三是汽车进口方面受关税政策变动影响较大。从习主席在博鳌亚洲论坛演讲中得到信号，中国对美国进口加征关税的可能性变小，未来将会降低美国进口汽车的关税。汽车贸易商预计若降低关税正式实施，将刺激美国进口高端车在中国的销量，整体汽车进口量将大幅增长，关税政策变动对汽车进口量影响较大。

三、加强对美贸易形势监测分析的建议

一是密切关注贸易争端的走向和趋势，及时收集贸易摩擦引发的新情况、新问题。如反倾销与反补贴调查等非关税贸易壁垒对中国产品在美国市场竞争力的影响，对地区出口贸易和相关行业的影响，及时反馈微观主体在财务运作方面的新变化以及收付汇方面遇到的困难。

二是重点关注由进出口贸易摩擦转向服务贸易、资本投资领域的摩擦对跨境资金流动的综合影响。预计中美贸易摩擦升级后，美国针对中国买家的审查可能会更加严格，对购买知识产权等技术引进影响较大。同时，限制中国在美国的投资和收购交易，使部分企业对美投资计划短期受阻，应高度警惕局部摩擦对跨境资金流动的综合影响。

三是跟踪监测贸易争端对国际金融市场、大宗商品价格及汇率波动的局部反应。加强中美贸易战对跨境资金流动的影响分析与预判，关注贸易战过程中人民币汇率走势与大宗商品价格的波动，掌握涉外主体的汇率预期与资金摆布动向，警惕人民币汇率波动与贸易摩擦对跨境资金流动的叠加效应，防范市场主体一致性操作造成的跨境资金流动风险。

四是引导银行优化金融服务，为企业提供更多政策支持和便利化服务。积极为涉美贸易企业提供贸易融资、外汇结算等全方位的支持与服务，理顺特殊业务的政策执行路径，帮助企业规避政策风险。强化与市场主体的沟通，提示企业针对贸易合同调整提前做好资金运作安排，尽可能降低贸易战带来的负面影响。

2017年北京市新三板挂牌企业融资情况分析

齐雪菲　杨燚①

2018年6月底，中国人民银行等五部委联合下发《关于进一步深化小微企业金融服务的意见》，引导金融机构将更多资金投向小微企业，支持实体经济发展。新三板市场作为新兴行业中小微企业的聚集地和孵化器，挂牌企业的经营及融资状况在一定程度上反映了当前中小微企业的基本面。本文借鉴社会融资规模②的统计思路，从科技金融和全融资的角度，研究北京市挂牌企业2017年的融资结构状况③，进而深入分析当前金融市场对中小企业融资的支持情况。研究表明，新增融资规模出现下降趋势，股权融资和信贷融资规模均出现明显下滑；股权融资仍占据融资主导地位，但占比偏高；股权融资和新增信贷投向出现分化。建议加强财税政策对挂牌企业的支持力度，引导企业探索新的经营模式；更好发挥新三板市场作为中小企业直接融资平台的作用，为企业拓展债券融资渠道；鼓励银行加大对中小企业的信贷支持力度，提升中小企业金融服务。

一、北京市挂牌企业整体情况

截至2017年底，北京市挂牌企业1511家，占全国挂牌企业的14.13%；总资产4827.34亿元，占比16.12%；总股本1105.47亿股，占比18.12%；营收2370.83亿元，占比12.14%；净利润135.84万亿元，占比12.79%；平均

---

① 齐雪菲、杨燚：供职于中国人民银行中关村中心支行。

② 根据中国人民银行总行统计口径，社会融资总量＝人民币各项贷款＋外币各项贷款＋委托贷款＋信托贷款＋未贴现银行承兑汇票＋企业债券＋非金融企业境内股票融资。

③ 本文将从股权融资、债权融资和信贷融资三方面分析中关村新三板挂牌企业全融资情况。中关村新三板挂牌企业信贷融资数据包括了人民币各项贷款、外币各项贷款、委托贷款和信托贷款。根据现有数据来源，尚无法获取未贴现银行承兑汇票数据，但从近年新三板挂牌企业银行承兑汇票贷款情况来看，未贴现银行承兑汇票不影响本文对企业融资总量及融资结构的分析。因此，按照社会融资总量统计思路，新三板挂牌企业的股权融资、债权融资和信贷融资数据已基本覆盖了企业的所有融资。

净资产收益率 5.66%，比全国平均水平低 2.27%。

（一）新增挂牌企业数量大幅回落，增幅不及全国

截至 2017 年末，北京市挂牌企业较年初新增 216 家，仅为 2016 年的 1/3，全国挂牌企业新增家数不及 2016 年的 1/2。在经历了 2015 年和 2016 年的高速扩张后，新三板已经逐渐进入"平稳发展期"（见表 1）。

表 1　新三板新增挂牌企业情况

年份	全国新增挂牌企业		北京市新增挂牌企业	
	数量（家）	同比（％）	数量（家）	同比（％）
2013	140	48.94	63	−5.97
2014	1107	690.71	108	71.43
2015	2964	167.75	340	214.81
2016	4277	44.30	603	77.35
2017	2032	−52.49	216	−64.18

数据来源：万得资讯，中关村中心支行整理，下同。

（二）以 IT 行业为支柱，高新技术特征显著

截至 2017 年末，北京市挂牌企业中，信息传输、软件和信息技术服务业（以下简称"IT 业"）共 594 家，占比 39.31%，制造业企业共 313 家，占比 20.71%。相比全国制造业占据半壁江山（49.45%）的情况，北京市挂牌企业高新技术特征显著。

（三）资本结构整体良好，优于全国数据

2017 年末，北京市挂牌企业平均资产负债率 50.31%，同比下降 0.48 个百分点，比全国低 4.97 个百分点，资本结构整体良好（见图 1）。

（％）

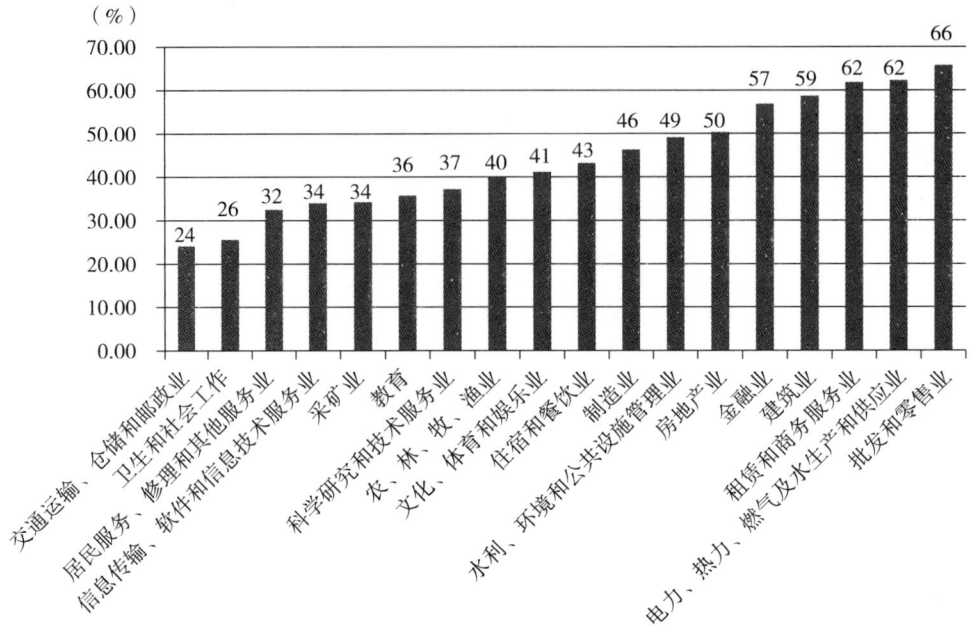

图 1　北京市挂牌企业资产负债率

（四）盈利能力不及全国平均水平，各行业盈利能力差异明显，IT 业平均净资产收益率过低

2017 年，北京市挂牌企业过半净利润绝对值同比下降，平均净资产收益率 5.66%，低于新三板整体水平 2.27 个百分点，仅高于云、桂、晋、黔四省，排名倒数第五。上海为 6.49%，排名倒数第六。京沪挂牌企业收益率过低的主要原因是房价和人力成本较高，且其他省份优惠政策更多。

从行业情况看，作为北京市新三板支柱行业的 IT 业，平均净资产收益率仅 3.54%，低于北京市平均水平 2.12 个百分点。仅农、林、牧、渔，房地产，文化、体育和娱乐，交通运输、仓储和邮政行业净资产收益率超过 10%，其他部分行业甚至出现负值（见图 2）。

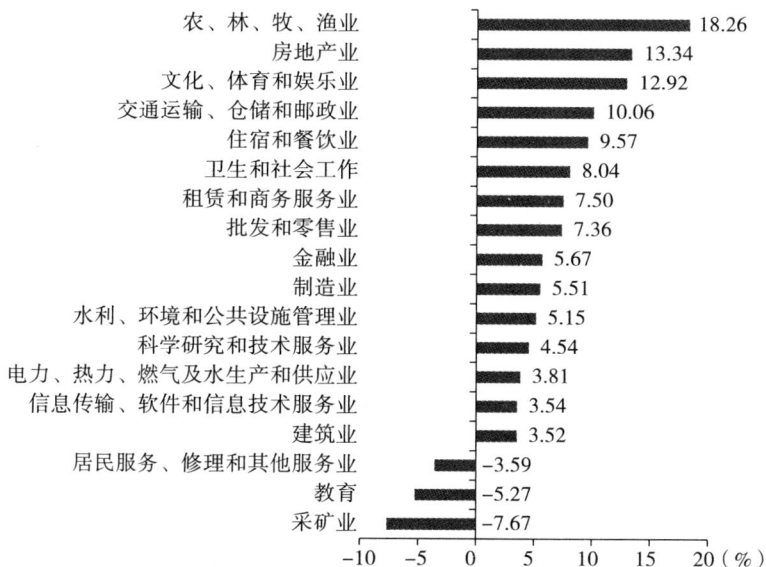

农、林、牧、渔业　18.26
房地产业　13.34
文化、体育和娱乐业　12.92
交通运输、仓储和邮政业　10.06
住宿和餐饮业　9.57
卫生和社会工作　8.04
租赁和商务服务业　7.50
批发和零售业　7.36
金融业　5.67
制造业　5.51
水利、环境和公共设施管理业　5.15
科学研究和技术服务业　4.54
电力、热力、燃气及水生产和供应业　3.81
信息传输、软件和信息技术服务业　3.54
建筑业　3.52
居民服务、修理和其他服务业　-3.59
教育　-5.27
采矿业　-7.67

图2　北京市挂牌企业盈利能力情况

二、北京市挂牌企业融资情况分析①

2017 年，北京市共有 560 家挂牌企业获得融资，新增融资合计 185.70 亿元，同比下降 1.79%，其中股权融资 158.38 亿元，新增信贷 15.12 亿元，债券融资 12.20 亿元。

（一）新增融资规模

2017 年，北京市挂牌企业新增融资规模总体呈下降趋势，行业间融资规模差异显著。

1. 新增融资规模首现下降趋势，股权和信贷融资规模均明显下滑

2017 年，北京市挂牌企业新增融资规模 185.70 亿元，同比下降 1.79%，增速同比降低 38.3 个百分点，6 年来首次出现规模收缩。其中，股权融

———————

① 社会融资规模统计是对实体经济（非金融企业和住户）从金融体系获得的资金量进行统计，因此后文对新三板挂牌企业融资情况的分析剔除了新三板挂牌企业行业分类中金融业、租赁与商务服务业的融资数据。

资 158.38 亿元，同比下降 6.25%；新增信贷融资规模 15.12 亿元，同比下降 24.93%。挂牌企业融资环境明显恶化，新增信贷规模收缩尤为严重（见图 3）。

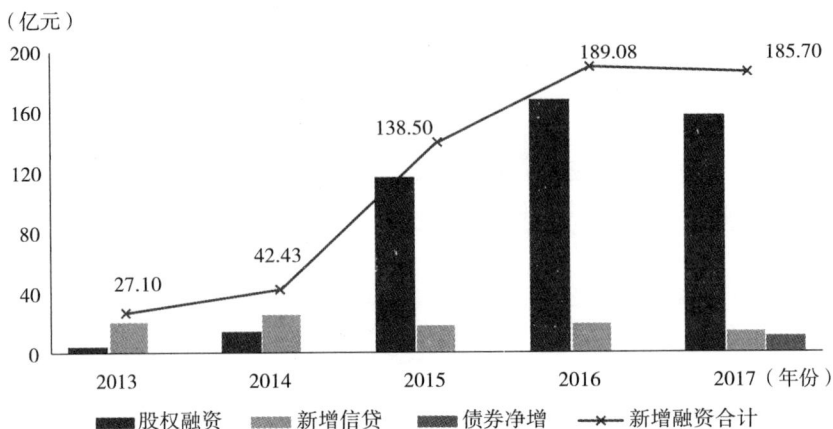

图 3　北京市挂牌企业年度新增融资情况

数据来源：人民银行征信数据应用分析系统、万得资讯，中关村中支整理。

2. 新增融资集中度明显下降

2017 年，北京市挂牌企业新增融资规模最大的三个行业为 IT 业（38.94%）、制造业（21.04%）和文体娱乐业（11.75%），合计占比超七成。但同比下降 8.42 个百分点，融资集中度明显下降。

（二）融资结构

2017 年，北京市挂牌企业仍以股权融资为主要融资方式，新增融资结构失衡进一步加大。

1. 股权融资仍为主要融资方式，发债融资仍然困难

2017 年北京市挂牌企业新增股权融资占比 85.29%，新增信贷占比 8.14%，发债融资占比 6.57%，股权融资仍占绝对主导地位。值得关注的是，2017 年北京市挂牌企业中仅有 2 家发行债券，融资结构失衡较严重。

2. 结构失衡持续加大，股贷差距进一步扩大 [①]

2017 年北京市挂牌企业新增股权融资占比 91.29%，较 2016 年和 2015 年分别提高 1.94 个和 5.79 个百分点，新增信贷占比 8.71%，分别下降 1.94 个和 5.79 个百分点，股贷结构失衡持续加大。

3. 融资结构波动较大

文体娱乐业、教育业、电力热力燃气与水生产供应业、建筑业、水利环境与公共设施业和交运仓储业融资结构变化较大，与 2016 年相比，股权融资占比变化均在 15 个百分点以上，波动最大的交运仓储业下降幅度高达 41.21 个百分点。

（三）新增融资支持投向

2017 年，北京市挂牌企业股权融资和信贷行业投向出现分化，两者均趋向分散。

1. 股权融资青睐高新技术产业和制造业，投向分布较为均衡

一是股权融资投向仍集中于 IT 业和制造业。2017 年，北京市挂牌企业股权融资规模最大的两个行业依次为 IT 业、制造业，占比分别为 43.46% 和 14.96%，但三年来首现规模下降，同比降低 7.17% 和 30.73%。

二是科研和教育业股权融资增长迅猛。教育业、科学研究和技术服务业股权融资同比分别增长 394.28% 和 154.65%。

三是股权融资投向趋向分散。IT 业股权融资比例维持不变，而投向制造业和文体娱乐业的比例有所下降，合计较 2016 年降低 10.38 个百分点。股权融资更加分散于科研技术、教育等行业，融资分布更为均衡。

2. 信贷支持向文体娱乐业转移，行业集中度明显下降

一是新增信贷由批发零售业、制造业和 IT 业转向文体娱乐业。2016 年 IT 业、制造业和批发零售业的新增信贷合计占比 99.14%，而 2017 年该比例下降至 26%。其中，批发零售业信贷规模下降幅度高达 172.34%。在疏解非首都功

---

① 由于发债企业数量过少，债券融资不具有代表性，因此后文对融资结构的分析中不计发债融资，仅考虑股权融资和信贷融资。

能、多家批发市场关闭的影响下，银行信贷从批发零售业加速撤离。同时，投向文体娱乐业的新增信贷规模同比增长逾 40 倍，银行信贷资源快速向文体娱乐业倾斜。

二是新增信贷行业分布更加分散。2017 年新增信贷规模最大的文体娱乐业、IT 业与制造业，合计占比 74.50%，较 2016 年新增信贷规模前三位的行业合计占比降低 24.64 个百分点，新增信贷行业集中度大幅下降，其他行业的信贷支持有所改善。

（四）新增融资覆盖率

2017 年，北京市挂牌企业新增融资覆盖面有限，且行业间融资覆盖率差异明显。

1. 新增融资覆盖面未过半，且资金规模高度集中

一是仅不足五成挂牌企业获得新增融资支持[①]。2017 年，北京市挂牌企业中仅 560 家企业获得了新增融资支持，覆盖率为 41.82%，同比降低 1.79 个百分点；603 家企业无新增融资，占比 45.03%；176 家企业新增融资规模为负值，占比 13.14%。值得关注的是，挂牌企业中总资产规模处于后 10%[②] 的企业，新增融资覆盖率仅为 12.98%，远低于整体情况，小企业融资难问题依然突出。

二是新增融资额前 5% 的企业合计新增融资规模占比近七成，新增融资高度集中。2017 年，新增融资额前 5% 的企业（共 67 家），新增融资规模合计占比 69.76%，与上年基本持平，其中 IT 业企业最多，共计 21 家，占比 31.34%。

2. 行业间融资覆盖率差异显著

电力热力燃气及水生产供应业、交通运输仓储业等重资产行业融资覆盖率最高，两个行业融资覆盖率均为 70.00%。采矿业融资覆盖率最低，仅有 10.00%，各行业间融资覆盖率差异显著。

---

① 剔除金融业、租赁与商务服务业企业后，北京市新三板挂牌企业数量为 1339 家。

② 截至报告撰写日，尚有 29 家北京市新三板挂牌企业未披露 2017 年年报信息，故此处统计剔除未披露年报的企业，选取已披露年报企业中 2017 年末总资产规模处于后 10% 的企业，共计 131 家。

三、思考与建议

新三板挂牌企业作为中小微企业的"领头羊",其融资情况在一定程度上反映了中小微企业融资现状。结合对新三板企业基本面的分析结果,我们发现当前中小微企业盈利能力差、融资难、融资结构失衡等现象仍十分突出。鉴于此,我们提出以下思考与建议。

(一)加大财税政策对中小微企业的支持力度

数据显示,2017 年北京市挂牌企业平均净资产收益率仅 5.66%。在当前经济下行压力增加、中美贸易争端升级等多重因素影响下,建议充分发挥积极财政政策的作用,加大减税降费力度,切实减轻企业税费负担,激发企业发展活力。同时,鼓励和引导挂牌企业积极探索新的经营模式和利润增长点,提高企业经营管理水平和盈利能力。

(二)进一步发挥新三板作为中小微企业直接融资平台的作用

新三板作为中小微企业的重要直接融资平台,其小额、快速、灵活的融资机制在一定程度上适应和满足了中小微企业的融资需求。但从融资结构来看,新三板挂牌企业融资渠道仍较为单一。建议新三板市场在继续优化企业股权融资的基础上,拓展企业融资渠道,逐步推出债券融资工具,适当放宽发债条件,降低企业发债难度,丰富挂牌企业融资手段。

(三)引导银行加强对中小企业的金融服务

数据显示,2017 年北京市挂牌企业新增信贷融资规模近五年来首次出现下降。建议引导银行在小微金融服务领域加快金融产品和服务创新,充分运用信息化技术手段,积极研发适合小企业发展的信贷产品,加大对中小企业的信贷支持力度,增强金融服务实体经济的能力。

第三篇

金融稳定与金融服务篇

Financial Stability and Financial Service

商业银行处理金融消费投诉的行为规范研究

刘玉苓[①]

商业银行规范、高效地处理金融消费投诉，对于保护金融消费者合法权益、提升金融服务水平具有重要意义。调研发现，北京地区商业银行均建立了投诉处理制度和多维度投诉处理机制，但同时也存在投诉处理总体效率不高、投诉办结后缺乏汇总反馈、小额赔付缺乏统一标准以及争议较大投诉终结难等问题。建议出台商业银行投诉处理行为规范指引，明确投诉处理时效，畅通处理流程，规范小额赔付机制，明确投诉终结规则，促进金融消费投诉处理行为规范化、责任明晰化，提升商业银行金融消费权益保护水平。

一、商业银行金融消费投诉处理现状

（一）初步建立了金融消费投诉处理制度和组织架构

商业银行金融消费投诉处理制度基本涵盖了投诉受理、处理和应用环节，主要包括投诉处理流程规定、投诉处理数据在产品创新中的应用、投诉处理在内部绩效考核中的占比、投诉处理小额补偿机制等。在组织架构方面，国有大型商业银行及股份制银行、大型地方性法人银行均单设了与消保部门平行的投诉处理模块（电子渠道和团队）；村镇银行因其体量小，业务量和投诉量相对较少，未单设投诉处理相关部门。

（二）普遍采取多维度投诉处理机制

由于金融消费投诉种类、诉求及处理部门不同，商业银行普遍采取多维度投诉处理方式。投诉处理维度一般包括引发投诉的业务种类、客户的投诉目的和重复投诉次数。商业银行依据不同维度并结合自身运营框架，对具体投诉进

---

① 刘玉苓：中国人民银行营业管理部副主任。

行分析判断，明确相应投诉层级并采取对应方案。

（三）初步建立了金融消费投诉处理流程

大中型商业银行建立了独立的投诉处理运转模块，能独立处理多种类型的电话及线上投诉。投诉处理流程主要包括投诉受理、工单登记和移送、调查核实与处理以及投诉升级处理等环节。投诉受理的常见渠道包括电话、微信、网络等。受理投诉后，受理部门会根据投诉具体情况和投诉层级进行工单移送，交由相应的调查核实主体进行调查处理。一级投诉通常由涉及投诉的本级商业银行营业网点或相关业务部门处理并答复消费者；二级投诉通常由金融消费权益保护部门协同上级分支行及其他业务部门进行调查处理并答复消费者；三级投诉则需商业银行主要负责人牵头金融消费权益保护部门、合规部门、相关业务部门等进行调查处理并答复消费者。消费者若对投诉处理不认可，会要求小额赔付或升级投诉；而在两次投诉升级不能解决的情况下，其最终结果往往是第三方调解终结、诉讼终结或难以终结。

（四）普遍建立小额赔付机制

商业银行小额赔付机制是商业银行在投诉处理过程中，以责任归属难以判定或以维稳为前提，应客户主动要求，以小额资金赔付作为投诉的终结手段。小额赔付机制依据投诉处理层级不同，赔付额度也有差异。商业银行内部对于小额赔付的支付有相对严格的审核流程以及责任追究机制，而客户一旦接受小额赔付，需签订保密协议且放弃后续索赔及投诉的权利。

二、存在的主要问题

（一）投诉处理总体效率有待提高

消费者向商业银行投诉反映金融产品和服务问题，希望银行能在最短的时间内予以处理和解决。但从投诉升级情况来看，消费者普遍反映银行投诉处理效率较低，主要表现在：对于需要紧急处理的投诉，银行未根据实际情况优先处理；投诉处理流程不畅，答复内容无实质解决方案；部门职责划分不清，存在推诿现象。

（二）商业银行投诉管理部门层级不高

投诉处理效果与投诉管理部门层级、投诉处理内部考核占比直接相关。投诉管理部门层级越高，内部考核所占比重越大，投诉处理效果越好。例如，某商业银行金融消费权益保护部门因部门层级不高，协调该行信用卡营销部门处理监管机构信用卡转投诉无果，致使此类投诉仍持续发生。

（三）投诉处理后普遍缺少对业务部门的汇总反馈环节

投诉处理相关情况是反映商业银行产品和服务情况的重要信息。投诉处理部门将其汇总反馈给业务部门，可促进本机构产品和服务的全面升级，形成从产品服务到金融消费投诉处理，再到产品服务改进的闭环处理。部分商业银行对金融消费投诉的处理流程终结于投诉办结环节，没有汇总反馈业务部门的环节。同时，因前期各商业银行实施统一投诉分类标准进度不一，各业务领域投诉分类汇总数据无法横向比较，导致各银行缺少对投诉数据分类汇总的动力和反馈基础，没有形成投诉处理的闭环。

（四）小额赔付机制缺少统一标准

商业银行小额赔付机制能快速解决投诉纠纷，对银行卡盗刷、银行推销金融产品不规范导致客户资金受损、银行系统故障造成客户直接或间接损失等疑难纠纷的解决具有积极推动作用。但由于目前小额赔付机制缺少统一的适用情形和赔付标准，各商业银行执行标准不一。商业银行对此类投诉缺少深入调查分析，在处理时常因维稳压力或息事宁人心态不断让步，引发"职业投诉者"投诉的不断发生。

（五）争议较大投诉如何终结成为难点

商业银行投诉处理终结一般包括正常终结、小额赔付终结、第三方调解终结和诉讼终结。但因缺乏明确规则，终结争议较大投诉、反复恶意投诉或"缠访"等存在困难。

三、政策建议

为规范、高效化解金融消费权益纠纷，建议适时出台商业银行投诉处理行为规范指引，明确投诉的处理原则和一般要求，规范投诉处理流程，提升投诉处理质量和效率。

（一）明确投诉处理时效规范，建立职责分工明确、渠道畅通的处理流程

建议规范银行不同类型投诉的处理时效，时效性要求高的投诉应优先处理。商业银行应建立职责分明、渠道通畅的处理流程。在处理复杂投诉情况时，需明确牵头部门和配合部门职责，为高效解决消费者投诉奠定制度基础。

（二）提升商业银行投诉管理部门层级，优化考核体系

在部门设置上，商业银行应提高投诉管理部门层级，同时优化经营绩效考核评价制度中投诉管理考核体系。投诉管理考核应综合考量投诉处理质量、效率和金融消费者满意度等因素，适当加重投诉处理考核分值，提高各业务部门、网点对投诉处理工作的重视程度。

（三）尽快实施金融消费者投诉分类标准，促进投诉处理、反馈和改进闭环的形成

统一金融消费者投诉分类标准为银行对投诉信息数据分析处理提供了基础。商业银行应增加对各业务领域投诉纵向、横向的比较分析，切实利用投诉处理反馈信息改进金融产品和服务。

（四）规范小额赔付机制，防范道德风险

建议明确统一的小额赔付原则、适用情形和赔付标准，在有效发挥小额赔付机制快速处理疑难投诉优势的同时，防止个别投诉人利用小额赔付机制，反复投诉或恶意投诉，防范道德风险。

（五）明确商业银行投诉终结流程规范，有效解决争议较大投诉终结难问题

　　建议明确争议较大投诉的范围和特征、处理争议较大投诉可采取的有效手段，为终结不同类型的争议较大投诉提供行为规范。

金融行业人工智能运维的认识与思考

曾志诚[①]

为落实《中国金融业信息技术"十三五"发展规划》要求，履行中国人民银行在金融科技发展、规划与监管方面的政府职责，通过对北京辖区内数十家金融机构智能运维情况开展问卷调查，笔者对人工智能运维应用存在的瓶颈进行了分析，并提出相关建议，希望能够探索人工智能技术在金融 IT 运维领域健康落地。

一、金融行业 IT 运维面临的挑战

（一）机房管理工作复杂烦琐

一是机房巡检任务繁重。据统计，大型金融机构省级以上数据中心的设备台数有 20 万 ~40 万台，中小型金融机构省级以上设备维护量也在 1 万 ~10 万台之间，日常巡检工作量巨大。

二是资产管理效率不高。由于数据中心机房设备种类数量不断增多，依靠人对 IT 设备资产进行管理变得费时费力，且容易产生偏差。

三是人员安防工作琐碎。近年来，随着 IT 运维外包服务的增加，外来人员出入机房的频度显著增大。依据机房安全管理规定，外来人员出入机房必须登记且有内部人员陪同，安防管理占用了管理人员大量的时间。

（二）故障诊断难度不断加大

一是设备种类多。随着 IT 技术的发展，数据中心 IT 设备呈现出多、杂等特点。不同设备之间获取信息的手段、方法、自动化程度各不相同，导致运维部门不得不付出更多人力成本去收集信息。

---

① 曾志诚：中国人民银行营业管理部副主任。

二是告警数据纷繁复杂。由于 IT 系统架构复杂、关联性强，一次大的异常或故障往往会引起网络、系统、应用等多层次监控渠道产生大量监控告警事件，形成"告警风暴"。混杂的告警信息容易对运维人员的判断产生干扰，增加了故障排查定位的时间。

（三）人力资源问题日益突出

一是人力资源不足。受人员编制、经济成本等方面限制，金融行业科技人员往往身兼数职，既要为业务部门提供科技支持，又要负责日常设备运维，人力不足问题较为突出。

二是人员流动性加大。IT 运维工作枯燥乏味，且需要夜班值守，这在客观上决定了从业人员普遍年轻化且人员流动性大。

三是人力成本居高不下。目前，我国正迈入老龄化社会，人口红利逐渐消失，招工难问题日益突出，在一定程度上增加了运维人力成本。

四是人力有限。受到精力、体力等生理因素限制，人在从事高负荷、重复性、碎片化的体力劳动时，难免会出现不同程度的懈怠。

二、人工智能运维概念及应用价值

（一）人工智能运维概念辨析

在上述需求背景下，人工智能运维理念应运而生。为了明确人工智能运维研究范畴，本文将人工智能运维界定为综合运用人工智能及其他相关技术，不断提高 IT 运维的质量和效率，致力于将运维人员从复杂烦琐的运维工作解放出来，其技术范畴除涉及计算机视觉、机器学习、生物识别等人工智能技术外，还涉及大数据、传感器等相关技术。

（二）人工智能运维应用价值

一是机房巡检无人化。对于中大型数据中心机房，机房巡检工作耗时耗力，往往要投入大量的人力。与人工巡检相比，智能机器人巡检不仅能够拓展感知范围、感知距离以及感知精度，而且可以弥补定点监测手段的不足，消除机房态势感知的盲区。

二是故障诊断智能化。将人工智能技术应用于故障诊断，实现故障自动识别、智能告警过滤、自动定位处置以及故障前瞻预防，不仅能够充分释放运维数据的潜在价值，而且能够实现 IT 运维由经验决策到数据决策、由被动处置到主动预防的转变，进而克服人工诊断处置效率低且经验知识难于固化的不足。

三是人员管控自动化。目前，机房人员出入管控主要依托手工记录、门禁刷卡系统、视频监控等方式管理。其缺点主要体现在两个方面：一方面，占用管理人员时间较长，管理效率低；另一方面，只能进行事后追溯，缺乏现场分析及事前预警能力。将计算机视觉、生物特征识别等人工智能技术与现有安防系统进行融合，使安防系统具备"视觉意识"，实现身份自动识别、无纸化登记、自动引导跟随、人员越界预警等，能够大大提高人员安防管控效率及自动化水平。

（三）金融行业人工智能运维实证

鉴于人工智能在金融 IT 运维领域的潜在应用价值，国内外金融科技公司（如国自、朗驰、浩德、京东、允登等）已开始致力于人工智能运维产品的研发应用，相关产品已在建设银行、上海银行、江南银行、阿里巴巴、京东等落地。这表明金融 IT 运维领域人工智能应用已由理论研究走向实践探索，以下是对人工智能运维功能效果做的简要诠释。

一是功能描述。①机房巡检：完成机房环境监测、设备故障识别、故障告警等功能，并生成巡检报告。②资产管理：动态采集机房内设备资产信息，包括设备的固资号、位置、数量等，实现固资的全寿命管理。③人员安防：对外来人员出入进行自动化管理，包括人员识别、出入登记、引导跟踪、跨界预警。④故障诊断：构建机房及相关设备画像体系，输出故障发生场景特征、设备使用特征等分析报告或实时接口，提升故障发现、处置及止损能力。

二是应用效果。据反馈，智能巡检机器人完成一个机柜巡检平均耗时 30 秒，巡检一个机房（180 个机柜）耗时约 90 分钟。与人工巡检相比，巡检时间缩短约 25%，漏检、误检率明显降低。此外，资产盘点、随工跟踪功能使工作人员机房留滞时间缩短 40% 以上。初步预计，人工智能运维投入使用后，每年可节约人力成本约 40 万元，人力资源问题得到有效缓解。

三、金融行业人工智能运维应用瓶颈

（一）场景概念认识不清

人工智能运维作为一种新兴事物，产业界尚未形成规范统一的概念认知，人们对智能运维场景的理解大多停留在感性认识层面，主要表现在场景命名不规范、技术范畴模糊、应用条件不明确等。此外，概念模糊不清容易使不良厂商通过"玩概念、讲故事"的方式来吸引误导用户。调研显示，33.89%的金融机构认为场景概念认识不清是人工智能应用创新过程中面临的阻力。

（二）配套建设相对滞后

调研发现，目前金融行业人工智能运维的配套资源建设相对滞后，主要表现在以下三个方面：

一是人才不足。在金融行业中，人工智能技术人才多集中于业务部门，在IT运维方面投入的人员较少。调研显示，48%的金融机构认为人才队伍建设跟不上是人工智能运维应用面临的现实问题。

二是数据可用度低。数据是人工智能应用的基础，数据的完备性影响人工智能建模的准确性。调研显示，目前IT运维面临数据量不足、数据质量不高、数据价值密度低等问题。

三是机房条件建设不规范。机房条件建设影响人工智能技术应用的深度和广度。调研显示，机柜布线不规范、空间通行自由度不高是目前条件建设的主要短板。

（三）应用实践经验不足

金融行业人工智能运维尚处于起步探索阶段，可供参考的应用案例较少，且缺乏风控管理方面的经验积累。调研显示，金融机构在实施的人工智能运维项目为27%，而验收的仅占2%，其余为在调研或未考虑。

（四）产品市场有待完善

调研发现，目前人工智能运维产品市场供需矛盾突出，主要表现在以下三个方面：

一是市场化程度低。目前人工智能运维产品多为自研自用，且部分产品对场景具有一定的依赖性，可移植性弱。同时，由于缺少市场转化机制，能以商品形式推向市场的产品较少，从而导致人工智能运维产品市场供需失衡。

二是质量良莠不齐。由于缺少行业应用标准指引，用户难以甄别产品的质量，致使其对人工智能应用创新缺乏动力和信心。

三是价格透明度低。人工智能运维产品属于非标产品，没有统一的市场参考价格，价格透明度不高。

四、结论和建议

人工智能赋能金融 IT 运维创新是需求拉动、技术驱动以及政策推动等多重因素共同作用的结果，在一定程度上弥补了传统运维方式的不足。目前人工智能运维应用尚处于起步探索阶段，为了使人工智能技术更好地赋能，解决金融行业 IT 运维的痛点，现提出如下建议：

一是深化人工智能运维概念理论的研究。理论是实践的先导，相关科研机构应充分发挥自身在理论研究方面的资源优势，深化对人工智能运维相关概念的研究，明确金融 IT 运维领域人工智能应用的场景及技术范畴，规范人工智能运维的相关概念和术语，保证人工智能运维概念得到清晰、统一的认识。此外，还应加强学术交流，针对人工智能运维短板设立专题研究课题，为人工智能运维实践提供更加完备的理论支撑。

二是加快人工智能运维行业标准的制定。标准化对人工智能及其产业发展具有基础性、支撑性、引领性的作用，既是推动产业创新发展的关键抓手，也是产业竞争的制高点。目前人工智能运维产品落地难、商品化程度低的主要原因是缺少相关应用标准支撑，建议由人民银行牵头，成立标准化课题组，采用"政产学研用"相结合的方式，开展金融行业人工智能运维应用标准制定工作。主要包括：①基础通用类，指人工智能技术涉及的通信协议、接口标准及体系架构等；②条件建设类，包括机房建设标准、应用数据标准等；③应用评估类，指用以测量或评估人工智能运维产品的实用性、安全性及可靠性的方法或指标。

三是完善人工智能运维基础条件的建设。调研显示，人工智能应用的深度和广度受条件建设的制约。为更好地释放人工智能运维的技术红利，降低技术应用门槛，应重点做好三方面工作：①数据治理方面，建立跨业务、跨部门的 IT 运维数据一体化管理平台，有效解决数据存量不足、数据格式不统一、数据质量不高等问题，为人工智能应用提供丰富的数据资源；②机房建设方面，规范机柜布线，优化机房分区通道，确保机房感知无盲区；③人才队伍建设方面，定期组织开展人工智能专业知识培训，拓展运维人员知识结构，为人工智能运维开发、应用及维护提供人才储备。

四是开展人工智能运维应用试点探索。为保证金融行业人工智能运维应用的安全性和可靠性，消除不确定性风险。建议金融行业开展人工智能运维时，应充分借鉴"监管沙箱"的理念，坚持试点先行原则，选取行业内典型的应用场景，有针对性、有计划地开展智能运维试点工作。依托试点"沙箱"，积极探索智能运维模式下人机协同机制、风险防控机制及运维管理机制，明确人工智能运维的场景边界，建立人工智能应用正、负面任务清单，做到成熟一个推广一个，防止盲目投入建设，造成资源的重复建设与浪费。

"债券通"业务发展现状、问题及建议

周丹 等[①]

近年来，我国债券市场对外开放不断推进。"债券通"是我国债券市场开放的又一重要举措，通过内地和香港金融基础设施的互联互通，境内外投资者可在香港与内地债券市场上交易流通债券，其机制安排包括"北向通"和"南向通"。2017 年 7 月"北向通"正式开通，将为境内债券市场提供难得的发展机遇。本文对"债券通"业务背景及战略机遇进行了梳理，统计分析了"债券通"运行半年以来业务开展的情况，指出我国债券市场及"债券通"发展存在的问题，并有针对性地提出相关建议。

一、业务模式特点及推出意义

一是采取"一点接入"方式。在"债券通"推出之前，境外投资者参与内地银行间债市须委托具备国际结算业务能力的银行间债券市场结算代理人完成备案、开户等手续，开户时间较长，且境外投资者需对内地债券市场相关法规制度和市场环境有全面的了解。而在"债券通"机制下，境外投资者无须到内地相关机构办理开户事宜，可直接依靠内地与香港的基础设施互联和"多级托管"来"一点接入"内地银行间债券市场。

二是交易采取"机构做市"。在交易流程上，境外投资者可以与做市商开展请求报价方式的银行间现券买卖。境外投资者可在港交所和中国外汇交易中心筹建的场外平台上向做市商请求债券价格，做市商据以报出可成交的价格，境外投资者选择做市商报价确认成交，该模式有效降低了境外投资者的交易对手方风险。在做市商的选择上，"债券通"资格会倾向于选择有一定债券持仓量和资金准备、做市品种丰富、平仓补仓能力强且有较高国际认可度的做市机构。与此前依靠结算代理银行单一报价进行交易相比，债券通的交易机制更有

---

① 周丹：中国人民银行营业管理部跨境办负责人。参与课题研究人员：李慧姝，供职于中国人民银行营业管理部跨境办；刘东坡，供职于中国人民银行营业管理部国际收支处。

利于价格发现。

三是采取"多级托管"结构。在资金托管方面，上海清算所为总登记托管机构，香港金管局辖下的债务工具中央结算系统（以下简称 CMU）为次级托管机构。在结算安排方面，境外投资者可直接通过 CMU 进行开户手续办理和合规审核，并通过 CMU 在中央结算公司和上海清算所开立的账户进行结算。境外投资者需要在中央结算公司、上海清算所开立名义持有人账户，采取全额清算、逐笔、DVP（券款对付）结算。交易货币的选择上，境外投资者可以用人民币或外汇进行投资，即可用离岸人民币（CNH）进行债券投资，或以外币到内地买入在岸人民币（CNY）再进行买卖。

二、"债券通"发展现状

自 2017 年 7 月 3 日正式推出以来，"债券通"获得了较快的发展，市场影响逐步增加。截至 11 月末，共有来自 18 个国家和地区的 210 家境外机构投资者或产品组合通过"债券通"进入银行间债券市场，类型涵盖商业银行、基金公司、资产管理公司、证券公司、保险公司及资金和资管产品等。目前境外投资者主要以投资境内银行间债券市场二级交易市场为主，一级发行分销为辅。投资的债券种类主要以国债、政策性金融债、同业存单为主，交易活跃度不断提升，后发优势逐渐显现。从运行半年以来，"债券通"业务开展情况看，呈现以下特点：

（一）成交额走势平稳，在境外非居民投资境内银行间债券市场总额中占比达近四成

自 7 月初"债券通"推出以来，成交额走势较为平稳，其中 9 月份月成交额最高，接近 380 亿元，之后成交额有所下降。截至 12 月末，境外机构及托管客户通过"债券通"渠道开展的交易超过 1600 笔，交易额达 16 亿元。"债券通"累计成交额在全部境外非居民投资境内银行间债券市场累计成交额中的比重达到 38%（见图 1）。

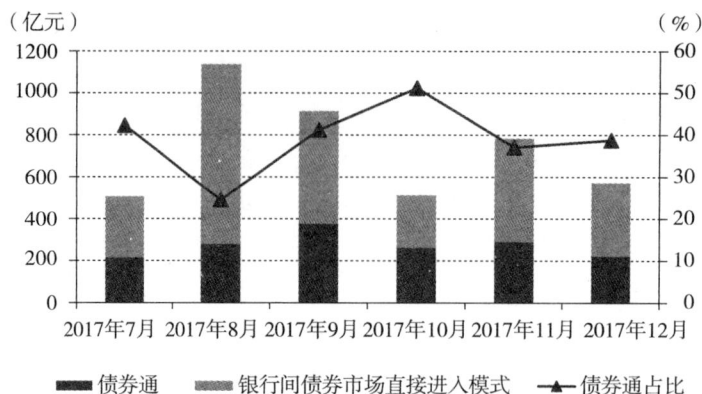

图1 "债券通"成交总量

（二）从期限结构看，主要投资于短期债券

自8月份以来，境外机构及托管客户通过债券通渠道投资于短期债券的成交额持续高于长期债券的成交额。截至12月末，短期债券的累计成交额超过1100亿元，而长期债券的累计成交额不足550亿元，短期债券累计成交额是长期债券累计成交额的2倍（见图2）。

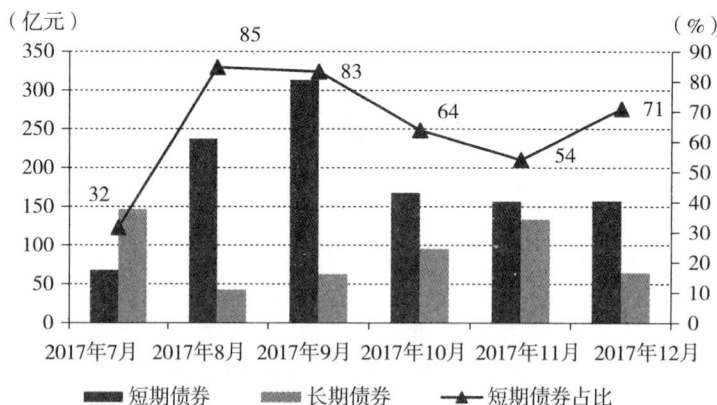

图2 "债券通"业务期限结构

（三）从地区分布看，主要集中在上海和北京

在境外机构及托管客户通过"债券通"渠道开展的所有交易中，上海地区

累计成交 1100 笔，占比 70%，成交额为 1240 亿元，占比 74%；北京地区累计成交 490 笔，占比近 30%，成交额为 430 亿元，占比近 26%。与北京相比，上海的"债券通"业务开展情况更好，优势明显。北京、上海以外地区累计成交占比仅为 0.12%（见图 3）。

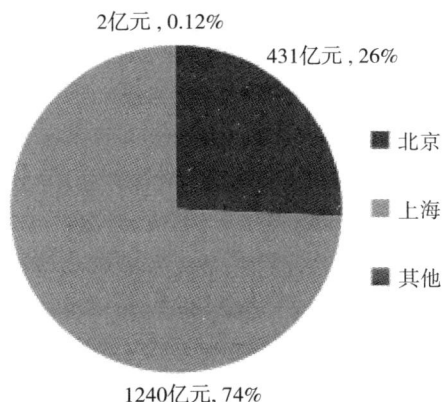

图 3 "债券通"业务地区分布特征

三、存在的问题

（一）我国债券市场对外开放度依然较低

随着中国境内债券市场对外开放进程的不断推进，中国债券市场得到了快速发展。截至 2017 年 11 月底，中国债券市场规模达到 49.14 万亿元，仅次于美国。但是与主要的发达经济体和新兴市场经济体相比，我国债券市场的开放度依然十分有限。截至 2017 年 9 月底，境外投资者投资内地债券市场的规模为 11041.92 亿元，占我国债券市场的比重仅为 2.29%，这与美国（31%）、日本（16%）相去甚远，即使是与印度（4.8%）、韩国（6%）、泰国（9%）、马来西亚（22%）、印度尼西亚（15%）等国家相比，也有较大差距。[①] 即使是从主权债市场来看，境外机构持有国债规模占国债市场总规模的比重也仅为 3.93%，明显低于美国（43%）、日本（10.3%）和韩国（17.3%）等发达经济体，也明显低于亚洲其他新兴市场经济体，如印度（6%）、马来西亚（34%）[②]（见图 4）。

---

① 数据来源于 Wind 资讯和亚洲开发银行。
② 数据来源于香港交易所 2017 年 5 月英文报告《进军中国境内债券市场——国际视角》。

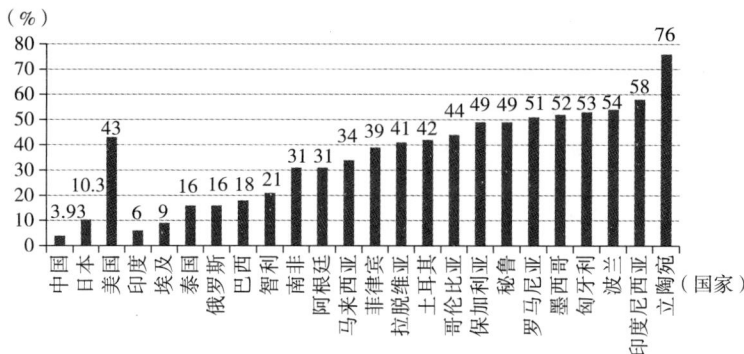

图 4　外资机构在各国主权债券市场中的占比

注：中国、美国、韩国的数据截至 2016 年底，其他国家截至 2015 年底。

（二）"债券通"相比 CIBM 模式存在一些劣势

一是债券结算效率偏低。在直接进入银行间债券市场模式（以下简称"CIBM 模式"）下，中债登和上清所的资金清算均采用 DVP（券款对付）结算方式；在"债券通"模式下，目前中债登仍然无法实现 DVP 结算，因而无法实现 T+0 交易。二是交易费用偏高。在"债券通"模式下，香港地区的结算银行及 CMU 均需要对每笔交易收费，且 CMU 是针对债券托管存量收费。因此，与"CIBM 模式"相比，"债券通"的交易费用较高。三是交易产品种类有限。在"债券通"模式下，境外投资者目前仅可以进行债券现券交易，且以利率债为主；而"CIBM 模式"下，境外投资者可以进行现券、远期、回购、债券借贷、利率互换、远期利率协议等交易。四是交易对手和市场流动性有限。在"债券通"模式下，境外投资者仅可以与现有的 24 家做市商进行交易。而在"CIBM 模式"下，境外投资者可以与本币市场所有投资者开展交易。

（三）境外投资者在获得人民币方面存在障碍

在"债券通"模式下，境外投资者的资金需要在离岸市场全部转化为人民币进行投资，因此汇入汇出境的资金都是人民币。然而，与境外投资者的巨大资金需求相比，离岸人民币市场规模依旧很小，目前香港离岸市场人民币存款总规模仅在 5402.63 亿元[①]，因此投资者直接获得离岸人民币较为困难。此外，

① 数据来源于 Wind 资讯。

"债券通"投资者普遍反映，在离岸市场通过结算行使用在岸汇率兑换人民币仍缺乏操作规则，在离岸市场外汇兑换人民币还是很难操作。

四、政策建议

（一）进一步加强境内债券市场的对外开放

一是积极推动配套金融基础设施与国际接轨。进一步加强国内金融标准与国际的接轨，推动会计、审计制度对接国际标准，明确债券发行、交易和结息的税收规则，完善开放市场所需的各类配套制度和便利设施。二是进一步加强债券市场的对外宣介。中国的债券市场规模已经跃居全球第二位，但还欠缺对中国债市的系统性介绍。我们的市场，从语言、习惯、文化、制度等方面都与西方有很大差异，需要积极主动地去宣传介绍。

（二）进一步完善"债券通"功能

一是完善债券交割的 DVP 结算方式。目前债券通业务尚未实现真正的 DVP 结算，建议进一步优化交易系统与资金、债券托管系统的联动，实现系统自动 DVP 清算，减少手工操作，提升债券结算效率。二是明确"债券通"业务收费标准。"债券通"业务较高的收费在一定程度上抑制了境外投资者的热情。建议相关部门采取必要措施降低"债券通"业务的收费标准，并对费用标准予以明确，以减少业务发展的不确定性。三是进一步扩大境外投资者的投资范围。建议适时放宽境外投资者投资境内债券市场的投资范围，逐步允许其进行远期、回购、债券借贷、利率互换、远期利率协议等多种交易。

（三）适时对境外投资者开放境内衍生品市场

由于投资银行间债券市场的客户均为较为成熟的国际金融机构，他们在投资境内债券市场时通常会统筹考虑相应的风险管理措施，其中衍生品市场对于风险管理具有重要的意义。因此，建议对境外投资者放开国内衍生品市场，允许境外投资者在银行间外汇市场开展外汇和利率风险对冲交易。同时应加强金融工具创新，进一步丰富人民币汇率和利率风险对冲工具。

（四）探索建立"债券通"项下的外汇自由流动机制

建议参照"沪港通"模式，对于通过"债券通"渠道使用外汇投资境内债券的，当境外机构需要通过"债券通"卖出债券时，如果他们在买入证券时使用的是外汇，则可以允许他们实时将人民币兑换成外币，并形成一种制度化的安排，以减轻境外机构投资者对外汇无法自由兑换的担忧。

（五）完善国内信用体系建设，加快评级行业对外开放

信用评级作为债券市场的重要制度性安排，信用评级也应积极稳妥推进对外开放。经过二十多年的发展，我国信用评级行业取得了长足的进步，但与成熟债券市场相比仍有一定差距。因此，建议进一步完善国内信用体系建设，加快推进评级行业的对外开放，提高中国债券信用评级在国际上的认可度。

人工智能在支付监管领域的应用

——基于机器学习算法的风险管理和投诉咨询处理

韩芸 等[①]

近年来人工智能技术快速发展，国内外已有政府监管部门尝试将 AI 技术应用于政务工作，取得了良好成效。本文将机器学习中的四种算法应用于支付监管领域，一方面探索无监督学习在风险管理中的应用场景，包括：①基于降维算法计算支付业务风险指数；②基于原型聚类算法对监管对象进行风险分类。另一方面尝试将监督学习应用于咨询投诉处理场景，包括：①应用 KNN 算法的支付业务咨询自动应答；②应用决策树算法的投诉案件辅助处理。最后，浅析了人工智能技术应用于金融监管领域的可行性。期望借助机器学习算法，加强支付业务风险管理水平，提高投诉咨询处理效率，探索人工智能与政务工作相结合的科技监管新模式。

一、国内外监管机构应用人工智能的经验

人工智能（Artificial Intelligence，AI）是相对于自然智能或相对于人的智能而提出的概念，可以简单解释为通过技术的方式给机器以人的智慧。目前，国内外已有部分政府部门尝试 AI 技术应用。

英国运用人工智能从事基层客服。英国伦敦北部的恩菲尔德理事会聘用 IPsoft 人工智能平台"艾米丽"从事基层客服工作。"艾米丽"能够识别自然语言、理解语境、从客户和其他员工身上学习，甚至能够感知人类情感。比如，"艾米丽"在网站上指导人们快速更正信息，处理许可证和执照申请。"艾米丽"能够理解语言的深层含义，与其他人类同事一样阅读并消化相同信息。之后，她会储存获取的信息，通过这些信息来判断在遇到相似情况时，该如何处理。

---

① 韩芸：中国人民银行营业管理部支付结算处处长。参与课题研究人员：李伟、徐晶晶，均供职于中国人民银行营业管理部支付结算处。

贵阳市启用人工智能平台提供政务信息。贵阳市政府 2017 年启用了贵阳人工智能大数据云服务平台。通过自然语言分析和机器学习技术，对历史案件库进行自动化学习，对群众的报案内容进行时间、地点等关键信息的自动解析，把原本复杂的人工派单通过人工智能技术实现自动派单，并支持联合执法等复杂的场景。而且人工智能大数据云服务平台系统拥有自主学习能力，随着处理案件的增多，准确率不断提升。

二、机器学习算法在支付监管领域的应用

（一）机器学习简介

人工智能从技术实现角度可以分为机器学习、专家系统、进化计算等。其中，机器学习是目前实现人工智能的最主要方式，也是人工智能区别于普通计算机程序的重要标志。国内外监管机构应用人工智能的案例中也多为采用机器学习算法。

机器学习通过研究计算的手段，利用经验来改善系统自身的性能，也就是在数据中产生"模型"的算法，即"学习算法"。形成学习算法后，将经验数据提供给系统，就能基于数据产生模型，当面对新的情况时，模型会提供相应的判断。

从数据中学得模型的过程称为"学习"或"训练"，这个过程通过执行某个学习算法来完成。训练过程中使用的数据称为"训练数据"。根据训练数据是否拥有标记信息，学习任务可大致划分为两大类："监督学习"和"无监督学习"。

本文主要探讨无监督学习在支付风险管理的应用和监督学习在客户投诉处理的应用。

（二）无监督学习对支付风险管理的应用

在"无监督学习"中，训练样本的标记信息是未知的，目标是通过对无标记训练样本的学习来解释数据的内在性质及规律，为进一步的数据分析提供基础。而在支付监管工作中，通过收集的监测数据，发现其底层规律，建立数据模型，进而识别监管对象的风险水平。

1.降维算法计算支付风险指数

（1）降维算法简介。降维算法指的是采用映射方法，将高维空间中的数据

点映射到低维度空间中。以降维算法中最常用的主成分分析法 PCA 为例：

主成分分析法选取最大化解释数据变异的成分，将数据从高维降到低维，并保证各维度之间正交。具体方法是，对变量的协方差矩阵或相关系数矩阵求取特征值和特征向量，选取最大的几个特征值对应的特征向量，并将数据映射在这几个特征向量组成的参考系中，达到降维目的。基本公式为：

$$Z_i=e_iX=e_{i1}X_1+e_{i2}X_2+...+e_{ip}X_p \tag{1}$$

其中 i=1，2，…，p。

（2）构建支付业务风险指数。按照一般综合指数的构造方法，风险指数为各项构成指标相对于基期变化的加权平均数，基本表达式如下：

$$P_t=\sum_i \omega_i(p_{it}/p_{i0}) \tag{2}$$

其中，pt 为 t 时刻的支付业务风险指数，ωi 为权重系数，pit 为变量 i 在 t 时刻数值，pi0 是变量 i 在基期的数值。因此，指数构建的核心在于指标和权重的选择。

指标选取上，考虑支付机构业务日常监管工作中关注的核心指标，比如备付金管理、日常经营情况、监督检查和投诉举报情况等。

权重选择上，将历史数据代入公式，利用主成分分析法拟合出模型参数，模型要保留的前 k 个主成分，累计能够解释数据 80% 以上变异，保证最后一个主成分对应特征值不小于 1，形成指数模型（见图 1）。

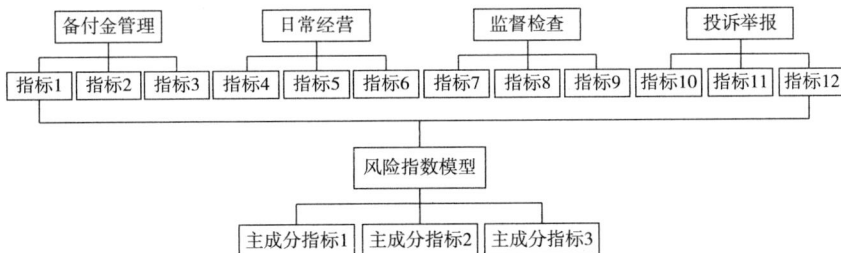

图 1　支付业务风险指数模型示意图

资料来源：作者绘制。

2.原型聚类算法应用于监管对象风险评级

（1）原型聚类算法简介。聚类试图将数据集中的样本划分为若干个不相交的子集，每个子集可能对应一些潜在概念。其主要有原型聚类、密度聚类和层次聚类三种。

原型聚类也叫作"基于原型的聚类"，最常用的原型聚类法是 k-means 算法。指定 k 个初始质心作为聚类类别，计算所有样本与这 k 个质心的距离，按照距离最近原则归入这些质点，将其类别标为该质心所对应的类别，然后重新计算每个类的质心，按照最短距离原则重新划分类，迭代直至不再变化为止。

对于欧式空间的样本数据，以平方误差和作为聚类的目标函数，同时也可以衡量不同聚类结果好坏的指标：

$$SSE=\sum_{i=1}^{k}\sum_{x\in C_i}dist\ (\ x,c_i\ )\qquad（3）$$

SSE 表示样本点 x 到类别 Ci 的质心 ci 的距离平方和；最优的聚类结果应使得 SSE 达到最小值。

（2）应用 k-means 法对支付业务监管对象分类。通过现有支付业务统计分析系统收集的月度支付业务数据，内容涵盖票据、银行卡、电子支付、支付系统、账户等各方面。基于原型聚类算法和采集到的数据，尝试探索对商业银行和支付机构进行聚类分析。

按照日常监管工作重点，选取聚类的指标，提取所有样本的数据，进行数据清洗，消除量纲差异，设置参数，也就是聚类的个数 k 为预期类别数，比如分为即三类，预警类、关注类、正常类等。由统计分析软件计算出结果，将监管对象分为上述三个类别，为下一步工作提供参考。如预警类机构应加强现场监管，关注类机构应加强非现场监管等。同时，通过对监管对象的检查，也可以反向验证聚类分析的结果，进而指导下一次进行聚类分析时的聚类类别数和初始点位置，不断优化聚类方法。

（三）监督学习应用于客户投诉处理

无监督学习中，标记是未知的；而监督学习中，训练集中的目标是由人标注的。从给定的训练数据集中学习出一个函数，当新的数据到来时，可以根据这个函数预测结果。监督学习的目的是让计算机去学习已经创建好的分类系统。

1. 应用 KNN 算法的支付业务咨询应答机器人

（1）KNN 算法简介。KNN 算法的核心思想是：在训练集中选取离输入的数据点最近的 k 个邻居，根据这 k 个邻居中出现次数最多的类别（最大表决规则），作为该数据点的类别。训练集 $T=\{(x1,y1),(x1,y1),\cdots,(xN,yN)\}$，其类别为 $yi\in\{c1,c2,\cdots,cK\}$，训练集中样本点数为 N，类别数为 K。输入待预测数据 x，则预测类别为：

$$y=\arg \max_{c_j} \sum_{x_i \in N_k(x)} I(y_i = c_i), i=1, 2, \cdots, N; j=1, 2, \cdots, K \qquad (4)$$

其中，涵盖 x 的 K 邻域记作 Nk（x），当 $y_i = c_i$ 时指示函数 I=1，否则 I=0。

（2）KNN 算法应用于支付业务咨询应答机器人。随着支付业务快速发展和公众维权意识提高，支付业务监管部门收到大量的公众咨询投诉，占用了大量行政资源。因此，尝试应用 KNN 算法建立基于互联网平台解答公众咨询的应答机器人，可以提高工作效率和公众满意率。

基本流程为：整理现有的支付监管人员已解答的咨询案例，作为机器学习的训练样本，分为网络支付、移动支付、账户管理、银行卡收单等若干类别，将每个问答样本进行分词和向量化，生成每类业务的解答分类规则。在互联网上建立支付业务咨询投诉平台，客户想要咨询支付类业务时选择对应业务模块，同时在平台输入想要咨询的问题，系统后台将该语句分词和向量化，将该向量与已有规则的所有样本进行向量特征比对，找出相似度最高的 K 个咨询解答，根据这 K 个解答的类别分布投票决定这个问题更像哪种咨询应答。

2. 应用决策树算法的投诉处理辅助机器人

（1）决策树算法简介。决策树也是一种常见的机器学习算法。从训练数据集中归纳出一组分类规则，选择最大化所定义目标函数的特征。为了判断分裂前后节点不纯度的变化情况，目标函数定义为信息增益：

$$\Delta = I(\text{parent}) - \sum_{i=1}^{n} \frac{N(a_i)}{N} I(a_i) \qquad (5)$$

其中，I（·）对应于决策树节点的不纯度，parent 表示分裂前的父节点，N 表示父节点所包含的样本记录数，ai 表示父节点分裂后的某子节点，N（a_i）为其计数，n 为分裂后的子节点数。根据信息增益最大的准则，递归地构造决策树。

（2）决策树算法应用于投诉处理辅助机器人。在上节曾介绍过，一般业务问题咨询可以采用上节中的 KNN 算法进行机器应答，而对于投诉举报信访，可尝试运用决策树算法进行辅助处理。

在目前的投诉信访处理中，基本流程为：①工作人员浏览投诉材料，掌握投诉人的基本信息、案件情况以及被投诉对象，同时初步判断涉及业务种类；②对投诉材料中缺失的信息或材料要求投诉人进行补充；③信息完备后对被投诉对象进行调查，非现场调取材料；④现场核实；⑤撰写书面回复意见；⑥经法律部门和领导审核通过后，向投诉人进行答复。

在整个处理流程中，步骤①～步骤③相对耗时较长且专业技术含量不高，需要人为判定，且对业务经验要求较高的为步骤④和步骤⑤。因此，尝试将材料检索、提醒投诉人补充材料、对被投诉对象进行非现场调取资料这三个步骤交给机器处理，即打造投诉辅助处理机器人（见图2）。

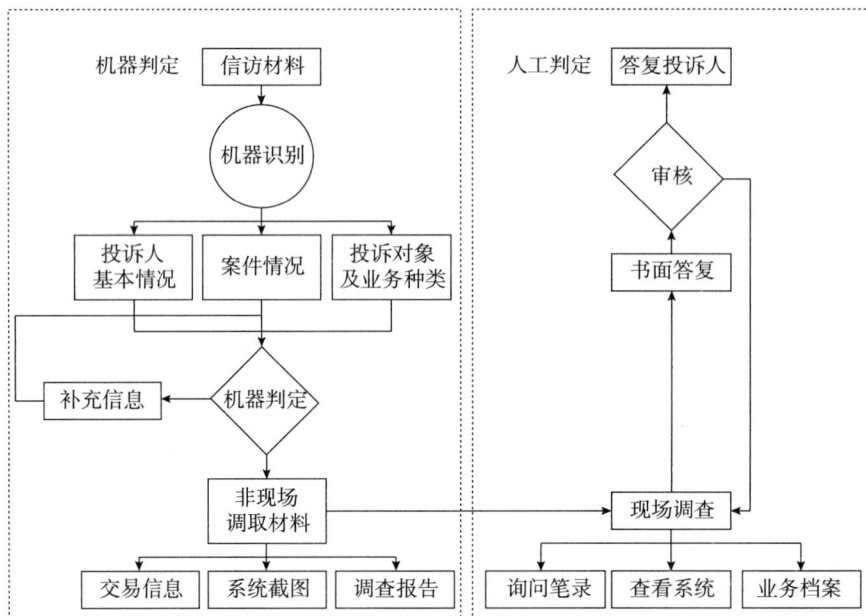

图2　投诉辅助处理工作机制流程图

资料来源：作者绘制。

机器通过学习以往处理案件的流程，归纳出一组分类规则，根据信息增益最大准则，递归地构造决策树。机器自行判断投诉信息是否完备，快速提醒投诉人补充，然后自行判断业务归属及调查所需材料，通知被投诉人提供材料；等被投诉人反馈后，将所有信息整合，生成现场调查内容及书面答复初稿，供监管人员集中进行现场调查和撰写回复。在这一过程中，机器人全程记录处理记录，监管人员随时可以干预，投诉人随时可以追踪进度；处理过程成功的话，作为新的训练集反馈给机器人，逐步提高判断准确率。

用机器辅助处理投诉案件，既减少了监管工作者的工作量，也提升了处理效率，投诉人可随时查询进度，提升公众满意度。

三、人工智能应用于金融监管的可行性分析

（一）监管部门照章办事的特点决定了人工智能应用的可能

机器学习算法，核心在于通过机器学习训练样本，制定规则，再将规则应用到新样本的判定中。因此，范围是否限定，规则是否固定，对机器学习影响重大。而金融监管部门在履职过程中，依照法规及部门规章进行操作，人为主观判断成分较少，因此应用机器学习技术可行性较高。善用监管科技，有助于建立高水平的监管体系，更好地应对科技金融发展带来的新挑战。

（二）人工智能应用于金融监管仍有很多困难

一是训练样本不足，已有的可供机器来学习的样本来自于监管部门收集处理的加工数据，而非来自于互联网的生数据，数据总量不大且机器不能自主去无限量获取。一些算法模型虽可以在大样本上达到统计学的效果，但对于个例的判断结果不一定可靠，存在错判可能。二是机器学习并不能完全代替人类思考，人工智能的鲁棒性较差，样本的少量噪声影响可能会导致严重错判，机器判定可能会犯人类几乎不会犯的低级错误。例如，在人工智能解答客户咨询应用中，客户行为具有不可预测性，或许会不按照规则提出限定范围外的即兴提问，机器由于没有学习过对应的训练样本，会无法判断。因此，基于人工智能的监管手段，在降低宏观监管成本的同时，可能会在某些微观监管中带来新的监管成本。金融科技的应用，应避免为了创新而创新，要保障其遵循金融的本质。

（三）人工智能有助于构建全流程监管体系

例如，上文提到的咨询应答机器人仅是限定范围的人机对话，至于涉及是否违法违规等法律界定问题，仍需监管人员进行人工调查后进行判断。当前，监管科技在世界范围内尚处于起步阶段，新思路不断涌现，新技术不断发展，机遇与风险并存。监管部门应建立公开透明的全流程监管体系，包括应用标准测试、系统评估可靠性、构建动态监测体系等手段，确保模型决策的准确和进一步修正优化。

本文将机器学习算法应用于支付监管场景，是对传统金融监管模式的创新，虽然算法尚不成熟，但仍是对推动金融监管与科技深度融合的有益探索。

参考文献

［1］周志华.机器学习［M］.北京：清华大学出版社，2016.

［2］杜宁，王志峰，沈筱彦，孟庆顺.监管科技——人工智能与区块链应用之大道［M］.北京：中国金融出版社，2018.

［3］李航.统计学习方法［M］.北京：清华大学出版社，2012.

全方位建设金融稳定会商协调机制积极构筑内部防范化解重大金融风险合力

项银涛　等[①]

当前，我国金融领域处在风险易发高发期，风险点多面广，结构失衡问题突出，违法违规乱象丛生，脆弱性明显上升。着力防范化解重大风险，维护首都金融安全与稳定，成为当前及今后一段时期人民银行营业管理部工作的重中之重。人民银行营业管理部根据各处室的业务特点和履职手段，2018 年初在全国率先成立领导班子，主抓 15 个业务处室参与的金融稳定会商协调机制，按季共享日常风险监测及现场检查成果，从企业、金融机构、金融市场三个维度，定期研判风险，各部门防范金融风险工作的协同性和互补性明显提升，形成内部防范化解重大金融风险合力，为打好防控重大风险三年攻坚战、守住不发生系统性金融风险的底线提供了有力支撑。这一工作机制得到总行朱鹤新副行长的高度评价，认为"值得研究借鉴"，同时，多家兄弟行主动学习借鉴营业管理部的工作经验。

一、工作背景

一是金融风险点多面广需要加强全方位监测。随着信息科技尤其是互联网技术的快速发展，以及社会投融资需求的日益多元化，北京地区新业态新产品新机构快速发展，金融风险跨市场、跨行业、跨境特征更加突出，金融市场、金融机构、金融业务风险相互交织。尽管人民银行金融稳定条线的风险监测信息化程度不断提高、风险识别手段逐渐丰富，但相对于体量庞大、运行复杂的金融体系来说，金融稳定部门力量仍然过于单薄，难以实现对地区整体金融风险情况的全面监测，也不利于对风险隐患的早发现、早控制、早解决。

[①]　项银涛：供职于中国人民银行营业管理部国际收支处。参与课题研究人员：张萍、赵伟欣，均供职于中国人民银行营业管理部金融稳定处。

二是风险信息散落于人民银行各相关职能业务处室。人民银行和外汇业务部门在各自职责范围内开展金融管理活动、履行职能，也分别掌握、分析和处理履职中发现或知晓的风险信息、异常情况，如支付结算部门防控第三方支付机构风险，反洗钱部门对大额可疑交易信息的有效管理，货币信贷部门对债券市场风险的监测与防控，科技部门对金融基础设施运行的稳定负有职责，而外汇部门防控跨境资金异常流动等。但在基层人民银行内部，这些风险信息往往割裂化、碎片化，未能有效整合和充分利用，既不利于防控金融风险，也容易导致风险线索被忽略、风险苗头被轻视。

三是风险防控传统单兵作战方式不利于发挥整体合力。人民银行和外汇业务部门在各自职责范围内防控金融风险，在出现突发金融风险事件前，多独立承担风险防控任务，相关业务处室进行风险会商研判机制欠缺，难以发挥整体合力。实务中，部门层面的协商工作也通常采取"一事一议"。在出现风险苗头、发生风险事件或接到工作任务后，由牵头处室逐一与有关处室联系沟通，工作流程环节多，耗费大量时间及精力，降低了工作效率。

二、工作做法

一是成立高规格指挥机构，明确各处室主体责任。在梳理各处室职责定位和履职手段的基础上，成立一把手挂帅，领导班子主抓、15个业务处室参与的金融稳定会商协调机制领导小组，为会商协调机制有效运转提供组织保证。同时，明确领导小组和各成员处室在风险监测分析、风险信息共享、风险研讨会商、风险防控排查等方面的职能和责任，将辖区内具有系统重要性、区域重要性的房地产风险、地方债务风险、影子银行风险等的监测分析任务分解到15个处室，确立处室在各自职责领域的主体责任，为会商协调机制有效运转夯实基础。

二是推动信息双向流动，强化风险防控工作协同性。甄别风险线索、判断风险形势、处置金融风险均需要相互独立又相互印证、补充的信息群。通过金融稳定会商协调机制将孤立、割裂的风险信息"流动"起来，达到"我为全行、全行为我"的目标。成员处室既是信息的提供者，定期（通常按季）提供风险分析报告、执法检查意见书、行政处罚信息等，不定期提供履职过程中发现或知悉的，可能对金融机构、金融市场、社会公众产生重大影响的敏感信息、风险线索、风险苗头或异常情况；也是信息的分享者，分享营业管理部全行风险的工作成果，了解宏观风险形势、行业风险动向和机构风险要点。这有助于拓宽成员处室的风险视野、增加工作触角，实现多方共赢。

三是强化风险研判，统筹全行风险防控重点。研究判断风险形势、评估确定突出风险点，是有效防控风险的前提和基础。营业管理部党委高度重视对风险状况及趋势的研判，将金融稳定形势分析会和专题风险研讨会议作为金融稳定会商协调机制主要组织形式。为紧贴市场、确保实效，既每季度末召集成员处室业务骨干、金融机构负责人共同讨论当季金融市场、金融机构、金融业务情况，分析风险演变趋势，确定风险防控应关注的问题，又针对突出风险点不定期召开专题风险研讨会议，集中力量啃硬骨头。此外，要求各处室根据会商协调机制确定的风险防控重点，按职责分工加强风险排查、现场检查和调查研究。

三、工作成效

一是建立内部长效协同机制，形成防范化解重大金融风险合力。在金融稳定会商协调机制下，变被动为主动，从过去的应对型协商变为如今的共享型合作，成员处室各尽所能，对金融风险共同监测、联合研判、协同防控，形成营业管理部内部防范化解重大金融风险合力。截至目前，已编制 3 期《金融稳定信息专报》、14 期《中美贸易摩擦风险监测专报》，召开 3 次会商协调形势分析会、1 次专题风险研讨会和 6 次金融机构现场座谈，金融稳定形势分析报告质量明显提高。

二是全面梳理辖内突出风险，为北京市防范化解重大金融风险提供支持。通过金融稳定会商协调机制，有效整合各部门工作成果，更加全面地掌握风险点、把握风险演变趋势，梳理出包括房地产市场风险、非法金融活动风险、民营"系"及大型企业风险、影子银行风险、金融市场异动风险、外部冲击风险，以及其他涉及支付机构、个别中小机构注册地与经营地分离情况在内的风险点，为北京市防范化解重大金融风险提供有力参考，增加了内容的针对性和措施的可行性。

三是协调环节减少，工作效率大幅提升。在金融稳定会商协调机制下，各处室职责更加明确，协调事项信息可同时向多个部门的相关人员精准传达，一步到位，除特别情况外无须再电话联系，协调环节锐减，且沟通全程留有痕迹，方便汇总统计，工作效率大幅提升。

四是均衡有限监管力量，提高资源配置效率。通过金融稳定会商协调机制，交流执法检查等工作情况；统计分析检查对象、检查内容，防止各处室从自身职责出发，短时间内分头对金融机构、金融业务进行检查，把握好节奏和力度，避免增加金融机构的工作压力，防止同时同向发力加快风险暴露。

四、工作建议

一是提高沟通共享的信息化和智能化。目前，金融监管协调机制下的沟通交流材料需要人工编制、手工报送，建议开发建设金融风险管理系统，立足防范金融风险需求，建立金融机构风险信息档案，成员处室录入工作信息、调阅风险档案，为全面、准确评估金融风险状况提供履职支持。

二是突出重点领域前瞻性分析。深入思考党中央、国务院和总行针对经济金融形势变化做出的政策应对，结合北京实际以及自身职责，充分发挥会商协调机制的合力优势，在日常工作中"见微知著"，以经济运行中的小变化反映大趋势，对民营企业、中美贸易摩擦等重点领域风险进行前瞻性分析，及时向总行和北京市提供营业管理部"智慧"。

三是打通内外部金融监管协调路径。目前，京津冀三地人民银行防控重大风险联席会议制度已初步建立，北京市金融监管协调机制建设正有序推进。建议统筹考虑营业管理部内外部协调机制，有效利用内外部监管资源，更好地履行央行金融稳定和宏观审慎管理职责，消除重复监管，弥补监管真空，形成监管合力，推动辖区金融监管"一盘棋"局面的形成。

大数据征信在商业银行小微企业融资服务的实践与探索

蔡义博　　赵睿[①]

深化小微企业金融服务是当前的一项重要工作，党中央、国务院高度重视，人民银行会同相关部门、组织金融机构，多措并举，精准发力，通过一系列"组合拳"，加快完善小微企业金融服务体系，切实改进小微企业金融服务工作，取得了积极成效。尽管如此，小微企业融资难、融资贵、融资慢等问题仍然存在，这其中既有经济下行带来的经营困难，也有企业信用意识薄弱、财务管理不规范等诸多原因，而商业银行传统的信贷模式导致小微企业信贷成本高、风控难，已日益成为制约小微融资的重要瓶颈。

当前，互联网、大数据、云计算技术的发展突破了传统信贷服务模式，开启了大数据征信新模式。互联网金融企业基于已有的客户和数据优势，开展大数据营销与风控，在小微企业贷款市场分到一杯羹。大数据征信的发展与应用也给商业银行业务创新和风险管控带来契机。各商业银行借助大数据技术重新挖掘和整合客户数据信息，精准匹配客户需求，及时为小微企业提供信贷资金支持，降低化解风险，从而扩大业务服务范围和服务深度，实现全流程、批量化信贷管理，有效地缓解小微企业融资难、融资贵、融资慢等问题。

一、传统小微企业信贷业务现状及征信中存在的问题

（一）传统小微企业信贷业务流程

商业银行对小微企业信贷风险控制按照贷款申请受理、贷前调查、贷款审批、贷款发放、贷后管理等环节进行控制操作。一般流程为由客户提出贷款申请，然后银行安排客户经理进行现场实地调查、收集资料，待前期调查结束后客户经理进行材料撰写提交审批人，最后由审批人进行贷款审批。若审批通

---

① 蔡义博：供职于中国人民银行营业管理部征信管理处。赵睿：供职于中国人民银行营业管理部货币信贷管理处。

过，银行通知客户进行签约，然后由银行专人落实放款，信贷人员与借款人签立借款合同和抵押合同。贷款发放后若干工作日内，商业银行对贷款资金流向进行监控，定期对贷款企业进行实地走访，了解企业订单和经营情况。

（二）小微企业信贷风险的表现形式

一是小微企业综合管理能力不够强。小微企业经营管理体制不完善，容易造成经营性风险，最终导致债务逾期不能偿还贷款。同时，信息透明度低、财务制度不健全都大大提升了小微企业信贷风险。

二是小微企业潜在信用风险比较高。小微企业主信用意识淡薄，骗贷现象时有发生。

三是小微企业逆周期抗风险能力较弱。相比于大中型企业，小微企业生存发展空间受市场环境影响较大。

四是小微企业大多缺乏现代化企业制度。小微企业股权结构简单，企业主的个人素质尤其是企业主的个人能力和心理素质成为企业经营的决定性因素，管理者的决策战略对小微企业的发展方向有重要作用。

（三）小微企业信贷业务征信中存在的问题

一是企业信息采集不全面。多数小微企业没有历史信贷信息，在人民银行征信系统缺少完整的记录。因此，商业银行传统信贷风险控制手段难以对小微企业进行客观全面的风险判断。

二是风险量化手段不充分。商业银行通常采取专家系统模型分析方法和信用评分模型分析方法作为对小微企业风险计量的手段。这种分析方法对历史数据的依赖性较强，小微企业成立时间较短，缺少时间序列的统计数据，由于数据不够全面，难以支撑该模型。此外，传统的信用评级体系更加关注企业的偿债能力指标，对企业的资产、负债以及抵押物情况关注较多。小微企业多处于初创阶段，成长性和创新力是小微企业的核心竞争力，是决定其还款能力的关键因素。

三是风险预警机制不完善。商业银行传统的风险预警主要是通过贷款风险度、贷款比例和不良贷款率等指标来监控信贷质量。这种风险预警机制传导效率低，市场敏感度差，不能及时反映行业变化、市场供需调整、抵押物价值变动等问题。

二、大数据征信的本质与优势

近年来，"互联网 +"已上升为国家层面的重大战略部署，随着互联网与传统金融行业的深度融合，大数据征信、云计算等前沿技术在小微企业金融服务中得到了广泛应用。大数据征信突破了商业银行传统信贷服务模式，"互联网 +"普惠金融面临前所未有的发展机遇。

（一）从信用的内涵看大数据征信

信用是获得信任的资本，这种资本由信用意愿和信用能力构成，以诚实守信的素质为基础，在社会交往和经济交易活动中表现为承诺践约的能力。因此信用是三维的，一维是诚信度，二维是合规度，三维是践约度，信用主体的信用状况依据这三个维度进行综合判断。[①] 信用资本是社会资源配置的新依据，改变了传统经济运行中以实物资本为配置资源的唯一依据。信用经济使拥有实物资本与信用资本的市场主体更快发展，使缺乏实物资本拥有信用资本的市场主体焕发活力，使拥有实物资本缺乏信用资本的市场主体退出，从而净化社会环境。

大数据征信是指运用大数据、云计算等金融科技手段，基于互联网的海量多维数据，对信用主体的基本信息、经济交易与社会交往信息进行记录与刻画并报告的活动。大数据征信打破了传统征信的模式与局限，它使人们在互联网上的交易、娱乐、社交等行为都被记录、报告与传播，可以帮助人们记录和判断信用价值，为征信业注入多维度的信用数据，为信用资本定价提供依据和参考。截至 2018 年 6 月，中国网民规模为 8.02 亿[②]，数量位居世界第一，是互联网大国，这为大数据征信提供了坚实的基础。目前中国大数据征信发展迅速，中国的征信业已经进入了新的发展阶段。

（二）大数据征信相对于传统信贷模式的比较优势

（1）在信息采集方面，大数据征信的维度远大于传统征信。一是相比传统征信模式，大数据征信模式的数据信息来源广泛。二是实现据动态更新管理机制，有利于提高风险控制能力。

（2）在数据加工和处理方面，大数据征信的整合能力远强于传统征信。一

---

① 吴晶妹.三维信用论［M］.北京：当代中国出版社，2013.

② 数据来自《中国互联网络发展状况统计报告》。

是大数据征信技术将原本分割的银行各条线业务信息以及其他碎片化信息进行有效整合贯通。二是全方位加工处理各类数据。

（3）在风险评价方面，大数据征信有利于提升风险计量水平。一是实现流程的全自动化。二是不断提高模型的精确度。

（4）在信贷审批效率方面，大数据征信有利于减少人为干预、缩短审批时间。一是优化信贷流程。二是避免主观判断的影响。三是线上自动化决策，降低风险控制成本。

三、大数据征信在小微企业融资服务中的实践——以中关村银行为例

（一）中关村银行"量子金贷"

针对小微企业的融资特点，中关村银行整合同业、政府、企业服务机构等大数据资源，依托云计算、大数据、人工智能等金融科技手段，以供应链金融场景为切入点，以央企、国企、优质民营上市公司等核心制造企业为主供应链合作对象，基于核心企业主体信用，通过信用传导的方式为核心企业上下游小微企业提供金融服务，构建供应链金融服务体系。目前研发和投产的供应链金融项目有中企云链、中驰车福、卖好车、易酒批等。其中，量身为中驰车福联合电子商务（北京）有限公司（以下简称"中驰车福"）设计的产品——"量子金贷"为典型。

中驰车福创立于 2010 年，是国内较为领先的汽车配件供应链服务云平台，目前已在全国设立 20 多家分支机构，业务覆盖全国近 30 个省份。公司基于互联网汽配供应链云平台等科技手段，通过"互联网+"的集采服务方式，优化采购成本，吸引大批生产汽车配件的小微企业。中驰车福与中关村银行合作，利用平台大数据优势，联合研发"量子金贷"供应链融资产品，为产业链上下游提供创新低成本供应链金融，加速供应链资金周转，提升产业链效率。

（二）贷前审批的大数据征信应用

中关村银行在设计"量子金贷"供应链金融产品的过程中，充分利用自身运用数据模型或大数据提供信贷决策方面所拥有技术的优势。

一是依托大数据技术，设计风控引擎，对小微企业进行筛选。中关村银行联合大数据公司第四范式，共同打造了供应链金融平台和大数据联合建模风控引擎（见图 1），对中驰车福平台下游企业进行风控准入。在准入模型中分

别对企业主体以及企业法人代表采集工商、司法、税务、行政、环保、质监、征信等信息并进行模型测算（见表1），同时结合企业共债、质押、多头（借贷）、黑名单等三十余项组合规则筛查（见图2），较为有效地评估申请授信企业信息的可信度、资料真实度及企业经营状况，综合加权后得出申请授信企业准入结果。

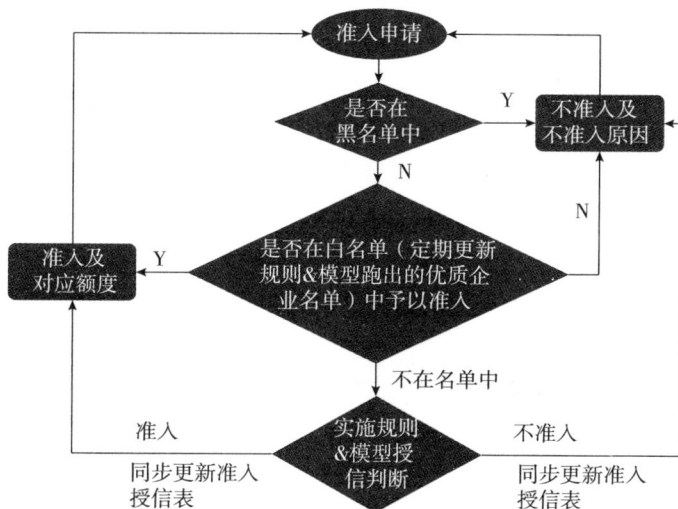

图1　总体风控流程

表1　信息采集表

信息采集种类	采集要求	采集方式	采集渠道
工商异常	通过企业名称或注册号查询该企业被列入工商经营异常名录的事件；法人、股东异常变动；企业年报异常	实时调用数据源	外部数据公司
公开失信	按企业名称检索失信被执行人信息	实时调用数据源	外部数据公司
行政处罚	通过企业名称或注册号查询该企业被工商行政处罚的事件；质量监督处罚	实时调用数据源	外部数据公司
司法涉诉	按企业名称检索失信被执行人信息、被执行人信息、裁判文书信息、法院开庭公告信息、法院公告信息与审判流程信息；曝光台信息	实时调用数据源	外部数据公司

信息采集种类	采集要求	采集方式	采集渠道
税务负面	通过法人代表身份证号查询该企业涉及的税务负面记录；通过企业三证合一号码查询企业涉税处罚、非正常户、欠税公告、税务登记信息、纳税信用等级等信息	实时调用数据源	外部数据公司
冻结查封	通过企业名称或注册号查询资产冻结、资产查封、裁判文书中的查封冻结等信息通过企业名称或注册	实时调用数据源	外部数据公司
黑名单	通过企业名称或三证合一号码查询行政受惩黑名单	实时调用数据源	外部数据公司
央行银监处罚	按企业名称检索企业存在央行银监处罚	实时调用数据源	外部数据公司
环保负面	按企业名称检索企业存在环保处罚；命中环保重点监控企业名单	实时调用数据源	外部数据公司
企业工商基本信息	根据企业名称、组织机构代码、统一社会信用代码、注册号查询企业工商注册、对外投资、分支机构等信息	实时调用数据源	外部数据公司
企业工商完整信息	根据企业名称、组织机构代码、统一社会信用代码、注册号查询企业基本信息、股东及出资信息、管理人员、历史变更、分支机构、企业对外投资、法定代表人对外投资、法定代表人其他公司任职、股权出质、股权冻结、动产抵押、行政处罚、清算信息、组织机构代码信息	实时调用数据源	外部数据公司
企业关联信息	查询目标企业的法人股东、对外投资、法人对外投资信息，通过这类的执行案件、判决文书、开庭公告、法院公告以及税务负面等涉诉负面信息，来判断目标企业的潜在风险点，将风险信息涉及的主体名称、数量、关联关系等以列联表的方式呈现	实时调用数据源	外部数据公司
专利、软件著作权、作品著作权信息	查询目标企业的专利、软件著作权、作品著作权信息	实时调用数据源	外部数据公司

续表

信息采集种类	采集要求	采集方式	采集渠道
被投资信息、融资信息	查询目标企业的被投资信息、融资信息	定期更新	公开获取
招聘信息	查询目标企业的招聘信息	实时调用数据源	外部数据公司
舆情信息	查询目标企业的舆情信息	实时调用数据源	外部数据公司
商户交易信息	查询企业的核心经营指标、经营稳定性、客户地域分布、客户忠诚度分布、疑似信用卡套现甄别、每月经营情况等	实时调用数据源	外部数据公司
企业与核心企业交易数据	核心企业提供借款主体的平台交易数据	定期提供	核心企业
企业进件信息	根据行方要求，提供的所有进件数据	进件提供	企业自有数据

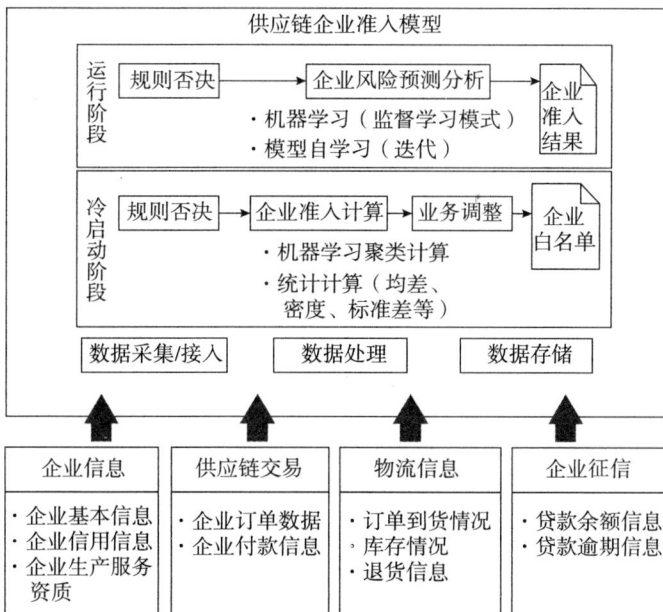

图2 企业准入模型

二是依托大数据技术，建设授信模型，精准额度测算授信额度。中关村银行围绕企业交易历史和借贷历史数据，分析企业经营状况，数据维度涵盖交易存续时间、交易密度、取消比例、物流时效、综合收入、历史借款情况等三十余项，进行精准授信额度测算，根据申请授信企业经营数据，通过企业近期交易总额及债偿能力等计算出最高授信额度，由客户经理跟进与授信申请企业完成相关协议签署（见图3、图4）。额度正式生效后，小微企业通过平台可直接发起提款，银行系统实时响应放款。

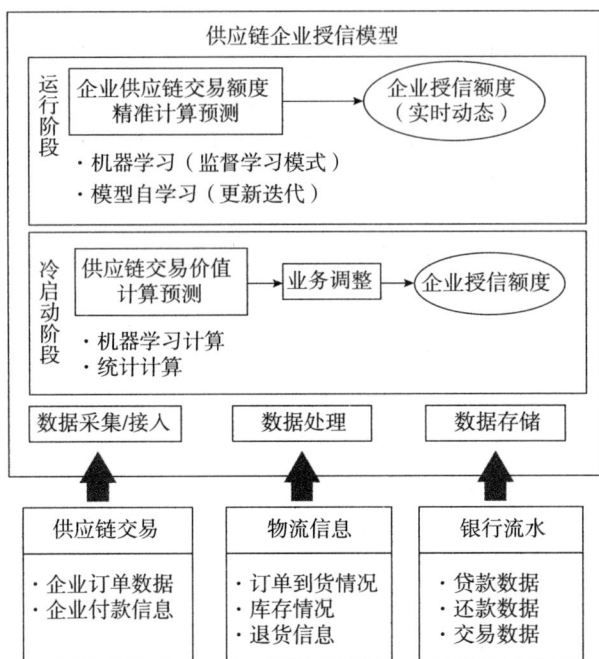

图3　企业授信模型

（三）贷后管理的大数据征信应用

中关村行风控引擎能够实时监控企业融资及经营情况，识别企业交易异常行为，系统化做好贷后处理（见图5、图6）。风控引擎对企业异常行为进行识别，及时发现不符合商业逻辑的交易行为，通过时间、财务、综合三大线索，设置百余个监测点，以海量行业数据为基础，运用机器学习技术，训练出企业经营规模动态指标（质心），再根据被监测企业实际经营数据进行样本测算，发现实际情况与规模动态指标（质心）偏离度达到一定程度时，根据预设的告警规则，执行相应贷后管理措施，极端情况下，系统可直接中断授信企业的提款功能，后转人工处理。截至12月末，模型预警触发率约7‰，共预警5笔，涉及金额 252 万元。

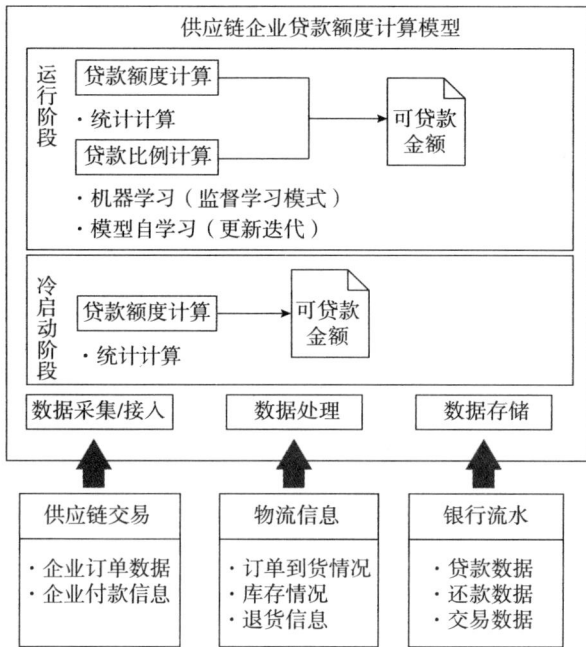

图 4 额度测算模型

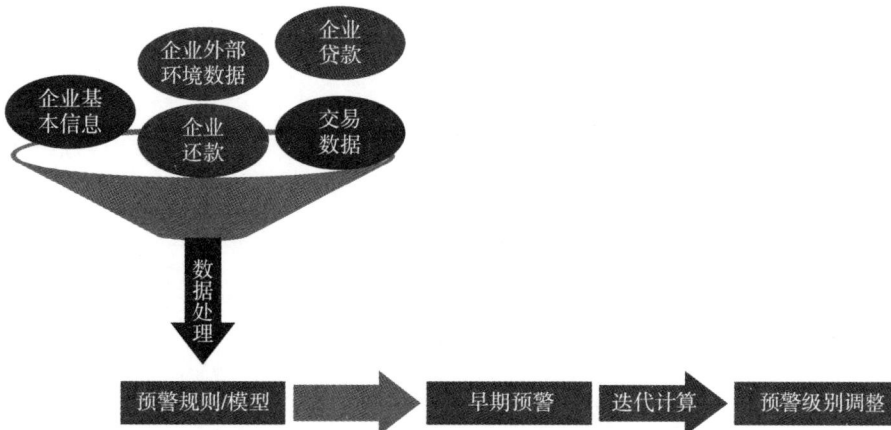

图 5 总体贷后风险预警逻辑

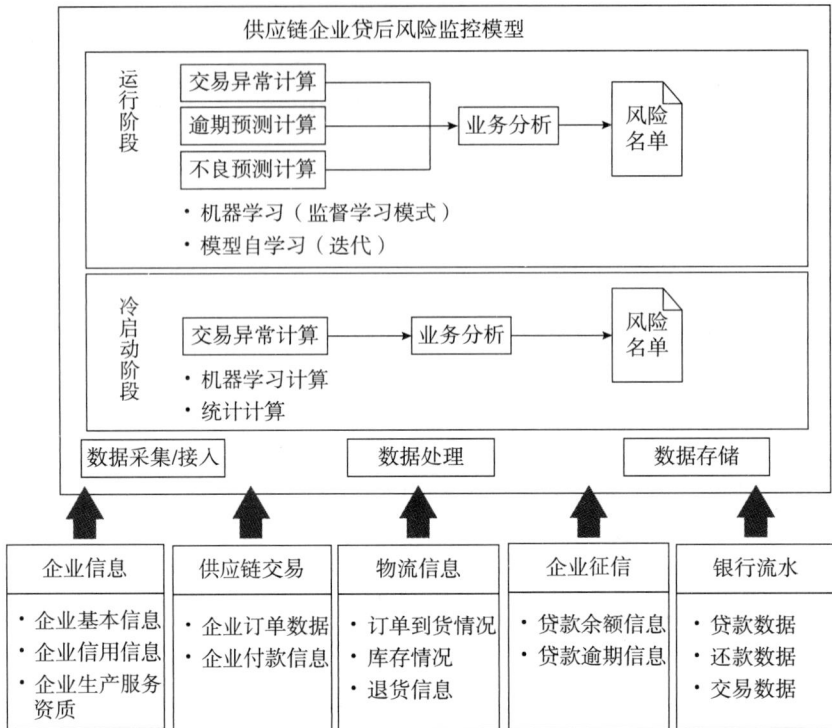

图 6 贷后风险引擎

（四）"量子金贷"的应用成效

"量子金贷"风控引擎通过对数据的聚焦和积累，充分利用大数据技术的应用，收集行内各类业务场景及各场景平台提供的上下游数据，整合高质量强相关的外部征信数据，夯实上下游借贷主体的数据基础，并进行深度挖掘，打造了系统自动化的小微企业信贷流程。

截至 2018 年 12 月 26 日，"量子金贷"产品累计向 743 家小微企业发放 814 笔贷款，总金额 3.6 亿元，其中已回收并结清 553 笔贷款，总金额 2.9 亿元，未到期金额（贷款余额）0.67 亿元，当前没有逾期和不良贷款。

四、目前存在的问题

一是数据处理方面，大数据技术存在阶段性缺陷。随着最初对结构化数据进行线性分析、聚类分析，到目前大数据应用技术伴生的人工智能、数据扒取、神经网络等技术，大数据前沿技术更迭和应用时效性较强。由于金融机构对于数据信息准确性有较高的要求，目前的大数据技术还不能完全满足金融机构数据分析对充足性、有效性的需求。

二是数据获取方面，信用信息共享存在障碍。目前国内征信、工商、税务、其他政府部门及网贷平台、小贷公司等各类金融机构都掌握一定的小微企业数据，分散在各政府部门及相关平台的信息有待进一步整合，小微企业信用体系仍需健全。小微企业与金融机构的信息不对称，增加了银行贷款风险，提高了小微企业融资成本。

三是数据安全方面，科技进步与技术风险相伴相生。随着技术的不断进步，科技与金融联系愈加紧密，大数据、云计算已经成为小微企业金融服务的主要技术手段。与此同时，个人信息保护、数据存储安全、数据存取规范、去中心化运作机制等方面都显现出了各种安全问题，未能完全满足金融机构对客户的隐私信息保护的严格要求。

五、相关政策建议

一是鼓励传统金融机构应用大数据技术，加快传统金融业服务升级。在战略规划方面，金融机构应将以业务发展为中心向以数据管理为中心转型，金融机构要积极制定大数据发展战略和实施计划，加强数据挖掘、整合、分析，以及产品研发与系统自动化审批应用，从而降低小微信贷成本，完善金融机构的风控体系；在管理决策方面，应将决策模式从经验依赖型向数据驱动型转变，推广开展基于大数据征信的民营银行小微企业信贷风险控制的成功经验。同时监管部门应出台相应政策，鼓励金融机构加快大数据技术的研发与应用。

二是建立小微企业金融综合服务平台，切实推进信用信息共享与应用。以构建企业金融信用为抓手，打通政府、企业、金融机构、互联网的小微企业数据，收集能够全面反映企业信用状况的相关信息，不仅包括金融信用信息，还应包括公共信用信息，建立企业金融信用信息档案，并在此基础上进一步处理数据，加强动态监测与预警。以供应链和核心企业为抓手，通过综合分析企业间交易、结算和经营等数据，测算企业真实融资需求和还款能力，帮助金融机构防控风险，防止资金挪用和欺诈，构建小微企业金融服务场景和生态。

三是完善大数据应用的法治环境，保护好信息主体征信的合法权益。随着大数据信息科技的发展，信息主体权益保护有着新的内涵，除传统的知情权、同意权、异议权、救济权外，还包括信息财产权、信息删除权、信用机会平等权等。有关监管部门在制定政策时应兼顾对信息的合理利用与信息主体合法权益的保护，寻找社会效益最大化的平衡点，深入探索大数据应用与信息主体合法权益保护之间的关系，找出两者的最佳结合点，以实现社会效益最大化，促进大数据征信行业的发展。

我国保险公司风险处置机制研究

——基于安邦集团风险事件的分析

邵旖旎　汤旸[①]

保险公司具有业务涉众广、固收性质强、问题易隐藏的特点。2017 年，安邦保险集团股份有限公司（下称"安邦集团"）偿付能力不足和公司治理失效的风险集中爆发，并于 2018 年初被原保监会接管。原保监会的接管及时控制了风险，但此次风险事件也反映出我国风险处置机制安排不清晰、早期风险识别不到位、保障基金制度不健全等问题。结合境外经验，建议构建系统可行的风险处置体系，健全早期风险识别和监管预防机制，并完善保险保障基金制度。

一、安邦集团风险爆发及风险处置过程

（一）"资产错配、短债长投"策略下资产规模迅速扩张

安邦集团组建于 2012 年，前身为 2004 年成立的安邦财产保险股份有限公司。2013~2016 年短短三年间，安邦集团资产规模由 170 亿元骤增至 1.45 万亿元，一举成为中国第三大保险集团。

安邦集团的迅速崛起主要得益于其"资产错配、短债长投"的发展策略。在负债端，安邦集团大量发售以万能险为主的理财险，部分产品的半年期回报率高达 8%。2016 年底，万能险在安邦集团保险保费收入占比近七成，远超同业。在资产端，安邦集团大量投资于难以变现的资产，不仅收购多家海外公司，同时在 A 股市场攻城略地，举牌多只金融、地产股。

（二）偿付能力不足与公司治理失效导致经营风险集中爆发

2016 年起，安邦集团风险集中爆发，业务迅速萎缩。2016 年 3 月原保监

---

① 邵旖旎、汤旸：供职于中国人民银行营业管理部法律事务处。

会加强对万能险的监管，安邦集团保费收入呈断崖式下滑，2017 年第一季度末安邦人寿、安邦财险净现金流均现负值。

安邦集团的经营风险集中体现于两方面：一是承保、投资风格双激进，偿付能力不足。安邦集团的销售收入主要来自短期保单但多用于长期股权投资，收支期限不匹配，资金链易断裂；加之其往往借助炒作股票、金融产品嵌套等方式进行投资，投资风险高，致损规模大。随着万能险业务发展受阻、股权投资无法及时回笼现金，其偿付能力迅速下滑。二是出资穿透不明、公司治理有限。为满足监管要求，安邦集团曾两次大规模增资，然而透过其股权结构可发现，安邦集团股东结构复杂、关联关系严重，内部监督和制衡管理机制作用有限。

（三）原保监会实施较为及时的市场化接管措施

针对安邦集团异常经营问题，原保监会启动风险处置工作。2017 年 6 月，原保监会工作组进驻安邦集团，发现其违反相关法律法规，责令调整集团董事长职务。2018 年 2 月，原保监会宣布对安邦集团实施为期不超过一年的接管。2018 年 4 月，银保监会公告引入保险保障资金 608 亿元。此次接管措施体现出以下可借鉴之处：

一是监管机关及时采取接管措施，避免风险扩大。原保监会在安邦集团子公司出现负净现金流后 3 个月内即下发监管函，不到一年即制定有针对性的风险处置方案，及时引入保险保障资金注资，同时宣布安邦集团原有债权债务关系不变、民营性质不变。接管公告发布后，市场未现巨幅震荡，反映出原保监会防范化解金融风险行动较为及时，避免安邦个体风险演变为局部风险乃至系统性风险。

二是坚持市场化处置导向，打破行政处理兜底怪圈。我国过往金融机构风险处置高度依托行政背书，容易强化市场刚兑预期，弱化投资者风险意识，放松金融机构内部风险控制，引致巨额财政损失。安邦集团接管组积极引入优质民营资本，有序拆分出售安邦集团资产，充分体现市场化处置的导向。

二、我国保险公司风险防控和处置体系的现存问题

（一）缺乏清晰、明确、有序的风险处置机制安排

在安邦集团风险处置的过程中，原保监会依据《保险法》第 144 条制定了

安邦集团接管实施办法，但此办法难以普遍适用。究其原因在于我国目前缺乏专门性、系统性的风险处置规定，致使监管部门在处置风险时难以明确职责范围，不易厘清处理思路。

一是立法系统性和操作性不足。目前规范我国保险公司风险处置的条文散见于《保险法》《公司法》《企业破产法》及相应规章和规范性文件中，尚无具体实施办法，大量问题亟待明确。

二是现行制度衔接困难。譬如，接管适用条件和时点的认定标准难对应，行政分类监管标准与司法处置程序启动标准不统一，保险保障基金提供救助的法定情形不一致。制度规定差异导致监管机关难以准确适用相应规范，加大了风险处置难度。

（二）早期风险识别和事前风险防范不到位

一是当时的偿付能力监测体系反馈不及时。安邦集团的经营风险集中积累于 2014~2016 年间，传统的"偿一代"注重对资本而非风险管理能力的要求，加之万能险业务短时间内在保险行业快速兴起，因而未能实现事前有效防范。

二是公司治理的风险识别体系不健全。结合对新华人寿和中华联合财险的风险处置案例，公司治理结构落后是导致我国问题保险公司偿付能力缺失的核心原因。目前我国相关制度的股东分类约束标准、职业经理人执业行为评价体系和独立董事履职考核体系均较为模糊，难以实现有效风险识别。

（三）保险保障基金制度难以提供有效的风险处置支持

一是基金规模有限，抗风险能力弱。根据保险保障基金披露数据，此次对安邦集团的处置动用基金余额占比高达 52%，一方面，保障基金总量有限，《保险保障基金管理办法》（以下简称"基金管理办法"）对保险公司缴纳数额存在上限规定，难以满足保险公司风险处置动态发展的要求；另一方面，未明确处置单个问题公司的救助上限，容易对大型企业或大额保单赔偿过多。

二是保障标准单一，难以公平救助。《基金管理办法》将险种区分为财产险和人寿险，但未具体区分不同险种的风险大小和保障价值，导致万能险被宽泛地划入人寿险范畴，与其他低风险、低收益的人寿险种享有同等保障，难以实现公平救助。

三、境外经验考察

（一）系统化、可操作的风险处置安排是有效处置的前提

美国保险公司风险处置体系极为完备，系统性强，易于操作。美国保险监管的主体为州政府，同时由保险监管官协会（NAIC）提供七部示范性法规，明确保险公司陷入困境的财务标准、矫正违规行为、衔接司法制度，明确保险保障基金的法律制度。

类似地，日本、英国等国的保险公司风险处置制度也呈现出系统化、可操作的特点。英国将保险风险处置置于金融服务业整体监管体系之下，由《金融服务与市场法》（FSMA）进行整合。日本在其工作指导性文件《面向保险公司等的监管指针》中详尽规定了保险监管的监督项目、评价标准等内容。

（二）利用完备的早期风险监测机制及时防控潜在风险

在早期风险识别方面，美国的风险监测机制最为完备。美国以偿付能力监管为核心，建立了较为系统的事前预警体系，确保监管机关可以及时介入。一是利用监管信息系统提取财务比率，筛选重点监控对象；二是对四类不同风险资本级别公司分别监管；三是对大型跨州保险公司建立财务分析追踪系统；四是进行预测性的动态现金流测试。

（三）科学的保险保障基金制度提供有效支持

一是征收规模采用弹性规定，满足处置要求。如美国各州均规定，保险公司破产激增、基金不足以支付破产损失时，可适当提高基金收费标准；日本的保障基金在计算征收额时考虑技术准备金以反映公司的支付能力；中国台湾地区于 2002 年取消对"财团法人保险安定基金"的总额上限，借此顺利完成2005 年对国华产险的救助。

二是采用多层次、差异化的救助标准，兼顾补偿救济性和市场公平性。美国各州对各个险种的补偿范围和程度都进行差异化规定，有些州甚至对资产净值超过一定规模的财产险机构保单持有人不予补偿；日本《商业保险法》规定在补偿过程中依据险种、保险内容的不同而采取差别标准；中国台湾地区"保险法"和"财团法人保险安定基金组织及管理办法"也细化了不同险种的不同保障额度。

四、政策建议

（一）构建系统可行的风险处置体系

一是制定专门办法，解决立法分散化问题。建议尽快制定专门的保险公司风险处置办法，或将保险公司纳入统一的金融机构风险处置框架中，明确风险处置目标、主体、对象、措施、程序、救济和投保方保护问题，为风险处置工作提供有效制度保障。

二是明确处置模式，解决制度衔接难问题。量化采取不同处置措施，明确实施条件的具体流程，对公司治理结构的影响，对保险公司股东、高管的限制，行政和司法程序衔接等，使处置方式具有现实可操作性。

（二）健全早期风险识别和监管预防机制

一是及时识别、有效防控新型保险业务风险。第一，及时监测评估风险收益过高、推广速度过快、影响客户资金和信息安全的各类新型保险业务风险。第二，关注法律性质尚待明确的新型金融产品的法律风险。第三，鼓励行业协会、保障基金公司积极主动开展行业风险监测工作，推进建立分工协作的风险监测体系。

二是继续完善偿付能力监测体系。第一，健全偿二代二期工程建设，修订完善偿付能力监管规则，使之与现有法律法规衔接更加顺畅。第二，借鉴国外经验，建立多维的监测系统，健全早期风险定量识别分析和处置工具。

三是加强对公司治理的风险识别。第一，严格机构审核机制，从严把关资金真实性和交易合规性，避免虚假注资和股东违规，防范循环注资和自我注资。第二，完善相关配套措施，落实责任到人，规范股东分类约束标准、职业经理人履职体系、独立董事任职机制。

（三）完善保险保障基金制度

一是适度调整保险保障基金规模，提升风险救助能力。第一，放松保险保障基金的"封顶"限制，为基金规模扩大创造制度条件。第二，充分考虑我国保险业的风险状况动态变化需要，确定与保险业风险状况相一致的救助规模上限。

二是完善保险保障基金的救助标准，提供差异化救济。第一，改进救助标准，区分不同险种补偿限制，引导投保人理性选择保险产品。第二，优化救助形式，制订合理的资金救助计划，对偿还计划和担保提出更高要求。

参考文献

［1］任建国.保险保障基金参与保险业风险处置与市场退出研究［M］.北京：中国金融出版社，2014.

［2］刘向民.我国金融机构风险处置的思考［J］.中国金融，2018（11）.

［3］戴季宁.金融机构处置机制：国际经验与启示［J］.当代金融研究，2017（1）.

［4］薄燕娜.论我国保险保障基金救助制度的完善——域外经验及其借鉴［J］.法商研究，2016（5）.

逃税犯罪反洗钱监管的国际经验及启示

周珺星①

由于税收行为的特殊性，犯罪分子在进行税收犯罪时，必然涉及对非法收益的转移、隐瞒及掩饰，逃税与洗钱密不可分。按最新 FATF 标准，逃税罪已被明确列为洗钱罪上游犯罪的范畴。2017 年，国务院发布了《关于完善反洗钱、反恐怖融资、反逃税监管体制机制的意见》（国办函〔2017〕84 号），将反洗钱、反恐怖融资和反逃税纳入了深化改革的重点工作之一。目前我国对逃税犯罪的反洗钱监管在立法和制度建设、机构合作和情报交换等领域均存在待完善之处，营业管理部拟借鉴欧美发达国家相关经验，探索建立我国逃税犯罪反洗钱监管体系，充分发挥反洗钱在逃税犯罪领域中资金监测、数据分析的作用。

一、我国反洗钱反逃税领域发展现状及问题

（一）我国涉税犯罪类型分析

目前我国涉税犯罪主要集中在虚开增值税专用发票和骗取出口退税两种案件类型中，且呈多发高发趋势。《中国洗钱和恐怖融资风险评估报告（2017）》指出，2016 年全国共立案虚开增值税专用发票犯罪 8864 起，占危害税收征管罪案件的 80.6%。从地域分布来看，虚开增值税专用发票涉及区域较广，多发于有招商引资项目及其他税收优惠政策的地区；骗取出口退税多发于沿海地区，且呈现向内陆蔓延趋势。涉及行业领域多为服饰加工、纺机设备进出口、商业贸易、粮油贸易、农产品加工销售、能源贸易、有色金属批发零售、贵金属营销等特定行业或领域。

---

① 周珺星：供职于中国人民银行营业管理部反洗钱处。

（二）反洗钱反逃税法律制度体系仍需完善

2017 年 9 月 13 日，国务院公布了国办函〔2017〕84 号《国务院办公厅关于完善反洗钱、反恐怖融资、反逃税监管体制机制的意见》，明确提出了要建立适合中国国情、符合国际标准的反洗钱、反恐怖融资、反逃税的"三反"法律法规体系和监管协调机制。但从我国现行法律层面上来看，我国刑法并未将逃税罪纳入洗钱上游犯罪之列，作为法定洗钱上游犯罪之一的"走私犯罪"是逃避国家关税行为，其本质也是逃税犯罪，而我国仅将逃避关税犯罪行为作为洗钱犯罪的上游犯罪。

（三）反洗钱反逃税合作机制有待加强

鉴于逃税犯罪跨行业、跨地区、多环节等特点，对税收交易的监测分析需要结合税务、海关、工商等不同部门及金融机构、律师事务所、会计师事务所等不同行业的信息，但不同部门和行业之间的信息壁垒天然存在，信息交换渠道尚未建立。目前反洗钱反逃税机制建立在反洗钱部际联席会议整体框架下，对各成员单位的职责划分较为笼统，各成员单位虽然按照部门职能进行任务分配，但缺乏刚性约束机制。除了打击虚开增值税发票、骗取出口退税违法犯罪专项行动及专案要案外，并未建立高效的情报会商机制，相互间的信息披露浮于表面。司法机关在办理涉税案件时，出于办案便利、取证方便等因素，通常统一以涉税犯罪起诉，洗钱案件难以成案，这直接降低了反洗钱反逃税参与主体的合作意愿。

（四）可疑交易报告机制作用未充分发挥

由于逃税犯罪的隐蔽性和复杂性，金融机构在对异常交易进行监测分析时，受限于自身信息获取的有限性和分析水平的局限性，导致涉及逃税的可疑交易难以有效筛选、分析及报告。会计师事务所、律师事务所等特定非金融机构虽已纳入反洗钱监管体系，要求其开展反洗钱数据报送工作，但其反洗钱报送主体资格和互联网报送数字证书尚未发放，大额交易和可疑交易报告具体格式和报送要求尚未规定，会计师事务所和律师事务所即使在为客户提供服务过程中发现客户存在逃税及洗钱行为，也无法履行可疑交易报告的义务。

二、国际逃税犯罪反洗钱监管机制经验借鉴

（一）通过立法明确将税务犯罪纳入反洗钱监管

美国的《银行保密法》规定美国的银行等金融机构必须保存客户的现金购买可转让票据记录，并向政府报告每天累计超过 1 万美元的交易以及其他有洗钱、逃税嫌疑的交易活动。

英国的《犯罪收益法案》将逃税罪定义为洗钱上游犯罪之一，如果金融机构知晓或怀疑（或者应当知晓或怀疑）客户的资金是犯罪所得，但是故意隐瞒不上报或寻求同意持有或处理这些资金，都有可能违反《犯罪收益法案》；《2017 刑事金融法案》中确立了一项新的罪名，即未能防范逃税罪。当公司未能防范其员工或其他相关人员帮助纳税人逃税，该公司即触犯了未能防范逃税罪。该罪名主要满足以下三个要件：一是纳税人范逃税罪；二是公司的相关人员帮助该纳税人逃税；三是公司未能防范上述人员帮助他人逃税的行为。

欧盟在 2015 年 5 月颁布了第四部反洗钱指令，明确将反逃税加入洗钱的上游犯罪中，并要求欧盟各成员国最迟于 2017 年在当地执行此指令。2017 年底公布了当年不合作税收管辖地名单，又称避税天堂黑名单，并要求对其采取防御性措施。其中具体措施包括但不限于：加强对于"黑名单"国家或地区间往来的审查；严格审计在"黑名单"国家或地区有避税运作的纳税个人或实体；针对"黑名单"国家或地区出台反避税法规等。

（二）实施长臂管辖制度加强对海外资产的监管

2010 年，美国政府通过《海外账户税收合规法》（FATCA），利用其强势地位，强制要求外国金融机构承担向美国税务当局报告美国纳税人相关税收信息的义务，从而达到打击海外偷税漏税或故意隐瞒申报税务等行为的目的。对于拒不提供相关信息的所谓"顽固账户持有人"，以及不与美国国税局签署协议的其他外国金融机构在支付任何过手付款时将被扣缴 30% 的预提税。该法案自 2011 年 1 月 1 日正式实施，美国国税局在 2014 年与全球大部分国家签订全面性政府间协议，进一步完善了 FATCA 制度。

英国的未能防范逃税罪实施长臂原则，即英国相关实体（法人或者合伙企业）协助逃避英国税收或国外税收，或者外国机构（法人或合伙企业）协助逃避英国税收的行为，都会受到该法案的管辖，且罚款没有数量上限。

（三）保持与相关部门的金融情报信息共享

美国金融犯罪执法网络（FinCEN）建有规模庞大的金融数据库（Base Station Almanac，BSA），该数据库与美国各金融监管机构数据库、财务数据库、商业数据库联网，使得反洗钱调查人员能在极短时间之内查到某个人的资产数额、商业合同、金融记录、雇主姓名等数据信息。反洗钱调查人员经过整理、分析这些数据，就能勾画出被调查对象的经济交易信息，从而获得调查线索。联邦各执法机构和监管机构均可通过获得授权直接在该数据库中进行查询搜索，从而能够很方便地与其自身的数据库进行匹配比对，以识别嫌犯。同时联邦执法机构还在 FinCEN 留有联络人员，使他们能够直接与 FinCEN 分析师合作。

西班牙反洗钱和货币犯罪委员会（Servicio Ejecutivo de la Comision de Prevenc-ión del Blanqueo de Capitales elnfracciones Monetarias，SEPBLAC）和其他主管当局合作，定期交流信息，其国家警察、民防队、税务局和海关部门均有人员在 SEPBLAC 中工作。所有的执法机关都可以获得税务数据，相关执法机构也考虑与非执法机构的税务部门合作来应对涉税洗钱案件，包括使用税务代理人作为辅助人员、与税务局共享调查信息等。

（四）利用自愿合规鼓励纳税人"坦白从宽"

美国国税局通过"合格中介计划"吸引外国金融机构自愿承担信息收集和报告义务，并出台"离岸自愿披露计划"鼓励未如实申报的美国纳税人"坦白从宽"。

中国香港地区推出了税务合规计划，用于促进纳税人将其此前未申报或未正确申报的资金或其他资产合法化，包括增加税收收入，提升税务诚信与合规水平，或出于经济政策的目的促进资产回流香港（特别是当香港处于经济危机时）。此类计划可有多种形式，包含自愿披露机制、税务赦免激励制度和资产回流机制等，从而促使纳税人自愿纠正纳税申报信息、降低逃税行为。

三、相关政策建议

一是加强环境建设，完善反洗钱反逃税法律框架。一方面，扩大洗钱上游犯罪打击范围，尽快修订《刑法》中关于洗钱上游犯罪的定义，将逃税罪纳入洗钱上游犯罪类型中，这也是我国作为 FATF 成员国积极执行《新 40 条》要求所必须履行的义务；另一方面，将上游犯罪本罪纳入洗钱罪的主体范围，为逃税罪的洗钱罪认定奠定法律基础。

二是加强部门协作，健全反洗钱反逃税合作机制。以打击虚开增值税发票、骗取出口退税违法犯罪专项行动为契机，加深人民银行与税务部门合作机制，深化信息共享内容，包括但不限于共享各自在职权范围内收集的涉税洗钱活动情报信息、交换在各自职权范围内掌握的涉税洗钱犯罪活动最新动向或风险提示信息、积极协助调查涉税洗钱犯罪主体的相关信息并及时反馈调查结果、及时通报涉税洗钱犯罪案件破获情况等。

三是加强国际合作，提高税收透明度和信息交换水平。洗钱犯罪具有极强的跨国性，国际间交流合作对于打击洗钱犯罪的重要性不言而喻。应通过政府间合作方式，在反洗钱方面，积极与有关国家签订司法互助协定，在涉外税务协定中增加有关反洗钱内容。在打击逃税方面，努力与国际税收透明度标准接轨，与更多国家签订税收信息交换协议，提高信息透明度和信息交换水平。

四是提升逃税可疑交易资金监测分析水平。一方面，从可疑交易报告环节加大对逃税可疑交易数据的采集，提高信息采集效率，深化信息数据的挖掘分析手段，提高逃税可疑交易监测分析的有效性和及时性；另一方面，与税务部门、侦查机关等建立逃税金融情报反馈评价机制，通过实际案例进一步了解逃税洗钱行为的特点、手法和高风险点，提升逃税可疑交易的监测分析水平。

五是加强指导力度，提升义务机构风险识别能力。加大对义务机构反洗钱专业知识的培训，提高义务机构客户身份辨识能力和对异常交易的人工分析能力。重点指导义务机构了解其所担负的反逃税反洗钱相应义务、关注逃税风险预警标识和一般性逃税行为特征等，为义务机构可疑交易分析指引方向。

参考文献

［1］中国洗钱和恐怖融资风险评估报告（2017）.

［2］谢卫平. 纳税遵从度评估模型实证研究［J］. 会计之友，2016（7）.

［3］崔建英. 探析反洗钱机制在打击税收洗钱犯罪领域的应用［J］. 时代金融，2013（5）.

［4］中国人民银行海口中心支行课题组. 税收犯罪与反洗钱研究［J］. 金融监管，2013（7）.

［5］苗锦龙. 遏止、打击涉税洗钱犯罪的措施及建议［J］. 内蒙古金融研究，2011（3）.

［6］俞光远. 反洗钱与反涉税犯罪［J］. 中国税务，2007（2）.

各国"监管沙盒"的应用对我国金融科技监管的启示

吕伟梅[①]

近年来，全球金融科技（Fintech）快速发展，有效拓宽了金融的可获得性，提高了金融体系的深度和效率，被认为是影响未来金融业务模式的最重要因素之一。与此同时，金融科技因其开放性、互联互通性、科技含量高的特征，使得金融风险更加隐蔽，尤其是信息科技在金融领域的广泛应用，科技风险和操作风险问题更为突出，潜在的系统性、周期性风险也更加复杂。因此，多国金融监管部门希望在鼓励创新和防范风险之间达到平衡，纷纷出台相应的监管措施，2015 年，英国率先提出"监管沙盒"制度，目前多国正在尝试采用这种新型的监管方式来促进国内金融科技的平稳发展。而我国金融科技虽然起步较晚，但发展迅速，2017 年，中国金融科技的规模处在全球首位。中国在数字支付领域遥遥领先，占全球市场规模近一半。但在金融科技监管方面我国一直处于探索阶段，国际上"监管沙盒"的应用为我国金融科技监管提供了借鉴意义。

一、各国"监管沙盒"的特点

"监管沙盒"由英国首创，新加坡、澳大利亚、中国在沿袭英国"监管沙盒"的基础上又进行了一定改进。

（一）英国"监管沙盒"的特点

2015 年，英国率先提出"监管沙盒"制度，2016 年 5 月 9 日，英国金融行为监管局（Financial Conduct Authority，FCA）正式启动了"监管沙盒"，英国的"监管沙盒"项目为金融科技、新金融等新兴业态提供了"监管实验区"，支持初创企业发展。首先，"监管沙盒"以实验的方式，创造了一个"安全区

---

① 吕伟梅：供职于中国人民银行营业管理部清算中心。

域"，FCA 规定申请进入"监管沙盒"测试的机构不能存在违反相关监管法律法规的行为，并没有限定企业的类型和规模，故传统金融机构以及包括金融科技创新机构在内的非金融机构等企业均可以成为申请主体。其次，FCA 根据拟参与企业测试的创新产品和服务选取合适的消费者，要求拟参与企业设定消费者保护计划，包括适当的赔偿等。最后，在筛选条件合格的前提下，FCA 允许参与实验的企业向客户推出创新产品和服务。FCA 将根据测试的结果进行监管政策的制定或完善，在促进金融科技等新兴业态发展的同时，防范金融风险。

按照 FCA 的规定，"监管沙盒"的测试要求主要分为测试时间、客户数量、客户选择、客户利益保障、信息披露、测试计划六个测试项目。测试要在有限的时间内进行，一般为 3~6 个月；客户数量在满足能够获取相关实验所需数据的前提下要严格控制；申请企业要为测试产品或服务找到合适的市场以及能承受相关风险的客户；申请企业应制定客户保护方案，保证消费者利益得到有效保障；申请企业要定期披露与测试相关的信息；FCA 要明确测试计划，最大限度地降低测试可能带来的负面影响。

2017 年 6 月，英国 FCA 宣布已经从 77 家申请机构中挑选了 31 家参与第二轮的沙盒监管项目，2017 年共完成三轮测试，"监管沙盒"模式在英国已经通过了监管和市场的考验，后续的批次将加快进行。

（二）新加坡"监管沙盒"的特点

新加坡在 2015 年新设金融科技和创新团队（FTIG），并于 2016 年 5 月设立金融科技署（FinTech Office）来管理金融科技业务，并为创新企业提供一站式服务；2016 年 6 月新加坡提出了"监管沙盒"制度，为企业创新提供一个良好的制度环境。新加坡允许传统金融机构和初创企业在既定的"安全区域"内试验新产品、新服务和新模式。参与对象为任何在沙盒中注册的 Fintech 公司，允许测试公司在事先报备的情况下，从事和目前法律法规有所冲突的业务，并且即使以后被官方终止相关业务，也不会追究相关法律责任。新加坡"监管沙盒"也是有时间限制的，一旦达到规定好的测试时间，MAS 所规定的任何法律和监管规则将同步到期，企业将退出沙盒。如果企业因为特定原因需要延期的，可以在监管期结束前向 MAS 提出申请并说明理由。因此，新加坡的监管沙盒退出机制更为灵活。

（三）澳大利亚"监管沙盒"的特点

2016 年 12 月 14 日，澳大利亚证券和投资委员会（the Australian Securities and Investment Commision，ASIC）发布了一份指引文件（Regulatory Guides）。该指引允许符合条件的金融科技公司（Fintech 公司）在向 ASIC 备案之后，无须持有金融服务或信贷许可证即可测试特定业务。同时，ASIC 将采取"具体问题具体分析"的监管方式，对一些特殊项目，允许有关企业申请延期，最长可申请 12 个月的延期，并且接受测试的零售客户人数可扩展到 200 人。然而，符合条件的企业中不包括网络贷款等公司，但支付领域的初创企业可以从本次豁免中受益。

（四）中国"监管沙盒"的特点

2016 年 9 月 6 日，中国香港地区的香港金融管理局（Hong Kong Monetary Authority，HKMA）推出"监管沙盒"，对象仅限于香港地区的本地银行，创业企业和科技公司不在申请范围之内。HKMA 并未对进入"监管沙盒"测试设定具体流程，而是建议有意向的金融机构及早与其联系。HKMA 将根据具体情况，与金融机构共同探讨测试持续的时间以及测试期间哪些监管规定可以适当放宽，并对各个申请项目制定不同的测试方案。

二、我国金融科技发展的特点和金融监管的现状

我国金融科技迅猛发展，近年来，中国金融科技的崛起集中体现在五类机构、六个方面。五类机构包括传统金融业、互联网机构、新兴互联网金融、通信机构和基础设施。六个方面包括互联网支付、网络借贷、众筹融资、互联网基金销售、互联网保险，互联网消费金融。

（一）金融科技规模快速增长

随着金融科技的创新发展，中国金融创新正呈现出主体多元化、业态多样化、场景丰富化、服务精准化等特征。一些互联网企业依托网络导流和场景优势，不断提高金融服务的普惠性和便捷性。2017 年，传统金融机构与金融科技公司深化合作模式，四大国有商业银行分别和互联网巨头公司开展合作。金融科技的营收规模大幅增长，2017 年，我国金融科技企业的营收总规模达到6541.4 亿元，同比增速达到 55.2%。此外，我们分析当前的公司运营模式，不

难看出，目前金融科技服务于金融机构，更偏向实际金融业务的后端，并不是金融产业链中利润最丰厚的一环，因此短时间内金融科技营收规模很难迎来爆发式增长，或将继续保持这样的增速稳定增长。

自 2007 年 P2P 登陆中国后，国内的信贷就开始了漫长的线上化进程，而随着金融科技基础设施的完善，移动支付的普及、征信大数据的积累，我国线上信贷市场在 2017 年迎来了爆发期，2017 年我国线上信贷交易规模超过 10 万亿元，预计 2020 年复合增长率将高达 57.36%。

（二）金融科技风险不断加剧

中国金融科技的飞速发展，隐藏着较大的金融风险，e 租宝非法集资案、ICO（首次代币发行）叫停，以及各类 P2P 公司倒闭等，都是利用了互联网技术或金融科技的特点，作为非法集资或其他违法行为的一种伪装，并最终引发巨大的风险。在金融科技快速发展的大背景下，除了各类非法金融乱象外，金融科技的发展也给整个金融业带来了新的风险和挑战，金融科技风险因素可以迅速地传播到其他机构和关联行业，这种交叉风险给监管部门带来了监管难度。

（三）金融科技监管提上日程

随着科技在金融领域的地位越来越重要，金融科技创新的风险也随之增大，为了加强金融科技的监管力度，国家和各监管部门都在研究如何加强金融科技监管，防范系统风险。2017 年 5 月，人民银行成立金融科技委员会，侧重于加强金融科技工作的研究、规划与统筹协调，委员会致力于做好金融科技发展战略规划和政策指引，加强金融科技工作的信息共享和协调，密切关注金融科技发展的动向和潜在风险，提升人民银行金融科技工作的履职能力和水平。2017 年 7 月，国务院金融稳定发展委员会成立，旨在加强金融监管协调、补齐监管短板。金稳会未来将重点关注影子银行、资产管理行业、互联网金融、金融控股公司四方面问题。

三、国际"监管沙盒"应用对我国的启示

（一）构建新型的金融科技监管模式，明确实施"监管沙盒"的组织机构

金融科技有着跨区域、跨领域的特点，但目前我国金融科技的监管模式还

延续着传统金融的监管特点，按照公司开展的业务种类、公司类型归属于不同的监管机构。但鉴于金融科技创新具有多样性、混业性、颠覆性等特征，与分业监管存在不匹配的地方，因此建议明确金融科技监管的主体单位，可由国务院金融稳定发展委员会整体协调各监管部门的职责，由人民银行负责牵头制定新型的监管模式，同时明确监管沙盒的责任主体，借鉴英国等国家，结合当前采用的先行试用方法的经验，设立专门的机构，确立相应的工作机制，负责"监管沙盒"的研究、实施和管理。

（二）加大金融科技监管的人才储备，转变金融科技监管理念

为应对复杂的金融科技创新的新形势，要做好金融科技的监管工作，首先需要提高监管机构的人员专业素质，从促进金融科技发展、防范金融风险的角度出发，增加金融科技相关领域的专家，加大科技人才的培养，用科技的监管手段做好金融科技的监管工作，努力构建一支既懂金融又懂科技的监管团队，从金融科技公司的角度出发，深入研究金融科技业务的发展特点，采用云计算、人工智能等高技术的监管技术来保障金融科技不发生系统性的金融风险。

（三）着力研究"监管沙盒"的制度规范，试行开展"监管沙盒"机制的测试

要试行"监管沙盒"机制，首先应在授权、监管豁免等方面得到制度的认可，避免监管者与企业间的权责不清。其次，"监管沙盒"应在完善的制度下展开，"监管沙盒"中管理者的行为、创新企业的行为以及监管机构和企业间的相互合作等都应该得到规范。英国、新加坡、澳大利亚等国还都处于前期试验阶段。目前，我国金融科技处于飞速发展的阶段，监管的制度规范还不健全，法律法规更有待进一步的加强，鉴于我国金融科技公司数量众多，公司规模和业务模式都有很大的差别，开展"监管沙盒"，应在授权或者监管豁免等方面符合现行的法律法规的条款，"监管沙盒"的测试过程也要在法律框架下展开。通过协调"监管沙盒"与现行法律之间的关系，强化监管测试主体之间的行为规范，能够使最终的测试结果更有说服力，从而也有效地树立了"监管沙盒"测试的权威性。在法律法规还不够完善的前提下，建议先从已获取支付牌照的金融科技公司入手，探索性开展"监管沙盒"的应用。

我国支付清算体系发展研究及供给侧改革背景下发展的建议

李文姣①

支付清算体系组成要素主要包括支付服务组织、支付工具、支付基础设施、支付监督管理，分别为支付清算市场提供支付服务主体、资金转移载体、转移渠道以及制度保障等方面的供给。本文在研究各组成要素发展情况的基础上，分析供给侧改革给支付清算体系带来的挑战，并依次给出了各主要组成要素更好地服务供给侧改革的建议。

一、支付清算体系概述

支付清算体系是保障经济金融平稳运行的重要基础"金融供给"设施，其组成要素包括支付服务组织、支付工具、支付基础设施、支付监督管理，分别为支付清算市场提供支付服务主体、资金转移载体、转移渠道以及制度保障等方面供给。支付清算体系构成如图1所示。

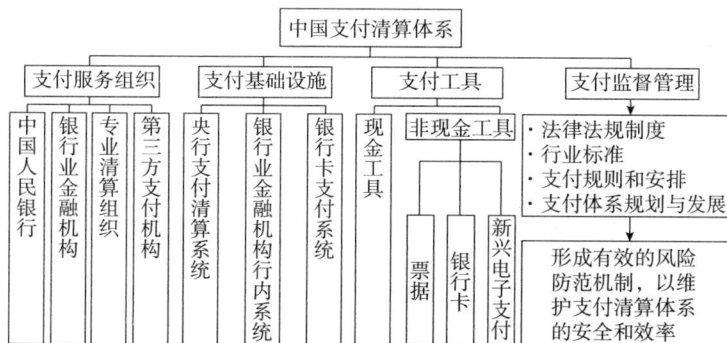

图1　支付清算体系构成

① 李文姣：供职于中国人民银行营业管理部清算中心。

二、我国支付清算体系现状分析

（一）支付服务组织不断发展，多元化格局基本形成

市场需求变化和技术进步不断催生新的支付服务主体，现已基本形成以人民银行为核心，银行业金融机构为基础，专业清算机构和第三方支付机构为重要补充的多元化支付服务组织架构，满足了不同经济主体的支付需求，推动支付清算体系健康发展。

（二）支付工具持续创新，呈现多样化特色化发展趋势

随着移动互联网的发展，非现金支付工具出现了"百花齐放"的发展局面，并逐渐取代现金支付工具成为主要支付工具。根据人民银行公布的2015~2017年支付业务数据可以看出，传统纸质票据业务规模不断萎缩，银行卡和结算支付业务稳步增长，新兴电子类支付业务呈高增长态势，成为非现金支付工具的新增长点。

（三）央行支付基础设施建设力度加大，辐射范围逐渐扩展

2002年以来，人民银行先后完成大额支付系统、小额支付系统、网上支付跨行清算系统、境内外币支付系统、人民币跨境支付系统等基础设施的建设，成立上海票据交易所、网联平台，业务支持范围覆盖人民币与外币结算、大额与零售支付等方面，有效统一了我国票据市场，实现了第三方支付机构的统一接入和管理。

（四）支付监督管理体系不断完善，多层级监管体系初步形成

近年来，人民银行相继颁布《中国人民银行法》《非金融机构支付服务管理办法》等一系列法律法规制度，明确人民银行监管主体地位和职责，有效规范支付机构日常运营，初步构建了政府监管、行业自律和支付服务主体内部控制有机结合的支付监督管理体系。

三、供给侧改革背景下我国支付清算体系面临的挑战

随着我国经济结构的变化，在供给侧改革背景下，支付清算体系提供的"有效供给"与人民群众对优质支付服务的需求仍存在一定差距，需要不断在支付服务组织、支付工具、支付基础设施、支付监管管理等方面加强优质供给、减少无效供给、扩大有效供给。

（一）支付服务组织架构有待进一步完善

一是新形势下央行前瞻性和战略性研究匮乏，金融科技专业人才储备不足，核心引导地位建设待加强。由于人民银行不直接面向最终用户，对市场需求变化存在延迟且业务创新驱动力不强，对新兴支付工具的研究相对滞后。

同时，人民银行在技术创新及应用方面偏稳健，金融科技在支付清算相关领域的应用还停留在研究阶段。此外，支付清算体系涉及业务专业性和技术性较强，但人民银行支付清算的人才队伍较薄弱，现有薪酬体系对优秀人才吸引力不够，导致专业化人才匮乏日益凸显。

二是传统金融机构支付中介功能逐渐弱化。传统金融机构业务创新滞后、客户黏性不高、支付场景应用缺乏。而以支付宝、微信支付为代表的第三方支付机构，凭借便捷、较高的客户黏性、丰富的应用场景等优势，基本实现对衣食住行等方面的全覆盖，传统金融机构逐步走向"后台"并有沦为第三方支付机构账户通道的迹象。

三是第三方支付机构业务同质化严重，市场竞争日益激烈。近年来，各支付机构不断创新支付方式、开拓新的支付场景、提高用户体验，以各种优惠促销手段吸引和巩固客户资源。在激烈的市场竞争中，部分第三方支付机构由于业务单一、同质化严重，逐渐掉队或无法继续维持。

（二）支付工具发展不充分、不平衡

一是部分传统支付工具功能未得到充分发挥。由于我国社会信用环境整体欠佳，个人支票无法实现"见票即兑"的交易场景，仅能发挥汇兑作用，其短期融资、流通转让等功能没有得到充分利用。

二是新兴支付工具的安全性、合规性有待加强。第一，部分支付工具存在安全漏洞，不法分子可窃取账户资金和用户信息。第二，部分支付服务机构内部管理存在漏洞，存在用户信息被批量下载出售的隐患。第三，不法分子可利

用未严格执行实名制认证或认证手续不完备的支付工具创立假名账户进行洗钱、逃税。

三是新兴支付工具使用不平衡，互联网红利未普及。一方面，因经济落后、基础通信设施建设不完善、网络使用资费高等原因，新兴支付工具在落后地区使用率低。另一方面，部分弱势群体无法享受互联网红利，无现金支付的推广导致部分商家拒收现金，给老年人等弱势群体带来不便。

（三）央行对支付基础设施建设的引导作用仍有待强化

一是系统架构保守，实时海量并发交易处理性能有限。目前央行支付系统主要采取集中式架构，实时海量并发交易处理性能有待提高，据不完全统计，网上支付跨行清算系统处理单笔业务约需 5s，而基于分布式架构搭建的网联平台仅需 0.5s。

二是运维自动化水平不高，管理风险大。支付系统国家处理中心已初步建成"三地三中心"一体化运维体系，但仅在有限应用中实现了部分运维自动化，在网络、应急切换等方面自动化建设暂未实施。2017 年跨站点切换运行时，核心系统在 2 分钟内基本完成切换，但配套的信息类系统切换耗时较长；而中国工商银行核心主机系统 2016 年即在 2 分钟内完成同城中心接管全球全部业务并实现数据零丢失。

此外，部分运维工作需要暂时停运央行支付系统，尽管一般安排在凌晨，但仍影响 7×24 小时不中断提供对外服务，且现有运维模式由于在线维护支持力度不够、运维人员可能由于疲劳导致误操作。

三是数据价值挖掘不深，政策信息支持力度不够。目前央行支付系统对支付交易数据的利用缺乏深度挖掘，未充分发挥交易数据在为制度货币政策、改善支付清算市场供给等提供决策依据以及协助定位洗钱、打击电信诈骗等方面的巨大价值。

（四）支付监督管理顶层设计、监管方式及力度有待加强

一是相关法律法规建设不完善。现有法律法规体系总体滞后于业务创新发展，市场风险暴露时才对新兴支付产品予以约束。且部分法律法规内容陈旧过时、覆盖不全面，与支付清算体系现状不相适应。

二是存在多头监管，监管手段较为单一。支付清算体系的监管部门包括中国人民银行、银监会等，可能存在真空地带或边界地带职责冲突。此外，监管部

门目前主要采用静态监管方式，监管标准参照现场检查、非现场检查的指标体系，手段较为单一，标准不够健全，无法完整全面及时掌握支付机构动态信息。

三是第三方支付机构违规乱象频频，监管力度有待加强。第三方支付机构风险管理经验较为欠缺、安全意识较弱，部分机构或多或少存在违规经营，个别甚至出现"跑路"现象。尽管人民银行采取开具行政处罚罚单、注销支付牌照等方式规范支付市场秩序，但仍需有机结合政策引导、处罚兜底等方式加大监管力度。

四、供给侧改革背景下我国支付清算体系发展建议

（一）加强央行核心引导地位建设，引导各支付服务主体合作

一是央行加强前瞻性和战略性研究，加大金融科技应用和人才储备，不断加强核心引导地位建设。建议成立专门机构加大前瞻性和战略性研究，增强风险预判和超前布局能力，充分发挥核心引导作用。深化研究并稳妥推进金融科技在央行支付清算相关领域的规模化运用。同时，参照互联网与金融科技行业提高薪酬待遇，以加大对人才的吸引力度。

二是引导各支付服务主体加强合作，不断提高，形成发展合力。人民银行制定政策、建立机制引导各支付服务主体扬长避短，形成支付清算体系稳健发展合力。传统金融机构借鉴第三方支付机构在紧贴市场需求、优化金融产品、加大创新力度等方面的有效做法与经验；第三方支付机构向传统金融机构学习风险管理与防控。

同时，各支付服务主体应持续加大支付业务的创新研究，丰富支付场景，实现更安全便捷、个性化、差异化的支付服务，丰富支付清算市场的服务供给。

（二）培养传统支付工具有效市场需求，加强新兴支付工具建设

一是不断提升传统支付工具的便捷性、高效性，培养有效市场需求。在确保安全性的前提下，建议人民银行对信用卡等传统支付工具的支付规则、用户准入等进行适当调整并提升支付效率，培养有效市场需求。

二是加强新兴支付工具的安全性和合规性建设。第一，加强安全性建设。推广和普及新兴支付工具时要兼顾便捷性与安全性，杜绝安全漏洞。第二，通过分级设置、多签等手段规范内部管理，加强用户隐私信息保护，加大对泄露用户信息人员的惩罚力度，提高犯罪成本。第三，加强用户准入管理。严格落

实支付账户实名制等监管制度，保证支付账户的真实性。

三是改善支付环境，保障特殊群体的支付需求。人民银行应保障用户使用现金支付的合法诉求，强制要求所有商户均能受理现金结算。同时，加强同相关部门协调，完善基础通信设施建设，提升经济落后地区人们使用新兴支付工具的意愿。

（三）加大技术创新，提高央行对支付基础设施建设的引导作用

一是加大技术创新，提高央行支付系统并行处理能力。人民银行应在解决安全、稳定性问题的基础上，采用试点示范、逐步推广的策略，探索使用大数据、云计算等新兴技术改进央行支付系统架构，持续优化算法实现，不断提升系统并行处理能力。

二是提高运维自动化水平，严控操作风险。人民银行应加大自动化运维工具的应用，有效减少人工参与环节，降低操作风险，优化央行支付系统架构，提高在线维护支持力度，使央行支付系统"多中心"具备随时"一键切换"的应急处理能力。

三是有效挖掘支付交易数据价值，加大政策信息支持力度。人民银行应加大对支付系统交易数据信息的获取、分析、运用力度，建立科学有效的数学模型，获取行业发展趋势、区域经济活跃程度、用户支付行为模式等信息，为政策制定、打击犯罪提供信息支持。

（四）完善支付监督管理顶层设计，创新监管手段

一是完善支付清算法律法规建设，筑牢防范支付风险安全底线。集中梳理完善现有法律法规，废止不符实际的相关规定。建立前瞻性强、体系完备的整体框架，指导制定具体的法律法规，加强监管。

二是加强协调监管，创新监管手段。建立运转顺畅的监管沟通协调机制，实现监管范围全覆盖。不断创新监管方式，丰富监管手段。完善现场检查、非现场检查指标体系，有效覆盖风险点，构建具有动态监管功能的电子化监控系统。

三是加强规范引导，促进行业自律。人民银行应合理提高支付市场准入标准，引入定期考核机制加强对支付机构风险防控能力和人员素质的考察，引导建立成熟的风险防控体系。同时加大对违规经营的惩处力度，对严重扰乱支付清算市场秩序、造成消费者财产重大损失的支付机构执行强制退出机制，同时将责任人的行为录入征信系统，不断强化支付机构责任人的主体责任意识。

参考文献

［1］张宽海.网上支付与结算［M］.北京：电子工业出版社，2013.

［2］王淦银.我国支付体系发展的现状及对策探讨［J］.中国银行卡，2016（3）.

［3］袁道强.我国支票业务发展存在的问题及对策建议［J］.金融理论与实践，2009（2）.

［4］杨文杰.中国现代化支付系统发展［J］.中国金融，2017（14）.

北京市政府融资平台融资情况及存在问题研究

陈永波　等[①]

政府融资平台是政府投融资的重要载体，与地方政府投融资活动和政府债务管理密切相关。通过对北京市 30 家具有代表性的政府融资平台进行调研后发现，政府融资平台融资规模和成本均在不同程度有所上升，在投融资活动中存在四方面的问题亟须关注，建议制定和完善针对性措施予以解决。

一、融资基本情况

（一）从融资规模看，传统融资和非标融资规模"一升一降"

一是传统银行贷款增加较快。2018 年上半年，北京市政府融资平台贷款余额为 2974.7 亿元，较 2017 年末提高了 7.85%，回升到了 2016 年末的水平。其中 2018 年 1~6 月贷款余额新增 216.5 亿元，与去年 1~6 月形成鲜明对比（同期贷款余额下降 247.7 亿元）（见图 1）。从单个融资平台的情况看，2018 年上半年一些省级平台银行贷款同比增加 10%~30%。

二是债券融资规模扩大、速度加快。2018 年北京市政府融资平台通过发行城投债进行融资的规模和速度明显加快。从增量情况看，按 wind 统计口径，2018 年 1~8 月，28 个融资平台发行城投债 76 支，融资额为 1122.9 亿元，比去年同期增长近一倍，发行债券数量和融资额均超过 2015 年和 2017 年全年发债数量和融资额，接近于 2016 年全年发债数量和融资额（见图 2）。从存量情况看，截至 2018 年 8 月 31 日，北京市政府融资平台存量城投债 233 支，债券余额为 3753.45 亿元，较年初分别增加了 20.1% 和 14.05%。

---

① 陈永波、翟盼盼、魏超然：供职于中国人民银行营业管理部国库处。

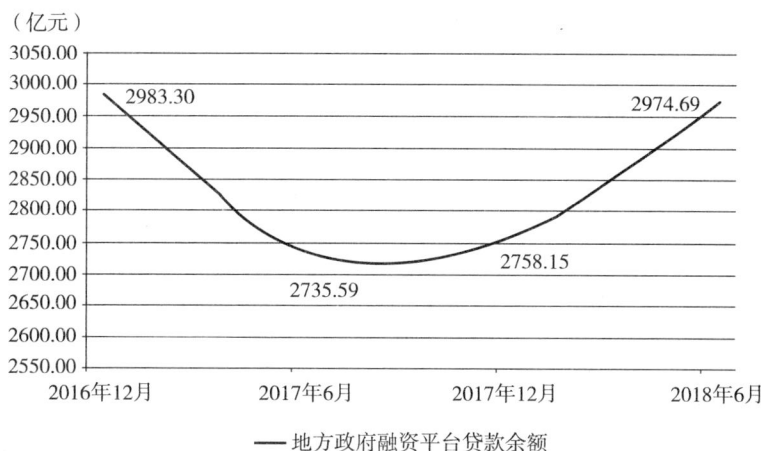

图 1 北京市政府融资平台贷款余额情况

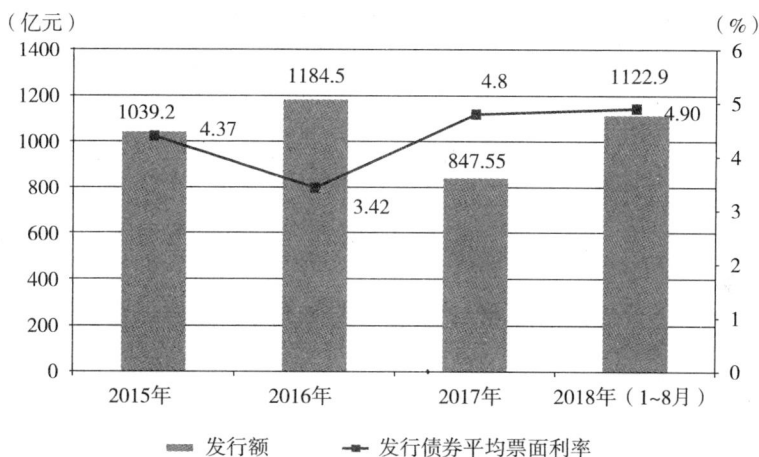

图 2 2015~2018 年 8 月底北京市政府融资平台城投债发行情况

三是信托、委托贷款下降明显。2017 年以来，一系列针对信托通道业务、委托贷款等非标融资强监管措施落地，政策效果显现，信托贷款和委托贷款规模明显回落。根据人民银行《2018 年上半年社会融资规模增量统计数据报告》，2018 年上半年，全国委托贷款减少 8008 亿元，同比多减 1.4 万亿元；信托贷款减少 1863 亿元，同比多减 1.5 万亿元。从北京市政府融资平台调研情况看，目前通过信托、委托贷款等进行融资的主要是部分市县级融资平台，但融资规模也呈明显下降态势。

（二）从融资成本看，传统融资和非标融资成本均有上升

一是传统银行贷款成本有较大幅度上升。调研显示，2018 年上半年融资平台融资成本普遍上升，主要原因是银行贷款成本上升。某省级平台反映，2018 年 1~8 月企业平均融资成本由去年的 4.12% 上升至 4.43%，其中传统银行贷款成本由去年的 4.70% 上升至 4.94%。某市县级平台反映，该公司 2018 年 1~8 月平均融资成本由去年的 5.46% 上升至 5.97%，其中银行贷款成本由 4.68% 上升至 6.23%，上升幅度达 33.12%。从调研获得的同比数据看，传统银行贷款成本同比上升约 15%。

二是债券融资成本不同程度上升。Wind 统计数据显示，2018 年，北京市政府融资平台新发行城投债平均票面利率为 4.9%，融资成本同比略有上升，高于 2017 年平均票面利率 10 个 bp，较 2016 年上升 148 个 bp。存量城投债融资成本相对平稳，截至 2018 年 8 月 31 日，存量城投债平均票面利率为 4.82%，与去年持平（见图 3）。从单个融资平台看，2018 年 1~8 月北京基础设施投资有限公司债券发行平均票面利率为 4.49%，较上年提高 103 个 bp；北京市国有资产经营有限责任公司债券发行平均票面利率为 5.33%，较上年提高 78 个 bp。

三是信托、委托贷款成本也有所上升。监管趋严不仅缩减了政府融资平台通过信托、委托贷款进行融资的规模，也提升了融资的成本。某市县级平台反映，2018 年上半年公司信托贷款同比下降 54%，主要是通道业务的监管清理加强，成本显著提高。

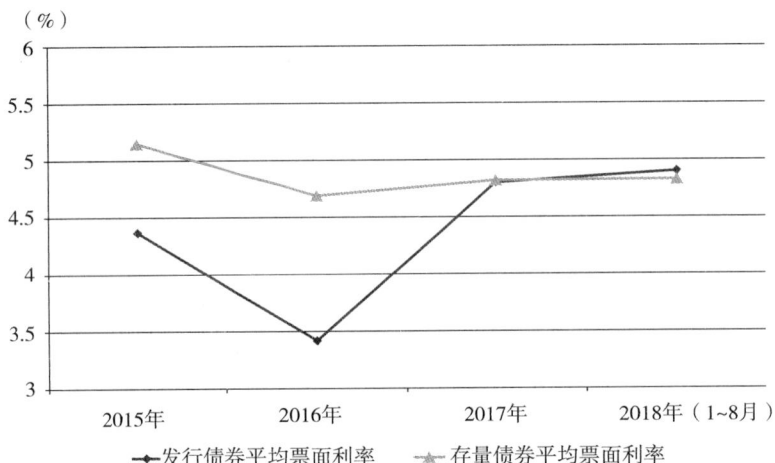

图 3　北京市政府融资平台城投债平均票面利率情况

二、融资活动中存在的主要问题

（一）融资平台名单注销困难影响平台正常投融资活动

一些融资平台和金融机构反映，虽然平台已经被确认退出平台管理，但因注销机制不健全，仍被留在地方融资平台名单内按监测类管理，在政府债务整顿和金融监管强化背景下，随着对政府融资平台投融资活动约束的限制不断增加，金融机构"谈平台色变"，严重影响了公司正常的投融资活动。按照北京市银监局提供的《地方政府融资平台贷款统计表》，截至 2018 年 6 月，纳入地方融资平台名单管理的北京市政府融资平台共有 159 家，其中仍按平台管理类的有 100 家，退出为一般公司监测类的有 59 家。但是，在 59 家监测类融资平台中有 58 家是早于 2014 年前调出平台（其中 2011 年调出平台 47 家）但一直难以从名单中注销的。如某省级平台于 2011 年被确认为第二批调出地方政府融资平台的公司，并于 2012 年和 2013 年两次申请从融资平台名单中注销，但因名额所限未被注销，一直延续至今。

（二）监管部门认定标准不一增加平台融资疑虑

不同部门对融资平台的认定标准不一致，多头管理问题增加了平台投融资业务中的疑虑。调研发现，对于融资平台的界定，中国银监会和财政部的口径并不一致。最早的地方政府融资平台定义来自于《国务院关于加强地方政府融资平台公司管理有关问题的通知》（国发〔2010〕19 号）[①]，后在操作中财政部的界定标准为《关于贯彻国务院关于加强地方政府融资平台公司管理有关问题的通知相关事项的通知》（财预〔2010〕412 号）[②]，中国银监会的界定标准为《中国银监会办公厅关于印发地方政府融资平台贷款监管有关问题说明的通

[①] 19号文定义地方政府融资平台为"由地方政府及其部门和机构等通过财政拨款或注入土地、股权等资产设立，承担政府投资项目融资功能，并拥有独立法人资格的经济实体"。

[②] 142号文定义地方政府融资平台为"由地方政府及其部门和机构、所属事业单位等通过财政拨款或注入土地、股权等资产设立，具有政府公益性项目投融资功能，并拥有独立企业法人资格的经济实体，包括各类综合性投资公司，如建设投资公司、建设开发公司、投资开发公司、投资控股公司、投资发展公司、投资集团公司、国有资产运营公司、国有资本经营管理中心等，以及行业性投资公司，如交通投资公司等"。

知》（银监办发〔2011〕191号）[①]。对比发现，财政部的界定重在对平台功能的把握，中国银监会的界定重在对政府连带还款责任的把握，这造成在财政整顿和金融监管下商业银行和融资平台在开展投融资业务时受到两重约束。使得平台和金融机构在开展投融资业务时拿不准政策标准，存在疑虑。

（三）项目资本金不到位是政府建设项目融资和推进的瓶颈

项目资金本真实到位是项目进一步开展融资的前提，随着对项目资本金限制和监管的趋严，项目资本金不能及时和真实到位成为遏制一些政府建设项目进一步融资和推进的瓶颈。部分银行业金融机构反映，《关于规范金融企业对地方政府和国有企业投融资行为有关问题的通知》（财金〔2018〕23号）和一系列资管新规对政府建设项目资本金要求更加严格，而基建项目一般投资规模很大，政府和企业投资基建项目所需要先注入的资本金体量就很大，投资一两个项目后就再难有资金注入新项目。在资本金不到位的情况下，银行及其他金融机构很难为项目提供进一步融资，这导致一些政府建设项目推进缓慢。

（四）强监管下市县级融资平台融资难度增大需防范经营风险

在政府融资平台融资约束增加和金融监管强化的背景下，商业银行等金融机构对融资平台融资更为谨慎，金融资源流向资产质量更为优良的省级融资平台，而市县级融资平台的融资难度增大。调查显示，省级融资平台表示目前主要的融资方式为银行贷款，并因银行贷款增加而形成2018年上半年融资规模的上升。但市县级融资平台则更多依赖于企业债券、信托贷款、委托贷款，并因信托贷款的下降导致2018年上半年融资难度增大。从银行贷款方面看，省级融资平台主体是新增贷款的主要承接者，截至2018年6月，省级融资平台贷款余额占融资平台总贷款余额的83.61%，省级融资平台共发行债券占城投债总发行额的98.63%。调研发现，一些市县级融资平台虽然偿债风险可控，但资金压力渐增，一些融资新问题新难题可能导致的经营风险需防范。

[①] 191号文定义地方政府融资平台为"由地方政府出资设立并承担连带还款责任的机关、事业、企业三类法人"。

三、政策建议

（一）统一相关政策法规监管口径并完善立法

强化对政府融资平台的监管涉及财政、人行、银监、发改等多个部门，各部门在出台有关政策法规时应做好协调，尤其是对融资平台的界定和名单管理应做到统一口径，避免出现多重标准、多头管理。建议按照实质重于形式对融资平台进行认定，通过立法以更高层级的法律形式为相关行政法规、部门规章和政策规定提供制定依据。

（二）进一步健全政府融资平台注销和动态调整机制

一方面，对于退出为一般公司的监测类政府融资平台，应通过完善注销机制，将符合规定的已经市场化运营的平台公司从地方政府融资平台名单中注销，不再列入名单管理，减少对其正常投融资活动的影响。另一方面，强化名单动态调整和甄别机制，将一些实质上具有平台功能的企业纳入地方政府融资平台名单管理，避免其游离于名单之外，成为政府融资的新渠道。

（三）加快地方政府债券发行及时补充项目资本金

一是加快地方政府债券发行，北京市政府应充分利用信用评级高、资产质量好的优势，抓住城市副中心建设和 2022 年冬奥会筹办的机遇，按照规定加快发行地方政府债券，尽快筹集资金补充政府建设项目资本金，为项目进一步融资和推进奠定基础。二是加快资金的运用传导，地方政府债券收入应及时下拨到市县级政府、承建企业和建设项目中，减少资金在财政账户"趴账"的时间，加快重点项目建设。三是上级财政部门、金融机构总部机构等应考虑北京市重大项目建设需求的实际情况，适度调高北京市政府债券、信贷规模额度。

（四）分类加快政府融资平台市场化转型

地方政府融资平台的约束不断强化，推动其成为独立运作、自担风险的市场化投融资主体是必然的趋势。北京市政府应分类加快本市政府融资平台市场化转型，对于兼有政府融资和公益性项目建设运营职能的"实体类"融资平台，剥离其为政府融资职能，将其转变为公益类国有企业；对于资产质量较高、自有业务收入资金源较为充足的融资平台，将其转变为商业类国有企业，并创造条件支持其通过市场化方式投融资参与政府建设项目；对于严重资不抵债失去清偿能力的地方政府融资平台公司和"空壳类"融资平台，依法实施破产重整、清算和清理撤销。

第四篇

外汇管理篇

Exchange Management

积极推进"人工智能+" 构建高效外汇管理新体系

李玉秀[①]

2017年7月，国务院印发《新一代人工智能发展规划》，同年12月，工业和信息化部印发《促进新一代人工智能产业发展三年行动计划（2018~2020年)》，明确将金融列入人工智能产业应用的重要领域。"人工智能+"的不断扩大推动金融科技进入快速发展阶段，市场主体的业务模式、交易模式和资金管理模式创新显著加快。与此同时，我国全面开放的新格局不断形成，跨境资本流动宏观审慎管理体系和外汇市场微观监管机制发生了深刻变化。积极顺应金融科技发展趋势，着力推进人工智能与外汇管理融合，依托技术手段提升外汇管理效能，是实现外汇管理高质量发展的必然选择。

一、外汇管理与人工智能融合是发展的必然趋势

（一）加快推进"人工智能+"是外汇管理提升科学决策水平的客观需要

近年来，外汇管理部门持续加大科技投入，加快推进系统建设，个人外汇、货物贸易、服务贸易、直接投资、外债登记、外汇检查等多领域微观监管数据标准化工作取得显著成效；另外，通过加快推进从"事前审批"向事中事后监管转变，干部队伍建设不断加强，在运用大数据等科技手段开展政策成效分析、风险监测评估等方面积累了必要的人才资源。同时，从中关村中心支行对中关村地区的调研情况来看，人工智能行业取得长足发展，已有多家人工智能技术公司通过国际领先的机器学习技术和经验，帮助多家金融机构在反洗钱、反欺诈等风险管理领域实现了创新变革。进一步推进"人工智能+"，整合和提升各条线的系统处理能力，能够为外汇管理科学决策提供更加及时、全面、深度的信息支持。

（二）人工智能是建立健全跨境资本流动"宏观审慎＋微观监管"两位一体管理框架的"助推器"

目前，我国经济处于新旧动能转换时期，长期积累的金融风险进入易发多发期，外部不确定因素有所增多。外汇管理部门需要持续深化对金融风险规律性的认识，着力提高金融风险预研预判能力，更加精准地打好防范化解金融风险攻坚战，不断提高管理信息的数据颗粒度、精准度和频度。另外，外汇管理仍存在两个突出矛盾：一是经济行为整体性、系统化与管理条块性、碎片化之间的矛盾；二是市场交易爆发性增长与有限管理资源之间的矛盾。当外汇市场和跨境资本流动面对高强度冲击时，现有的外汇管理技术平台难以实现有效的分类管理和穿透监管，难以支持更高水平的贸易投资自由化和便利化。借助人工智能更高水平的全局优化计算能力，能够实现对监管漏洞和违规交易的快速、高效、低成本的识别，从而更好地推进管理改革和应对系统性金融风险。

（三）人工智能是外汇管理深化"放管服"改革、服务全面对外开放新格局的支撑保障

一是人工智能可以有效降低管理成本。能够有效规避人工效率低、标准不统一等问题，快速高效地完成海量数据的交叉分析和深度挖掘。二是人工智能可以显著提高管理效率。借助人工智能技术构建外汇智能管理平台，能够实现对新业态、新问题的快速响应，大幅度提升外汇微观监管的覆盖面和精准度。三是人工智能可以推进社会信用体系建设。运用人工智能可以实现跨主体、跨业务的立体式全景监测，进而实施分类管理，通过激励合规、关注可疑、惩戒违规的机制，进一步强化经济主体诚信经营意识和自律意识，为改革深化创造良好环境。

二、人工智能＋外汇管理的总体思路和建设框架

（一）总体思路

推进"人工智能＋外汇管理"的总体思路是：服务全面对外开放新格局，顺应金融科技发展趋势，加快建设本外币一体化的高质量数据仓库，以提高事中事后监管效率为目的，通过人工智能技术辅助数据和案例分析，形成科学合理的预警阈值和非现场核查指标，不断丰富风险识别和违规分析模型，持续完

善外汇管理规则，逐步建成全面、可量化、可操作的人工智能外汇管理体系。

（二）建设框架

1. 人工智能＋风险预警

目标是利用人工智能技术识别主体业务风险，深化主体差异化管理。通过输入跨境交易数据资源，对人工智能系统进行训练；通过分析涉外主体交易行为特征，建立多层细分模型；对涉外主体实施分类，评估风险级别，根据不同类别的主体实行差异化的监管模式。主要包括指标体系设计、指标规则（确定指标类型、阈值与预警区间）和模型构建三个方面。

（1）指标体系。包括涉外主体总量指标、微观指标和合规性指标，分别反映企业资金整体平衡度、单一业务发展程度和外汇守法诚信度。

（2）指标规则。为便于机器学习，应按照风险的高低、预警严重程度设定监管指标标准规则库。将规则分为三类：一是指标值越大越好的极大型指标；二是居中型指标，即指标值在某一区间是安全的，而在其两端随着与该区间距离的扩大，风险值增加；三是指标值越小越好的极小型指标。由于指标类型的不同，导致临界值的划分差异性较大，反映在预警区间的划分也不一样。

（3）模型构建。一是将 Supervised Learning 模型作用于全量数据，根据业务指标设定阈值，并加入规则库。实际监管中，在阈值指标的筛选后主要依托业务人员结合多项指标和具体数据开展人工分析和监测。二是引入 Unsupervised Learning 模型。通过聚类分析将企业聚集成若干类别，分析每个类别的特征，并采取不同监管措施。与此同时，对于聚类过程生成的孤立点进行重点分析，作为异常线索发现的重要渠道。

2. 人工智能＋非现场核查

目标是充分运用数据资源，精确刻画非现场数据相关性，并利用高维机器学习反哺特征信息于非现场审核流程，优化非现场可疑线索评价模型，实现重点可疑线索识别。主要包括指标体系设计、规则选取、模型强化和综合评价四个方面。

（1）指标体系设计。对跨境资金流动风险的具体表现和影响因素进行定性分析，在此基础上使用对风险事件与外部因素、企业自身特性间的关联关系进行定量分析，根据分析结果对企业进行分类，分析和预判不同类型主体在不同外部因素变化下的风险点和风险发生概率。指标包括外部事件指标、内部事件指标、大额交易事件指标、异常交易事件指标。

（2）规则选取。外汇管理人员根据业务需求挑选具有意义的规则，假设这些规则不足以反映风险概率，机器学习可以通过调整参数生成更多的规则来供业务人员挑选。

（3）模型强化。机器学习模型对不同可疑等级的线索可疑度的预测准确率将提升，并形成可疑度排序，对可疑度低的可疑线索分配较少的审核人力资源，或者降低审核优先级，将监测分析的人力资源分配到可疑度高的线索上，从而提高非现场核查质量。

（4）综合评价。利用关联规则挖掘算法，发现跨境资金流动与企业主体行为特征、外部交易变量之间的关联关系，为分析和预判不同类型主体在不同外部因素变化下的风险点和风险发生概率提供可行方案。

3. 建立违规行为分析模型

目标是通过机器学习历史案例，实现对外汇管理思路和经验的积累归纳，对市场主体行为的智能检测以及对违法犯罪行为的精准打击。以货物贸易项下跨境资金流动监管为例，具体步骤如下：

（1）归纳特征。分析历史案例，从中归纳出企业的显著特征。例如，在货物贸易支出专项检查中可将进口多付汇、大额预付货款、收款人是香港、转口贸易支大于收、进料加工支大于收、出口项下大额退汇、新设企业大额付汇等作为显著特征，之后将主体分为可疑、正常两类。明确了特征和分类之后，准备数据，将所有案例以特征向量的形式储存起来。

（2）训练算法，计算概率。在得到所有案件特征向量数据后，通过贝叶斯准则等规则计算在特征已知的情况下，该主体行为属于正常的概率和属于异常的概率。

（3）测试算法。利用已知案例向量数据对算法进行测试，通过与实际情况比对，判断算法结果是否正确，提出特征选取及其他优化建议。

通过以上三步，获得可用于货物贸易跨境资金流动监管的算法模型。

三、积极推进"人工智能+"，拓展"数字外管"建设

全国外汇管理工作会议强调，打造"数字外管"平台、筑牢"安全外管"体系，是当前和今后一个时期外汇管理的重点工作。在金融领域智能化日益增强的趋势下，必须积极推进"人工智能+"，加快形成外汇管理的大数据实时监测和管理，提升"数字外管"的智能化水平。

（一）全面提升"人工智能+"的数据基础和制度保障

数据和其依托的系统平台是"人工智能+"和"数字外管"的基础。要进一步提高各外汇管理系统数据的准确性、完整性和覆盖率，利用机器学习手段加强各业务系统数据的逻辑联系和验证，形成标准化管理数据，便于"人工智能+"的处理、使用和呈现。同时，要进一步建立健全制度依据，及时对相关法规修订完善，为新技术的应用扫除政策障碍，从制度层面为"人工智能+"的处理结果提供保障和支持。

（二）积极扩展"人工智能+"的应用维度

一是推动金融机构风险管理的"人工智能+"，通过调整考核评价制度、风险管理窗口指导等方式，鼓励金融机构在验证涉外主体风险级别、审查本外币跨境交易合规、挖掘交易对手数据等方面加强与人工智能的融合，更精准有效地落实"展业三原则"。二是开展智能外汇管理服务。利用人工智能技术挖掘用户需求，通过建立智能化的门户网站、手机 App 等方式，为涉外主体提供"一对一"外汇服务，及时推送、解读政策，发布风险提示。

（三）着力加强"数字外管"人才队伍建设

人工智能是提高外汇管理效率的一种辅助手段，本质是"人+机器智能"，根本在"人"，因此要着力打造一支适应新时代、具有新理念、适应"数字外管"新平台的复合型人才队伍。

（四）以区域试点模式推动"人工智能+"监管实践落地

选择部分条件相对成熟的地区，与优质人工智能企业共同开展"人工智能+"外汇监管试点，并形成及时反馈机制。小规模的创新型工作模式试点，既不会造成对现有监管体系过度的冲击，也有利于积累经验后择机逐步推广。

北京地区银行业对外金融资产负债变化、原因及未来趋势分析

周军明　等①

对外金融资产负债及交易统计数据是我国编制国际收支平衡表和国际投资头寸表的主要数据来源，是了解金融机构对外债权及债务情况的重要渠道，可作为国家宏观经济决策和市场涉外风险防范的重要信息参考。银行业在对外金融活动中发挥了积极作用。自 2014 年 9 月开展对外金融资产负债月度监测以来，在京 16 家法人银行对外金融资产和负债整体呈现反向走势，负债规模明显大于资产规模，净负债呈现先降后升"V"形走势。市场需求、价格因素、政策因素、银行业务发展规划调整是影响银行业对外金融资产负债的重要因素。预计 2019 年对外金融仍将呈现净负债规模持续扩大的格局。建议探索并尝试将银行业对外金融资产负债纳入宏观审慎监管框架，以银行为抓手，及时发现银行风险隐患，做好相关预测与预案。

一、北京地区银行业对外资产负债走势分析

从资产存量来看，在京法人银行对外金融资产存量经历先升后降再回稳，整体呈现增长态势。2014 年 9 月至 2015 年 11 月，受美联储量化宽松货币政策影响，境内美元市场持续宽松，银行普遍扩大了对拆放境外同业的规模，16 家在京法人银行对外金融资产②存量一路攀升至 2015 年 11 月末的 73.3 亿美元，达到监测以来的历史最高点。随后，受美联储加息及缩表计划带来的美元流动性收紧预期影响，银行拆放境外同业资金明显减少，同时银行资金运用效率的

---

①　周军明：中国人民银行营业管理部金融稳定处处长。参与课题研究人员：许海滨、侯晓霞、杜牧雯、刘东坡，均供职于中国人民银行营业管理部国际收支处。

②　对外金融资产是指中国居民对非中国居民拥有的金融资产，包括对外直接投资、证券投资、金融衍生产品投资、存款、发放贷款及各类应收款等。

进一步提高带动银行对外金融资产存量迅速下滑。截至 2018 年 6 月末，在京法人银行对外金融资产存量 42.1 亿美元，比 2015 年 11 月末下降 42.6%，比 2014 年 9 月末增长了 108.2%；占全国银行业对外资产规模的 0.4%，占比较 2015 年末下降了 0.6 个百分点。

从负债存量来看，在京法人银行对外金融负债存量呈先降后升的"V"形走势，整体呈现稳中有降态势。2014 年 9 月至 2016 年 1 月，受境内外利差收窄等因素影响，银行非居民存款、同业拆借持续下降，导致 16 家在京法人银行对外金融负债[①] 存量从 2014 年 9 月末 239.7 亿美元的历史最高点降至 2016 年 1 月的 159.6 亿美元的历史最低点。之后，随着全口径宏观审慎及银行外债结汇等政策实施，以及美元流动性收紧预期影响，在京法人银行对外金融负债存量开始回升，但增长过程较为缓慢，且由于市场环境影响，并未回到 2014 年的高点水平。截至 2018 年 6 月末，在京法人银行对外金融负债存量 217.5 亿美元，比 2016 年 1 月末增长 36.3%，比 2014 年 9 月末下降 9.3%；占全国银行业对外资产规模的 1.7%，占比较 2015 年末下降了 0.11 个百分点。

从资产负债净额来看，在京法人银行对外持续净负债，净负债与负债规模走势类似，也呈现先降后升，整体呈现小幅下滑态势。截至 2018 年 6 月末，在京法人银行对外金融负债是对外金融资产的 5 倍，对外净负债 175.4 亿美元，比 2014 年 9 月末下降 20.1%，月均下降 0.5%；占全国银行业对外净负债规模的 7.5%。

总体来看，在京法人银行对外金融资产和负债呈现反向走势，负债规模明显大于资产规模，净负债呈现先降后升走势。其中 2015 年 8 月至 2016 年 5 月期间，在京法人银行对外金融资产和负债均经历了巨幅波动。

二、北京地区银行业对外资产负债结构分析

（一）工具类型构成

从工具类型看，2018 年 6 月末，在京法人银行对外金融资产以对境外发放贷款（主要是拆放银行同业）、对外存款为主，两者合计占比 77.9%。对外金融负债以吸收外国来华直接投资、吸收存款（主要是银行同业存放、非居民机构和个人存款）为主，合计占比 76.6%。对外金融净负债以吸收外国来华直接投资、货币和存款为主，合计占比 88.2%。

---

① 对外金融负债是指中国居民对非中国居民承担的负债，包括吸收直接投资、发行有价证券、金融衍生产品投资、吸收存款、接受贷款及各类应付款等。

（二）币种构成

从币种结构看，在京法人银行对外金融资产以外币为主，占比高达97%，其中美元占到74.9%。对外金融负债及净负债均以人民币为主，分别占比54%、66%。2018年6月末，在京法人银行对外净负债中，人民币、美元、欧元、港币分别占66%、34%、0.3%、−0.04%，人民币净负债比重较2014年9月末提高3个百分点，美元比重有所下降。

（三）国别构成

从国家和地区分布看，在京法人银行对外金融资产和负债交易对手主要为发达国家和地区，且集中度有所提高。对开曼群岛、英属维尔京群岛等离岸中心金融资产和负债规模增长迅速，跻身前20之列。2018年6月末，在京法人银行对外净负债中，韩国、中国香港地区、荷兰、美国、德国分别占29%、19%、11.4%、14.3%、9.6%，位居前五名，合计占比达到83.4%。对英属维尔京群岛净负债占比1.6%，对开曼群岛净资产近1亿美元。

三、影响因素分析

（一）市场需求

（1）资产、负债方向：非居民客户贷款提款或还款导致银行资产方向贷款余额出现增减，客户存款增减会导致银行负债方向存款余额变化，并会间接导致银行清算资金以及隔夜拆借资金余额发生变动。

（2）资产方向：大宗商品价格大幅波动导致金融衍生产品出现显著变化。2018年3月受中美贸易战预期影响，大豆价格大幅攀升，大豆类大宗商品的客户合约出现明显增长，导致北京地区对外金融资产方向的金融衍生产品达到1.3亿美元的历史最高点。

（二）价格因素

（1）资产、负债方向：美联储持续加息及缩表计划导致银行拆放境外同业资金流出减少、境外拆入资金流入快速增长。2015年末和2017年10月，美联储相继进入加息周期和缩表进程，境内以美元为主的货币市场利率不断上行，美元流动性资金供给有所减少，美元跨月、跨年期限流动性偏紧且利率偏高，导致银行拆放境外同业资金明显减少，而银行从境外拆入余额增长较快。2018年6月末，在京法人银行对外资产方向贷款余额为20.6亿美元，不及2015年11月末的三成；2018年6月末，对外负债方向贷款余额37.6亿美元，较2017年2月末增长了50%。

（2）负债方向：人民币境内外利差由正转负导致吸收境外人民币存款、接受贷款大幅减少。2014年至2016年1月，人民币境内外利差月均值从3.20%降至-3.78%，海外人民币存款流入境内的动力明显减弱，辖内银行负债方向货币和存款余额从2014年9月末的86.5亿美元降至2016年1月末的31.5亿美元，下降63.6%；贷款余额从54.4亿美元降至40.4亿美元，下降25.8%。随后，境内外利差逐渐收窄并回归0附近，辖内银行负债方向货币和存款、贷款余额也缓慢增长，截至2018年6月末，货币和存款、贷款余额分别达到76.9亿美元、37.6亿美元，但仍低于2014年9月末的水平。

（三）政策因素

（1）负债方向：全口径跨境融资宏观审慎政策实施助推银行对外金融负债规模显著回升。2016年4月27日起，人民银行取消了之前的短期外债额度管理，转而实行全口径跨境融资宏观审慎管理，并在2017年1月11日进一步扩大了不纳入跨境融资风险加权余额计算的业务范围，境外主体存放在金融机构的本外币存款、境外同业拆借等业务不再纳入计算范围。受以上政策影响，银行吸收非居民存款规模以及同业拆借规模均显著增加。截至2018年6月末，北京地区16家银行对外金融负债方向的货币和存款比2016年4月末增长1.2倍；贷款比2017年1月末增长了13%。

（2）负债方向：银行获批外债结汇也在一定程度上增加了其从境外拆借的动力。随着境内企业外币贷款需求的下降、人民币贷款需求的增加，银行从以往的从境外拆借美元在境内发放外币贷款，转向现在的从境外拆借美元后直接结汇在境内发放人民币贷款，进而推动对外负债方向贷款增长。

（3）负债方向：外汇风险准备金的开征促使银行从境外母行拆借资金。2015年10月至2017年8月，人民银行要求银行为客户办理远期购汇等交易，应按本金的一定比例缴存外汇风险准备金，为了管理其流动性风险，摩根大通银行通过向境外母行拆入一年的资金来缩小流动性缺口。2017年9月，人民银行将外汇风险准备金率调整为零，同时伴随之前境外拆入资金的逐渐到期，导致这部分境外拆入余额相应减少。2018年8月，人民银行宣布重新调升外汇风险准备金率，该行境外拆入余额再度回升。

（四）银行业务发展规划调整

（1）资产方向：银行资金运用效率提高，导致银行对外资产方向的货币存款、贷款余额有所减少。近年来银行对于账户残留资金的管理和利用效率大幅提升，导致银行对外资产方向的货币和存款、贷款余额有所减少。

（2）资产方向：业务创新带动银行业务量增长。一些银行持续推进创新，推出涉外银团贷款、跨境自贸贷，以及上海、深圳地区 NRA 账户贷款等外汇贷款产品。债务人行业也大幅扩展，促使该行对外资产方向的贷款发放明显增加。

四、未来走势分析

受全球经济放缓、美联储持续加息、境内外利差收窄、银行提高资金运作效率等因素影响，预计 2019 年在京法人银行对外金融资产规模或稳中略降。受国内新的外汇管理政策、发改委扩大外资银行中长期外债规模政策、外资银行母行在海外的强力支持等因素影响，预计 2019 年在京法人银行对外金融负债将继续保持增长态势，但受制于境内外利差收窄等因素，负债增长将比较缓慢。综上，预计 2019 年在京法人银行对外金融仍将呈现净负债规模持续扩大的格局。如若中美贸易战持续给市场带来波动，预计银行对外金融资产、负债的变动幅度均会趋于稳定或者收缩。

五、政策建议

截至 2017 年末，我国银行业对外资产占到我国对外金融资产存量的 14%，若扣除储备资产，银行业对外资产占比达 27%；我国银行业对外负债占我国对外负债存量的 25%。银行业对外资产和负债占我国对外资产和负债的比重已近三成，考虑到此项业务的份额及重要性，结合宏观审慎监管的本质与目标，建议探索并尝试将银行业对外金融资产负债纳入宏观审慎监管框架，以银行为抓手，定期监测银行业对外金融资产负债规模及结构变化，同时兼顾银行资产方和负债方，及时跟踪和评估国内外经济金融形势及政策变化带来的资金流动影响，高度关注银行特别是系统重要性银行跨境资金的流向，对银行业系统性危机进行预测，及时发现银行风险隐患，做好相关预测与预案。

个人特殊目的公司及返程投资长臂管辖监管探讨

段爽丽　等[①]

为探索资本项目"长臂管辖管理"的基本原则和方法，研究个人特殊目的公司返程投资相关政策升级改进方向，笔者对主要发达国家对返程投资相关监管原则进行借鉴，在分析阐述目前我国在此方面实施"长臂管辖管理"的必要性和条件的基础上，结合典型案例提出政策建议。

一、主要发达国家对返程投资监管原则介绍

由国家政府监管是目前国际社会对返程投资进行控制的一种主要方式。以下重点介绍美国、法国及澳大利亚长臂管辖相关监管原则。

（一）美国：管辖"最低联系"原则

"长臂管辖"的核心是管辖权问题，具体是指当被告的住所不在法院地，但和该地有某种最低联系，而且所提权利要求的产生和这种联系有关时，就该项权利要求而言，该地对于该被告具有属人管辖权（虽然他的住所不在该地），可以在地外对被告发出传票。该原则在美国返程投资监管中的体现是，对公司控制人相同的境外公司法律上不认定其为独立法人，只能将其视为境内公司的子公司。通过这种办法，将境内居民设立的离岸公司纳入本国法律的监管。

① 段爽丽：中国人民银行营业管理部资本项目管理处处长。参与课题研究人员：张涵予，中国人民银行营业管理部征信管理处处长；郭振宇、庞浩然，供职于中国人民银行营业管理部资本项目管理处；宋谷予，供职于中国人民银行中关村中心支行。

（二）法国：交易"实质重于形式"原则

加勒比海和太平洋不少离岸金融中心属于欧洲国家的殖民地或海外领地，因此法国等欧洲国家对其监管的影响较大。法国对返程投资主要采用的办法是严格审查制度。通过对来自离岸金融中心的外资审查，按照实质重于形式原则，只要发现某一外资可能是返程投资的，将要求提供公司实际控制人的资料。如果无法提供或发现资料虚假，就推定该外资为返程投资，不给予外资对待。这种规定在很大程度上切断了利用离岸公司进行返程投资的途径。

（三）澳大利亚：信息披露"透明度"原则

"透明度原则"具体指外国投资者在向澳大利亚投资审核委员会（FIRB）提交投资申请时，要对投资一般事项进行说明，还要对实际控制人及其国籍进行主动说明，以便当局判断是否为返程投资，对于违反规定的将给予重罚。同时，投资的有关信息将通过财务报告等及时反映出来，居民在投资时需要主动阐明，通过详细披露，保障信息的充分公开和交流，做到各个主体间的信息对称。

二、在我国实行特殊目的公司长臂管辖的必要性和可行性

从必要性而言，实行长臂管辖契合我国特殊目的公司海外融资增长趋势的客观需要。自 2000 年新浪创新性地搭建 VIE 架构在美国上市开始，数十年来 VIE 模式成为中国企业境外间接上市的主要方式之一，如阿里、腾讯、百度、京东等互联网行业巨头均使用该模式境外融资，其融资总市值超过数千亿美元，这些企业的社会影响力和发展潜力不容小觑。因而，实行长臂管辖对于合理确定管理政策，促进 VIE 架构企业健康发展意义重大。

从可行性而言，我国并不排斥以非居民被告与法院地之间的联系作为确立对其有管辖权的依据。2012 年新修订的《民事诉讼法》第 265 条，实际上确立了非居民被告行为所产生的与我国之间的联系，比如合同履行地以及侵权行为地，可以使得相关监管部门行使对非居民被告的管辖权。这些规定类似于美国的列举式长臂法案。

三、特殊目的公司返程投资长臂管辖案例探讨

以 B 集团融资及返程投资情况为例，其境外投融资及资金运用状况具有一定代表性。

（一）B 集团管理模式及募集资金情况

"B 集团"为 B 系列旗下各公司的合称，以整体进行资金集中运作。B 集团的管理模式为公司结构和事业线结构交叉管理，即法律层面的公司结构和运营层面的事业线结构。因此，集团各板块业务不局限于某一家公司，而由多家公司共同运营。B 集团的境外融资企业为开曼 BC 公司，是一家纳斯达克全球市场挂牌企业。B 集团的融资资金来源主要有境外股权融资、境外上市融资及境外发债。

（二）B 集团募集资金的运作情况

（1）集团成员公司间跨境资金融通使用。B 集团境内人民币利润充足，境外业务仍然处于投入期，且有境外美元支付需求。为了满足境外资金需求，同时考虑到外部债务成本以及对资本结构的影响，除了在海外直接融资外，B 集团使用境内资金对境外需求形成补充——主要通过两个渠道：境外放款和跨境资金池。境外放款通过主要境内业务收入主体向境外控股公司发放借款。B 集团搭建了全国版跨境人民币资金池，建立初始主要用于补充境外营运资金。相较于境外融资直接以外债或资本金形式入境，通过资金池的跨境操作从手续和时间确定性上更为便利。

（2）境内成员公司间资金融通使用。目前的外汇管理法规规定，境内外商投资企业的资本项目收入及结汇所得人民币不得向非关联企业发放贷款。而实际情况下，返程投资企业（WOFE 公司）在资金充裕的情况下希望将外汇资本金、外债资金提供给境内实际运营实体（VIE 公司）使用，但由于 WOFE 公司和 VIE 公司无法被有效认定为关联公司，不能直接将境外融资资金转借给 VIE 公司使用。B 集团转而采取如下资金使用方式：WOFE 公司通过借款给境内个人，并通过境内个人代持股方式为 VIE 公司增资，并由 VIE 公司实际使用资金，而 VIE 公司最终通过服务协议将利润转移 WOFE 公司。B 集团境内机构交易结构如图 1 所示。

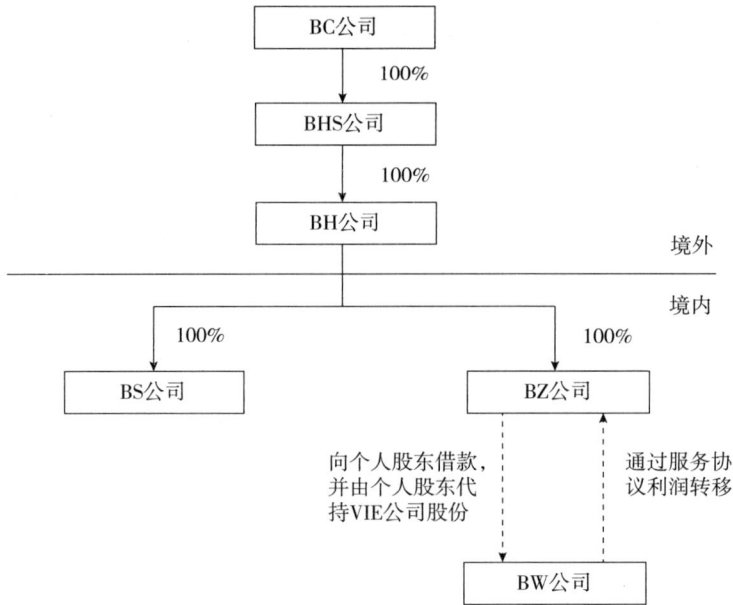

图 1　B 集团境内机构资金运作

（三）B 集团成员主体涉及的存量权益及利润分配情况

从 BZ 公司及 BW 公司提供的存量权益情况看，B 集团外方享有境内未分配利润高达数百亿人民币，尚未向境外分配汇出过利润的互联网高科技上市企业股东主要看重资本增值（股价市值），在市场发展前景较好的情况下选择资金继续在境内滚动使用而较少分配利润，股东权益主要体现在股票增值，通过卖出股权或股票实现收益，B 集团目前发展较为顺利并未打算分配现金股利。另外，因其香港 BH 公司并无实际经营，若进行利润分配将要支付 15% 的较高税率，如境外税率降低则考虑向境外分配汇出利润。

（四）从 B 集团案例看外汇管理存在的提升空间

首先，目前境外特殊目的公司登记信息披露不到位，未能实现有效监管。其次，个人对特殊目的公司存量权益登记的填报率较低，填报数据的准确率和真实度有待提高。最后，高科技类返程投资企业境内利润留存较多，一旦境内外经济环境、发展空间或收支状况等出现逆转，可能出现资金大规模流动，应对此情况有所预案。

四、个人特殊目的公司返程投资长臂管辖的实施条件

（一）特殊目的公司跨境资金交易结构复杂，"长臂管辖"管理边界应进一步细化

在特殊目的公司资金交易过程中，境外资本往往通过贷款、股权质押、独家顾问、资产运营控制、投票权等一系列协议安排完成对境内企业资产和权益的控制。现行法规规定，特殊目的公司境外融资过程以及融资资金的流向和用途不再审核也不进行统计，特殊目的公司登记更倾向于形式审查。但在此类交易过程中，隐藏的政策风险不容忽视。

（二）境外特殊目的公司登记信息披露要求较低，实现"长臂管辖"需更多数据支撑

按相关法规要求，特殊目的公司登记仅披露境外第一层企业信息，此外的重大资本变更事项，如境内居民个人直接或间接控制的特殊目的公司发生融资，和与境内居民个人有关联的增资、减资、转股或置换、合并和分立，以及境内权益企业变更等重大资本变动事项，均未实现有效披露。此外，目前个人对特殊目的公司存量权益登记的填报率较低，填报数据的准确率和真实度有待提高。

（三）追踪投资项目的实质行为，实现"穿透式"监管和"长臂"统计

目前，跨境交易日益复杂，个别项目形式上为境内机构境外直接投资，但从其资金来源和去向上可追踪至个人，实质行为涉及个人境外直接投资或开展跨境证券交易。此外，经过境外投资平台开展的再投资活动也应如实披露并纳入统计范围，应对此类情况实施"长臂管辖管理"。

（四）对特殊目的公司的监管涉及多个部门，协同监管有效性有待进一步增强

特殊目的公司和返程投资是多种动机混合而成的产物，涉及国内特定的经济环境和制度因素。只有从外资产业导向、资本市场发展、税收制度改革、外汇管理等多方面进行完善和改进，多部门分工合作，协调管理目标，形成政策共识，才能从根本上规范特殊目的公司和返程投资行为，真正实现"长臂管辖"。

五、工作建议

（一）借鉴"实质重于形式"原则，明确特殊目的公司长臂管辖的适用范围和程序

特殊目的公司虽是境外企业，但其控制的资产和获得收益都是来自境内的。通过特殊目的公司辗转控股的境外上市企业股权模糊了最终控制人，对于主营业务和收入来源都位于境内的特殊目的公司，应从法规层面确保最终管辖权。此外，在海外特殊目的公司监管中运用长臂管辖原则需要明确适用范围和程序。如进一步加强对特殊目的公司及返程投资企业资金使用情况的跟踪监测，形成监管穿透，不断完善银行和企业风险控制的监督指导。

（二）扩大存量权益数据监测范围，实现重大资本变更事项有效披露

特殊目的公司境外直接投资存量权益数据应体现境外架构的整体资产负债情况。由于第一层特殊目的公司一般不作为融资平台，其自身报表数据不能准确反映境内个人真实的境外权益情况。建议要求境内实际控制人在报送境外直接投资存量权益数据时，应合并其直接或间接持股的所有境外企业报表，全面反映境外权益状况，为事中事后监管夯实数据基础。此外，如境内居民个人直接或间接控制的特殊目的公司发生融资和与境内居民个人有关联的增资、减资、转股或置换、合并和分立，以及境内权益企业变更等重大资本变动事项等，无论发生在境外架构的哪个层次均应得到有效披露。

（三）深入穿透项目形式监管，实施境外再投资的"长臂"统计

进行穿透式监管，要求境内主体如实履行披露义务，针对形式上为境内机构境外直接投资但实质行为涉及个人的情况，研究其是否可纳入特殊目的公司监管范围。另外，应加强对境外再投资行为的信息统计。

（四）建议明确管理边界，加强跨部门、跨国界之间的交流与合作

一是加强跨部门信息共享与监管合作，从境外企业再投资管理、企业之间协议控制关系的确定、外资行业准入、行业垄断、税收、间接海外上市的资格和规模核定以及跨境资金流动监测等方面构建全链条监管格局。二是在

国际合作方面，按照国际通行的做法，积极推动与各国监管部门建立合作协查机制和司法协助合作机制，增强双边与多边沟通，避免与他国发生监管摩擦。

完善子公司对母公司跨境担保管理思路探析

夏既明　　曾晓曦[①]

在办理内保外贷业务时，笔者发现多笔境内子公司为境外母公司提供担保，即子对母跨境担保的典型案例。这些业务有其存在的合理性，但由于担保中子公司担保能力与担保责任的匹配性、被担保人的合法性、担保项下主债务用途及被担保项目真实性合法性等方面与一般担保在外汇管理规定及实际操作中存在明显差异，对外汇管理提出了新的问题与挑战，如何兼顾服务实体经济的真实合理需求和防范跨境担保外汇管理的风险值得探讨。本文分析归纳了子对母跨境担保的模式及特点，对子对母跨境担保的外汇管理方式提出相关建议。

一、子对母跨境担保典型案例模式及特点

子对母跨境担保，是指子公司对母公司境外融资提供的跨境担保，即担保人为境内子公司，被担保人为境外母公司，融资行为发生在境外的跨境担保，本质上也属于内保外贷范畴。实际业务中，子对母跨境担保主要有以下典型模式及特点。

（一）典型案例模式

案例1：内保外贷＋贸易进口

子对母跨境担保模式一如图1所示。境内子公司为其境外母公司在银行获得的授信提供担保，该授信主要用于母公司在境外采购石油化工产品，上述产品最终出口给境内子公司，母公司对子公司出口产品的货款收入是主债务还本付息的主要来源。

---

① 夏既明、曾晓曦：供职于中国人民银行营业管理部资本项目管理处。

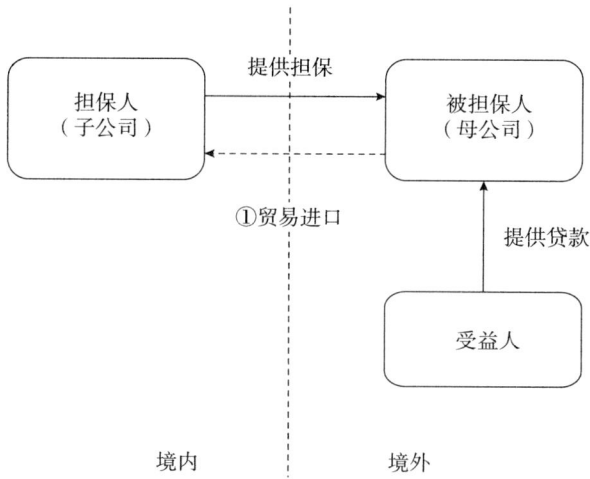

图 1　子对母跨境担保模式一

案例 2：内保外贷 + 外债

子对母跨境担保模式二如图 2 所示。境内丙公司为其境外股东乙公司在境外融资提供担保。乙公司是境内甲公司在境外设立的上市主体，无实际经营业务，主要资产为持有境内丙公司股权。

此次融资资金最终用途是以外债形式回流境内，支持实际经营主体丙公司的业务发展。丙公司的外债偿还能力决定了境外乙公司能否正常还款。

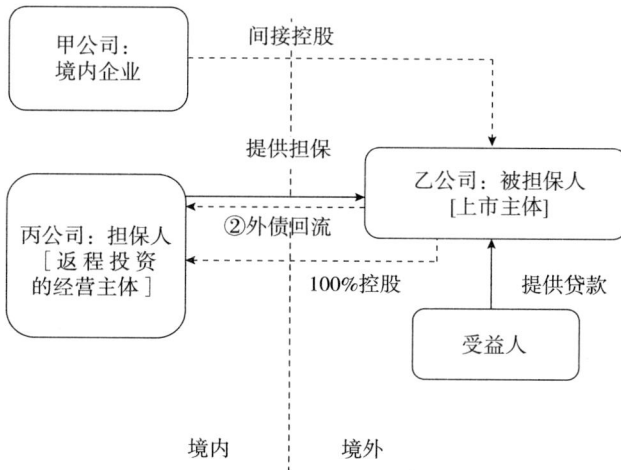

图 2　子对母跨境担保模式二

案例 3：内保外贷 + 间接并购

子对母跨境担保模式三如图 3 所示。担保人为境内咨询类 A 公司，注册资本 185 万美元，2016 年净资产约 5700 万元人民币，是境外 B 公司全球范围内设立的 24 家公司中唯一一家在华企业。被担保人 C 公司，是境外 D 公司（基金公司）在香港设立的特殊目的公司，为收购目标公司而设立，无实际生产经营活动，主要收入来源为其收购的目标公司对其的分红款（集团内部成员的分红，第三方再融资和出售资产等，收购的目标公司的分红也将成为其还款来源的一部分）。

被担保人 C 公司的贷款部分用于对 B 公司的收购，收购完成后，C 公司成为 A 公司的间接股东，B 公司及其包含 A 公司在内的全部子公司为 C 公司的该笔 28 亿港币的境外融资提供部分份额的担保。

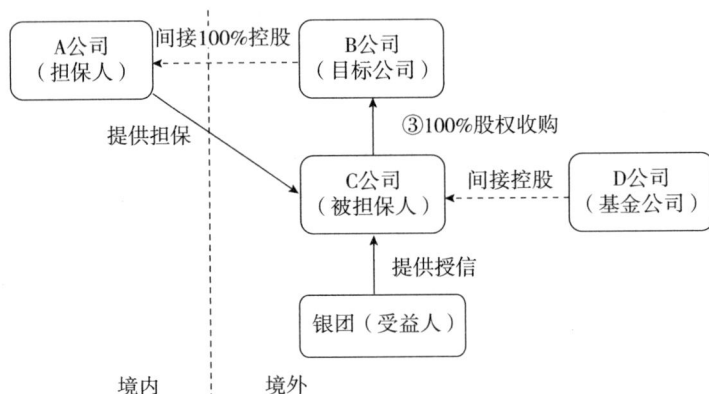

图 3　子对母跨境担保模式三

案例 4：内保外贷 + 返程投资并购（先有子后有母）

子对母跨境担保模式四如图 4 所示。担保人 A 公司为 2003 年成立的境内一家房地产公司，被担保人 B 公司为担保人的境外母公司，成立于 2007 年，即先有子公司后有母公司，被担保人成立的目的是在境外融资并购境内担保人，此后被担保人之上还有多层境外股权嵌套，股东链条极为复杂。2014 年，被担保人向境外银行借款 10 亿元人民币在境内外换成美元后向担保人增资，完成返程投资并购。2017 年，被担保人再次向境外银行借款 1.35 亿港元用于置换之前贷款，并要求境内子公司以境内房地产抵押的方式提供担保。

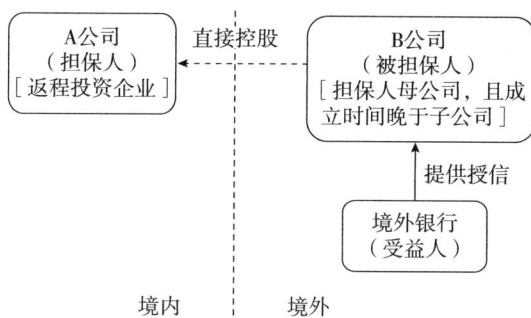

图4　子对母跨境担保模式四

（二）案例特点

从上面四个案例可以看出，虽然模式不同，但都具有以下共同点：一是境外被担保主体是担保人的直接或间接股东；二是境外母公司为壳公司，不具有实体经营的性质，或是母公司在整个贸易业务链条中仅承担中间环节；三是境外母公司是否具有还款能力完全取决于境内主体能否正常支付货款、归还贷款或者进行红利分配。

二、子对母跨境担保的必要性与可行性分析

内保外贷的通常形式是母公司对子公司提供担保，往往是境内母公司基于自身优良信用评级与资金实力，作为担保人为境外子公司融资增信，降低融资成本或提高取得融资的额度。而境内子公司对境外母公司担保虽不常见，但部分业务因其业务模式和组织架构的特殊性，有其存在的合理性，需要客观看待。

（一）子对母担保在股权项目收购中存在被收购方向受益人提供担保的现实需要

在境外股权收购中，资金提供方（即担保受益人）为防止收购方不能如期支付到期债务，一般要求被收购公司为潜在股东（即收购方或担保中的债务人）提供担保，并附带其他资产质押，以此为后续资金回笼提供一定的保障。相当于房地产按揭中的买方以购买的房产作为抵押，以取得银行房屋抵押贷款。

（二）在母公司进行大额项目融资时，有时也需要其子公司共同参与提供担保，以增加项目融资的可能性

案例 3 即为此种情况的典型代表。单就案例 3 的合理性来看，被担保人注册资金仅 185 万美元，净资产约 5700 万元人民币，却需要为 28 亿港币的融资资金提供担保，远远超出其可承受的担保能力范围。但由于目标公司的其他子公司也一同为该笔融资提供部分份额的担保，且这些公司的分红款均为被担保人的还款来源，存在一定的合理性。不少企业主要实体业务和经营绩效均来自子公司，母公司并无实质业务或仅作为投资公司持有各子公司的股权。因此，受益人会要求母公司所控制的旗下各子公司为母公司的融资进行担保，以保障后续的还款资金来源。

（三）子对母担保在法规与制度上并无障碍

在国家法规方面，我国的担保法明确规定除一些国家机关、学校、医院等事业单位与社会团体及企业分支机构、职能部门不能作为担保人外，凡是具有代为清偿债务能力的法人、其他组织或公民均可以作为担保人。

在外汇管理制度方面，现行跨境担保外汇管理规定明确指出取消了针对特定主体（担保人、被担保人资产负债比例或关联关系要求）或特定交易（如非融资性担保）的资格条件限制。因此，子对母担保形式与现行法规和制度并不冲突。

三、子对母跨境担保外汇管理风险分析

根据以上案例描述及特点分析，子对母担保本质上是为自身付款义务提供担保，不能按照内保外贷的传统管理思路来看待。

虽然子对母担保存在一定合理性，但在管理手段上有一定局限性，尤其是在登记环节，材料审核往往只能停留在形式上，管理存在以下风险：

（一）担保人的担保能力与担保责任不匹配，存在履约资金来源的合法性审核风险

如在案例 3 中，担保登记金额远远超出担保人担保能力的可承受范围。由于在同一项目中，相关担保人没有约定份额，因此，根据担保法中连带责任，

一旦发生履约，不排除由境内担保人单独承担 28 亿港元履约款的可能，对担保履约额与净资产之间差额的资金来源的合法性的外汇监管难度较大。

（二）被担保人主体资格合法性难以把握，存在身份真实性审核风险

目前跨境担保外汇管理要求严格审核债务人主体资格的真实合规性。母对子担保形式中，境外投资主管部门在境外投资审核时已进行了把关，外汇局可以通过申请人提供境外投资主管部门批复设立子公司的文件来审核债务人主体资格是否真实合规。而子对母担保形式中，被担保人均为担保人境外直接或间接股东，境外母公司的设立等均无须通过境内管理部门的审核或批复，即使要求提供相关境外设立的注册文件等，其真实性与合规性也难以核实。

（三）担保项下资金用途及相关交易背景真实性难以把握，不易判断担保项下交易是否为套利或投机性交易

现行跨境担保外汇管理要求，"对担保项下资金用途和相关交易背景真实合规性进行审核，内保外贷资金应用于正常经营范围内的相关支出，不得用于支持债务人从事正常业务范围以外的相关交易，不得构造交易背景进行套利或从事其他形式的投资急性交易"。由于被担保人为境外母公司，对境外公司的正常经营范围很难判断与把握，不易判断担保项下交易是否为套利或投机性交易。

（四）股权收购等事项无须经国内相关主管部门审批，存在对收购项目的合法性判断风险

跨境担保外汇管理规定还要求，"内保外贷合同下融资资金用于直接或间接获得对境外其他机构的股权或债权时，该投资行为应当符合国内相关部门有关境外投资的规定"。由于目前国家发展改革委、商务部等主管部门审批境外投资项目中的投资主体是境内企业，即 ODI 投资，而对于境内企业的境外母公司的投资行为无须中国境内相关主管部门的前置审批。对该项收购的合理性、合法性和真实性，外汇局均难以取得相应的直接或间接的证明和判断材料，存在较大合规性判断风险。

四、政策建议

根据以上案例分析及存在的外汇管理风险，建议从以下两个方面加强对子对母担保的监管：

（一）加强穿透性监管，要求企业提供真实合法性佐证材料

在担保责任与能力匹配方面，要求担保人提供经审计的财务数据，了解公司的实际担保能力及履约倾向性；在被担保人主体资格方面，要求提供被担保人的境外注册登记文件及相关章程，对于股权结构较为复杂的情况，要求提供境外公司的详细股权结构图，明确最终控制人；在担保项下资金用途方面，根据被担保人境外注册文件及章程判断被担保人的正常经营范围，根据收购协议或要求担保人补充债权银行对项目收购的尽职调查文件以佐证交易的真实性。

（二）淡化签约环节登记要求，子对母跨境担保监管重点后移，加强履约环节审核控制

对于子对母公司的跨境担保外汇管理，可考虑参照外保内贷的管理方式，淡化签约环节登记要求，加强履约及债权登记环节的审核要求。

一是强化监管。实行履约审核，外汇局可以通过进一步了解担保资金实际用途，履约资金来源，履约必要性等相关内容，强化对通过内保外贷履约汇出资金的监管力度。

二是减少恶意履约。实行履约审核，担保人出于对是否能够得到履约核准的顾虑，将对担保持审慎态度，对于本意就企图利用担保履约将资金汇出的担保行为，可增加其预期履约成本，进而减少该类恶意履约行为。

三是抓大放小。总体来说，企业自身担保履约率较低，适当简化签约登记管理环节要求，有利于外汇局将更多精力放在履约业务及非现场监管上，提升监管功效。

完善债券通外汇监管

杨京燕[①]

2017 年 7 月 3 日，债券通正式开通"北向通"。债券通是中国内地向境外投资者开放债券市场的关键举措，相关业务的开展将加快推动中国债市与国际制度的接轨，有利于加强内地和香港的互联互通。本文对债券通的开展情况进行了梳理和分析，并依据现有的相关政策法规，对债券通的监管提出了政策建议。

一、运行现状分析

截至 2018 年 3 月末，银行间债券市场共有 65 家境外央行类机构、301 家境外商业类机构投资者，以及中国外汇交易中心公布的 24 家做市商和 20 家香港结算行。截至 2018 年 2 月，境外机构持有债券共计 12573.03 亿元。2017 年 7 月，债券通"北向通"正式上线以来，境外机构投资者净增持较为明显，月均增持 530 亿元。其中境外机构投资者国债持仓量占比最高，自 2016 年 1 月至今，平均持仓 52.81%。

在此前的国内监管框架下，境外投资者可借助三种渠道进入境内债券市场，分别是合格境外机构投资者（QFII）制度、人民币合格境外机构投资者（RQFII）制度和三类合格机构直接进入内地银行间债券市场（CIBM）制度。债券通作为新增的途径，较前三种途径有以下特点：第一，准入流程简化，有利于吸引境外中小投资者；第二，首次将一级市场面向合格境外机构投资者开放，有效引入做市商制度，进一步提高了市场的流动性；第三，债券通采用多级托管模式，结算上采用券款对付，基础设施更为完备。但从目前看，债券通的运行也存在一些问题，主要表现在以下几个方面：

一是境外投资者目前持仓量较低，参与程度和持仓比率均不高。债券通的运行标志着我国债券市场对外开放迈入新阶段，有效地提升了境外投资者投资中国债市的便利度，为境外人民币回流境内增添了新的渠道。但结合债券通运

---

① 杨京燕：供职于中国人民银行营业管理部资本项目管理处。

行的情况看，并没有完全达到为在岸债市带来显著增量资金的效果预期。在初期，由于境外机构持有债券边际占比较低，对利率的定价影响也较为有限。另外，"北向通"的境外投资者的数量在 2017 年虽增加较快，但参与程度和持仓比率并不高。

二是有关债券通市场建设的法律法规及税收政策等尚不完善。目前，境外投资者更倾向于持有信用等级更高的境内人民币债券。这其中虽然有国际投资者在跨境投资时风险厌恶明显、对主权信用债券等高等级债券具有较高的投资偏好等原因，但我国债券市场尚不完善的监管法规，也在一定程度上限制了境外投资者对我国信用债券的投资热情。此外，我国对境外机构进入境内债券市场的税收规定也一直较为模糊，针对不同的债券类型及收益类型应如何收税、税率如何确定等，均有待进一步明确。

三是债券通风险对冲方式不足。境外投资者投资我国债券市场的风险主要包括信用风险、利率风险与汇率风险。我国资本市场发展现状与债券通的交易限制，使境外投资者对这三方面风险的对冲难度较大。就信用风险而言，我国信用风险缓释工具出现较迟、发展较慢，且参与门槛高，难以为境外投资者所运用；就利率风险而言，受交易品种的限制，境外投资者无法使用远期利率协议和利率互换等工具对冲利率风险；就汇率风险而言，目前离岸人民币汇率风险对冲工具无法有效覆盖在岸人民币汇率风险，参与债券通的投资者需要进入境内外汇市场来实现在岸人民币汇率风险敞口的管理。此外，目前债券通业务范围有限也是制约境外投资者与风险管理者的因素之一。债券通投资者目前仅可投资在内地银行间债券市场交易流通的所有券种，而无法进行债券远期、远期利率协议和利率互换的交易。这样的交易安排，限制了境外投资者对投资组合策略的运用，加大了境外投资者风险管理的难度。

四是我国债券市场评级体系与国际有较大差异，评级质量仍待检验。受债券市场成熟度、评级行业竞争等多重因素的影响，我国债券市场的级别中枢明显高于国际债券市场，且级别区分度不足。此外，我国债券市场发展时间较短，数据（尤其是债券违约数据）积累有限，难以对我国评级机构的信用评级质量进行量化评估和检验。这就造成我国与国际评级标准的映射关系不明确，使不熟悉我国债券市场与评级体系的境外投资者难以通过国内评级机构的评级结果来准确判断国内债券的信用风险水平。

二、完善监管的思路

一是尽快开通"南向通"，早日实现双向流动，以更好地激发债券通的活力。随着"北向通"的日趋成熟，未来应适时考虑开通"南向通"，使境内投资者经由两地基础设施机构之间的互联互通机制安排，也能投资于香港债券市场。在"北向通"开通后，"南向通"必将成为债券通全面发展的必要补充。"南向通"的开通，将有利于境内投资者有序投资境外债券，有效降低跨市场交易的成本，增加自身配置资产的国别、品种的范围，提高资产配置的效率和收益；同时，也有利于境内投资者积累国际投资经验，提高整体素质，最终形成境内外人民币资金有进有出的良性循环，为人民币国际化提供有力的支持。

在"北向通"深入发展的过程中，我国交易所债券市场的开放值得期待。随着新公司债发行制度的推出，交易所债券市场作为我国债券市场的重要组成部分，得到了很大发展，债券品种和债券规模都有大幅提高；同时，交易所债券市场上的可转债、可交换债也有助于债券通与沪港通、深港通的互动，进一步丰富境外投资者在我国资本市场上的配置方式，由此提高境外投资者的投资热情。不断扩大债券市场的开放，符合习近平总书记在博鳌主旨演讲中提到的放宽外资金融机构设立限制、扩大外资金融机构在华业务范围、拓宽中外金融市场合作领域的开放精神，有利于打消境外投资者对境内投资的顾虑，提高境外投资者的投资热情，让我国的债券市场能更好地服务于经济建设。

二是注重对债券通市场主体的权益保护，完善相关法律法规以及税收政策。债券通境外投资者在遵守我国法律法规的基础上，其应有的权益也要受到法律的保护。《内地与香港债券市场互联互通合作管理暂行办法》（中国人民银行令〔2017〕第1号）中明确规定，债券通境外投资者根据中国香港特别行政区适用法律规定，既可以通过香港金融管理局及其辖下的债务工具中央结算系统（CMU）行使其权利，也可以以自己的名义行使债权人权利。根据中国内地的法律法规，民事诉讼的原告是与本案有直接利害关系的公民、法人和其他组织。据此，"北向通"境外投资者如果能提供证据（即CMU提供的该债券通境外投资者是在香港法下相关债券的最终权益所有人的证明），就可以以其自己的名义向中国法院起诉并主张其权益。在法律逻辑上，这种权益保护方式是可行的，但实际操作中仍存在瑕疵。CMU账户的名义持有人是香港金融管理局，其在境内的账户是一个综合账户，混合了所有境外投资者持有的相关债券资产，因而无法分辨哪部分资产属于哪个境外投资者。在内地的法律体系之下，实际所有权和法律意义上的所有权之间的区分相对模糊，因此一些境外投资者会担心在境内的投资能否得到充分的保护。类似这种理论可行但实践难度又比较大的问题，需要相关法律法规加以明确。

此外，我国债券通项下的税务问题规定也一直较为模糊，建议尽快出台债券通项下的税收政策，明确税收细则。

三是提高债券通的投资范围，增加风险对冲工具。扩大债券通投资范围，是让中国债券市场与国际接轨的重要手段之一。建议增加债券回购、债券借贷、债券远期、远期利率协议、利率互换等更多交易品种和风险对冲工具，以满足境外投资者对投资风险管理的多种需求。

四是引入境外评级机构，推动评级行业对外开放，实现境内外评级标准趋向统一。目前，国内的评级标准尚未和国际充分接轨，评级系统也尚不完善。鉴此，建议国内监管机构加快推行评级机制改革，进一步引入境外评级机构，以提升国内评级机构的业务质量并完善整个评级体系，使评级结果能充分反映债券市场的风险溢价。

对外汇信访管理制度的思考

孟姝希[①]

近年来，外汇管理部门频繁收到举报信等信访材料，一些举报人出于获取经济利益等目的，递交了信访材料。外汇管理部门即使最终做出不予受理的答复，但整个流程依然浪费了大量行政资源。笔者结合近期调查办理的一起举报信案件，梳理了现行外汇管理的信访法律法规，对此问题进行了思考。

一、举报信调查情况

近日，收到举报人杨某实名递交的《查处某银行违法行为的申请》信访材料。经调查，未发现被举报 Y 银行存在具体的外汇违法违规事实，决定不予受理。

举报人杨某递交的举报信中主要有两项诉求：一是查处被举报人 Y 银行涉嫌违法放贷融资行为；二是依法对举报人进行奖励。根据 F 公司发布的对外担保公告，杨某认为 Y 银行向 FJ 公司（F 公司的境外关联公司）提供的两笔融资用于房地产开发，属于国家限制类行业，违反相关规定；同时，杨某认为 Y 银行涉嫌与有关当事人一起规避国家外汇管理法规。

经调查，举报人举报的事项均不属实，FJ 公司的贷款用途为并购境外上市公司股权，并非用于国家限制类行业房地产开发；Y 银行办理业务时，进行了贷前审核、贷中监控、贷后管理，留存并审核了相应的证明材料，检查人员未发现该银行存在与有关当事人一起规避国家外汇管理法规的行为。

在约谈 F 公司业务管理人员过程中了解到，该公司曾多次被境内个人杨某敲诈勒索，但杨某均未得逞。2010 年 8 月至 2011 年 12 月，杨某曾向北京市朝阳区卫生局、教育局、北京市规划委、中国证监会、中国银监会、上海市工商局、北京证监局等多个行政机关举报 F 公司，企图借行政手段施压，获得经济利益。2011 年 12 月，杨某因敲诈勒索罪被某市公安局监视居住，后转刑事

---

① 孟姝希：供职于中国人民银行营业管理部外汇检查处。

拘留，2012 年 1 月被某市公安局取保候审。2013 年 1 月江苏省某检察院鉴于杨某敲诈勒索未得逞，犯罪情节轻微，决定对其不起诉。

经调查，敲诈勒索 F 公司的杨某即是本次举报 Y 银行的举报人。2018 年 2 月，Y 银行为 F 公司办理业务，杨某看到 F 公司发布的对外公告，当月即将此事向外汇管理部门举报。据了解，按照银行不同属地，杨某近期向全国各地外汇管理部门举报了为 F 公司办理业务的多家银行，并要求对其举报行为进行奖励。

二、部分举报事项背离信访制度立法目的

《国家外汇管理局信访工作规定》（汇综发〔2008〕116 号）第一条明确了制定信访制度的目的是保护信访人合法权益，维护信访秩序。然而，在本案中，检查人员发现举报人的目的不是"举报违规事项"，而是借行政手段施压，以达到获取经济利益的目的。正如 2013 年检察院对其不予起诉决定书中表述的那样，杨某敲诈勒索 F 公司时称"我做这个事就像一个投资，我是要回报的"，并威胁 F 公司"我们的事如果不尽快解决的话，等这些监管部门的结论出来就不好解决了，你们的损失会很大"。可见，杨某是"职业举报人"，是在恶意"维权"，企图通过行政机关施压，通过举报牟利。这样的举报实际上已经不符合立法本意，构成了对制度和行政资源的滥用，对这样的举报，应有所规制乃至予以拒绝，甚至对不实的举报事项应该依法对举报人追责。

三、不实举报造成的不良影响

（一）消耗和浪费行政机关资源

据统计，2016 年至 2018 年 5 月，北京外汇管理部共接到（包括总局转办）34 封举报信，经调查举报内容属实且能够立案的仅 1 封。有举报人利用向行政机关举报进行威胁，使被举报人同意以钱财等方式"私下解决"；有的举报人是在交易中资金受损，但不接受风险自担，期望利用行政机关施压获得赔偿，但是这样的举报消耗和浪费了大量的行政资源。

以本案为例，在收到举报人递交的两页纸的举报信后，检查人员在向 Y 银行调阅了十卷、一尺高、数千页的业务材料，对 Y 银行进行了现场检查，约谈其管理人员并制作调查笔录；约谈了 F 公司管理人员并制作调查笔录等进行了大量调查工作后，才做出不予受理的决定并撰写报告向总局汇报调查结

果。而举报人在举报信中提及的资料来源是人人都可以从网上获得的 F 公司发布的对外公告。对于这样资料来源于网络的举报信，且并未提交其他可以证明举报事项的证据，仅在决定是否受理阶段，行政机关就需要花费大量的时间和精力进行调查，造成行政资源的浪费和滥用。

（二）给上市银行及企业造成不良影响

本案涉及的 Y 银行和 F 公司皆为上市公司，两家机构都非常配合外汇管理部门调查。虽然检查人员严格按照保密制度未透漏举报人的相关信息，但是两家机构都对举报人的不实举报表示不满，对举报造成的不良影响及开展业务造成的不便表示愤慨。这样的不实举报，不利于银行和企业业务的健康发展。

（三）举报人无须承担不实举报责任

《外汇违法违规行为举报处理操作规程》（汇发〔2017〕17 号，以下简称《操作规程》）第五条第二款规定"举报人举报事项应当客观真实，对其所提供材料内容的真实性负责，不得捏造歪曲事实，不得诬告陷害他人"，但并未明确举报人举报事项不属实，举报人须承担的责任。

从本案情况看，举报人杨某并未承担不实举报相应的责任。杨某举报 Y 银行仅递交了网上下载的 F 公司的对外公告和一页纸的举报信。但是，外汇管理部门回复该举报人"不予受理"的决定需经过大量的调查工作。整个过程中杨某并无举报成本，且无须承担不实举报的责任。

四、对信访制度的建议

（一）要求举报人提供证明材料

《操作规程》第十条规定举报受理须同时符合以下条件："① 举报事项属于外汇管理部门职责范围的；② 有明确的被举报对象；③ 有具体的外汇违法违规事实，及可供查证的相关证据或线索。"但是，未明确规定"可供查证的相关证据或线索"是否由举报人提供，而在实际办案中大多是由检查人员调查取得。

《中华人民共和国民事诉讼法》第六十四条规定"当事人对自己提出的主张，有责任提供证据"，即"谁主张谁举证"。为避免举报人递交没有证据支持的举报信、行政机关投入大量精力和资源进行调查核实、浪费行政资源的情况再度发生，建议总局出台法规明确要求举报人在递交举报信时，提供可供查证的相关证据或线索及举报事项的证明材料。

（二）追究举报人不实举报责任

本案中，举报人无举报成本、无须承担不实举报的责任，如果举报成功会获得 F 公司的补偿金及行政机关的奖励，这是杨某多年来持续向行政机关举报 F 公司及此次举报 Y 银行的主要原因，其目的是借举报获取经济利益。建议总局出台法规，明确举报人虚假举报应承担的责任，提高举报人滥用行政资源的成本。

（三）建立举报人"黑名单"，将信息纳入个人征信记录

对于本案中的举报人，其常年向不同处行政机关举报，且有敲诈勒索罪前科，建议建立举报人"黑名单"，将此类"职业举报人"列入黑名单，并将信息纳入个人征信记录。要求"黑名单"中举报人递交的举报信时，提供更多证明材料。

美元汇率变化对国际资本流动的影响

于莹　刘东坡[①]

一、美元汇率变化与国际资本流动：统计分析与特征事实

（一）美元汇率走势及其波动特征：统计分析

由美联储创立的广义名义美元指数（The Broad Nominal Index，BDI）是衡量美元汇率最为重要的一个指标。我们从美联储网站上选取 2005 年第一季度至 2017 年第四季度[②]的广义名义美元指数衡量美元汇率水平的变化，利用 GARCH(1, 1) 模型[③]得到广义名义美元指数的条件标准差，以此衡量美元汇率的波动。广义名义美元指数的走势及其波动情况如图 1 所示。

1. 美元指数走势

从 2005 年第四季度开始，广义名义美元指数开始缓慢走弱。次贷危机爆发之初，广义名义美元指数开始大幅快速下跌。在 2008 年第三季度国际金融危机全面爆发之时，在全球避险情绪驱动下，广义名义美元指数逆势迅速上扬。之后，随着美国量化宽松货币政策的实施，广义名义美元指数进入趋势性下跌通道，于 2011 年第二季度跌到历史最低点。此后，随着美国经济复苏迹象逐渐明晰和量化宽松货币政策的逐步退出，美元指数再次走强。美联储于 2015 年 12 月 16 日启动加息周期，美元指数加速上扬，并于 2017 年第一季度达到后危机时期的最高点。

2. 美元指数的波动态势

2005 年第一季度至次贷危机爆发初期，广义名义美元指数的波动幅度较

---

① 于莹、刘东坡：供职于中国人民银行营业管理部国际收支处。

② 为与后文实证研究的样本区间相统一，故选 2005 年为研究本文美元汇率走势的起始点。

③ 具体方法参见后文实证研究部分。

小。2008年第三季度国际金融危机全面爆发时，广义名义美元指数的波动大幅上升。在之后的四轮量化宽松货币政策实施期间，广义名义美元指数的波动幅度大幅下降。美联储宣布退出量化宽松政策之初，由于各主要经济体经济复苏步伐存在差异导致其货币政策出现明显分化，从而加剧了汇率的波动幅度。自2014年第三季度开始，广义名义美元指数的波动幅度再次呈现小幅扩大之势。

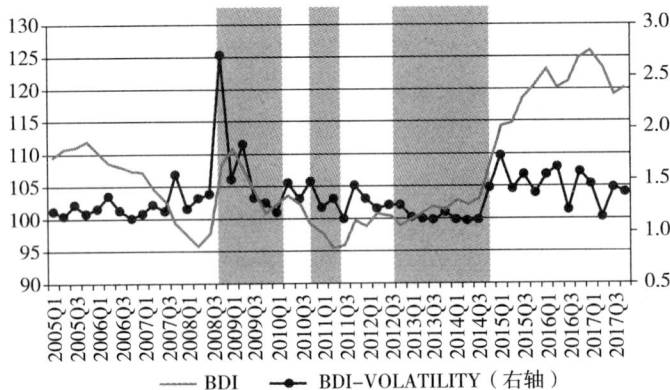

图1　广义名义美元指数及其波动态势

注：阴影部分代表了美国先后实施的四轮量化宽松货币政策，具体时间段为：QE1：2008.11~2010.04；QE2：2010.11~2011.06；QE3：2012.09~2014.10；QE4：2012.12~2014.10，相关时间根据美联储公布的数据整理而得。

数据来源：The Fed Database。

此外，从广义名义美元指数的走势与其波动趋势的关系来看，当美元指数上升时通常伴随着美元指数波动幅度的上升；当美元指数下降时，美元指数的波动幅度通常也呈下降态势。

3. 美元指数的影响因素分析

由于广义名义美元指数是以美国与其26个主要贸易伙伴国的双边汇率为基础通过加权平均计算得到的，因此美元指数的变动既受美元汇率自身变动的影响，也与其主要贸易伙伴国的汇率变动密切相关。具体来讲，影响美元指数变动的因素主要有经济因素、政治因素及国际因素。

（1）经济因素。长期来看，决定一国货币币值的经济因素是经济增长率和劳动生产率。中期来看，国际收支差额情况将影响货币的中期走势。当一国的国际收支处于逆差时，该国货币将呈现贬值趋势。自1982年起美国经常项目一直处于逆差，但伴随特朗普政府贸易保护主义政策的实施，美国的经常项目逆差或将收窄。资本和金融项目的资本流动对于美国这样高度开放的国家的影响更为显著。短期来看，美国的联邦基金利率走势及避险因素对美元指数的影响明显。

（2）政治因素。美国政府会根据经济形势的不同采取相应的美元政策。当经济景气时，强势美元政策更为符合美国的国家利益；当经济状况转差时，政府更多推行弱势美元政策。

（3）国际因素。美元作为国际货币，其价格变动与主要贸易伙伴国的货币价格变动、国际金价变动及国际油价变动等因素密切相关。

（二）美元汇率与国际资本流动：特征事实

1. 美元指数走势与国际资本流动

如图 2 所示，2005 年至次贷危机爆发初期，广义名义美元指数出现较大幅度下跌。进入 2008 年，在全球避险情绪的驱动下，广义名义美元指数出现一定程度的反弹，但随后再次大幅下跌。2011 年之后，随着美国经济复苏迹象逐渐明朗以及美国逐步退出量化宽松政策，广义名义美元指数逐步走强。从国际资本流动的情况来看，发达经济体的资本净流出总体上呈不断改善之势；新兴市场经济体的资本净流出在美元指数走弱时呈恶化之势，随着美元指数不断走强，新兴市场经济体的资本净流出有所改善。

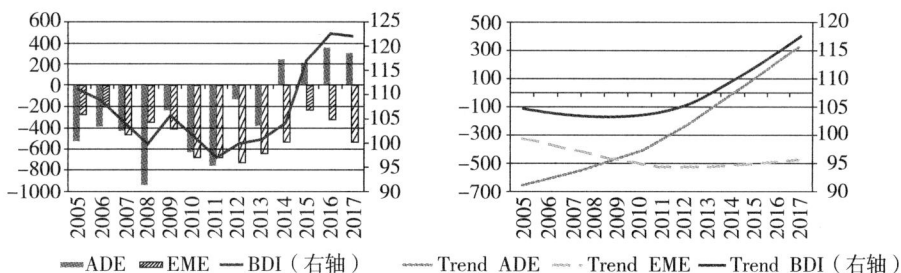

图 2　广义名义美元指数水平与国际资本流动

注：ADE 代表发达经济体的资本净流动，EME 代表新兴市场经济体的资本净流动。下同。
数据来源：IMF WEO Database、The Fed Database。

2. 美元指数波动与国际资本流动

如图 3 所示，2005 年至次贷危机爆发初期，广义名义美元指数的波动幅度较小。国际金融危机全面爆发后，美元指数的波动大幅上升，美联储之后推出的量化宽松政策使美元指数波动幅度大幅下降。在美联储宣布退出量化宽松政策之初，各主要经济体的货币政策出现较为明显的分化，这导致美元指数波动幅度再次扩大。从国际资本流动的情况看，发达经济体的资本净流入总体上呈不断改善之势；新兴市场经济体的资本净流出在次贷危机爆发初期呈不断恶化之势，随后呈不断改善之势。

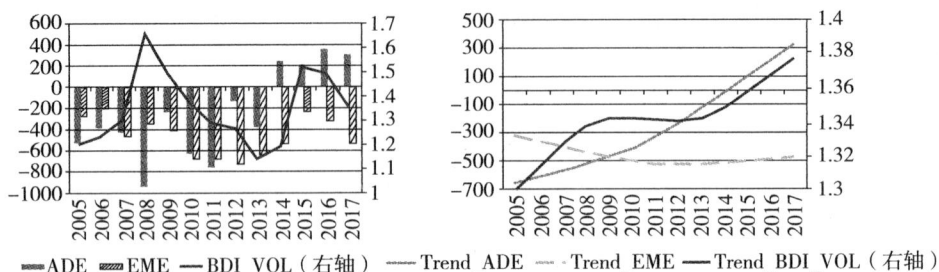

图3 广义名义美元指数波动与国际资本流动

数据来源：IMF WEO Database、The Fed Database。

二、模型设定、变量选取与数据说明

（一）模型设定与估计方法

本文采用面板向量自回归（Panel Vector Autoregression，PVAR）模型来研究汇率波动对世界经济的影响。PVAR模型将传统的VAR模型与面板数据相结合，因而可以综合考虑不可观测的个体的异质性。在PVAR模型中，所有的经济变量被看成一个内生系统来处理，由于能够将所有变量的滞后项考察在内，PVAR模型能够更加真实、客观地反映经济变量间的互动关系。

（二）变量选取与数据说明

本文以澳大利亚、奥地利、加拿大等15个发达经济体和阿根廷、巴西、中国等17个新兴市场经济体作为研究对象。使用的数据为2005年第一季度至2016年第四季度的季度数据。实证研究使用的变量如表1所示。

表1　变量及其描述性统计

变量	描述	来源	均值	标准差	最小值	最大值
NDI	直接投资净流入额占 GDP 的比重	EIU	-162.99	1979.38	-36632.26	15651.85
NPI	证券投资净流入额占 GDP 的比重	EIU	-95.96	2323.70	-33449.52	17478.38
DGDP	实际 GDP 增长率	EIU	3.29	3.52	-13.75	19.04
DCPI	居民消费价格指数 CPI 增长率	EIU	3.85	4.67	-2.71	44.57
IR	货币市场利率	EIU	4.28	4.04	-0.80	35.72
OPENNESS	进出口之和占 GDP 比重	EIU	0.80	0.51	0.24	3.47
ER	广义名义美元指数增量	The Fed	0.13	0.98	-2.43	2.72
VOL	广义名义美元指数波动率	The Fed	1.35	0.35	0.98	3.10

三、美元汇率变化与国际资本流动：实证检验

（一）PVAR 模型的脉冲响应结果

本文运用 PVAR 模型的脉冲响应结果来分析美元汇率水平和波动率变化对发达经济体和新兴市场经济体资本流动的动态影响，结果详见图4至图7及表2。

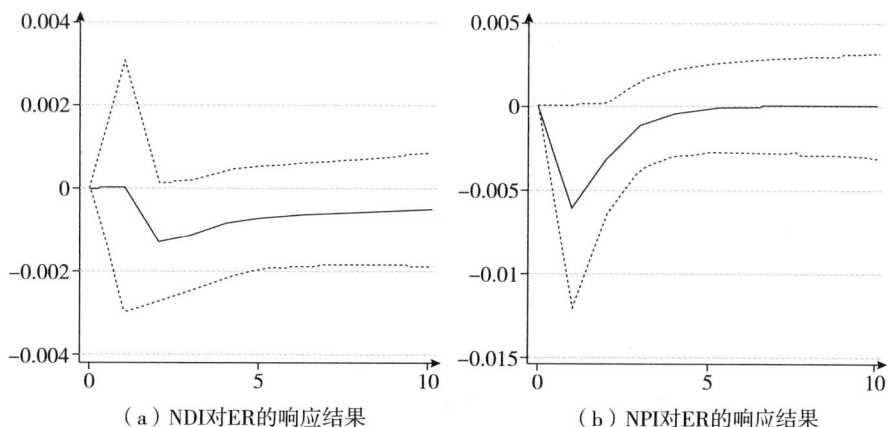

（a）NDI对ER的响应结果　　　　（b）NPI对ER的响应结果

图4　美元汇率水平对发达经济体资本流动的影响

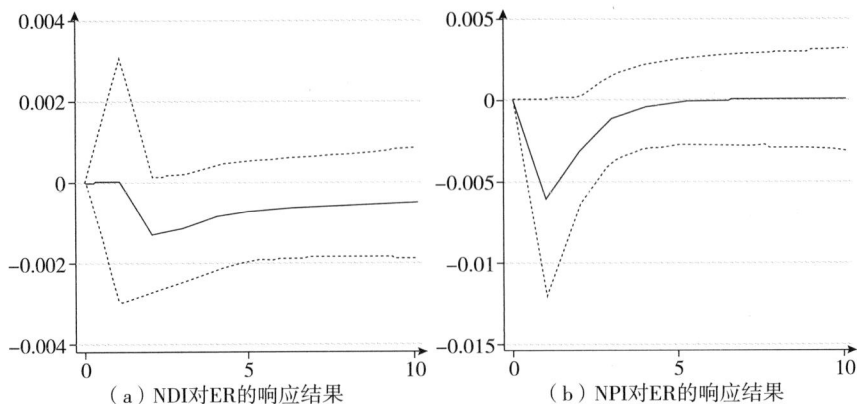

（a）NDI对ER的响应结果　　　　（b）NPI对ER的响应结果

图5　美元汇率水平对新兴市场经济体资本流动的影响

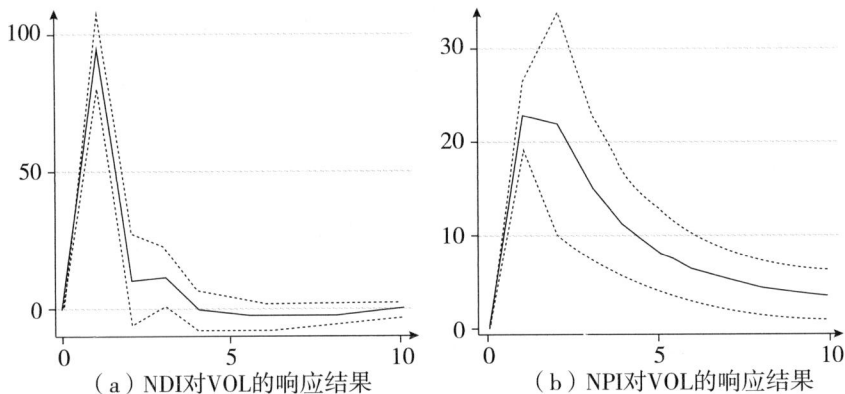

（a）NDI对VOL的响应结果　　　　（b）NPI对VOL的响应结果

图6　美元汇率波动对发达经济体资本流动的影响

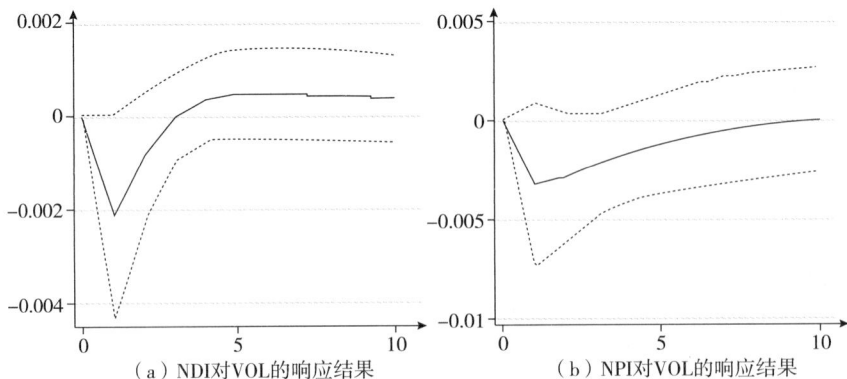

（a）NDI对VOL的响应结果　　　　（b）NPI对VOL的响应结果

图7　美元汇率波动对新兴市场经济体资本流动的影响

表 2 美元汇率变化对国际资本流动影响（脉冲响应）

		短期资本流动	长期资本流动
水平变化	正向冲击对资本流动的影响	发达经济体和新兴市场经济体短期资本均大量流出	从新兴市场经济体流向发达经济体
水平变化	正向冲击对资本流动影响的强度	对发达经济体资本流动的影响强度大于对新兴市场经济体的影响	对发达经济体资本流动的影响强度大于对新兴市场经济体的影响
波动率变化	正向冲击对资本流动的影响	对发达经济体的证券投资净流入具有正向影响，对新兴市场经济体的证券投资净流入具有负向影响	对发达经济体的直接投资净流入具有正向影响，对新兴市场经济体的直接投资净流入具有负向影响
波动率变化	正向冲击对资本流动的影响的强度	对发达经济体资本流动的影响强度大于对新兴市场经济体的影响	对发达经济体资本流动的影响强度大于对新兴市场经济体的影响

（二）PVAR 模型的方差分解结果

为更加清晰地刻画和度量美元汇率水平及其波动对国际资本流动的影响，本文在脉冲响应分析的基础上利用方差分解方法，得到了美元汇率水平及其波动对发达经济体和新兴市场经济体资本流动的贡献率，结果详见表 3 至表 5。

表 3 美元汇率水平对国际资本流动影响的方差分解结果

模型	响应变量	预测期	冲击变量：ER
模型Ⅰ：发达经济体	NDI	100	15.7956%
模型Ⅰ：发达经济体	NPI	100	16.6292%
模型Ⅱ：新兴市场经济体	NDI	100	14.8857%
模型Ⅱ：新兴市场经济体	NPI	100	14.9292%

注：模型的预测方差分解结果基于 500 次的 Monte-Carlo 随机模拟得到。

表 4 美元汇率波动对国际资本流动影响的方差分解结果

模型	响应变量	预测期	冲击变量：VOL
模型Ⅰ：发达经济体	NDI	100	11.3856%
模型Ⅰ：发达经济体	NPI	100	9.0715%
模型Ⅱ：新兴市场经济体	NDI	100	0.7146%
模型Ⅱ：新兴市场经济体	NPI	100	0.7111%

注：模型的预测方差分解结果基于 500 次的 Monte-Carlo 随机模拟得到。

表5　美元汇率变化对国际资本流动影响（方差分解）

	发达经济体	新兴市场经济体
水平变化	对长期资本流动的影响小于对短期资本流动的影响	对长期资本流动的影响小于对短期资本流动的影响
	对发达经济体资本流动的贡献率大于对新兴市场经济体的贡献率，说明美元汇率变动对发达经济体资本流动的影响更大	
波动率变化	对长期资本流动的影响大于对短期资本流动的影响	对长期资本流动的影响大于对短期资本流动的影响
	对发达经济体资本流动的贡献率大于对新兴市场经济体的贡献率，说明美元汇率变动对发达经济体资本流动的影响更大	

四、政策建议

一是密切关注影响美元汇率走势的各种因素，包括美联储及其他主要央行货币政策变化、避险因素对汇率的短期影响；美国的经济增长率、劳动生产率、国际收支状况等变化带来的中长期影响；政治因素如特朗普的贸易保护主义政策及国际金价、国际油价的变化对汇率的影响等。

二是世界各国中央银行应加强在汇率政策方面的政策协调，共同抵御国际投机资本的无序流动对本国经济造成的影响。尤其是，新兴市场经济体应加强在国际货币基金组织、金砖组织等框架内的合作，建立汇率稳定机制，包括成立汇率稳定基金等。

三是新兴市场经济体应逐步完善本国的金融体系，大力发展外汇市场，创新抵御汇率波动风险的金融工具，加强应对汇率风险的能力。

四是新兴市场国家的货币当局应加强对国际资本流动的管理，建立跨境资本流动预警机制，提升对跨境资本流动的监测能力，完善本国的跨境资本流动宏观审慎和微观审慎的协同管理，以抵御国际资本无序流动对本国经济产生的影响。

人民币汇率波动主体因子的实证检验

盖静[①]

一、引言

自 2015 年 "8·11" 汇率改革以来，为了维持人民币汇率的相对稳定，央行在外汇市场上进行外汇干预。央行在外汇市场上有哪些干预行为，人民币汇率的主要影响因素是什么，是否会对国内独立货币政策的实施产生影响，研究清楚这些问题对货币政策的制定和实施具有重要的理论和现实意义。本文的创新之处有以下两点：一是将传统的货币政策与外汇干预放在同一个框架下进行考察，并使用 SVAR 方法对模型中的冲击加以识别；二是将美国的利率和国际原油价格放入模型，用于分离国外的货币政策冲击和可能存在的供给冲击，有效地提高了对模型中其余变量解释的准确性。

二、模型及数据选取

由于短期冲击相对于长期的冲击更适合分离两种类型的政策（Kim，2003），笔者采用施加短期约束的方法来识别货币政策冲击和外汇干预，非递归形式的同期约束可以允许货币政策、外汇干预及汇率之间存在同期关系。

（一）包含同期约束的 SVAR 模型

假设经济由如下的结构化方程刻画：

$$G(L)y_t=e_t \tag{1}$$

其中，G（L）是关于滞后因子 L 的多项式矩阵，yt 是一个 n×1 的变量矩阵，yt 是一个 n×1 的结构化的扰动矩阵，这里的 et 是不相关的，并且 Var（et）

---

① 盖静：供职于中国人民银行营业管理部支付结算处。

=Λ，Λ 是一个对角矩阵，因此结构化模型当中的扰动因子之间是不相关的。

（二）模型变量及数据的选取

对于模型中变量的选择，笔者参照 Kim（2003）、Kim 和 Roubini（2000）的研究，并综合考虑我国的情况，让模型当中包含如下八个变量：FR（外汇干预）、R（国内利率）、M（货币供应量）、CPI（居民消费者价格指数）、FFR（美国联邦基金利率）、IP（工业增加值）、OPW（大宗商品价格）、E（汇率）。在选择的变量当中，R、M、CPI、IP 是研究货币商业周期问题必须要考虑的四个变量，根据蒙代尔—弗莱明模型，外汇干预、利率、货币供给和汇率之间存在线性关系。

数据的选取如下：M2 选择广义货币的同比增长率，数据来源于中经网统计数据库；FR 选择国家外汇储备取对数后差分 *100，数据来源于中经网统计数据库；汇率选用直接标价法下人民币对美元的汇率，并对数据进行对数化处理，数据来源于 CEIC；美国的利率选择三个月期的联邦基金利率，数据来源于 CEIC；大宗商品的价格选择以美元计价的原油商品的价格，并对数据做对数化处理，数据来源于 IMF 网站的 IFS（International Financial Statistics）数据库；利率数据选择银行间同业市场 7 天期的同业存款利率的月度数据，数据来源于中经网统计数据库；工业增加值选择扣除了价格的工业增加值的同比增速，数据来源于 CEIC；CPI 选择居民消费者价格 2001 年 1 月的定基比数据，由于我国的统计数据库中不包含定基比数据，采用各年份的同比数据和 2001 年全年的环比数据来计算 2001 年 1 月的定基比数据，数据来源于 CEIC 统计数据库，并对定基比的 CPI 数据做对数化处理。数据区间为 2001 年 1 月到 2016 年 12 月的月度数据。

三、实证检验

（一）平稳性检验

对上述数据使用 ADF 方法进行平稳性检验，数据的检验结果如表 1 所示。在此基础上，笔者对上述七个不平稳的数据做差分处理成平稳的时间序列，并基于上述的八个数据进行结构 VAR 模型分析。

表 1　变量的平稳性检验

变量	T 统计量	P 值	平稳 / 不平稳	变量	T 统计量	P 值	平稳 / 不平稳
FR	0.01791	0.9581	不平稳	一阶差分	−3.265287	0.0179	平稳
R	−4.373551	0.0005	平稳	—	—	—	—
M2	−2.777596	0.0634	不平稳	一阶差分	−5.399119	0.0000	平稳
CPI	−2.641260	0.0865	不平稳	一阶差分	−13.98048	0.0000	平稳
IP	−1.888525	0.3372	不平稳	一阶差分	−16.65157	0.0000	平稳
OPW	−1.901046	0.3314	不平稳	一阶差分	−9.564168	0.0000	平稳
FFR	−1.831056	0.3646	不平稳	一阶差分	−5.040084	0.0000	平稳
E	−1.557301	0.5024	不平稳	一阶差分	−2.231281	0.0251	平稳
DM2	−1.795442	0.3819	不平稳	一阶差分	−6.506523	0.0000	平稳

（二）滞后阶数的确定

由于笔者使用的是月度数据，考虑到经济现实中变量之间的相互作用在 1 个月之内不能得到完全体现，按照 LR 的标准选择滞后阶数为 6 阶（具体见表 2）。

表 2　各统计标准下的最优滞后阶数

Lag	LogL	LR	FPE	AIC	SC	HQ
0	−2239.579	NA	49.18297	26.59856	26.74672	26.65869
1	−2053.892	351.5968	11.66123*	25.15848*	26.49193*	25.69962*
2	−1995.681	104.7107	12.54641	25.22699	27.74572	26.24914
3	−1929.542	112.7103	12.38089	25.20168	28.90570	26.70484
4	−1873.271	90.56496	13.88458	25.29315	30.18246	27.27733
5	−1821.808	77.95701	16.73422	25.44151	31.51611	27.90670
6	−1740.512	115.4495*	14.45131	25.23683	32.49671	28.18303
7	−1687.598	70.13500	17.90074	25.36802	33.81319	28.79523
8	−1640.601	57.84153	24.52826	25.56925	35.19970	29.47747

注：* 代表该标准下的最优滞后阶数。

（三）AR 根检验

如图 1 所示，AR 根模的倒数均在单位圆以内，这说明模型是稳定的，后续的方差分解和脉冲响应函数分析都是可信的。

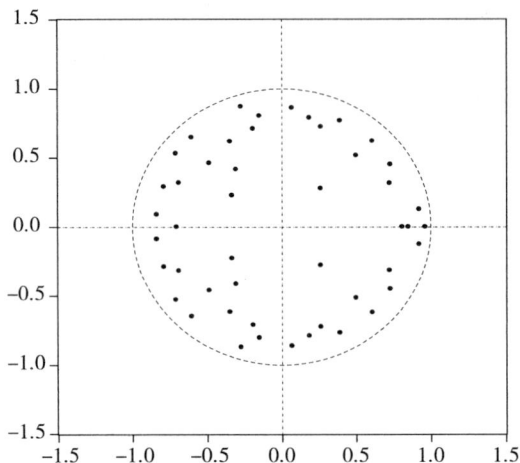

图 1　AR 根模的倒数图

（四）结构 VAR 模型的短期约束条件

根据有关的经济理论及现实情况，笔者对结构式的模型施加短期约束，对于 K 元内生变量的 SVAR 模型，需要至少设定 $K(K-1)/2$ 个约束条件才能识别出模型当中的结构性冲击。由于模型当中有 8 个内生变量，至少需要施加 28 个约束条件，除去对角线上的 8 个条件，还需要施加 20 个约束条件。

方程中变量间的同期关系的约束如下式所示，做出这样的设定主要基于以下考虑：

$$
\begin{bmatrix} e_{FR} \\ e_{R} \\ e_{M} \\ e_{CPI} \\ e_{IP} \\ e_{OPW} \\ e_{FFR} \\ e_{E} \end{bmatrix}
\begin{bmatrix}
1 & 0 & 0 & 0 & 0 & 0 & 0 & g_{18} \\
g_{21} & 1 & g_{23} & 0 & 0 & 0 & g_{27} & 0 \\
g_{31} & g_{32} & 1 & g_{34} & g_{35} & 0 & g_{37} & 0 \\
g_{41} & g_{42} & g_{43} & 1 & g_{45} & g_{46} & 0 & 0 \\
0 & 0 & 0 & 0 & 1 & g_{56} & g_{57} & 0 \\
0 & 0 & 0 & 0 & 0 & 1 & g_{67} & 0 \\
0 & 0 & 0 & 0 & 0 & g_{76} & 1 & 0 \\
g_{81} & g_{82} & g_{83} & g_{84} & g_{85} & g_{86} & g_{87} & 1
\end{bmatrix}
\begin{bmatrix} u_{FR} \\ u_{R} \\ u_{M} \\ u_{CPI} \\ u_{IP} \\ u_{OPW} \\ u_{FFR} \\ u_{E} \end{bmatrix}
$$

第一行是外汇干预方程，外汇干预只对汇率的变动做出反应，而不对其他的变量做出反应，这与外汇干预的职能相一致。秦凤鸣（2013）认为，外汇干预会同时对货币供给和汇率做出反应；Kim（2003）假设外汇干预只对汇率做出反应；而笔者认为，只有在国内的货币供给引起汇率变动的时候，外汇干预才会对货币供给做出反应，因而假设外汇干预只对汇率做出反应是合理的。

第二行是利率的反应方程，根据多恩布什的汇率超调模型、国际资本市场的均衡条件、非抛补利率平价条件以及外汇冲销干预的变动方向会释放货币政策当局的政策信号，假设国内的利率水平会受到冲销干预政策、国内的货币供应量和美国的利率的影响。

第三行是货币供给的方程，由于当外汇干预为非冲销干预时，外汇干预会带来国内货币供应量的影响，中央银行（以下简称央行）的反应函数当中包含利率水平的考虑，因而货币供给会受到外汇干预和利率水平的影响，同时考虑到央行货币政策的前瞻制动性，假设央行的货币供给会受到当期国内价格和实际产出水平的影响。

第四行是国内价格水平的反应方程，根据菲利普斯曲线，国内价格水平会受到产出缺口的影响。货币政策在短期内是非中性的，因而货币供给、外汇干预会影响到当期价格，利率作为使用货币的成本也会影响到价格。国内价格同时会受到以石油价格为代表的供给冲击的影响，假设价格不受到当期美国利率、人民币对美元汇率的影响。

第五行是国内实际产出水平的方程，国内的产出水平还会受到石油价格的影响，由于石油价格是一种重要的投入品，企业不会因为金融或货币政策的信号而改变自己的产出和价格水平，但是石油价格的变化会因为影响到产品的成本而影响企业的定价行为和产出决策。

第六行是以美元表示的原油价格，美元加息会带来美元升值、国际石油价格下跌，因而假设它受到美元加息的影响。

第七行是美国联邦基金的利率水平，Kim 和 Roubini（2000）假设其不受到国内变量的影响，但是可能会受到国际原油价格的影响，也就是供给冲击的影响。

第八行是汇率水平，鉴于本文分析的目的主要是研究引起汇率变动的主要因素，在该方程中不施加任何限制对分析是有利的，如果其中的某些变量对汇率没有影响，也并不会对结果产生太大影响。

（五）实证结果

1. 结构 VAR 模型的估计结果（见表 3）

表 3　结构 VAR 模型的约束矩阵估计结果

变量	系数	标准差	Z 统计量	P 值	变量	系数	标准差	Z 统计量	P 值
g_{21}	0.078	0.126	0.621	0.535	g_{45}	−0.018	0.091	−0.198	0.843
g_{31}	−0.148	0.143	−1.035	0.301	g_{85}	0.005	0.078	0.067	0.946
g_{41}	−0.136	0.152	−0.894	0.371	g_{46}	−0.007	0.018	−0.403	0.687
g_{81}	−0.410	0.063	−6.553	0.000	g_{56}	0.001	0.077	0.009	0.993
g_{32}	1.352	0.113	11.991	0.000	g_{76}	0.083	0.011	7.783	0.000
g_{42}	−0.031	0.709	−0.043	0.965	g_{86}	0.016	0.077	0.213	0.831
g_{82}	0.130	0.240	0.541	0.588	g_{27}	0.172	0.137	1.257	0.209
g_{23}	−0.753	0.079	−9.509	0.000	g_{37}	0.141	0.145	0.973	0.330
g_{43}	0.127	0.516	0.246	0.806	g_{57}	−0.478	0.670	−0.714	0.475
g_{83}	−0.031	0.179	−0.172	0.864	g_{67}	−8.708	0.132	−66.192	0.000
g_{34}	0.066	0.515	0.129	0.897	g_{87}	−0.443	0.672	−0.659	0.510
g_{84}	−0.072	0.142	−0.508	0.612	g_{18}	1.575	0.115	13.690	0.000
g_{35}	−0.098	0.077	−1.274	0.203					

2. 脉冲响应函数图

如图 2（b）所示，当我国的利率上升时，汇率经过 10 个月左右的震荡调整后，在 11 个月后呈现出小幅度贬值的现象，但是贬值的幅度并不明显，也就是利率一个单位的波动会带来汇率的对数增长率上升 0.02%，我国的汇率对利率的变动表现出轻微的汇率之谜。从理论上讲，按照非抛补利率平价条件，国内的利率水平上升时，本币升值，这是本币上升导致投资于本国的资产的收益增加，因而对本币的需求增加，进而引起本币升值。而汇率之谜是指当本国的利率上升时，本币不升值反而贬值的现象。图 2（f）显示，美国利率上升，人民币汇率会立即贬值，并且贬值幅度会比较大，经过大约一年后回到原来的水平。对比（b）和（f）可以发现，相对于本国的利率而言，人民币对美元汇率的波动对美国的利率变动更为敏感，波动幅度更大，且没有表现出汇率之谜。但是整体而言，人民币对美元的汇率除了对美国的利率水平变动比较敏感之外，对其余变量的反应均偏低。

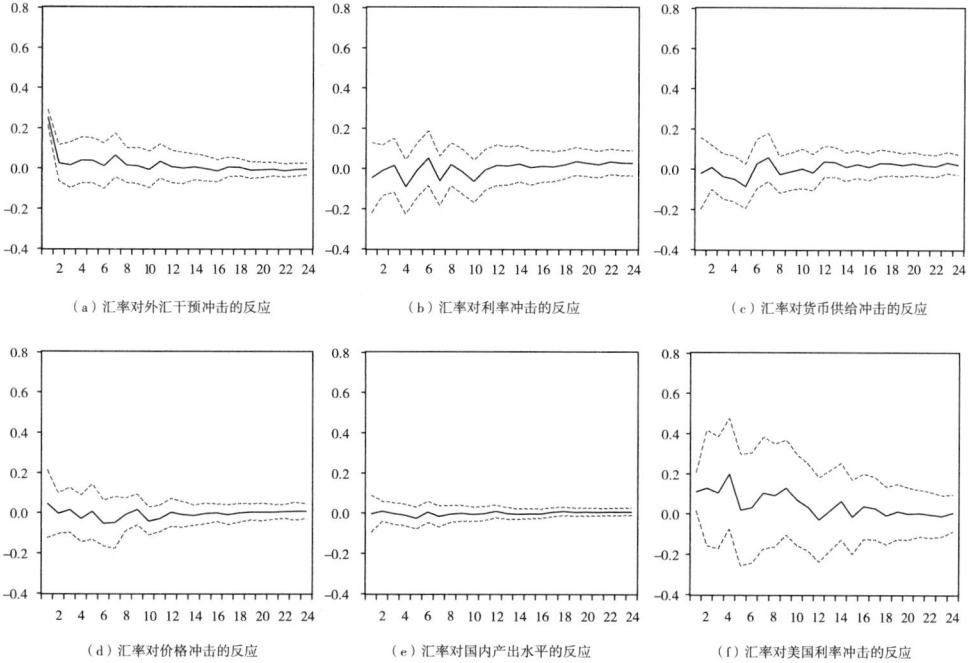

（a）汇率对外汇干预冲击的反应　　（b）汇率对利率冲击的反应　　（c）汇率对货币供给冲击的反应

（d）汇率对价格冲击的反应　　（e）汇率对国内产出水平的反应　　（f）汇率对美国利率冲击的反应

图2　汇率对各种主要冲击的脉冲响应

如图3（a）所示，当货币供给的增长率增加时，国内的价格水平经过半年的震荡调整后，价格有小幅下滑的现象，表现出轻微的价格之谜。价格之谜是指当国内的货币供给增加时，国内的价格水平不升反降的现象。关于价格之谜的解释有很多，如使用了不恰当的货币政策变量、冲击识别方法和货币政策的前瞻性特点等。图3（b）表现出短期的流动性之谜，流动性之谜是指货币供应量增加时，利率水平不升反降的现象。

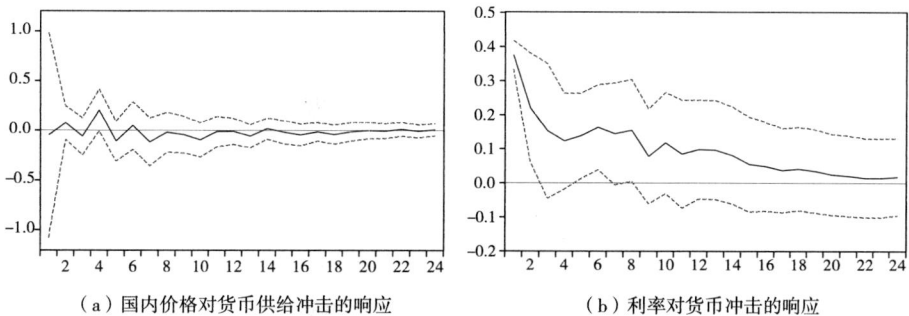

（a）国内价格对货币供给冲击的响应　　（b）利率对货币冲击的响应

图3　国内价格和利率对货币供给冲击的脉冲响应

3. 方差分解结果

表 4 中的方差分解结果表明，除了汇率自身的解释能力外，美国联邦基金利率对汇率的波动率的解释能力最高，可以解释汇率波动的 18%；其次是我国的外汇干预，可以解释汇率波动的 10%。这与我们国家长期以来实行盯住美元的汇率有关系，在美国联邦储蓄系统美联储加息的情况下，我国的汇率会发生波动，为了维持汇率的稳定需要中央银行在外汇市场上进行外汇干预。结论表明，外汇冲销干预对汇率的解释能力要比国内的利率或者是货币供应量代表的传统的货币政策的解释能力高很多，后两者的解释能力均在 3% 左右，这与我国使用外汇干预政策将汇率波动控制在合理范围的现实相吻合。

表 4　汇率的方差分解

滞后阶数	e_{FR}	e_R	e_{M2}	e_{CPI}	e_{IP}	e_{OPW}	e_{FFR}	e_E
1	14.467	0.491	0.112	0.455	0.005	0.080	2.808	81.582
4	12.005	1.958	0.804	0.559	0.038	0.243	14.427	69.964
8	11.080	2.724	2.548	1.285	0.184	0.249	15.383	66.545
12	10.500	3.210	2.623	1.600	0.189	0.272	17.684	63.923
16	10.381	3.277	2.856	1.618	0.194	0.280	18.236	63.158
20	10.299	3.577	3.220	1.617	0.213	0.278	18.165	62.630
24	10.223	3.959	3.469	1.621	0.231	0.276	17.999	62.223

表 5 的结果表明，在外汇干预的波动中，汇率的解释能力最强，在第一期可以解释汇率波动的 69%；其次是美国的联邦存款利率，可以解释汇率波动的 30%，说明外汇干预主要是对汇率的变动做出反应。由于美国的联邦存款利率会影响汇率波动，也会间接引起外汇干预的变化，两者可以联合解释外汇干预波动的比重在 70% 左右。国内的货币政策（利率和货币供应量）可以解释外汇干预的 10% 以上，说明国内货币政策和外汇干预之间的相关关系较强，因而应当将两者放在一个统一的框架下予以考虑。

表5　外汇干预的方差分解

滞后阶数	e_{FR}	e_R	e_{M2}	e_{CPI}	e_{IP}	e_{OPW}	e_{FFR}	e_E
1	27.777	0.415	0.095	0.384	0.004	0.068	2.371	68.887
4	16.835	2.712	0.690	1.330	0.092	0.370	31.411	46.560
8	14.535	3.378	3.090	1.285	0.232	0.399	35.444	41.636
12	13.218	5.684	5.100	1.267	0.662	0.393	34.951	38.725
16	12.432	7.990	7.411	1.290	0.740	0.381	33.753	36.002
20	11.652	10.341	8.556	1.335	0.926	0.366	33.202	33.622
24	11.098	12.741	9.366	1.463	1.078	0.347	32.070	31.837

表6利率的方差分解结果表明，除了利率对自身波动解释能力之外，广义货币供给的变动对利率的解释能力最强，可以解释利率波动的25%左右。外汇干预对利率的解释能力很小，说明我国的外汇干预政策所引起的货币供应量的变动并不能对国内利率产生很大的影响。

表6　利率的方差分解

滞后阶数	e_{FR}	e_R	e_{M2}	e_{CPI}	e_{IP}	e_{OPW}	e_{FFR}	e_E
1	0.017	62.235	35.828	0.170	0.336	0.009	1.364	0.041
4	1.359	53.317	30.570	4.073	0.357	0.014	2.555	7.755
8	1.683	51.648	29.118	3.884	1.792	0.094	2.295	9.486
12	2.028	50.574	26.532	4.720	2.123	0.086	2.200	11.739
16	1.934	50.919	25.458	5.453	2.368	0.081	2.625	11.162
20	1.863	50.705	24.543	5.531	2.477	0.080	4.071	10.729
24	1.807	49.852	23.838	5.530	2.498	0.088	5.670	10.717

同样的结果在表7中也可以看到，外汇干预政策只能解释货币供应量变动的4%，说明我国执行的是冲销式的外汇干预政策。根据表7的数据，利率对货币供应量波动的解释能力最强，在第一期可以解释货币供应量波动的61%，说明央行会根据银行间同业拆借利率的高低来调整银根，适时调节市场的流动性状况。另外，美国的联邦存款利率会对国内的货币政策产生影响，这与美元

和美国在世界经济上的地位有很大关系，全球均会关注美国的货币政策并对其做出反应，如在 2008 年金融危机后，美国为了摆脱困境实施了多轮量化宽松的货币政策，其他国家也相继实行了不同程度的宽松货币政策，进而带来全球性的流动性泛滥。

表 7 货币供应量的方差分解

滞后阶数	e_{FR}	e_R	e_{M2}	e_{CPI}	e_{IP}	e_{OPW}	e_{FFR}	e_E
1	0.748	61.635	35.143	0.242	0.335	0.000	0.041	1.855
4	2.107	50.636	32.900	3.193	0.406	0.063	6.338	4.357
8	3.838	37.719	24.347	5.159	1.124	0.164	14.152	13.496
12	4.298	36.631	23.666	5.158	1.162	0.165	14.184	14.737
16	4.431	35.347	22.342	4.978	1.115	0.182	15.458	16.146
20	4.444	33.698	21.560	4.947	1.084	0.192	16.909	17.167
24	4.454	33.337	21.271	4.923	1.078	0.197	17.329	17.412

（六）不包含外汇干预的实证分析

根据表 8 中的结果，如果模型当中不包含外汇干预，那么模型中美国联邦存款利率、货币供给和利率对汇率的解释能力都有明显的下降。将该结果与不考虑外汇干预的结果进行对比，结果表明货币政策的作用是被低估的，并且货币政策的作用是被错误计量的，这与 Kim（2003）的结论一致。

表 8 汇率的方差分解（不含外汇干预）

滞后阶数	e_R	e_{M2}	e_{CPI}	e_{IP}	e_{OPW}	e_{FFR}	e_E
1	0.296	0.203	0.131	0.040	0.026	2.365	96.939
4	1.113	0.562	0.192	0.047	0.099	8.090	89.896
8	1.595	1.264	0.667	0.137	0.105	8.683	87.549
12	1.841	1.304	0.799	0.139	0.120	10.212	85.584
16	1.902	1.420	0.810	0.142	0.122	10.282	85.322
20	2.061	1.575	0.814	0.148	0.122	10.255	85.024
24	2.236	1.677	0.822	0.159	0.122	10.216	84.768

四、结论

笔者将外汇干预和传统的货币政策放在统一的框架下，通过施加短期约束的结构——VAR 方法研究了外汇干预、货币冲击及汇率波动之间的动态特征，结果表明，外汇干预与货币政策之间存在较强的相关关系，外汇干预对汇率冲击的解释能力要高于传统的货币政策，我国的汇率波动受美国加息和降息的影响很大，货币供应量的变动主要受到利率波动的影响，但是利率的波动主要受到自身的影响，说明在数据期间内，货币当局根据利率的水平来调整货币供应量，进而将利率水平控制在合理范围内。从模型当中可以看到，在我国汇率对货币政策的响应程度较低，我国的汇率水平主要受到美国货币政策的影响，也就是美国联邦存款利率的影响，这与美元在世界中的定价货币的地位密切相关。国内的货币政策对汇率的影响程度较低，这也为我国独立的货币政策的实施提供了一个相对稳定的环境，货币政策可以更加关注国内的目标。

参考文献

［1］Meese，R. A.，Rogoff, R. Empirical Exchange Rate Models of the Seventies: Do They Fit out of Sample? ［J］. Journal of Economics，1983（14）：3–24.

［2］Eichembaum，M.，Evans, C. Some Emperical Evidence on the Effects of Monetary Policy Shocks on Exchange Rates ［J］. Quarterly Journal of Economics，1995（110）：975–1010.

［3］Clarida，R.，Gali，J.，Gertler，M. Monetary Policy Rules and Macroeconomic Stability：Evidence and Some Theory ［J］. Quarterly Journal of Economics，2000（115）：147–180.

［4］Kim，S.，Roubini，N. Exchange Rate Anomalies in the Industrial Countries: A Solution with a Structural VAR Approach ［J］. Journal of Monetary Economics，2000（45）：561–586.

［5］Kim，S. Exchange Rate Stabilization in the ERM：Identifying European Monetary Policy Reactions, Forthcoming ［J］. Journal of International Money and Finance，2001a.

［6］Kaminsky，G. L.，Lewis，K. K . Does foreign Exchange Intervention Signal Future Monetary Policy ［J］. Journal of Monetary Economics，1996（37）：285–312.

［7］Lewis，K. K. Are Foreign Exchange Intervention and Monetary Policy Related，and Does It Really Matter［J］. Journal of Business，1995，68（2）.

［8］Dominguez，K. M.，Frankel，J. A. Does Foreign Exchange Intervention Matter? The Portfolio Effect［J］. American Economic Review，1993（83）：1356-1369.

［9］Neumann，M. J. K. Intervention in the Mark/Dollar Market: the Authorities' Reaction Function［J］. Ournal of International Money and Finance，1984（3）：223-239.

［10］Beine，M. Size Matters: Central Bank Interventions and the Yen/Dollar Case［J］. Forthcoming in Brussels Economic Review，2002.

［11］Fatum，R.，Hutchison M. Effectiveness of Official Daily Foreign Exchange Market Intervention Operations in Japan［J］. Journal of International Money and Finance，2006（25）：199-219.

［12］Yamamoto，Y.，Fatum，R. Does Foreign Exchange Intervention Volume Matter?［R］. Globalization and Monetary Policy Institute Working paper No.115，2012.

［13］Humpage，Owen F . US Intervention: Assessing the Possibility of Success［J］. Journal of Money Credit and Banking，1999（31）：731-747.

［14］Mussa，Michael . The Role of Official Intervention［R］. Group of Thirty Occasional Paper，1981（6）.

［15］Kim，S. Monetary Policy，Foreign Exchange Intervention and the Exchange Rate in a Unifying Framework［J］. Journal of International Economics，2003（60）：355-386.

［16］Grilli，V.，Roubini，N. Liquidity and Exchange Rates: Puzzeling Evidence from the G-7 Countries［D］. Working paper，Yale University，1995.

［17］Diewert，W. E. The Consumer Price Index，Written and Oral Testimony to the Committee on Finance［Z］. United States Senate，1995-04-06.

［18］秦凤鸣，卞迎新 . 货币政策冲击、外汇干预与汇率变动的同期与动态管理研究［J］. 经济理论与经济管理，2013（3）：64-77.

［19］王君斌，郭新强 . 经常账户失衡、人民币汇率波动与货币政策冲击［J］. 世界经济，2014（8）：42-69.

［20］盛松成，吴培新 . 中国货币政策的二元传导机制"两中介目标，两调控对象"模式研究［J］. 经济研究，2008（10）：37-51.

［21］赵文胜，张屹山，赵杨 . 人民币升值、热钱流入与房价的关系——基于趋势项和波动性的研究［J］. 世界经济研究，2011（5）：15-19.

通过约谈调查锁定银行违规证据实例分析

王振芳　吕晶[①]

近年来，外汇检查部门在执法实践中，不断面临新情况、新问题，检查人员开拓检查思路，丰富检查手段，解决处罚难点，在多个复杂领域探索有效查处方法，取得了突破性成果。2017 年 12 月至 2018 年 11 月，北京外汇管理部通过精准打击违规行为，提升了外汇检查的针对性和威慑力，增强了银行合规经营和履行展业原则的自觉性。

在近期检查银行为企业办理预付款异地付汇业务时，我管理部在银行留存单证表面合规的情况下，通过单独约谈业务经办人员、支行行长、交易银行部合规部门负责人等涉案人员，从了解合规制度、业务办理环节入手，逻辑严密，层层推进，最终打破客户经理心理防线，使其陈述自相矛盾，露出破绽，利用调查笔录作为重要证据，坐实银行违规事实。本案实现了取证方式方法的创新与突破，对类似案件依法查处起到了示范作用，为外汇检查工作提出了新思路。

一、案件来源

我管理部兄弟分局在对其管辖的企业检查时发现企业涉嫌逃汇，该业务经办银行属于北京管辖，故将银行违规线索移交至我管理部。2017 年 8 月 7 日，接到线索移交后，我管理部检查人员迅速展开调查，要求银行对涉及的业务进行说明，并提交业务办理材料。

二、检查难点

本案涉及金额较大，业务类型属于预付货款异地购付汇，案件调查前期，银行工作人员对该业务充满自信，认为操作环节毫无瑕疵。企业对违规行为也

---

① 王振芳、吕晶：供职于中国人民银行营业管理部外汇检查处。

是矢口否认，甚至反咬一切行为均在银行的指导下完成，并提供了银企之间的往来邮件信息。复杂的案情需要检查人员抽丝剥茧，既要明辨是非，严格根据相关证据判断银行是否真实存在指导企业的行为，又要扎实取证，透过表面合规材料去探寻银行的展业审核瑕疵，因此依法依规处罚、防范执法风险成为本案的难点。

三、约谈调查思路及方案

面对检查中遇到的困难，检查人员反复研究案情，仔细翻阅银行提供的业务办理材料，按时间顺序对银企往来邮件进行梳理，不放过每个细节，并积极与总局沟通，及时得到总局的指导与支持，最终决定从约谈客户经理等银行工作人员入手，按照银行展业过程的脉络，还原业务真实情况。具体如下：

（一）单独约谈制作笔录，进行"背靠背"取证

检查人员约谈了银行分行交易银行部总经理、主管、经办支行行长、会计、客户经理等一行人，为保证调查的有效性，检查人员对上述人员逐一、单独进行问询，并且将等候询问的人员与已经询问完毕的人员相隔离，杜绝被调查人员互相串通、统一口径。

（二）从制度建设到业务操作，看似漫谈但"海里藏针"

检查人员针对不同被调查人员的工作分工及职责区别，从最基础的内控制度问起，进而转向客户拓展、业务操作流程甚至是业务收费情况，海量的问题看似不着边际没有重点，但许多关键性的问题就藏在某个不经意的环节，业务办理瑕疵逐渐明晰。

（三）紧追关键人物，自相矛盾取得突破

在问询分行会计主管、支行行长时，被调查人员均推脱对业务细节不了解，或者不记得了，调查一时陷入僵局。检查人员及时调整问询方式与角度，对该企业客户经理进行重点问询，不直接问询该业务，而是从客户背景、业务需求、邮件往来、尽职调查等方面引导客户经理讲述业务来龙去脉，对不符合逻辑的地方及时提出质疑，经过反复的梳理与确认，被调查人员开始逻辑混

乱，自相矛盾，客户经理最终承认是明知境内企业与境外收款方没有贸易背景的情况下，选择性地审核了形式发票，为企业做了大额预付款付汇，案件调查取得重要突破。

四、违规情况

（一）业务背景及办理情况

USCA 公司（卖方，注册地美国）与中国山东公司 GDRY、LYSQ（买方，以下简称山东进口商），签订大豆、玉米等农产品买卖合同，合同约定买方在达成交易后的 2 个工作日内向卖方支付一定金额的"预付款"（通常为 600 万人民币），款项付到 USCA 的关联公司 DLCA（注册地大连）的人民币账户，DLCA 公司为货物贸易进出口 A 类企业。

DLCA 公司向银行提出预付款购付汇需求，银行了解到实际贸易出口方是 USCA 公司，进口方为山东进口商，该贸易并不涉及 DLCA 公司。在知晓贸易背景后，银行要求 DLCA 公司提供 USCA、DLCA、山东进口商的三方协议或代理协议，以及 USCA 与 DLCA 的贸易合同，企业均未提供，只按照银行要求提供了 USCA 开给 DLCA 的形式发票。

2015 年 9 月 1 日、9 月 8 日，银行为 DLCA 公司办理两笔购付汇业务，金额分别为 1664.34 万美元、1691.54 万美元，收款人是 USCA 公司。按照预付款业务管理要求，银行审核了 USCA 开给 DLCA 的形式发票，发票金额分别为 1880 美元、1974 万美元。DLCA 公司至今未向银行提供报关单，也未向所属外汇局做贸易信贷登记。

（二）违规问题

在办理上述业务时，银行在了解外汇管理贸易项下"谁进口谁付汇"原则，且明知背景为 USCA 与山东进口商的贸易往来的情况下，却选择性地审核 USCA 开给 DLCA 的形式发票，为无贸易背景的 DLCA 办理两笔预付款购付汇业务。上述行为违反了以下规定：《中华人民共和国外汇管理条例》（国务院令 2008 年第 532 号，以下简称《条例》）第十二条："经常项目外汇收支应当具有真实、合法的交易基础。经营结汇、售汇业务的金融机构应当按照国务院外汇管理部门的规定，对交易单证的真实性及其与外汇收支的一致性进行合理审查。外汇管理机关有权对前款规定事项进行监督检查。"《货物贸易外汇管理指引》（汇发〔2012〕38号文印发）第四条："经营结汇、售汇业务的金融机构应当对企业提交的贸易进出口交易单证的真实性及其与贸易外汇收支的一致性进行合理审查。"以及第十四条第一款："企业应当按照'谁出口谁收汇、谁进口谁付汇'原则办理贸易外汇收支业务，捐赠项下进出口业务等外汇局另有规定的情况除外。"

五、检查成效

根据《条例》第四十七条第一项的规定，我部最终做出如下处罚决定：责令该行改正，没收违法所得近30万元人民币，并顶格处罚款100万元人民币，罚没款合计将近139万元人民币，该案是北京地区外汇案件查处历史上首次对银行贸易项下未尽职审查行为开出的最大罚单。

该案查处也对经办银行起到了巨大的警示作用，银行进行了深刻的反省，严厉处罚相关责任人，改进外汇业务受理流程，将支行外汇业务操作集中到分行审批操作，从源头上把控风险，组织外汇业务人员及客户经理对业务文件进行深入学习与梳理，提升业务水平和合规意识，避免此类事件再次发生，确保外汇业务合规发展。

六、启示与思考

（一）本案涉及的银行存在四个方面的问题

一是未能严格落实"展业三原则"的各项要求，很多外汇业务法规未明确银行须审核什么资料和如何审核，只是规定银行必须进行合理审查。这就要求银行在无法把握交易合规性、真实性的基础上不应开展相关业务。本案中的银行在单证真实性、贸易规律性、要素一致性等方面均未将真实性审核职责落到实处。

二是该行内部缺乏必要的培训，客户经理及经办人员对外汇政策法规的理解和执行存在偏差，存在重绩效考核、轻合规风险管理的思想。

三是企业在业务办理之初就将真实情况告知银行，银行在明知企业贸易背景的情况下继续为企业办理无背景的预付货款，即使银行知晓客户、业务背景，也可能会利用法规规避查处。

四是内控制度执行不到位，该行客户业务尽职调查职责主要由客户经理负责，行长未进行有效的内部监督与制约，最终造成不可挽回的损失。

（二）对今后监管及检查的借鉴意义

一是加大监管力度，督促银行规范落实"展业三原则"。外汇局应加强对银行内控机制的指导和评估，定期开展银行内控机制运行情况检查，督促银行根据各项外汇业务可能产生的风险点，制定体现业务可操作性、风险可控性和尽职审查全覆盖的内控自律机制，并将相关结果纳入对银行的考评体系中。重点监督银行内控制度是否健全，是否建立相关业务操作规程和风险控制体系有效落实，以此作为银行是否贯彻"展业三原则"的依据。

二是加大检查人员培训力度，提高检查人员综合业务能力。对于认定银行未尽职履行展业原则的审查案件，在很大程度上依赖银行供述。而在实际办案中，由于缺乏强制手段，银行面对检查人员的询问，总是"百般抵赖"。本案中检查人员抓住不经意的细小线索，认真思考，及时调整取证思路，锁定银行违规行为，圆满顺利完成银行处罚。这就要求检查人员不仅要熟悉外汇管理政策，还要对银行外汇业务开展情况有较为全面的了解与掌握，更重要的是要有高度的责任感和职业敏感度，从细节入手判断交易背后的逻辑性和政策运用的合理性，从调查笔录方面固化证据，完善证据链条，精准打击外汇违规，有力震慑违规资金跨境行为。

我国"网络炒汇"的现状

张华敏[①]

近几年，随着互联网技术的不断进步，特别是网络交易平台的日趋完善，专门为投资者开发的 PC 端及移动端 App 交易软件使得投资者可以随时随地在线进行交易。因此"网络炒汇"成为投资者在线进行外汇保证金交易的新模式，但同时也出现众多以诈骗为目的的"黑平台"，打着"操盘手培训""一夜暴富"等噱头，利用"网络炒汇"带给普通大众的神秘感，欺骗投资者参与，并通过高频交易、畸高的手续费及后台数据操作欺骗投资者资金。

一、境外经纪商提供的"网络炒汇"平台

（一）案例分析

案例：2017 年初，我们接到举报人举报某境外外汇交易商骗取投资者资金，无法正常出金。投资人于 2016 年 8 月入金 5000 美元，在短短两个月的时间内，亏损超过 60%。剩余资金的出金手续也是一波三折，在缴纳了 200 美金的出金手续费后，剩余资金依旧无法到账。

我们对该平台的境内 A 公司调查后发现，该公司为境外炒汇平台提供接收和传输信息技术支持服务。但举报人并未与 A 公司签订合同，同时投资资金直接付汇至境外交易商提供的银行托管账户。在入金流程方面，A 公司通过页面截图的方式，帮助客户填报虚假汇款用途，如"旅游""留学"等。且资金不是汇至投资者本人账户，因此资金安全完全无法保证。

由于外汇交易为境外经纪商提供的离岸业务，未获得我国法律支持，在无法取得 A 公司与境外"网络炒汇"平台关联关系的直接证据，且投资者的资金汇出路径以及签订的合同也与境内公司无关的情况下，后期可能发生的交易风险及道德风险会因交易的合法性缺失而无法获得监管部门的帮助。因此在缺

---

① 张华敏：供职于中国人民银行营业管理部外汇检查处。

乏第三方监管机构的情况下，投资者应避免参与此类无资金安全保证的外汇保证金交易。

（二）存在问题

1. 投资者亏损严重

统计发现，大部分投资者在"网络炒汇"平台的投资资金均损失殆尽，偶有剩余的也仅仅是投资资金的 10%~20%，部分投资者甚至直接爆仓。外汇保证金交易的巨幅亏损主要与投资者对杠杆交易的风险控制能力较低以及资金管理不当有关。

据境外交易商 FXCM（福汇）的资料显示，该公司每年的新增客户占本年活跃客户的 80%，不排除绝大多数新增客户会在当年亏损后成为僵尸用户[①]。而遇到汇率波动剧烈时，新增用户存活率甚至为 0。外汇保证金交易是场零和游戏，市场本身并不能产生财富，一部分投资者的赢利，必然来自其他投资者的亏损。而我国目前参与"网络炒汇"的投资者，大多没有经过专业培训，甚至连基本规则都不清楚，只是被外汇保证金交易"以小搏大"的特点、杠杆比例最高可达 400 倍而吸引，以赌博的心态，与各银行、机构的专业操盘手进行交易，因此损失惨重。

2. 个人境外投资资金以服务贸易项下名义汇出

投资者在"网络炒汇"平台的"指引"下，以个人服务贸易项下如"旅游""出国留学"等名义对外支付进行外汇保证金交易。

虽然外汇管理部门已经通过银行对"境外收款人"为境外交易商的个人付汇进行了限制，但投资者可通过境外个人账户中转，最终汇至"网络炒汇"平台境外公司账户进行规避。

3. 对我国开展外汇交易产生负面影响

随着我国外汇改革进程的不断发展，人民币汇率市场化形成机制不断完善，目前的外汇交易产品难以满足市场的投资需求。在条件成熟时，有计划、有步骤地推出外汇交易产品是我国外汇改革的发展方向。而"网络炒汇"的泛

---

① 僵尸用户指账户超过半年或更长时间内没有发生任何交易。在外汇保证金交易中，由于杠杆比例较高，所以不存在类似股票账户持股却不交易的敞口情况，因此外汇保证金交易的僵尸用户一般为发生大幅亏损或将资金转出而不进行交易的账户。

滥以及由此引发的社会问题将严重扰乱我国外汇市场发展的步伐，投资者也会对今后我国开展外汇交易市场缺乏足够的信心。

二、以诈骗为目的的"黑平台"[①]

"黑平台"从其平台内容、宣传资料、交易品种上都是模仿境外经纪商的"网络炒汇"平台设立的，甚至是同一家平台制作公司。因此投资者对平台真假难分，极易被"黑平台"骗取投资资金。"黑平台"在境外注册公司、架设服务器，通过境内管理人员进行平台推广。此类"黑平台"有以下特点：一是在网页中宣称受境外权威监管机构的监管，并取得了金融衍生品交易资格证书或与国内某银行、证券机构合作；二是在入金环节提供第三方支付链接，可接受人民币；三是联系方式均为境外地址或电话，只能通过 QQ 等即时通信工具进行咨询。这种平台不计成本进行虚假宣传，其真实目的是骗取投资人资金。

据某民间登记"网络炒汇"黑白平台名单的统计数据显示，目前超过 200 家境外交易商在国内推广其"网络炒汇"平台，属于该平台认为的白名单范围。而超过 1000 家被曝为"黑平台"，通过可后台操作的交易软件，骗取投资人资金。

（一）案例分析

案例一：据受害人举报，南盛（北京）国际投资管理有限公司（以下简称"南盛公司"）以招聘见习资金管理人为名，承诺投资者在 1 个月内盈利达 18% 即可被招聘为公司操盘手，月薪 5 万。举报人与该公司签订操盘手培训课程后，通过网银向该公司在第三方支付公司的备付金账户（智付电子支付有限公司）转账 3 万元人民币，获得在南盛公司指定平台的交易资格。

举报人通过一段时间的操作，一是发现该平台的 K 线和他们通过互联网查询的交易行情不一样，交易行情被操作；二是平台老师指导学员交易频率高，高点想卖出时老师建议继续持有，并且最终成交价格和实际看盘价格差别较大。最终交易金额仅剩 6081 元人民币。通过调查举报人提供的证据，我们发现该平台还存在根据不同客户的买卖点，同一时间交易行情也存在不一致的情况。投资者参与的是 1 : 400 杠杆比例的交易，很小的价差也足以让投资者爆仓。

---

① 客户操作的平台并没有和全球外汇市场连接，客户的资金账户也是黑平台公司的模拟账户，通过后台数据操作，造成客户资金亏损。

（二）存在问题

1. 境外账户实际为"黑平台"开立的模拟账户

投资者通过"黑平台"下载的客户端可以通过后台人为操作。"黑平台"较多选择第三方支付公司作为入金方式，投资者入金后，账户显示的境外资金为诈骗公司的模拟账户，可人为控制。实际的人民币资金已进入公司账户或诈骗人员个人账户，因此投资者从入金开始已陷入诈骗陷阱。

2. 诱导客户申请高杠杆比例并进行高频交易

为了使客户资金迅速亏损并再次充值，诈骗公司从洗脑式培训到"投资大师"在线指导，其唯一目的就是为客户减少本金提供合理的解释。如诱导客户申请高杠杆比例的同时进行高频交易。杠杆资金仓位的控制以及高频交易都是非常专业且极难掌握的投资技巧，但被所谓的"大师"推荐给新手客户频繁使用。致使客户在其投资交易中，几天的手续费占到投资本金的 50% 以上。

3. 行情延时

实际外汇交易行情中出现的最高及最低点，在客户端软件中会发生延时甚至不会出现。同时客户的最终成交点位与确认的报价点位存在差异。"黑平台"主要通过中断服务器、篡改客户交易记录等方式造成投资者亏损。当客户意识到上当受骗，出金取回自己所剩无几的本金时，会遭到"黑平台"以各种理由拒绝。

4. 对社会稳定造成不利影响

2017 年上半年，北京外汇管理部受理的举报信中，关于"黑平台"诈骗投资人资金的占比超 40%。且此类举报信及其他部门移交案件的数量及涉案金额呈逐月递增态势，呈现出受骗人数多、个体金额小，且各行各业均有分布的特点。其中个别举报人的投资资金来自高利贷，投资亏损对很多人的日常生活造成了影响。如 2017 年 IGOFX 交易平台诈骗 40 万投资者近 300 亿人民币后跑路事件，受到了社会舆论的广泛关注，极易引发群体性事件，影响社会稳定。

三、"网络炒汇"平台及"黑平台"的共性问题

（一）监管职责不清

由于对"网络炒汇"平台监管主体不明、职责划分不清、政策缺乏连续性，很多部门在处理"网络炒汇"平台过程中存在权限重叠或真空区的现象，导致监管部门的权威性受到质疑。我国自 1994 年工商局、证监会、公安部、国家外汇管理局联合发文《关于严厉查处非法外汇期货和外汇按金交易活动的通知》取缔外汇保证金交易，以及 1998 年证监会和工商局下发《关于进一步明确在查处非法期货交易中职责分工的通知》规定后，再没有明确对于"网络炒汇"平台的监管政策，造成了目前"网络炒汇"平台乱象横生的局面。

一方面，多个部门对"网络炒汇"平台监管权存在重叠。如工商部门负责对"网络炒汇"平台及宣传公司日常经营的监督管理，证监会负责对证券及期货市场的经营和推介外汇保证金交易机构的监督，外汇管理局则担负着"网络炒汇"资金流出的监管，各环节存在一定重叠，但并没有任何一个监管机构负责对"网络炒汇"平台的监管。另一方面，监管存在真空区。如工商部门、证监会只对国内的机构进行监管，平台注册公司不在境内导致监管部门管辖权有限，调查、取证存在困难。据公安部门称，目前只能通过证监会对被举报公司出具从业资格证明才能对类似诈骗公司进行立案侦查，而部分被举报公司从事的境外外汇保证金交易并不属于证监会管辖范围。此外，公安司法部门由于对涉案金额的门槛要求较高，加之投资者遍布全国各地，取证环节也遇到诸多困难。

（二）取证、定性难

通过对多家"网络炒汇"平台调查发现，涉事平台的境内公司只承认负责提供"网络炒汇"平台的技术服务，并不承认参与、组织"网络炒汇"。而从举报人提供的合同看，客户是与境外交易商签订电子外汇保证金交易合同。无论从境外收款账户还是合同，都无法证明境内公司参与其中。在没有直接证据证明境内公司与境外"网络炒汇"平台公司的关联关系前，难以认定境内公司直接从事"网络炒汇"活动。而多家涉事的"黑平台"诈骗公司，在我检查人员调查时已人去楼空。但诈骗公司只需重新换一个平台名称，改头换面后便可重新进行诈骗。由于缺乏必要的行政调查手段，目前我们打击网络炒汇活动的成效并不显著。

　　"网络炒汇"平台利用注册地在境外的监管盲区开展非法网络炒汇业务，以及部分公司对投资者诈骗的行为损害了投资人权益、严重扰乱了我国金融秩序。对"网络炒汇"的监管职责不清导致的"黑平台"的泛滥，极易引发社会群体事件，亟待引起有关部门的重视。

我国外汇衍生品市场发展的现状、问题及建议

汪秋亮　等①

随着人民币汇率形成机制改革的不断推进，汇率双向波动的特征更加明显，市场主体面临的汇率风险加大，通过外汇衍生品进行避险的需求不断增加。为满足不同主体的避险需求，需要建立更加开放的、有竞争力的外汇衍生品市场。本文梳理了我国外汇衍生品市场发展现状，通过构建 VAR 模型实证研究了我国外汇衍生品市场、进出口贸易和汇率波动之间的动态联系，并借鉴国际成熟外汇衍生品市场的发展和监管经验，对我国外汇衍生品市场的发展提出了政策建议。

一、我国外汇衍生品市场发展现状

2005 年 7 月汇改后，我国外汇衍生品市场的发展进入了新阶段，参与主体范围逐步扩大，交易品种日益丰富，配套制度不断完善。

（一）我国外汇衍生品交易市场分为银行间市场和银行代客市场，以银行间市场交易为主

2018 年上半年我国外汇衍生品交易量为 8.3 万亿美元，其中银行间市场为 7.9 万亿，占比 95%。银行间市场为会员制，参与者主要是银行、财务公司、基金证券公司等金融机构，具有高度的同质性，而银行代客市场的参与者则主要是跨国公司和国有企业。

（二）我国已形成包括远期、掉期、期权的外汇衍生品基础交易品种体系

其中以远期、掉期交易为主，期权交易的占比较小，30 余种交易币种涵

---

① 汪秋亮、陈莉莉、杨超凡、周斐斐：供职于中国人民银行营业管理部外汇综合业务处。

盖了我国跨境收支的主要结算货币。但与国际成熟市场的交易品种体系相比，我国还缺少外汇期货产品，在一定程度上影响了企业运用外汇衍生工具进行汇率风险管理。当前我国企业主要采用的汇率避险工具是远期结售汇，但2017年企业远期结售汇交易额也仅占当年进出口额的7.8%。

（三）我国外汇衍生品市场的监管体系透明度较高，但监管体系仍不完善

我国场外衍生品交易都需要通过统一的平台进行，但市场尚未完全成熟，监管体系仍存在不足。一是法律体系的不完善。近年来主要以发布规范性文件的方式发展外汇衍生品市场，法律层级较低，相关法律处于空缺状态，无法对外汇衍生品市场系统进行有效管理。二是监管真空问题。外汇衍生品市场涉及外汇管理部门、银保监会、证监会等多个部门，在实践中存在监管主体不明、职责划分不清的问题。

二、我国外汇衍生品市场、进出口贸易及汇率波动间的动态联系

2015年"8·11"汇改后，汇率形成机制发生转变，双向波动更加频繁，汇率风险上升。外汇衍生品作为汇率风险管理工具，会对进出口贸易产生影响。发展外汇衍生品市场对我国进出口贸易有何影响，当前外汇衍生品的汇率风险管理作用发挥到何种程度，均值得研究。因此，本文通过构建VAR模型，用非结构性方法对外汇衍生品、进出口贸易以及汇率波动之间的动态联系进行了实证研究。实证结果表明，一是外汇衍生品市场和进出口贸易具有相互促进的作用，二是当汇率波动增大时外汇衍生品交易量反而减少，使用外汇衍生品进行汇率风险管理仍有提升空间。

（一）研究设计

1.变量选取及数据来源

模型中，选取月度外汇衍生品交易量、月度进出口贸易额、月度人民币兑美元汇率方差作为变量，分别反映外汇衍生品市场、进出口贸易情况、汇率波动情况。其中，外汇衍生品交易量应为外汇远期、掉期、期权交易量之和，但由于2017年之前的期权交易数据缺失，且其交易量占比较小（2017年占比2.69%，2018年上半年占比3.27%，数据来源于中国外汇交易中心，由笔者自行计算），所以在实际计算外汇衍生品交易量时，剔除期权，只考虑远期和掉

期。人民币兑美元汇率方差采用每日人民币兑美元中间价作为方差计算的基准。

样本数据选取"8·11"汇改后 2015 年 9 月至 2018 年 6 月的月度数据，总共 34 组观测值。在使用月度外汇衍生品交易量、月度进出口贸易额数据时，采用其自然对数形式。模型中变量及数据来源如表 1 所示。

表 1　变量及数据来源表

变量	原始变量	数据来源
外汇衍生品交易量	外汇远期交易量	中国外汇交易中心
	外汇掉期交易量	中国外汇交易中心
进出口贸易额	进出口贸易额	Wind 数据库
汇率波动	人民币兑美元中间价	Wind 数据库

2. 模型设定

包含外汇衍生品交易量（DER）、进出口贸易额（INTTRADE）、汇率波动（ERVAR）的 p 阶向量自回归模型 VAR（p）设定如下：

$$y_t = \Gamma_1 y_{t-1} + \Gamma_2 y_{t-2} + \cdots + \Gamma_p y_{t-p} + \mu_t, \quad t = 1, 2, \cdots, T$$

其中，

$$\Gamma_i = \begin{bmatrix} \gamma_{11}^{(i)} & \gamma_{12}^{(i)} & \gamma_{13}^{(i)} \\ \gamma_{21}^{(i)} & \gamma_{22}^{(i)} & \gamma_{23}^{(i)} \\ \gamma_{31}^{(i)} & \gamma_{32}^{(i)} & \gamma_{33}^{(i)} \end{bmatrix}, \quad i = 1, 2, \cdots, p, \quad \mu_t = \begin{bmatrix} \mu_{1t} \\ \mu_{2t} \\ \mu_{3t} \end{bmatrix},$$

$$y_t = \begin{bmatrix} \ln DER_t \\ \ln INTTRADE_t \\ ERVAR_t \end{bmatrix}, \quad y_{t-p} = \begin{bmatrix} \ln DER_{t-p} \\ \ln INTTRADE_{t-p} \\ ERVAR_{t-p} \end{bmatrix}$$

y_t 是 3 维内生变量列向量，Γ_i 为 3×3 维滞后项系数矩阵，p 为滞后阶数，μ_t 为 3 维扰动列向量。

（二）实证分析

1. 变量序列平稳性检验、模型滞后阶数的确定及模型稳定性分析

（1）ADF 检验结果表明，各变量序列均为平稳序列。

（2）根据 LogL、LR、FPE、AIC、SC、HQ 等准则综合考虑，最终确定滞后阶数为 2。

（3）AR 根均在单位圆内，可以判定模型是稳定的。AR 根图如图 1 所示。

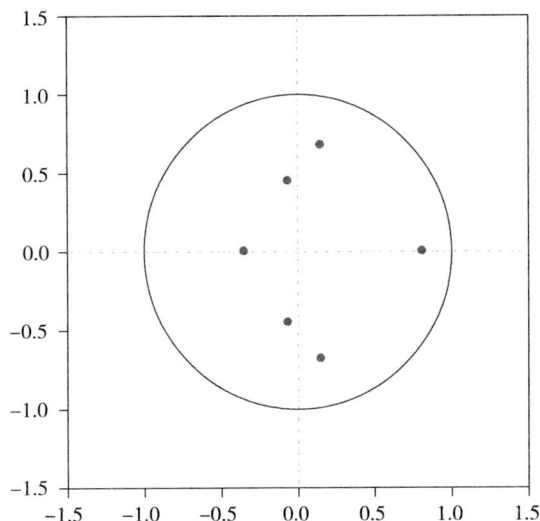

图 1　AR 根图

2. Granger 因果检验

通过 Granger 因果检验来判断各变量间的因果关系。结果表明，进出口贸易额对外汇衍生品交易量、汇率波动对外汇衍生品交易量、外汇衍生品交易量对进出口贸易额具有显著的 Granger 影响，而汇率波动对进出口贸易额、外汇衍生品交易量对汇率波动、进出口贸易额对汇率波动则没有显著的 Granger 影响。这说明：一是我国外汇衍生品市场与进出口贸易互相影响，外汇衍生品在进出口贸易中扮演着重要的作用；二是外汇衍生品作为汇率风险管理工具，其交易受到汇率波动的影响；三是汇率波动外生于系统，"8·11"汇改后人民币汇率以一篮子货币为锚，汇率波动受新的汇率形成机制影响，不受其他变量影响。检验结果如表 2 所示。

表 2　Granger 检验结果

变量	原假设	χ^2 统计量
外汇衍生品交易量 （ln DER）	ln INTTRADE 不能 Granger 引起 ln DER	8.426727**
	ERVAR 不能 Granger 引起 ln DER	5.312400*

变量	原假设	χ^2 统计量
进出口贸易额 （ln INTTRADE）	ln DER 不能 Granger 引起 ln INTTRADE	15.06082***
	ERVAR 不能 Granger 引起 ln INTTRADE	1.838046
汇率波动（ERVAR）	ln DER 不能 Granger 引起 ERVAR	1.685139
	ln INTTRADE 不能 Granger 引起 ERVAR	0.005043

注：*、**、*** 分别表示在 10%、5%、1% 的显著性水平下显著。

3. 脉冲响应分析

采用广义脉冲响应函数来分别刻画外汇衍生品交易量对于进出口贸易额冲击的响应、进出口贸易额对于外汇衍生品交易量冲击的响应以及外汇衍生品交易量对于汇率波动冲击的响应的长期动态轨迹。图像分别如图 2 至图 4 所示：

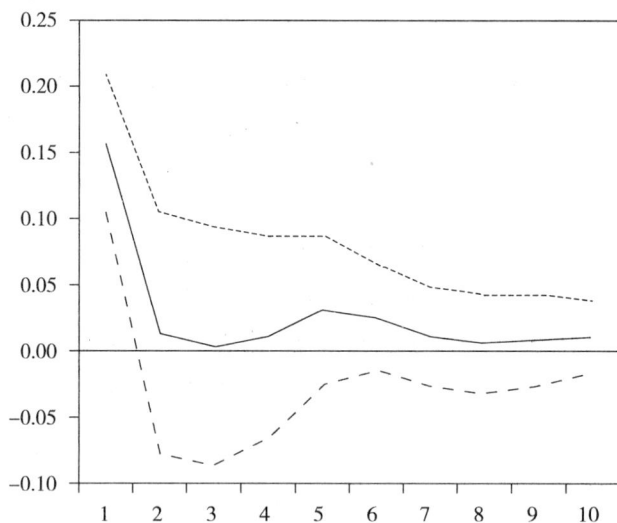

图 2　外汇衍生品交易量对于进出口贸易额冲击的脉冲响应

从外汇衍生品交易量对于进出口贸易额冲击（见图 2）、进出口贸易额对于外汇衍生品交易量冲击的脉冲响应（见图 3）函数图像中可以看出，进出口贸易额的正向冲击会对外汇衍生品交易量产生正向影响，该影响会稍有滞后，并在第 1 个月达到最大值后不断减弱，在第 2 个月后逐渐趋近于零；而外汇衍生品交易量的正向冲击也会对进出口贸易额产生正向影响，该影响同样会稍有滞后，并在第 1 个月达到最大值后不断减弱，在第 4 个月后逐渐趋近于零。

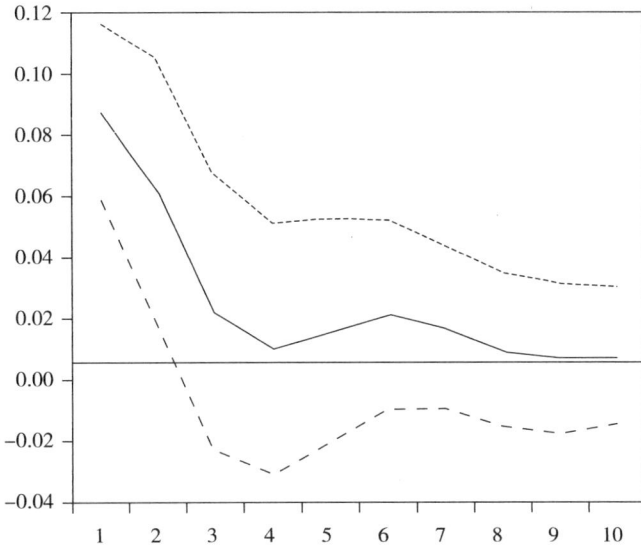

图 3　进出口贸易额对于外汇衍生品交易量冲击的脉冲响应

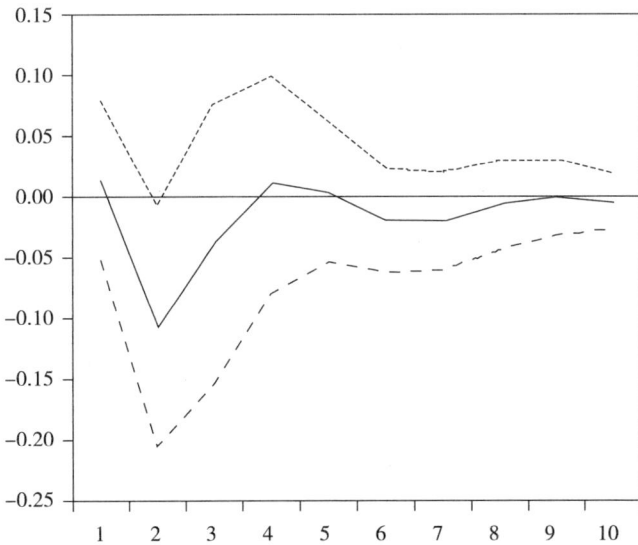

图 4　外汇衍生品交易量对于汇率波动冲击的脉冲响应

注：虚线表示置信区间。

上述分析显示，外汇衍生品市场和进出口贸易具有相互促进的作用，一方面进出口贸易的扩张会增加贸易企业的用汇需求，增加使用外汇衍生品进行保值、规避汇率风险的需求，推动外汇衍生品市场的发展，另一方面发展外汇衍生品市场有助于进出口企业更加有效地进行汇率风险管理，降低了进出口贸易中的不确定性，进而推动了进出口贸易的发展。

外汇衍生品交易量对于汇率波动冲击的脉冲响应（见图 4）函数图像则显示，汇率波动的正向冲击会给外汇衍生品交易量带来负效应，于第 2 个月达到负向最大值后逐渐趋近于零。

这反映出当汇率波动增大、风险提高时，本应在汇率避险中发挥更大作用的外汇衍生品交易反而减少。这可能是由于：一是交易市场易受负面恐慌情绪影响；二是贸易企业虽有一定汇率避险意识，但避险意识不到位，汇率风险管理水平仍相对薄弱，特别是"8·11"汇改后汇率双向波动更加频繁，贸易企业明显应对不足；三是外汇衍生品知识普及和相关政策宣传相对缺乏，贸易企业对外汇衍生品的本质及其避险特性的认知不到位。

三、政策建议

（一）"开正门""堵歪门"，丰富交易品种，不断扩大我国外汇衍生品市场开放程度

一是借鉴澳大利亚在岸 NDF 市场的发展经验，对不涉及本外币兑换的差额交割的衍生品交易放开实需管理原则。二是适时推出外汇期货、期权等场内交易品种，有效增加外汇衍生品市场的深度、广度，扩大参与主体，提升交易量。三是创新发展外汇衍生品市场中"一带一路"沿线国家的小币种交易机制，满足"一带一路"企业外汇风险管理需求。四是继续探索允许境外机构在境内开展外汇衍生品业务，限额管理下允许符合条件的境内银行参与 CNH 市场，允许符合条件的非银行金融机构参与外汇衍生品交易。

（二）借助地方商务局、金融局等政府部门平台，加大外汇衍生品交易的政策宣传力度，引导企业提高汇率风险管理意识

一是多层面加大对汇率双向波动形势的宣传，引导企业及时调整汇率预期判断，增强外汇避险意识。二是定期邀请相关领域专家开展外汇衍生品知识授课，引导企业正确理解套期保值项下现货和期货市场的交易盈亏关系，建立应

用外汇衍生品进行汇率风险管理的体系，提升企业汇率风险管理水平。

（三）构建外汇衍生品交易监测分析预警体系和跨部门协调监管机制，完善我国外汇衍生品市场监管体系

一是充分发挥外汇衍生品需通过中国外汇交易中心系统进行交易的优势，采集全口径数据，科学设计监测指标、阈值，识别可能诱发系统性风险的因素，防范顺周期风险。二是借鉴国际成熟市场的发展和立法经验，结合我国发展实际，构建统一的法律管理制度，对市场准入、场内外衍生品交易、结算风控等进行统一规范。各部门分清责任、明确职责，避免监管重复和监管盲区，降低监管成本、提高监管效率。其中，人民银行和外汇局从功能监管角度出发，设计监管的整体目标和思路并负责准入管理，着重从防范跨境资本流动和对货币政策调控冲击的角度加强管理。而银保监会、证监会等部门则从机构型监管角度出发，结合不同类型市场主体监管需要，对业务加强管理。

参考文献

［1］郑振龙，陈蓉，陈森鑫，邓戈威.外汇衍生品市场：国际经验与借鉴［M］.北京：科学出版社，2008.

［2］王春英.我国外汇市场的深化发展［J］.中国外汇，2018（9）.

［3］孟路，李士华，陈伟杰.外汇衍生品市场的政策研究综述与探讨［J］.江苏商论，2017（10）.

［4］程晨.借鉴国际经验发展我国外汇衍生品市场的研究［J］.现代经济信息，2012（9）.

［5］斯文.发展我国外汇衍生品市场的理论分析与政策思考［J］.世界经济研究，2014（5）.

［6］斯文.我国外汇衍生品市场发展及国际贸易效应分析［J］.新金融，2014（5）.

［7］孙国锋.发展外汇衍生品市场服务实体经济［EB/OL］.和讯网，Futures.hexun.com/2017-05-25/189354304.html，2017.

第五篇

综合管理篇

Integrated Management

凝聚监督合力　推动营业管理部党的基层组织党建与履职相融合

边志良[①]

全面深入贯彻落实党的十九大精神，以习近平新时代中国特色社会主义思想为指导，切实增强"四个意识"，坚定"四个自信"，坚决维护以习近平同志为核心的党中央权威和集中统一领导，加强党的建设工作具有重大意义。在总行党委和派驻纪检监察组的领导下，人民银行营业管理部党委、纪委高度重视党建工作，特别是在凝聚监督合力，推动营业管理部党的基层组织党建与履职相融合方面，取得了一定成效。

一、提升基层组织党建工作水平，以党建促履职

营业管理部党建工作的总体思路是：深入贯彻落实党的十九大及十九届一中、二中、三中全会精神，全面推进党的政治建设、思想建设、组织建设、作风建设、纪律建设，把制度建设贯穿其中，着力营造风清气正的良好政治生态，为营业管理部有效履职提供坚强保障。

（一）以政治建设为统领，把讲政治落实到营业管理部党的建设和事业发展的全过程

一是进一步增强"四个意识"。结合工作实际，组织引导党员领导干部牢固树立"四个意识"，坚定"四个自信"，认真学习贯彻党的十九大及十九届一中、二中、三中全会精神，带头在政治立场、政治方向、政治原则、政治道路上同以习近平同志为核心的党中央保持高度一致，坚决维护党中央权威和集中统一领导，将党中央各项重大决策部署落到实处。要求各党支部提出有针对性

---

① 边志良：中国人民银行营业管理部纪委书记。

的落实措施，确保基层党组织和党员干部政治上站得稳、靠得住，把思想和行动切实统一到落实党中央各项重大决策部署，进一步加强对落实党中央决策部署以及总行党委决议决定、营业管理部重点工作情况的督查。

二是把党对经济金融工作的集中统一领导落到实处。深刻学习领会习近平总书记关于加强党对金融工作领导的重要指示精神，坚持稳中求进工作总基调，有效落实稳健中性的货币政策，着力提升金融与产业发展的契合度，服务北京供给侧结构性改革。

三是为推动营业管理部各项工作提供政治保障。将支部党建工作与推动京津冀协同发展等重大战略结合起来，鼓励党支部、中关村中心支行党委去偏远地区、贫困地区访贫问苦、结对帮扶，以实际行动落实精准扶贫政策，以切身所见所感锤炼党性修养。结合推进"两学一做"学习教育常态化制度化，组织党员干部全面学习掌握党章的基本内容，坚持用党章规范言行。把党章作为加强党性修养的根本标准，依据党章判断各党支部、党员干部的表现。

（二）着力加强思想建设，坚持用习近平新时代中国特色社会主义思想武装党员

一是深入学习宣传贯彻习近平新时代中国特色社会主义思想。以党委理论学习中心组学习为先导，分法治思想、全面从严治党思想、经济建设思想、文化建设思想四个单元，组织学习习近平新时代中国特色社会主义思想，提高中心组学习的系统性和针对性。定期开展全员培训，通过专家授课、专题学习、交流研讨等方式，帮助干部职工深刻领会、全面把握。将理论学习与贯彻落实各项重大决策部署相结合，与解决履职中的重点、难点问题相结合，使理论学习与业务工作齐头并进、互为促进。开展闭卷测试、现场抽查等，督促提升学习成效。

二是深入培育和践行社会主义核心价值观。以道德讲堂、中华经典诵读等活动为载体，开展中华优秀传统文化教育。开展楼道文化建设，打造具有营业管理部特色和文化底蕴的办公环境。加强机关文化建设，提炼并推广营业管理部工作理念和工作精神，营造积极奋进的机关氛围。

（三）全面加强组织建设，切实发挥基层党组织战斗堡垒作用

一是进一步强化支部党建工作。认真学习《中国共产党支部工作条例（试行）》，深入落实《进一步加强和改进营业管理部基层党建工作的实施意见》，全面推动党建与业务考核的深度融合，切实推动党建工作与业务工作同部署、

同检查、同考核。充分发挥纪检委员联络工作职能作用，加强党建工作量化考核，促进全面从严治党向基层延伸。

二是严肃党内政治生活。认真贯彻落实《关于新形势下党内政治生活的若干准则》，切实增强党内政治生活的政治性、时代性、原则性、战斗性。进一步规范并细化党支部全面从严治党主体责任清单，严格台账式管理，压实党支部主体责任。重点对照"七个有之"问题、纪律和规矩的遵守问题开展批评与自我批评，切实提高民主生活会和组织生活会质量。督促落实民主评议党员、"三会一课"等制度，提高党建工作电子化管理水平，规范党支部工作记录册填写，改进和提升党内政治生活质量。

三是全面提升党支部的组织力。要求各党支部书记、支部委员认真落实全面从严治党主体责任清单，以提升组织力为重点，突出政治功能，将党支部建设成为宣传党的主张、贯彻党的决定、领导基层治理、团结动员群众、推动改革发展的坚强战斗堡垒；严格落实"三会一课"等制度，切实提升质量和效果；加强对党员的教育管理，认真落实"一岗双责"，多了解干部思想、工作等状况，做好政治引领、心理疏导、解疑释惑的工作，切实担负起对本支部党员的教育、监督和管理责任。

（四）持之以恒推动作风建设，不断巩固并拓展贯彻落实中央八项规定精神成果

驰而不息纠正"四风"。坚决贯彻落实习近平总书记关于纠正"四风"问题的重要批示精神，严格执行《中国人民银行正风肃纪十条禁令》，对照形式主义、官僚主义等10种新的表现形式，查找并整改在作风方面发现的突出问题，严防"四风"问题反弹回潮。把监督作风建设作为经常性工作，对于违反中央八项规定精神的行为和"四风"问题扭住不放、寸步不让。严格执行落实中央八项规定、反对"四风"的监督检查工作机制，开展日常监督、专项检查、定期评议、行风评议、问卷调查。

（五）切实加强纪律建设，着力维护营业管理部良好政治生态

一是深入推进党风廉政建设。加强纪检监察工作制度建设，建立纪委书记办公会制度和纪检建议书制度，不断夯实工作基础。加强党风廉政建设责任制检查考核，实现党风廉政建设工作现场检查和风险监督管理系统等非现场检查的有机结合。坚持将各部门风险防控问题落实整改情况纳入党风廉政建设责任制检查考核，加强整改工作督查督办。开展廉政教育活动，从示范教育和警示

教育正反两方面加强引导。

二是积极运用好监督执纪"四种形态"。在早发现上深化，提高发现违纪问题的能力，抓早抓小，防微杜渐。在分类处置上深化，强化分析研究，提高精准把握执纪标准和运用政策能力，严格把握"四种形态"之间转化的条件，防止出现适用不当、尺度不准、轻重不一现象。在用好第一种形态上深化，强化党内监督基础工作，关口前移、防患未然。

（六）加强制度建设，立足发挥领导干部示范和督促作用

建立党委委员、领导班子成员指导联系支部（党委）抓党建工作制度、领导干部联系群众等工作制度，促进领导干部进一步落实全面从严治党主体责任、践行群众路线。根据党的十八大以来中央制定和修订的党内法规制度，紧密结合营业管理部实际，组织系统性梳理党建工作制度，进一步完善制度体系。

二、凝聚监督合力，为营业管理部党建提供坚强保障

营业管理部构建"大监督"工作框架。近年来，营业管理部建立起会计、内审、外汇综合、纪检、业务处室牵头的五个条线的岗位（廉政）风险防控体系。与此同时，纪检监察部门与办公室、人事、会计、内审、外汇综合、法律等其他监督部门联合建立"大监督"工作框架，定期分别召开监督工作联席会议和干部监督协调联席会议，对涉及人、财、物等重点领域、重点岗位和关键环节的权力运行情况作为监督内容的重中之重。各监督部门共享监督信息资源、凝聚监督合力、实现监督目标。在"大监督"的工作框架下，监督部门高效合作、齐抓共管，提高各部门岗位（廉政）的风险防控意识，防范岗位（廉政）风险隐患，将风险隐患遏制在萌芽状态，进一步促进营业管理部各部门党建工作高效有序开展。

三、开展营业管理部特色工作，充分发挥党支部战斗堡垒作用和党员干部先锋模范作用

（一）加强党建工作考核管理

为落实全面从严治党要求，进一步加强营业管理部基层党组织建设，充分发挥党支部战斗堡垒作用，全面提升营业管理部党建工作科学化、制度化、规

范化水平，营业管理部开展了党建工作考核管理，制定完善支部党建工作量化考核管理办法，编制年度支部党建工作量化考核细则，维护支部党建工作量化考核系统，对考核对象工作完成情况进行打分评价。全面落实党建工作责任制，加大党建工作量化考核力度，督促各基层党组织提升党建工作质量，为促进营业管理部高效履职提供坚强的政治保证、思想保证和组织保证。

（二）开展"强基础、严管理"学习实践活动

2018 年上半年，为实现提振全体干部的工作热情，发挥党员先锋模范作用，推动党建和履职效能的目的，党委决定在全行范围开展"强基础、严管理"学习实践活动，强化组织领导，统筹推进各项工作。要求各部门敢于担当，大胆管理，切实提高制度执行力。全体党员，特别是党员领导干部要做出表率。每一名员工要把自己摆进去，对照制度规范和职责要求，自觉纠正不足。提升全体干部精气神，形成"严紧硬"的工作作风和敢管敢严的管理文化，守住不发生系统性金融风险的底线，推动基层组织党建与履职相融合，避免"两张皮"现象，更好地履行中央银行职责，服务首都经济高质量发展。

（三）高度重视青年员工工作

青年员工特别是青年党员、团员是营业管理部党建工作的重要骨干力量，他们工作上有想法、思路上有创新、事业上有追求。因此，营业管理部积极为青年同志搭建学术研究的平台，创建"新思享"青年沙龙品牌，推行青年导师制，深入开展"青年文明号"创建活动，依托"央行北京青联"微信公众号夯实新媒体阵地，积极鼓励青年员工跨部门联合开展课题研究，健全完善青年人才的发现、培养、管理和激励机制，助推青年发展进步。营业管理部全面从严治团，加强团干部队伍建设、锤炼过硬团风。同时，在生活上，实行对入住青年公寓的新行员首年管理费用减免等优惠政策，继续给予青年员工关心和爱护，得到了青年员工的广泛欢迎。

新时代创新思想政治工作的理念和路径探究

王远志　卓萍[①]

习近平总书记指出，"当前宣传思想工作的外部环境、社会条件、工作对象都在不断发生新的变化，做好宣传思想工作，比以往任何时候都需要创新"，并指出"重点要抓好理念创新、手段创新、基层工作创新，努力以思想认识新飞跃打开工作新局面，积极探索有利于破解工作难题的新举措新办法，把创新的重心放在基层一线"。面对新时代新要求，营业管理部党委在创新思想政治工作方面做出了积极探索。

一、营业管理部创新思想政治工作的积极探索

（一）理念创新：把政治建设摆在首位，强化政治意识和政治担当

党的十九大报告提出，把党的政治建设摆在首位。这个论断改变了长期以来"把思想建设摆在首位"的提法，突出强调了党的政治建设的重要意义。特别是习近平总书记对中央和国家机关推进党的政治建设做出重要指示强调："中央和国家机关首先是政治机关，必须旗帜鲜明讲政治，坚定不移加强党的全面领导，坚持不懈推进党的建设。"营业管理部党委深刻领会这一新要求，在思想政治工作中突出强调政治意识和政治担当，教育引导干部职工切实增强"四个意识"，坚定"四个自信"，坚持"两个维护"，坚持不懈用习近平新时代中国特色社会主义思想武装头脑、指导实践、推动工作；教育引导干部职工胸怀"以人民为中心"的执政理念，不断强化政治纪律和组织纪律，强化履职，防范风险，把党和国家赋予我们的职责履行好、落实好。

一是掀起学习贯彻党的十九大精神的热潮，坚持用习近平新时代中国特色社会主义思想武装头脑、指导实践、推动工作。营业管理部党委以高度的政治

---

① 王远志：中国人民银行营业管理部办公室主任。卓萍：供职于中国人民银行营业管理部外汇综合业务处。

自觉和责任心，通过中心组专题学习、处级干部培训、讲党课、专家辅导、闭卷测试、撰写心得体会等形式，切实增强全体党员和干部职工"四个意识"，坚定"四个自信"，坚决维护以习近平同志为核心的党中央权威和集中统一领导，坚持不懈用习近平新时代中国特色社会主义思想武装头脑、指导实践、推动工作。

二是确保意识形态阵地可管可控。营业管理部党委深刻认识到意识形态工作的极端重要性，出台了一系列制度，提出微信"十不准"，逐级签订《意识形态工作责任书》，定期召开意识形态专题会议，对意识形态工作进行形势研判和统筹部署。坚决做到守土尽责，切实维护好营业管理部意识形态领域的安全，使总行党委放心。

三是深入开展培育和践行社会主义核心价值观活动。营业管理部党委制定了《培育和践行社会主义核心价值观实施方案》，巩固阵地建设，创新工作方法，并取得了显著成效。坚持组织"道德讲堂"，以家文化、工匠精神、安全与忠诚、严防风险等为主题，每季度组织一期道德讲堂；将社会主义核心价值观要求融入岗位职责之中，进一步规范窗口服务的工作流程和服务标准；深入推进"央行志愿者"活动，深入社区和边远山区开展金融知识宣传，访贫问苦关爱弱势群体，回报社会。

（二）手段创新：品牌化、清单化、标准化

习近平总书记指出，"手段创新，就是要积极探索有利于破解工作难题的新举措、新办法"。营业管理部党委采取品牌化、清单化、标准化的手段，创新思想政治工作。

一是品牌化。把品牌概念引入思想政治工作，借助品牌管理理念和经营品牌的市场经济手段创新思想政治工作，创建符合时代要求、富有鲜明特色、示范带动力强、党员群众公认的品牌活动，丰富思想政治工作的载体，有效提升思想政治工作的科学化水平。这些品牌活动一旦被干部职工认同和接受，就会转化为员工的自觉、自主的行动，产生正向的导向作用和辐射作用。营业管理部现有"道德讲堂""三里河大讲堂""青年导师制""青年课题组""跨处室联合调研""我与行长面对面""央行北京青联"等品牌活动，在干部职工中有较大影响。

二是清单化。随着面对宣传思想工作内容不断增加的新形势、新常态，就会面临大量新的复杂问题的挑战，单纯依靠"计划—布置—考核"的传统管理手段来应对很容易忽略某些工作细节。清单化管理的核心是超前、精细，强调全面提醒和细节提醒，使人能够随时掌握工作的变化状态，做到心中有数，提升管理的精细化水平。营业管理部党委制定了《党委理论学习中心组学习任务清单》《党委及领导班子成员意识形态工作清单》《党支部意识形态工作清单》《各处室文明单位创建工作清单》，建立了意识形态阵地台账，使相关工作任务明确，责任清晰，年终考评有据可查，让责任传导无盲区、无缝隙、常态化。

三是标准化。营业管理部党委把文明单位创建工作作为思想政治工作的重要载体和手段，通过文明服务标准化，解决"金融服务最后一公里"的问题。营业管理部多年来持续深入开展文明单位创建活动，坚持"以客户为中心"和"标准化服务"的理念，逐级提升标准化标准，依次实现了以服务为核心的标准化、以管理为核心的标准化、以融合为核心的标准化，2017 年建立标准化的对外服务大厅，客户满意度大幅提升，营业管理部 2015~2017 年度继续保持"全国文明单位"荣誉称号。

（三）基层工作创新：把思想政治工作融入加强管理和解决实际问题之中

习近平总书记指出："基层工作创新，就是要把创新的重心放在基层一线，扎实做好抓基层、打基础的工作。"营业管理部结合本单位实际和干部职工的特点，把思想政治工作融入加强管理和解决实际问题之中。

一是开展"强基础、严管理"学习实践活动。针对内部管理中存在的"宽松软"现象和干部职工中存在的"骄娇二气""老好人思想"和精神懈怠等情况，以"执行制度、完善制度、检查制度落实"为核心，以形成"自觉遵章守纪、主动防控风险"的良好氛围和"敢管敢严，令行禁止"的管理文化为目标，以严明工作纪律、规范办公秩序和安全、保密、法律、财务管理、廉政等九个方面的制度规范为主要内容，全面强化制度基础，严格内部管理，提振干部职工精气神。

二是把解决思想问题与解决实际问题相结合。营业管理部党委坚持严管与厚爱相结合、激励与约束并重的理念，密切关注干部职工的思想动态和现实需要，切实把解决干部职工关心的工作和生活问题当成一件大事来抓，在职工"最急""最怨""最盼"的问题上下功夫。2018 年在干部队伍建设上开展了一系列工作，启动副处级领导干部选拔任用工作，制订干部培养五年计划。此外，营业管理部根据员工呼声，建立职工体检报告查询系统，提高食堂餐饮服务水平，尽心尽力为群众解决实际问题。

三是进一步密切党群干群关系。营业管理部不断改进领导干部密切联系群众的手段和方法，及时掌握职工的思想动态，真心诚意地关心和爱护干部职工。研究优化主任接待日、谈心谈话、座谈走访等制度设计，领导干部主动邀约，覆盖不同办公区、不同类型工作、不同层级，广泛深入开展"面对面"谈心谈话，及时准确掌握干部职工的思想、工作、作风以及生活情况。进一步深化民主管理，召开营业管理部职工代表大会，畅通干部职工意见建议表达渠道，把工作真正做到群众心里。

二、思想政治工作面临的难点及改进思路

思想政治工作是做人的工作，有人的地方就存在思想政治工作任务。做好思想政治工作，不是某一个部门或几个部门的事情，而是需要各部门齐心协力共同推进；也不是阶段性任务，而是长期需要费心费力的任务。在实践中我们认为，思想政治工作还面临一些难点，如思想观念多元多样带来各种观念相互激荡，如何在纷繁复杂的声音中突出主旋律；现实利益错综复杂，如何深刻把握和妥善回应合理的利益诉求，做到因势利导，还需要我们做大量艰苦细致的工作；面对人的思想问题的复杂性，如何做好反复的长期性的思想政治工作等。为了应对这些问题，在今后的工作中，思想政治工作要积极借鉴多学科研究成果，提高工作水平，增强思想政治工作的效果。

（一）要借鉴行为学研究成果

在一定意义上，思想政治工作就是激发人们积极性、创造性的工作。激励包括精神激励和物质激励。无论是马斯洛需求层次论，还是双因素理论，都把物质因素作为前提和基础，从而将两者有机统一起来。因此，在创新思想政治工作方法时，要注意把两者结合起来，原因有二。首先，人们的积极性、创造性的产生来源于物质和精神两种动力，物质动力满足人们在物质上的需要和要求，精神动力满足人们在精神上的愿望和追求。其次，把两者结合起来，才能适应不同思想水平、物质水平的人们的要求，从而调动起各方面人员的积极性和创造性。创新思想政治工作方法要采取物质激励和精神激励相结合的原则，既不能相互对立，也不能相互取代。

（二）借鉴传播学研究成果

现代传播学中有很多理论和方法对思想政治工作有借鉴作用，如"把关人""沉默的螺旋""议程设置""分众化传播"等，这些理论和方法都可以应

用到思想政治工作中。一要增强官网、官方指定公众号"把关人"的功能，恪守"客观、公正、真实"的原则，杜绝虚假、色情和垃圾信息在网络传播；二要建立信息公开机制，培养网评员队伍，进行舆情监测，及时发布权威信息，积极回应社会关切，强化主流言论，回击不健康言论，使主旋律能冲破"沉默的螺旋"占据主导地位；三要使用分众化传播手段，对不同年龄、不同职务、不同学历的员工开展有针对性的思想政治教育；四要主动设置议题，坚持团结稳定鼓劲、正面宣传为主，弘扬主旋律，传播正能量，大力培育和践行社会主义核心价值观。

（三）借鉴心理学研究成果

思想政治工作同党的其他工作，如经济工作、行政工作等相比较，有自己的独特性，这是由人的思想问题的极其复杂性所决定的。一方面，不同特点的人有着不同的思想，同一个人的思想在不同方面、不同阶段又具有不同的特点，同时人的思想又是处于不断变化的状态之中。另一方面，思想信息具有隐匿性，人的思想有时并不直接地表现出来，而是隐藏在人的行为背后或内心深处，这些都增加了思想政治工作的难度。思想政治工作要注重人文关怀和心理疏导，了解和掌握人们的心理状态和心理特点，增强工作的针对性。要关注干部职工心理健康，开展深入细致的思想政治工作。在工作中要具有不厌其烦的耐心，并做好抓反复、反复抓的思想准备。

关于进一步落实消防安全责任的思考

宋肖郎 等[①]

火灾是人们最常遇到的灾害之一，一旦发生将给人身、财产带来不可逆的危害。虽然火灾无情，但却可以通过人的积极性和主动性进行事前预防，或是减小发生的危害。起火必须具备火源、可燃物、助燃剂三个要素，故可通过切断任何一个环节阻止起火或减小任一要素发挥的作用灭火。只要具备科学的消防安全知识和技能，就可避免绝大部分的火灾发生。这就是消防工作的基本机制。

"隐患险于明火，防范胜于救灾，责任重于泰山"是江泽民主席对消防工作重要性的经典总结。长期以来，消防法律法规都对推动消防安全责任制的落实起到了一定的作用，但始终停留在宏观层面，直到 2017 年 10 月 29 日，国务院办公厅印发《消防安全责任制实施办法》(国办发〔2017〕87 号，以下简称《办法》)，进一步明确了消防安全责任，使责任落实和追究有了切实可行的依据。《办法》的实施，将有力推动"政府统一领导，部门依法监管，单位全面负责，公民积极参与"的社会化消防局面的形成，推动消防工作进入新时代。

一、《消防安全责任制实施办法》亮点解读

《办法》有六大亮点：一是明确了消防安全工作要坚持"党政同责、一岗双责、齐抓共管、失职追责"的总体原则，对社会各单位提出了"安全自查、隐患自除、责任自负"的要求；二是在厘清不同层级政府职责的基础上，明确、细化了省、市、县、乡镇四级人民政府的消防安全职责，将消防监管责任下沉到乡镇、街道；三是明确了 38 个行业部门在其监管范围内的消防安全管理责任，要求各行业部门切实担负起行业消防安全；四是对单位落实消防安全主体责任、开展消防工作方面逐条提出了硬性的要求；五是将对不依法履职的

[①] 宋肖郎：供职于中国人民银行营业管理部纪检监察办公室。参与课题研究人员：鞠洋、李海、李怡瑶、张可森，均供职于中国人民银行营业管理部保卫处。

单位或个人的问责机制提前，即不必等到发生火灾事故，只要在日常监管中发现履职不力、失职渎职情况即可问责；六是赋予了各级地方人民政府对本地火灾事故的调查处理的职责，县级、市级、省级人民政府分别负责一般、较大、重大级别的火灾事故处置。

《办法》主要解决两大问题：一是消防安全责任不明、监管不到位、处罚不力；二是消防工作缺乏社会支持。这两者是相辅相成的，通过将责任明确到制度上取得社会各行业、各单位对消防工作的支持，通过调动社会力量在实践中不断完善消防安全责任制。

消防工作因何要调动社会支持？

首先，因为火灾隐患无处不在，与个人密切相关，于情于理每个人都应关注消防安全。其次，消防管理本质上就是一项社会化工作。目前我国仅有两支主要消防力量，一是公安消防队[①]，警力有限，有17万人左右；二是政府专职消防队，受公安消防队领导，有20万人左右[②]。从法理、权限上讲，消防管理部门无法将管理之手伸入家庭和公民个人中去；从数量上讲，仅靠消防工作者单打独斗无法使社会消防形势得到根本好转。全国社会单位有5600多万家，社会化消防必须要抓好这个大头。此外，志愿消防队作为民间力量，负责开展群众性自防自救工作。一般由乡镇人民政府根据当地需要建立，或机关、团体、企业、事业等单位自行建立，或村民委员会、居民委员会根据需要建立。

二、消防安全管理存在的不足

（一）消防安全责任制不健全

社会各单位一般均有明确的各级消防安全负责人及其职责，有严格的消防工作检查机制。但在整个消防安全管理体系里，距消防标准化管理还有一定距离。以制度形式确立的单位消防安全责任主要在管理层，未将基层员工和消防值班人员的责任细化并整合。

（二）消防标准化建设不健全

一是消防基础设施落后。在办公区楼体初建时，与之配备的消防系统就已

---

① 由于国务院机构改革，2018年10月9日起，消防部队退出现役，成建制划归应急管理部。

② 《消防安全责任制实施办法》政策解读，中华人民共和国国务院新闻办公室门户网站，2017年11月13日。

经形成。但随着时间的推移，对消防工作、消防设备提出了更新、更高的要求，相关行业标准也在不断更新和提高。如此一来，在已建成多年的办公区的基础上，想要对现有的消防体系进行大修大改实属困难。

二是消防标准标识不齐全。2018 年初，消防部门开始大力推进重点单位消防标识化建设，对单位内各类消防设施、消防区域、如何设置标识、设置什么样的标识都做了明确的样本参照。目前许多重点单位内部的消防标识基本完整，但不够细化、责任主体不突出，与新的要求还有一定的距离。

（三）消防知识普及不到位

单位内部的消防管理部门在消防安全知识的宣教方面还有所欠缺。表现在消防安全氛围不够，如消防标识不足、宣传材料缺乏；职工的安全意识不强、消防专业知识贫乏。

三、消防安全管理工作的新方向

（一）厘清责任，落实消防安全管理责任制

消防安全管理责任分工要从上至下进行全面和细致的划分，并以制度的形式确立，更重要的是要建立与之匹配的工作问责机制。

1. 政府部门

根据《消防法》的有关规定，国务院和地方人民政府分别领导全国和各级行政区域的消防工作，具体的监督管理工作由各级公安部门执行（军事、核电等特殊情况除外）。公安消防部队、专职消防队依照国家规定承担重大灾害事故和其他以抢救人员生命为主的应急救援工作。2018 年 10 月 9 日，消防部队脱离公安部划归应急管理部，同时退出现役，承担火灾防范、火灾扑救和抢险救灾等工作。

2. 社会单位

社会单位日常的消防管理工作，由本单位负责落实。具体包括依法组织、协调消防基础建设与维护工作，消防中控室 24 小时值班，消防日常巡查、检查，消防宣传教育，配合监管部门相关工作。另外，消防安全重点单位还应承

担更多的自我管理职责，如确立消防安全管理人、实行每日巡查、建立志愿消防队、组织开展消防培训与演练等。

3. 消防工程建设部门

工程建设部门主要指消防工程设计单位、施工单位和工程监理单位。设计单位依据消防法规和国家技术标准进行消防设计；施工单位依据技术标准和经审核合格或备案的消防文件组织施工，建立施工现场消防安全责任制度；监理单位依据标准和设计文件实施工程监理，并对消防产品和具有防火性能要求的建筑构件、材料等进行检查[①]。工程竣工验收由建设单位组织，设计单位和监理单位均须在场确认。

4. 消防系统维保公司和物业服务部门

消防维保方履行合同服务内容，对消防设备设施进行维保，严格落实建筑物检查维修保养制度，组织更换自然损耗、淘汰的设备设施，及时排除消防设施故障，确保消防系统正常运行。维保方对被维保单位的消防系统安全负责，接受单位消防主管部门监督检查。

物业服务部门发挥其在建筑物基础设施保障、巡检、检修方面的作用，保证水电系统的正常运行，及时报告和消除水电系统存在的消防隐患，配合消防主管部门开展消防巡检。

（二）加快推进消防标准化建设

借北京市消防局推进消防安全重点单位标准化管理建设的东风，对照标准化要求，推进营业管理部消防安全标准化建设[②]。

一要实现组织制度规范化。明确各层级消防安全责任，构建完整的岗位责任体系；健全单位各项消防安全制度，做好监督。二要实现标准管理统一化。在新建、改建时严格遵循国家最新标准，依法履行审批手续；在物业、后勤等安全责任多方承担时，对消防设施、消防通道、用火用电、用油用气等标准进行统一和确认，厘清各方责任。三要实现重点部位警示化。单位要确定好消防安全重点部位，加强管理，完善警示标识。四要实现培训演练经常化。宣传教

---

① 《建设工程消防监督管理规定》，中华人民共和国公安部令第106号。

② 北京市消防安全重点单位要求实现"六化"，参见《北京市消防安全重点单位标准化管理操作手册》。

育非一日之功，只有做常做久方能得到明显效果，单位要根据自身特点制订科学完整的教育培训计划并逐一开展，不断提升员工的消防安全素质。五要实现检查巡查常态化。单位不仅要要求专门人员做好巡查，也要发动其他部门的员工对日常用火用电安全进行检查。发现火灾隐患和设备设施故障立即整改，不拖泥带水、蒙混过关。六要实现设施器材标识化。消防安全布局、消防设施器材、消防疏散通道均要体现醒目、齐全的消防标识，其意义不仅在于安全提示和知识普及，更在于危险发生时能够第一时间进行灭火、组织逃生，将损失降到最低。

（三）加强消防安全多方面管理

首先，加强对办公场所违规用电现象的管理。从政府历年统计的火灾情况看，电器起火和用火不慎始终是引发火灾的两个居高不下的原因。要加强对办公区域电器使用情况的管理，让人走断电、规范用电成为习惯。

其次，加强地下车库消防建设和电动自行车管理。近年来电动自行车增量过快，乱象横生。电动车起火极易蔓延，且车体可燃材料燃烧会产生大量有毒气体，严重危害生命安全。资料显示，2013~2017年，全国共接报由电动车引发的火灾1万余起，电动自行车火灾致人死亡率远远高于其他类型的火灾事故[①]。一要加强安全宣传。通过标语提醒、案例警示等方式提醒员工规范使用电动自行车，要求在指定区域内有序停放、安全充电，鼓励员工对违规充电现象进行监督或举报。二要加强巡查管理。在日常消防巡查时注意对车库、充电情况的检查。三要完善地下车库消防设施。根据公安部的各项通知精神，完善车库的消防报警和灭火设施。

（四）推动消防安全宣传和教育常态化

消防工作本身是一项社会性很强的工作，需要管理者和社会大众的互动合作。对单位消防安全来讲，不仅要管制度、管系统、管设施，还要管员工。为强化员工消防安全意识，提高防火自救的能力，实现通力合作的良好氛围，需经常开展各种形式的消防安全教育，普及消防安全知识。

一是结合业务特点进行宣传、培训。营业管理部作为消防安全重点单位应至少每年进行一次专题培训。特别是针对档案保管、设备保管、财务管理、发

---

① 沈锏洋.电动自行车，想说爱你不容易［J］.中国消防，2018（6）：8-9.

行库、涉密岗位等与单位重要财物有关的人员，必要时可采取特别指导的方式使其掌握重要部位的防火措施、工作场所初期火灾如何科学扑救等技能，以免在发生意外时因缺乏初期应对手段而错失最佳时机，造成重大损失。

二是重点加强火灾逃生技能的培训。起火并不可怕，可怕的是面对起火手足无措，任凭火势蔓延、引发灾难。据消防部门统计，近年发生的火灾事故，有 80% 以上是人为因素造成的，而在亡人火灾中有 80% 是未掌握逃生技能造成的[1]。因此，掌握消防安全常识和逃生自救能力可以有效避免悲剧的发生。

三是将岗前消防安全培训纳入到新员工入职培训必修课程。《机关、团体、企业、事业单位消防安全管理规定》中要求，"单位应当组织新上岗和进入新岗位的员工进行上岗前的消防安全培训"。在新员工上岗前进行消防安全教育，是培养员工消防安全意识和机关安全意识的必要一课。

---

① 肖方. 在新的起点上推动新时代消防事业创新发展［J］. 中国消防，2018（2）：6–8.

奋进新时代　开启新征程
营业管理部多措并举　确保基层党建落地有声

鞠洋　等①

党的十九大召开以来，人民银行营业管理部采用多种方式深入学习贯彻习近平新时代中国特色社会主义思想和党的十九大精神，以思想政治教育为先导，以"抓党建促业务"为总揽，以提升组织力为重点，以学习出实效为关键，不断推进全面从严治党向基层延伸，发挥基层党支部的战斗堡垒作用，确保各项基层党建工作落地有声。

一、提高政治站位，以思想政治教育为先导

营业管理部积极引领各级员工强化党的意识和组织观念，提高政治站位，自觉做到思想上认同组织、政治上依靠组织、工作上服从组织、感情上信赖组织。

一是夯实党委中心组学习基础。党委中心组及时跟进中央及总行党委学习要求，围绕习近平总书记在马克思诞辰 200 周年纪念大会上的重要讲话、贯彻落实中央八项规定精神等内容，通过交流研讨、专家授课、参观调研等方式，对习近平新时代法治思想、党建思想、经济思想、文化建设思想分阶段分专题开展学习，锚定思想建党"总方向"。

二是邀请名家名师指导授课。以营业管理部创建的自主学习品牌"三里河大讲堂"为依托，围绕"机关党建促履职""基层党组织建设的实践与思考""高质量发展与货币金融政策""深化金融改革开放，切实防控风险隐患——十九大报告学习体会"等专题，邀请名家名师指导授课，在员工队伍中引起热烈反响。

---

①　鞠洋：供职于中国人民银行营业管理部保卫处。参与课题研究人员：王涵、李梦圆，均供职于中国人民银行营业管理部人事处。

三是全面启动"强基础、严管理"活动。刀口向内，针对营业管理部内部管理薄弱环节，全面启动为期半年的"强基础、严管理"活动，创新建立"楼长制"综合性责任体系，形成令行禁止的制度文化和敢管敢严的管理文化，增强制度执行力，凝聚党员队伍精气神，营造"自觉遵章守纪、主动防控风险"的良好生态。

四是切实践行"以训促学，以考促学"。举办两期党的十九大精神专题培训班，开展处级干部轮训和远程培训，促进党的十九大精神入脑入心；由党委书记监考，组织领导班子、处级干部和支部委员进行党的十九大精神应知应会知识闭卷测试，发文通报测试结果，督促全体党员提升学习实效。

二、层层压实责任，以"抓党建促业务"为总揽

从压实党建主体责任出发，营业管理部健全制度机制，强化"四个意识"，做到"两个维护"，把中央和国家机关党的政治建设抓细抓实抓出成效，在"党建＋业务"模式下，推动各项工作有序开展。

一是积极部署推进年度党建工作。召开党风廉政建设、党建工作两项会议，认真落实总行会议精神，发布党建工作要点，在党委确定的 16 项重点推动工作中，将"强党建、敢担当，深入推进营业管理部全面从严治党工作"作为首项重点工作，与业务工作共同推动、联动发展。逐级签订《落实全面从严治党责任书》《党风廉政建设责任书》，要求支部书记强化责任意识，把责任落实到日常管理中。

二是领导班子深入支部广泛调研。制定印发《营业管理部党委委员、领导班子成员指导、联系支部（中支党委）抓党建工作制度》，党委委员、领导班子成员经常性深入基层、深入一线，切实提高党建工作的针对性和有效性，为研究解决新形势下基层党建新情况、新问题搭建桥梁。

三是健全完善支部党建工作考核体系。制定《营业管理部支部党建工作考核管理试行办法》及 2018 年考核细则，启用营业管理部支部党建工作量化考核系统，全面提高支部党建工作的科学化、制度化、规范化水平，从根本上解决党建考核指标模糊、尺度不一等问题。

四是将京津冀协同发展与党建工作高度融合。创新性地组织开展党建与金融服务京津冀协同发展、金融扶贫"双推进"工作，牵头京津冀三地人民银行对口援助沽源县贫困村活动，由党委书记、主任杨伟中同志带队赴张家口市沽源县白土窑乡访贫问苦，积极推动党建工作与京津冀协同发展战略部署紧密结合，将精准扶贫、金融扶贫落到实处。

三、突出政治功能，以提升组织力为重点

以庆祝中国共产党成立 97 周年为契机，营业管理部组织开展了 "奋进新时代 开启新征程" 主题系列活动，进一步丰富活动内涵，突出支部政治功能，激发基层党建工作活力，形成党委科学谋划、支部多点开花的党建工作良好态势。

一是党委书记讲授专题党课。召开营业管理部庆祝建党 97 周年大会，为加强支部标准化、规范化建设，提高党的建设质量，党委书记、主任杨伟中同志以 "发挥支部作用 当好支部书记 书写营业管理部党建工作新篇章" 为题，结合自身工作思考，为全体党员干部讲授了一堂精彩的党课。

二是发挥支部分类定级及工作法交流效用。通过支部自评、党员群众评议、上级党组织评定 "三步走"，确定支部分类定级结果，73% 的支部被评为 "好" 等级，督促各支部 "对标准、严要求"；开展 "支部工作法" 经验交流，部分支部书记分享了 "控风险、促融合" "三抓三见三结合" "一个主线，两个统一" 等工作方法，为进一步做好支部工作法的提炼、交流、推广和运用，推动支部工作全面进步、全面过硬打下良好基础。

三是展映爱国影片激发员工干事创业热情。组织全体员工观看教育影片《厉害了，我的国》《邹碧华》，鼓舞广大党员弘扬英模精神，保持忠于党、忠于国家、忠于人民的政治本色，观影结束后党员群众自发报送观影心得 60 余篇。

四是以 "规定动作＋自选动作" 开展 "主题党日" 活动。结合推进 "两学一做" 学习教育常态化、制度化，通过重温入党誓词、学习党章党规等 "规定动作"，以及参观教育基地、联学共建等 "自选动作"，全面提升党员意识和党性观念，进一步增强支部的战斗堡垒作用。

四、打造宣教品牌，以学习出实效为关键

营业管理部积极探索打造学习教育品牌，进一步拓展各项党建活动的群众参与度，推动学习教育 "广覆盖、纵深化、常态化" 在营业管理部蔚然成风。

一是创建 "三里河大讲堂" 自主学习品牌。围绕党委中心工作，结合新时代党的建设和经济金融形势，邀请重量级专家学者讲授党的政治理论、经济金融形势、改革开放 40 年历程、人民银行成立 70 周年、新型经营业态和新知识新技术等精品课程模块，为营业管理部员工提供了优质的持续学习渠道。

二是开展 "学习十九大 走进新时代 建功在央行" 知识竞赛。以党支部为单位组队参赛，分三个阶段推进，进一步掀起了学习宣传贯彻党的十九大精神的热潮。

三是组织职工演讲比赛和主题征文活动。组织"中国梦　劳动美——学习贯彻习近平新时代中国特色社会主义思想和党的十九大精神"职工演讲比赛，紧扣改革开放主旋律，开展"我与改革开放共成长"主题征文活动，举办两期道德讲堂，用身边人和事教育引导干部职工创先争优、奉献央行。

四是举办"新思享"青年沙龙活动。搭建沙龙式活动载体，探索联系青年、服务青年的工作新模式，开展"青年课题研究交流""北京房地产市场形势、风险及政策建议"两期主题活动。

五是创办"天天微党课"专栏及电子刊物"荧光"。在"央行北京青联"微信公众号上推出"天天微党课"专栏，便于员工利用碎片时间学习；创办电子宣传刊物"荧光"，为宣传党的方针政策、解读营业管理部党委工作意图、展示各支部工作动态提供了广阔平台。

加强基层党组织建设，是坚定不移落实全面从严治党、不断提高党的执政能力和领导水平的重要手段。在新时代下，面对党员队伍愈发壮大、管党治党任务更加艰巨、基层党建工作重要性不断凸显的新形势，营业管理部需要不断提高党建工作科学化水平，切实将党建工作作为聚人心、提士气、促业务的重要保障和主要抓手。在未来的工作中，继续抓住支部主体责任的"牛鼻子"，把握理想信念"总开关"，激活基层党建"满盘棋"，将新时代营业管理部党建工作不断推向深入。

发行基金代理业务模式下会计信息处理存在的问题及其应对

王军只①

发行基金业务是中央银行一项基础、传统的重要业务，中央银行通过商业银行向社会投放与回笼发行基金，实现对市场现金规模和结构的调控，确保经济社会的稳定运转。发行基金业务会计信息处理是发行基金业务的重要环节，关系到发行基金业务工作的正常运转。发挥会计职能专业优势，有助于防范和化解发行基金业务资金风险，提升业务处理效率和金融服务水平。当前，人民银行主要采取两种模式办理发行基金业务：一是直接业务模式。各商业银行支取、存放发行基金，直接到人民银行各级发行库办理，发行基金实物信息和会计信息可以实现同步、直接传递。二是代理业务模式。人民银行在商业银行设立代理发行库，各商业银行支取、存放发行基金到代理发行库办理，发行基金实物信息和会计核算信息不能直接传递。在发行基金代理业务模式下，发行基金出入库业务存在处理环节较多、信息双向沟通不畅、防止操作风险时效性差、业务处理被动等问题，人民银行与辖内商业银行、发行基金代理发行库之间无法直接传递会计凭证信息，导致发行基金业务处理效率低，产生风险隐患。

一、代理业务模式下发行基金业务流程

代理业务模式下商业银行发行基金业务包括出库业务和入库业务。人民银行与辖内商业银行、发行基金代理发行库之间通过手工、专人专车的方式传递发行基金业务会计信息。

---

① 王军只：供职于中国人民银行营业管理部会计财务处。

（一）商业银行出库业务流程

人民银行以"先记账，后出库"的原则为商业银行办理发行基金出库业务。各商业银行分支行到发行基金代理发行库取款时，先由其分行以代理发行库为单位填制"出库申请单"，连同现金支票一并提交人民银行营业部门。营业部门审核出库申请单和现金支票无误后，进行账务处理，根据出库申请单上的规定要素逐份对出库申请单编制密押，以传真的方式发送给各代理发行库。代理发行库收到出库申请单，通过密押机核定密押后，根据出库申请单与取款行提交的其他凭证为取款行办理出库业务。具体业务流程如图1所示。

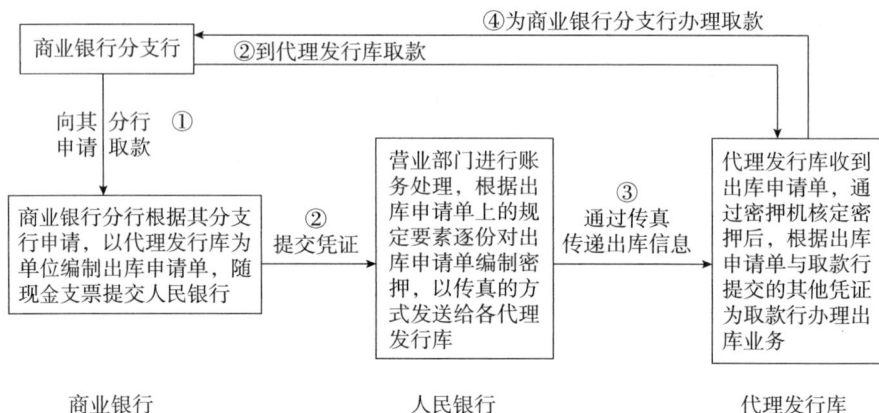

图1　商业银行发行基金出库业务流程图

（二）商业银行入库业务流程

人民银行以"先入库，后记账"的原则为商业银行办理发行基金入库业务。各商业银行分支行到发行基金代理发行库存放发行基金时，填制"现金交款单"。代理发行库根据"现金交款单"为商业银行办理入库业务。商业银行分支行办理完发行基金入库，将入库金额上报其分行，商业银行分行汇总填制现金入库凭证和现金交存明细表，提交人民银行营业部门。营业部门审核入库凭证和现金交存明细表无误后，进行账务处理。具体业务流程如图2所示。

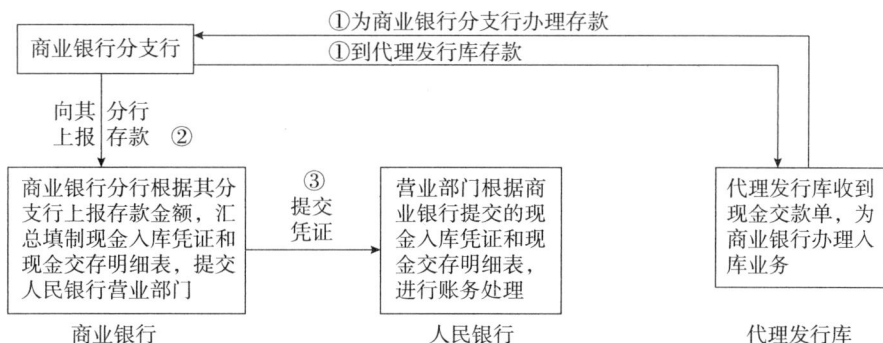

图 2　商业银行发行基金入库业务流程图

二、发行基金代理业务模式下会计信息处理存在的问题

（一）会计信息传递方式落后

在发行基金代理业务模式下，商业银行发行基金出库信息从商业银行经人民银行传递至代理发行库。为了规避发行基金出库信息在传递过程中有被篡改的风险，将当时联行业务中的密押机技术移植到了发行基金出库业务。人民银行根据商业银行提交的出库申请单上的规定要素，运用密押机对出库申请单编制密押，以传真的方式发送给各代理发行库。代理发行库用密押机核定密押，确定收到的出库申请单真实无误。随着网络技术的发展，密押机因操作复杂，使用不方便已退出市场，手工编、核密押方式逐渐被提高网络安全等级所取代。另外，商业银行无论办理发行基金入库业务还是出库业务，均需专人专车到人民银行柜台提交相关会计业务凭证，造成较大的人力和物力投入。

（二）难以控制业务操作风险

在代理业务模式下，发行基金出库和入库信息在商业银行、代理发行库和人民银行之间通过人工进行传递，难以避免信息传递差错。尤其是在发行基金入库业务方面，由于是商业银行支行现金管理部门到代理发行库办理发行基金实物入库，商业银行分行会计业务部门到人民银行办理发行基金入库的账务处理，发行基金入库的实物信息和账务信息分属不同的机构层级和部门，经常导致人民银行发行基金入库账实不符，干扰发行基金业务的正常秩序，产生较大的资金安全隐患。

（三）新的业务处理模式难以有效实施

为了提高业务处理效率，逐步实现业务处理电子化，人民银行推行联网取现方式为商业银行办理发行基金出库业务。联网取现在发行基金直接业务模式下较容易实现，但在代理业务模式下却难以实施。在代理业务模式下，发行基金出库业务涉及商业银行分行、商业银行支行、人民银行和代理发行库等多个机构、多个层级，延展环节多，在人工传递信息的情况下，无法实现信息的有效传递，联网取现方式难以施行。现行代理业务模式下的发行基金业务处理方式严重制约着新的业务模式的实施。

三、建立发行基金业务会计信息系统，解决代理业务模式会计信息处理存在的问题

（一）发行基金业务会计信息系统对代理业务模式下会计信息处理流程的优化

为优化商业银行发行基金出入库业务会计信息处理流程，提升业务处理效率，防控业务风险，根据发行基金业务相关规章制度，结合代理业务模式的实际情况，依托金融城域网，构建发行基金业务会计信息系统。人民银行内部通过发行基金业务会计信息系统传递凭证影像文件，进行定期对账。商业银行通过发行基金业务会计信息系统传递发行基金出入库业务信息，改变到人民银行营业柜台提交发行基金出库和入库相关业务凭证的方式。发行基金业务会计信息系统布放在金融城域网，并通过数字认证的方式进行数据通信，安全性高于现行密押机编核押和传真传输方式。通过发行基金业务会计信息系统传递发行基金业务信息，减少了人工编核押和传真的环节，降低了因工作失误而出现问题的几率，提升工作效率。

1. 商业银行出库业务流程

商业银行采用联网取现方式办理发行基金出库业务，通过大额支付系统发起现金支取业务专用报文。取消密押机，商业银行通过发行基金业务会计信息系统传递商业银行分支行支取发行基金明细信息，经人民银行在系统中核对无误后，传递至代理发行库。具体业务流程如图 3 所示。

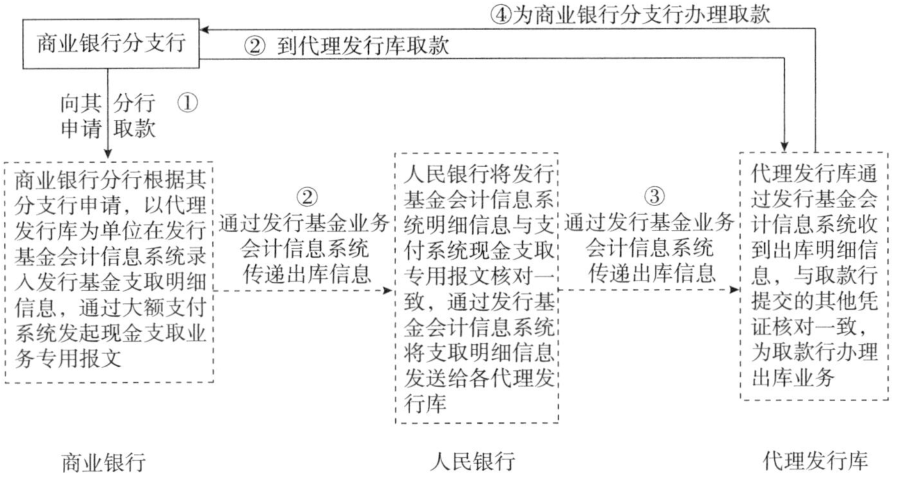

④为商业银行分支行办理取款

② 到代理发行库取款

| 商业银行分支行 |

向其分行申请取款 ①

| 商业银行分行根据其分支行申请，以代理发行库为单位在发行基金会计信息系统录入发行基金支取明细信息，通过大额支付系统发起现金支取业务专用报文 | ② 通过发行基金业务会计信息系统传递出库信息 | 人民银行将发行基金会计信息系统明细信息与支付系统现金支取专用报文核对一致，通过发行基金会计信息系统将支取明细信息发送给各代理发行库 | ③ 通过发行基金业务会计信息系统传递出库信息 | 代理发行库通过发行基金会计信息系统收到出库明细信息，与取款行提交的其他凭证核对一致，为取款行办理出库业务 |

商业银行　　　　　　　人民银行　　　　　　　代理发行库

图3　发行基金业务会计信息系统出库业务流程图

2. 商业银行入库业务流程

人民银行营业部门在进行发行基金入库业务账务处理前，通过发行基金业务会计信息系统增加数据核对环节。发行基金业务会计信息系统自动核对商业银行和代理发行库录入的发行基金入库信息，人民银行依据核对一致的发行基金入库信息进行账务处理。人民银行营业部门通过发行基金业务会计信息系统自动汇总商业银行分支行在代理发行库交存发行基金业务信息，生成现金收入凭证。具体业务流程如图4所示。

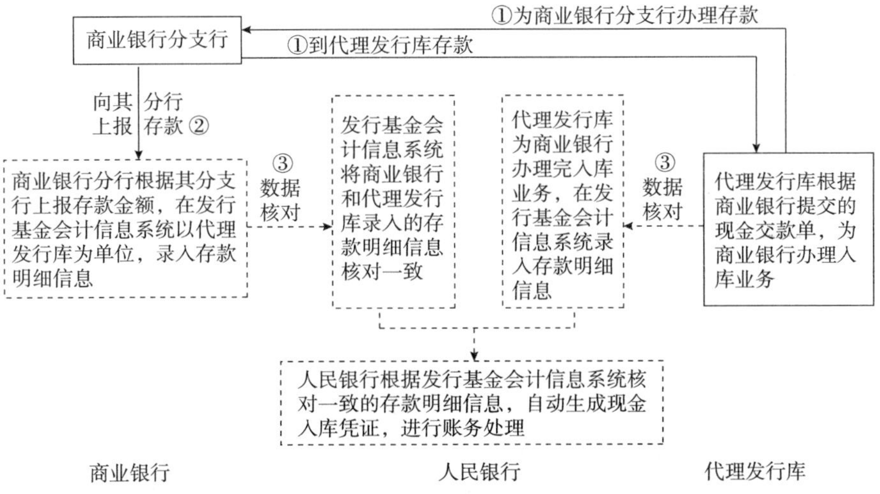

①为商业银行分支行办理存款

①到代理发行库存款

| 商业银行分支行 |

向其分行上报存款 ②

| 商业银行分行根据其分支行上报款金额，在发行基金会计信息系统以代理发行库为单位，录入存款明细信息 | ③ 数据核对 | 发行基金会计信息系统将商业银行和代理发行库录入的存款明细信息核对一致 | 代理发行库为商业银行办理完入库业务，在发行基金会计信息系统录入存款明细信息 | ③ 数据核对 | 代理发行库根据商业银行提交的现金交款单，为商业银行办理入库业务 |

人民银行根据发行基金会计信息系统核对一致的存款明细信息，自动生成现金入库凭证，进行账务处理。

商业银行　　　　　　　人民银行　　　　　　　代理发行库

图4　发行基金业务会计信息系统入库业务流程图

（二）发行基金业务会计信息系统的功能及其对代理业务模式下会计信息处理问题的解决

1. 搭建会计信息系统平台，通过发行基金业务会计信息系统传递会计凭证和相关数据信息

依托金融城域网，开发发行基金会计信息系统，人民银行与商业银行、代理发行库通过系统平台传输发行基金出入库及调拨信息。参与单位无须每日派专人专车跑柜台，密押传递纸质会计业务凭证。商业银行到代理发行库办理发行基金出入库业务不需要再到人民银行营业部门柜台提交相关会计凭证。在出库业务方面，取消现金支票和出库申请单，由商业银行在发行基金业务会计信息系统录入支取发行基金数据信息，通过人民银行营业部门审核传递至代理发行库。在入库业务方面，取消现金交存明细表，由商业银行和代理发行库分别在发行基金业务会计信息系统录入交存发行基金数据信息，系统自动核对无误后发送至人民银行营业部门。在办理发行基金出入库业务过程中，人民银行营业部门与货币金银部门之间通过发行基金业务会计信息系统实时传递会计凭证影像文件，并进行定期对账。

2. 规范业务流程，实现在线数据核对和凭证编制功能

针对代理业务模式，设计与直接模式统一的线上业务流程和会计凭证格式、联次。发行基金业务会计信息系统实现了发行基金业务数据的实时核对功能，并依据核对一致的数据进行凭证打印，防止各环节操作风险，减少业务差错发生。在出库方面，人民银行营业部门与商业银行通过发行基金业务会计信息系统对出库明细数据进行自动核对。在入库方面，由发行基金会计信息系统自动比对商业银行和发行库在线录入的发行基金业务和账务数据，比对不一致则无法进行业务处理，切实杜绝了实质性差错发生。人民银行营业部门依据核对一致的发行基金入库信息，通过发行基金业务会计信息系统编制并打印现金收入凭证。在办理发行基金出入库业务过程中，人民银行营业部门与货币金银部门之间通过发行基金业务会计信息系统进行数据实时核对。

3. 实现会计信息制式标准化，优化改进会计凭证格式和传递流程

发行基金业务会计信息系统上线后，由于发行基金出入库信息均通过发行基金业务会计信息系统进行传递和数据核对，将商业银行到发行基金代理发行库办理发行基金入库提交的现金交款单由一式三联改为一式两联，将商业银行到发行基金代理发行库办理发行基金出库提交的出库凭证改为现金取款单，由一式三联改为一式两联。取消商业银行分支行在代理发行库办理完发行基金出入库业务后，向其上级行提交现金交款单和现金取款单的相应凭证联次。将代理发行库编制的发行基金出入库凭证第三联由送交人民银行货币金银处改为由代理发行库自行单独装订保管。在防控业务风险的同时，简化业务流程，提高工作效率和金融服务水平。

4. 打通会计信息电子传输通道，启用联网取现方式办理发行基金业务

发行基金业务会计信息系统为人民银行、商业银行和代理发行库搭建了电子数据传输通道，为联网取现方式实现在代理发行库的运用提供了基础。商业银行办理发行基金出库业务，通过支付系统前置运用报文发起大额支付汇兑业务，进行账务处理。同时，商业银行、人民银行营业部门与代理发行库之间通过发行基金业务会计信息系统传递商业银行分支行支取发行基金数据信息，并据此办理发行基金出库业务。

人民银行向社会购买采购专业服务问题研究

李伟①

本文通过梳理总结人民银行营业管理部开展采购服务外包的情况，就未来如何更好地发挥采购服务外包的作用进行探讨，为今后规范采购服务外包提出建议。

一、进行采购服务外包的原因和意义

（一）进行采购服务外包的原因

第一，受机构编制限制，营业管理部采取在会计财务处设立集中采购办公室，通过管采岗位分设的方式落实管采分离要求。但内审部门曾就此模式提出质疑，认为部门内的岗位分设无法形成"岗位分离、职责明确、相互制约的内部控制机制"，这是营业管理部决定采购服务外包的直接原因。

第二，以内部人员为主的评审无法保证必要的专业深度，这是进行采购服务外包的深层次原因。相比之下，美国、澳大利亚等发达国家的采购专业化程度从机制上得到了保证，其具体做法如下：一是按阶段设立专职采购官员，二是采购官员有详细的专业分工；三是政府为采购官员提供良好的培训条件，从而有效保证了采购全流程的专业介入和指导。②

（二）进行采购服务外包的意义

《国务院办公厅关于政府向社会力量购买服务的指导意见》（国办发〔2013〕96号）指出，推行政府向社会力量购买服务是创新公共服务提供方式、加快服务业发展、引导有效需求的重要途径，有利于增加公共服务供给，提高

---

① 李伟：供职于中国人民银行营业管理部会计财务处。
② 中国人民银行集中采购中心. 金融采购研讨［M］. 北京：中国市场出版社，2014：271.

公共服务水平和效率。开展采购服务外包正契合了上述要求，符合政府采购发展趋势，对促进政府管理行为转化为市场行为有着积极的示范效应，具有重要的意义。

第一，进行采购服务外包是加快转变政府职能、提高央行履职能力的必然要求。通过采购服务外包，有利于促进央行自身运作方式改革，提高金融管理和服务社会效率。

第二，进行采购服务外包是满足人民银行需求、提高采购服务供给水平和效率的重要途径。采购服务外包通过市场机制作用，能够有效发挥预算资金"四两拨千斤"的功效，有效对接人民银行的专业化、多样化、个性化需求。

第三，进行采购服务外包是人民银行预算体制改革、建立现代预算制度的重要内容。进行采购服务外包强调"费随事转""办事养人"，体现结果导向的预算支出理念，可以降低成本、提高预算资金使用效益，符合人民银行预算管理的发展方向。

二、采购服务外包前集中采购存在的问题

（一）"管采分离"的具体方式有待进一步明确

目前，从人民银行系统看，具体组织实施集中采购项目的集中采购机构情况有所不同。主要有以下三种形式：一是在会计财务部门设立集中采购机构，通过合理设置岗位，实现人员管理职能的分离，从而实现"管采分离"。但由于人员同处同一部门，岗位工作联系密切，依存度较高，有时难免会出现职责混同的情况，离实现真正的"管采分离"尚有一定的距离。二是机关事务管理部门、科技部门作为主要的采购需求部门，执行集中采购机构的职责，与《国务院办公厅关于印发中央国家机关全面推行政府采购制度实施方案的通知》中有关规定相违背。三是其他方式，即行内各部门自行委托招标代理机构进行采购，易造成多头管理、管理标准和程序不统一等问题。从目前看，这三种形式都存在一定的不足，因此，如何建立科学的"管采分离"的内控机制，还有待进一步研究明确。

（二）采购需求制定不充分，直接影响最终采购结果和后续工作开展

需求调查分析是采购工作的起点和关键点，直接决定着采购的方向和实际效果。但是近几年营业管理部存在采购需求管理不到位的现象：一是有的项目

无需求部门编制的采购需求书。二是有的项目无需求部门市场调研情况说明。采购需求制定不充分，极易导致中标或中选供应商提供的产品不符合营业管理部的实际需要，进而产生低价中标后续追加资金的情况，对后续工作开展造成不良影响。

（三）法律意识欠缺，集中采购工作存在风险隐患

一是业务需求部门往往以设备和工程物资的需求迫切或影响效率为由，不愿意严格按采购程序和采购方式进行，造成采购方式不合规和程序缺失。二是自行组织的采购（如邀请招标、竞争性磋商、询价）文件内容缺失，有的采购文件中未公开采购项目预算金额，有的邀请招标文件中无评标方法、评标标准、拟签订的合同文本。三是采购流程不规范，部分采购项目采购完成后，评审小组未出具评审报告。

（四）评审专家未能完全实现随机抽取，对采购效果形成不利影响

2015 年 3 月施行的《中华人民共和国政府采购法实施条例》（国务院令第658 号）第三十九条规定，"除国务院财政部门规定的情形外，采购人或者采购代理机构应当从政府采购评审专家库中随机抽取评审专家"，但在实践中很难实现"随机抽取"。以营业管理部为例，由于自身的评审专家库基数小，人员多为经济、金融专业人员，缺乏计算机系统、工程管理等方面人员和专业技术人才，无法实现分类管理，不具备随机抽取的基础条件。同时，实践中也经常出现评审人员因为各种原因无法出席的情况，这也进一步破坏了随机抽取的基础。评审专家无法实现随机抽取，将导致评审专家重复率高、评审结果过于依赖少部分人的评审意见，从而直接影响采购的公开、公平与公正，对采购结果造成不利影响。

三、采购服务外包的优势

通过近十年采购服务外包的实践，我们认为在我国现有政府采购管理的框架下，人民银行有必要借助专业机构的技术力量，理顺工作机制，以外力助内力，变内部监督为外部监督，向外部标准看齐，使采购过程更加公平、透明，进一步提高采购管理质效。具体而言，采购服务外包具有以下四方面优点。

（一）发挥社会力量在采购领域的专业优势，进行委托采购，彻底实现管采分离

采购项目需求多样、种类复杂，专业性较强，但人民银行缺乏相关专业的管理人才，而以内部评审为主的采购项目，其结果易受需求和事权部门导向性意见影响，市场竞争性不足。有鉴于此，营业管理部 2018 年通过竞争性磋商的方式确定了两家定点招标代理机构，进行采购服务外包。通过采购服务外包，对外通过入围公司间的二次竞争，督促两公司拼服务、拼水平，更好地配合营业管理部组织实施采购；对内彻底实现管采分离的要求，同时解决内部采购人员不足、专业性不足的问题，使内部采购人员从大量具体事务性工作中解放出来，使其能够聚焦管理主责，将更多的精力放在完善制度、建立标准、提质增效、风险管控等工作上，一举多效，有力推动项目实施和管理的深入。

（二）借助外包团队力量强化采购人需求管理，防控采购风险

采购需求是集中采购管理的关键环节，最能体现采购人意愿，在一定程度上影响着后续采购工作的方向和效果。但对一些采购范围复杂、价格弹性大、行业情况不透明的项目，采购人很难精准把握采购需求的关键点。因此，在采购筹备阶段有必要建立需求会商制度，进一步强化需求管理，邀请招标代理机构提前介入，参与需求研讨，在编制项目预算、研究采购方式及风险防控措施等方面给予采购人合理化意见和建议，突出需求管理的专业性和可行性，进一步强化需求管理。

（三）促进集中采购管理工作更加规范、专业

通过采购服务外包，推动集中采购管理工作向专业化、规范化方向转变，采购工作过程资料更加完整规范，使整个采购过程有迹可循、有据可证。一是采购范围确定更加合理。招标代理机构实施的项目种类繁多、范围广泛，积累了丰富的实践经验，能够根据不同项目的特点、成本、实施难易程度、要实现的目标，对采购范围进行详尽的分析，使采购范围更加合理。二是评标（评审）方法更加适合项目的特点。评标（评审）是采购活动中的关键一环，而科学且约束性强的评标（评审）方法，是采购工作有效、良性运行的保证。招标代理机构在制定评标（评审）方法时，能够结合具体项目的特点制定应进入到评分中的相应因素，并根据各因素的重要性赋予相应的权重值，从而可以让质量保障体系可靠、技术力量强、商业信誉好、价格较低的供应商能够在平等公

正的竞争环境中脱颖而出。三是采购过程资料更加完整规范。通常采购活动结束后，招标代理机构会将整个采购过程涉及的采购文件、响应文件、评审报告、采购公告等一系列资料汇编成册并移交委托方，采购过程资料更加完整规范。

（四）借助招标代理机构，实现专家随机抽取，确保采购效果

因招标代理机构在财政部主办的中国政府采购网上具有账户，通过采购服务外包，由招标代理机构在中国政府采购网政府采购评审专家库中进行专家的随机抽取（有专门的专家随机抽取系统），保证了评审专家的随机性、多样性和独立性，进而有效保证了采购的效果。

四、对采购服务外包后可能产生的问题的预测和思考

（一）如何有效解决采购人权责不对等的问题

采购服务外包后，采购人的责任并不因服务外包而转移。通过采购服务外包，随机抽取的评标（评审）专家将在评标（评审）中发挥更大的作用，在很大程度上决定了采购的结果。实践中，因评审专家水平良莠不齐，短时间内可能无法准确理解采购需求，而业主代表虽了解项目需求但因专业性不足，在评标过程中话语权较弱，从而出现了采购人权责不对等的情形，导致中标人也许是最好的，但不一定是最对的。因此，如何有效平衡采购人权责、选择最契合项目需要的中标人便成为迫切的课题。首先，建议采购人在需求制定、招标文件制作和业主代表的选择上进行重点把控，将采购意愿在招标文件中充分清晰表达，便于评审专家准确理解采购需求；其次，建议采购人有权在评审专家推荐的三个中标候选人中任选一个确定为中标人，既兼顾了专家评审意见，也尊重采购人的选择权。

（二）在采购服务外包中如何有效推进项目执行的问题

进行采购服务外包后，就需求的制定、采购文件的制作等有关事宜，要和招标代理机构进行频繁的沟通、协调，将不可避免带来时间延误的问题。建议通过招标代理机构派员驻场服务方式缩短信息传递时间，提高沟通效率。面对内部信息外泄的风险，则要求招标代理机构签订保密协议，履行相关义务。

（三）如何监督招标代理机构项目执行和风险防控的问题

　　由于各代理机构特点专长不同，同他们之间的磨合也需要一段时间，这将不可避免地对项目的分派、执行和采购效果带来影响。如何监督招标代理机构的项目执行，防控风险，可考虑通过聘请专业机构进行采购绩效评估，提高服务效果。

中央银行内部控制体系构建浅析

郝岸[①]

为深入落实党的十八届四中全会精神，在财政部全面推进行政事业单位内部控制建设的政策要求下，工信部、教育部、最高人民法院等多家部委将内部控制体系建设提上重要议程。中央银行内部控制体系建设在实践中积累了一定经验，但在系统性、科学性上仍存在不足，需统一设计、深入推进。本文从内部控制体系构建原则、构建流程、构建要点、业务层面主要风险及应对措施等方面展开，对中央银行（指总行及下属各分支行，下同）内部控制体系的构建进行了初步探索。

一、内部控制体系构建原则

（一）全面性原则

全面性原则是要求内部控制贯穿于决策、执行、监督全过程，覆盖所有单位和员工，涵盖各项业务和事项，从而实现全面、全员和全过程控制。首先，内部控制应当贯穿决策、执行和监督全过程，形成一个严密的闭环结构。其次，内部控制应在总行、各分支机构的所有单位、部门实现全覆盖，也包含各单位、部门的全体员工。最后，全面性原则要求内部控制的对象要涵盖各项业务和事项，并逐步扩展至央行特色业务。

（二）重要性原则

重要性原则，即要求在全面控制的基础上，应当关注单位重要经济活动和经济活动的重大风险。按照重要性原则，中央银行内部控制体系应形成"以预算为主线、以资金管控为核心"的整体框架，先易后难，从普遍存在的共性问

---

① 郝岸：供职于中国人民银行营业管理部会计财务处。

题入手，着力强调并解决系统内存在的重大和重要问题，明确关键控制节点并做重点风险应对。

（三）制衡性原则

制衡性原则是建立和实施内部控制的核心理念（刘永泽和张亮，2012）。内部控制应当在单位内部的治理结构、机构设置及权责分配、业务流程等方面形成相互制约和相互监督，同时兼顾运行效率。各单位内部治理结构应按照三权分立思想，决策、执行与监督三事分工、三职分定、三责分置、三权分立，并合理设置单位内设机构、岗位和人员。

（四）适应性原则

适应性原则有静态和动态两层要求：内部控制应当符合国家有关规定并与单位的规模、管理模式、业务范围等实际情况相适应；同时，应随着外部环境的变化、单位经济活动的调整和管理要求的提高，不断修订和完善。中央银行部署开展内部控制体系建设要统一设计、分别实施，要结合中央银行业务的特殊性、唯一性，并能主动适应内外部环境变化。

二、内部控制体系构建流程

内部控制体系构建是一个复杂的系统工程，难度大、环节多，需要由总行牵头组织、统一设计，各分支机构分别实践、逐步推进，既要完成规定动作又要突出央行特色，既要勇于探索又要稳扎稳打。

（一）调研阶段

调研和数据分析是启动内部控制体系建设的基础。一方面，选取一家专业性强、实操经验丰富的第三方专业机构，对中央银行内部控制体系建设及实施情况进行基础评估；另一方面，总行牵头成立调研专题小组，对已开展内部控制体系建设的其他部委开展调研。

基础评估以问卷调查为主、个案考察为辅。问卷调查应实行单位、业务分离评估：单位层面可包括组织建设、制度建设和信息化建设三个指标并细化；业务层面包括六大业务并做指标细化，根据实际情况可增加货币发行、安全保卫等业务。评价方式以单位自评为主、专业机构认证为辅，由专业机构配合管辖行汇总形成本辖区基础评估报告。

（二）试点阶段

以试点先行、稳步推进为原则，根据基础评估摸底情况，选取部分管辖行开展内部控制体系建设试点，并做好以下工作：一是由总行制定中央银行内部控制体系建设实施方案，在全系统进行部署、宣传。二是由试点单位"一把手"牵头成立内部控制体系建设领导小组。三是各试点单位对本单位内部控制建设及实施中的风险进行分析并逐一制定整改措施。四是总行以"问题清单"形式设立解决方案并在试点单位进行适用性研究。五是按照"管理制度化、制度流程化、流程岗位化、岗位标准化、标准表单化、表单程序化、程序信息化、信息系统化"的要求，试点单位对现有内部控制制度进行完善并做流程优化设计。六是由总行牵头，通过信息化手段将重要业务流程的关键控制点风险控制进行固化。

（三）推广阶段

内部控制体系建设的推广工作应在充分总结试点经验的基础上开展，分为制度建设、系统建设、评估优化三个部分。一是由总行牵头，第三方专业机构配合，制定发布中央银行内部控制建设指引和内部控制规范体系。中央银行内部控制规范体系构架可设置为"1+6+N"，包括一项基础规范、六大业务规范，以及基于六大业务设计的 N 项具体业务内部控制操作规程。二是组织完成信息化系统的推广、培训工作。信息技术是确保内部控制建设落地的重要保障。对于新建信息化系统，在开发设计时要充分考虑其与内部控制要求相衔接，既契合单位内部运行机理，又有效嵌入内部控制原理及方法；对于现有信息化系统，要完善嵌入重要业务流程的关键控制要求，要在系统中明确岗位权限与工作流程，要实现各业务模块的互通互联。三是对内部控制体系实施情况进行定期评估，并定期优化。

三、内部控制体系构建要点

（一）组织领导有力

内部控制体系建设涉及面广、任务繁重，组织领导有力是提升工作成效的重要保障。从相关部委内控建设经验看，凡是推进顺利、成效显著的，其共同点是单位"一把手"是内控整体建设的"总指挥"，直接领导和指导了本行业的内控体系建设工作（腾双杰和唐大鹏，2017）。中央银行内部控制体系建设应由总行统一部署，各单位"一把手"牵头负责。

（二）全员深度参与

全员深度参与是实施内部控制体系建设的关键力量。内控体系有效实施的关键在于人。各单位要采取多种形式开展宣传教育，各职能部门及重点业务部门要共同参与。同时，要多层次做好专业人员的培养和专业知识的储备。从其他部委的实践看，专业人才储备相对薄弱的问题普遍存在，制约了内控体系的纵深发展。

（三）多方协同配合

多方协同配合是实现内控建设目标的重要保障。一方面要完善内部联席工作机制，财权部门、事权部门、审计监察部门要联动支持；另一方面要在信息化系统建设中逐步实现业务全覆盖，各业务模块要相互衔接，数据要互通互联，借助各系统数据的互相钩稽功能实现数据互检，减少人为差错或人为干预。另外，建议总行加强与财政部的沟通协调，为内控体系建设提供专项资金支持。

四、业务层面主要风险及应对措施

（一）预算业务方面

2005年试行部门预算以来，中央银行预算管理水平显著提升，但项目预算编制粗放、预算与执行相脱节等问题仍一定程度上存在。建议一是深入推进项目预算事前评审，引导项目单位规范预算编制程序和编制行为。二是加强预算执行监督，会计财务部门应定期形成预算执行报告，向本级领导班子报告。

（二）收支业务方面

中央银行各单位通过制度文件明确了支出审批、审核、支付、核算和归档等各环节管理要求，但仍出现超范围、超权限审批等问题。建议以内部控制体系与信息化系统的融合为契机，将各岗位办理业务和事项的权限范围、审批程序和相关责任固化到信息化系统中，实现系统化控制。

（三）政府采购业务方面

政府采购是财政支出管理的一个重要环节，同时也是高风险环节。建议单位内设部门或岗位时，要实现相互协调、相互制约；充分发挥集中采购办公室的归口管理职能，建立内部审计、纪检监察对采购业务的全过程监督机制；严格执行政府采购内部审批流程，并按规定及时发布政府采购信息。

实践中，采购预算编制、采购计划安排、实物资产管理相脱节问题仍然存在。建议预算编制、政府采购与资产管理通过信息化系统实现数据互通互享，增强工作协调性；采购预算与部门预算同步编制、同步调整。

（四）资产管理方面

中央银行财务核算系统对货币资金管理岗位的部分风险实现了管控，但一些无法通过系统控制的风险也不容小觑，建议出纳不得保管会计档案；严禁一人保管收付款项所需的全部印章；指定不办理货币资金业务的人员抽查盘点库存现金、重要空白凭证，核对银行存款余额。

（五）建设项目管理方面

一是工程设计和概预算阶段，可能存在施工图设计未能确保概预算编制真实、完整、准确的问题。建议对概预算编制、审核作出明确规定；组织工程、技术、财务等专业人员对工程概预算进行审核。

二是工程施工阶段，可能存在未严格履行建设项目工程洽商和设计变更审批程序的问题。建议严格执行归口管理部门、项目监理部门审核要求，将建设项目工程洽商和设计变更纳入重大事项管理。

三是工程竣工、验收、决算阶段，可能存在未及时办理竣工决算、未及时交付使用资产等问题。建议照规定的时限及时办理竣工决算，组织竣工决算审计，并在竣工验收合格后及时办理资产交付使用手续。

（六）合同管理方面

合同管理应覆盖合同提交、评审、签署、履行、变更、归档等全过程，其中，评审、履行、变更是关键控制环节。建议一是实施归口管理，归口管理部门负责建立健全合同内部管理制度，组织开发合同管理系统，建立与财务部门的沟通协调机制。二是严格合同评审，对于影响重大、涉及较高专业技术或法律关系复杂的合同，应当组织法律、技术、财务等工作人员参与谈判，必要时可聘请外部专家参与相关工作。三是强化对合同执行的监督审查，及时对合同履行情况进行检查、分析和验收，对需补充、变更、解除合同的，应按国家有关规定进行审查。

参考文献

［1］刘永泽，张亮.我国政府部门内部控制框架体系的构建研究［J］.会计研究，2012（1）.

［2］滕双杰，唐大鹏.全面推进行业系统内部控制建设——基于国家部委案例经验［J］.财政监督，2017（3）.

［3］唐大鹏，付迪.财政部门内部控制和预算单位内部控制一体化构建［J］.财务与会计，2016（8）.

［4］滕双杰，易国承，唐大鹏.事业单位内部控制体系建设浅析——基于工信部电子五所案例［J］.财政监督，2017（11）.

财务人员面临的廉政风险及防范措施

吴树云[①]

廉政风险的存在对一个单位的稳定、健康发展极为不利，因此关于廉政风险的剖析和研究对实际工作有着极为重要的现实意义。廉政风险是潜在的、尚未发生的行为，风险一旦发生了，就转变成了腐败行为，风险事故也就因此产生。而大多数廉政风险问题最终表现为财务廉政风险。因此，财务人员对于防范廉政风险有着举足轻重的作用。本文就围绕财务工作中不同环节潜在的廉政风险加以分析探讨，并提出防范措施。

一、制度环节潜在廉政风险

（一）制度缺陷

建立科学的、积极的制度，是勤政的重要保证。《邓小平文选》里说过，"制度好，可以使坏人无法任意横行，制度不好，可以使好人无法充分做好事，甚至会走向反面"，也就是当制度发生缺陷时，制度使用者极易抱残守缺、恣意妄为而产生不廉行为。

随着国家财、税政策的更新以及自身业务的发展和变化，有些制度的操作和执行已经不能适应当前业务所需，应做进一步完善和改进，否则可能导致相关人员无制可依、我行我素而造成廉政风险。比如对于某类费用的报销，随着业务的发展，它的报销范围、报销额度事实上已经不能套用原来的制度，当其没有明确而具体的规定时，可能会产生两种问题，一方面财务人员可以利用制度缺陷产生人情交易，另一方面报销人员同样可以利用制度缺陷虚填多报费用。因此，当旧的制度尚未完善、新的制度还没跟进的时候，由于没有正确的、适时的规范标准作为指导，极易给财务工作带来廉政风险隐患。

---

① 吴树云：供职于中国人民银行营业管理部后勤服务中心。

（二）执行不力

有制度不执行或者执行不到位，相当于没有制度，甚至比没有制度更可怕。习主席也曾说"盖天下之事，不难于立法，而难于法之必行"，因此对于财务制度的执行而言，只有不折不扣地执行才能更有效地堵住贪腐漏洞。

然而，在财务制度执行过程中由于不执行或执行力不够出现的廉政风险屡见不鲜。就拿2016年上海通报的违反财务制度的案例来说，一个是市供销社党委副书记赵刚对于专项资金超范围使用多达300多万元，且用于公款吃喝；另一个是鲁迅纪念馆馆长未将专项资金专款专用而是用于其他经费。显然，财务制度挂在墙上形同虚设。财务人员在执行相关制度过程中不管是碍于压力和情面，还是私心和失误，涉及任何一个程序、环节或制度上的规定而没有按章办事，或者对于违反财务制度的现象不抵制，对于发现的问题没有及时提出意见和建议，都会产生制度执行中的廉政风险。

二、操作环节隐藏的廉政风险

财务人员在日常财务工作处理中，因操作流程不规范，以及外界因素等影响在操作环节导致廉政风险非常多见。这类风险是财务人员在工作中经常面对，并应谨慎处理的风险。目前而言，发票管理和银企对账是较容易隐藏廉政风险的。

（一）发票管理

1. 取得不当引发风险

在实际工作中，发票的取得不当所带来的问题往往不易觉察，导致不合规发票报销引发廉政风险。

2016年，湖南省长沙市破获一起倒卖、虚开发票案件。该犯罪团伙伪造其他公司、商场、酒店印章数十枚，采取好处费的方式内外勾结取得发票，进行倒卖、虚开发票，涉案资金高达2亿，涉及长沙40多家单位。上述案例中，发票真实，印章造假，但是对于财务人员而言，发票真假可以通过税务局官方网站进行验证，而印章真假却无法确认，因此对于防范风险隐患造成极大困扰。还有个别经办人员发票的取得来自皮包公司、空壳公司等，财务人员处理业务时同样无从知晓，也会产生风险隐患，给单位造成财产损失。

2.随意开具引发风险

发票开具涉及的廉政风险主要表现为对空白发票的保管和使用不当。

"营改增"政策自2012年试点到2016年正式实施至今，对于开具发票的要求更加标准和严格，但由于利益的驱使，仍然会有违规开票行为发生。比如，2015年宿州经济开发区某公司采取套打仿冒等方式，利用税务系统无法比对识别字面信息这一漏洞，对增值税专用发票信息进行修改，并虚构合同、交易，从中谋取利益。通过上述案例及其他违规开具发票案例分析，我们得出在发票开具业务中有如下风险隐患：空白发票的盗用和丢失；内外勾结对作废发票继续使用；为他人虚开无业务发生的发票；有业务发生但为他人开具数量金额不实的增值税专用发票（因增值税专用发票可以抵扣税款）；克隆及修改发票文字信息等。

因此，在发票的保管和使用上应该严格落实操作要求，不论所在单位经营规模大小，对于空白发票都不可随意存放和开具，否则极易滋生不廉行为。

（二）银企对账

银企对账是银行和单位之间最直接有效的沟通方式，但是在实际工作中却未能被充分利用。一是多数单位和银行对此不够重视，只把对账工作当作一项基本的会计工作，甚至认为对账工作可有可无，造成拖延和敷衍，没有重视对账工作可以有效检测风险的功能，自认为只要账平表对就万事大吉。二是缺乏系统的风险监控机制，在银企对账过程中容易出现一定的操作风险。比如，不法人员通过现金方式侵占企业资金，他们可以用现金支票支取现金后不进行账务记载，结果是企业实际的现金虽然减少了，但若是不与银行对账是很难发现挪用资金情况的。还有的财务人员作案后通过篡改对账单的方式蒙混过关掩盖不法行为等情况也有发生。

因此，看似简单的对账工作，实际上对维护资金安全至关重要，它能够避免当银行与企业账目不一致时所带来的潜在安全隐患，对切实防范双方不法人员做假，盗用、挪用资金意义重大。

三、职业道德环节潜在廉政风险

现实工作中发生的各种腐败案件说明，轻视道德修养、缺乏廉政风险意识，是导致有些财务人员面对诱惑没有底线、不能自我约束，进而产生廉政风险的根本原因。

如果没有坚定的思想信念和职业道德的防线，无论制度如何完善，执行力如何强大，以及操作如何规范，不法人员依然可以找机会钻空子，徇私舞弊。个别财务人员，因受利益的驱使而偏离职业道德标准，利用职务之便，用人情面子做交换，或迫于领导的压力被授意弄虚作假，或为满足一己私欲而置国家财产安全于不顾等。究其原因，一是对财务人员的职业道德教育和监督不够重视，过分重视账务处理等财务工作能力的表现。二是虽然近年政府加大了对腐败、贪污等不廉行为的惩处力度，也取得了可观的效果，但是人们观念的转变和道德水平的提高仍需要一个教育的过程，尤其对于刚入职的员工来说，不良的外部环境造成拜金主义、利己主义对他们的影响较大，在职业道德面前信念动摇，从而影响着财务人员的职业操守。

四、防范措施

（一）制度环节廉政风险防范措施

1. 留意新政、及时完善

财务人员应每年根据国家新出台的财税政策、制度以及单位自身业务的发展变化及时补充和完善财务相关制度，按期对已制定的财务规章制度进行审核，关注存在争议的财务问题，调整和修订难以操作和过时的制度，做到切合实际，使财务人员在工作当中能够有章可循、有据可依，从而堵住制度漏洞，保护单位财产的安全完整。

2. 领导带头、培养习惯

古语云："子帅以正，孰敢不正？"在制度执行上，首先，领导要以身作则，言传身教，敢于拒绝办理违反财务制度的事项和审批权限以外的各项支出，以此起到提示财务人员应严格执行财务制度的作用。其次，结合年终考核增加月度考核办法，及时对本阶段制度执行情况进行奖惩，但不以奖惩为目的。这样不仅可以提高财务人员执行制度的积极性，而且能逐渐把良好的执行转化为一种工作习惯，让严格执行财务制度成为一种理所当然的行为。

（二）操作环节廉政风险防范措施

1. 签字问责、记入考核

财务人员除了定期不定期查验发票真伪，还要采取问题发票谁签字谁负责、自动执行责任到人的方式，让持票人员对自己取得发票的来源以及合规性等全面负责，对于违反规定的人员应加大处罚力度，并记入年终考核评比当中，用以杜绝虚开发票行为的发生。

2. 制定办法、规范流程

自 2016 年 5 月至今，"营改增"实行已一年有余，有关增值税普通发票、专用发票、电子发票等使用新规截至目前已先后出台 50 余条，与营业税相比，发票的使用和相关操作上发生了很多变化。为了防止丢失发票和不合规发票的开具等行为产生廉政风险隐患，即便是小规模纳税人也应根据税务局有关规定及自身业务需要适时制定本单位的发票管理办法和发票业务操作流程。对于电子发票的管理可采取建立电子发票台账等方式，从而规范财务人员及其他人员使用发票的行为。

3. 用好网银、专人负责

财务人员应利用当前先进的网银系统工具，不必等到次月商业银行提供对账单时才进行操作，可以在月中利用网上银行页面所显示的单位资金流转情况，增加一次自行对账工作，做到"早发现早预防"。

另外，在教育财务人员重视银企对账工作的同时，为防止个别记账人员或出纳人员发生徇私舞弊的情况，应采用专人对账的方法，从银行拿取对账单到对账单项目的录入再到未达账项的查询，都由专人负责。如果人员调配不开，也可采取人员交叉的回避方式完成对账工作。

（三）职业道德环节廉政风险防范措施

要增加有效谈心制度，强化职业道德教育。"有德不可敌"说的是一个人有了道德的修养，可抵御身外的权、钱、色的侵袭。因此，职业道德教育应贯穿整个财务人员的职业生涯。职业道德教育除了加强道德修养和反腐倡廉学习以外，还可将党组生活中的谈心谈话制度用于财务部门的工作制度当中，并作为一种长效机制，定期、不定期与财务人员做有效沟通，了解、关心、关注财务人员的生活和工作，并尽力帮助他们解决生活和工作上的困难，排解心中苦恼，发现苗头性、倾向性问题及时提醒告诫，教育财务人员以正义、公道作为立事之本，做到守住底线，防微杜渐，将风险隐患及时遏制。

参考文献

［1］李文豪.高等学校廉政风险防控体系之财务防控风险研究［M］.武汉：武汉大学出版社，2015.

［2］宋宣辰.基于心理契约视角的会计职业道德研究［J］.新会计，2016（7）.

对营业管理部探索开展巡察监督工作的思考

冯佳[①]

巡察是新时代加强党内监督的重要制度设计，是解决党内监督"最后一公里"的重要举措。党的十九大修改通过的党章第十四条专门对巡视巡察作出了规定，明确要求党的市（地、州、盟）和县（市、区、旗）委员会建立巡察制度。推动巡察工作向纵深发展，必须紧紧围绕习近平新时代中国特色社会主义思想，以更加强烈的政治担当，严格把握巡察工作的各项要求，切实发挥巡察监督的利剑作用，形成强有力的震慑。

十九大报告指出，"深化政治巡视，坚持发现问题、形成震慑不动摇，建立巡视巡察上下联动的监督网"。营业管理部自2017年创新性地开展巡察工作以来，坚持以此作为推进上级巡视监督向基层延伸的重要手段，作为推进全面从严治党的重要举措，坚定不移深化政治巡察，充分发挥巡察"显微镜"和"探照灯"作用，确保巡察工作取得实效。

为落实人民银行营业管理部党委的部署，2017年5月至2018年12月，党委巡察组先后对保卫处、国库处、外汇综合业务处和支付结算处等12个党支部进行了巡察，实现了两年内对全行2/3的支部开展巡察监督的目标任务。

一、巡察监督工作的主要做法

（一）制度建设先行

由营业管理部纪检监察办公室牵头，会同党委办公室和党委组织部，参照总行党委巡视工作办法、巡视工作操作规程以及营业管理部有关制度规定，制定了《营业管理部党委巡察工作办法（试行）》。从组织领导、巡察范围和对象、巡察内容和形式、巡察程序和方法、巡察反馈移交、巡察整改落实、巡察干部教育管理等方面对巡察工作提出要求，提升巡察工作制度化、规范化水

---

① 冯佳：供职于中国人民银行营业管理部纪检监察办公室。

平，使巡察监督工作有据可依。

（二）明确立项原则

营业管理部巡察明确两项原则：一是坚持问题导向。对各党支部（各处室、直属单位）及其主要负责人在党建工作、责任制落实、内部管理、风险防控、队伍建设等方面情况进行巡察监督，着力发现存在的突出问题。二是立足查漏补缺。避免与营业管理部已有的行政监察、内审、会计、法律、外汇等方面检查以及总行对口司局已有的检查内容重复，主要关注现有检查未涉及的空白点，针对重点人、重点事、重点问题开展专项巡察。

（三）建立了灵活的巡察工作方式

根据每次巡察立项内容成立巡察组，巡察组成员选配采取3+N模式，即纪检监察办公室、党委办公室、党委组织部工作人员为巡察组固定组员；根据立项涉及的内容，可从内审处或其他相关处室抽调人员参加。巡察组开展工作采取现场检查、非现场检查相结合的方式。现场检查通过个别谈话、召开座谈会、调阅资料、问卷调查等方式进行；非现场检查可根据巡察工作办公室成员单位所掌握的现有资料、系统信息等进行综合分析研判。

二、巡察监督工作取得的成效

巡察组始终坚持以习近平巡视工作思想为指导，认真贯彻《中国共产党巡视工作条例》，按照《中国人民银行党委巡视工作办法》《中国人民银行营业管理部党委巡察工作办法（试行）》等要求，牢固树立"四个意识"，坚守政治巡察职能定位，坚持问题导向，聚焦全面从严治党，突出"三个重点"，从严从实开展巡察监督。

由于巡察工作区别于其他条线业务检查的个别谈话方式，从某种程度上捕捉到了党员对本党支部领导班子的看法和部门员工集中关注的问题。两年的巡察工作中，巡察组对12个部门的党员和群众谈话共148人次，谈话覆盖面约为85%。

通过巡察，加强了对被巡察党支部领导班子及其成员的监督，督促其贯彻执行党的路线、方针、政策和营业管理部党委工作部署，加强党风廉政建设、作风建设和干部队伍建设，推动意识形态工作，完善内部管理机制，更好地改进工作，提升了履职能力和水平。

三、巡察监督发现的主要问题

从 2017 年、2018 年所巡察的 12 个党支部的情况看，总体情况较好。所发现的问题大体分三个层面：

（一）现场检查发现的共性问题

（1）对党员的日常教育管理方面：重业务轻党建现象依然存在，对员工业务方面指导较多，思想政治教育较少。

（2）执行党的组织生活制度方面："三会一课"制度落实不够到位，组织生活质量不太高。履责方式较为简单，没有将业务工作与党建工作紧密结合。党建基础工作不够扎实。

1）党内政治生活不够经常、不够规范。有的支部支委会召开记录不全，有的支部"三会一课"学习记录不翔实。

2）党课讲授次数不够、备课不足、主题不突出。有的支部采取以宣读文件、传达会议精神、会议"总结发言"的方式作为讲党课。

3）党建责任落实力度不够。有的支部年度工作计划没有分解到责任人和责任部门，有的支部工作记录册要素填写不全。

（3）严格党内政治生活情况方面：有的支部班子成员（支部书记）组织生活发言材料、组织生活会会议召开情况报告、支部书记和委员述责述廉报告、全面从严治党主体责任清单、领导班子成员发言材料等不全；支部普遍较少关注员工八小时以外的思想状况；交流谈心还有待加强。

（二）非现场检查发现的共性问题

一是风险监督管理系统中存在监督检查项目超时限、延迟以及未提交现象；二是制度流程更新维护不及时；三是部门党风廉政建设任务分解不及时、责任没有明确到人。

（三）个别谈话反映的问题

有的员工反映部门调研和基础工作力量分配欠均衡，重调研、轻基础；有的员工反映业务工作细化不够；有的员工反映部门新员工多，对新员工的培养还需加强等。

党支部在风险防控方面的教育尚不到位，不入心。有的员工风险防控意识不强，对所在岗位有多少个风险点、存在哪些风险隐患知之甚少。

此外，巡察组还发现 12 个部门均不同程度地存在一些个性问题。例如，党支部在落实巡视整改、审计整改等内外部检查，以及重点工作推进问题方面、日常党建基础工作、建立健全廉政（岗位）风险防控机制情况及依法行政等方面还存在不足等。

总体上看，巡察所发现的问题基本属于提醒范畴。

四、开展巡察监督工作遇到的困难

建立巡察制度、开展巡察监督工作是营业管理部的创新之举，还处于继续探索、不断完善的过程中。工作中我们遇到的困难主要有以下几个方面：

（一）巡察工作的重心仍需探索

营业管理部机构设置的特点决定了被巡察的支部（处室）业务性较强，除个别部门外，大多不涉及"人、财、物"等重大事项，与其他大区行的下级分支机构相比，组织架构和人员层级相对单一，管理范围和内容相对狭窄。巡察监督如何既能突出重点、发挥"利剑"的震慑作用，又不与目前已开展的其他检查重复，尚需进一步厘清思路。

（二）人员业务能力和数量配比与巡察工作的要求有差距

巡察工作对巡察组人员业务素质要求较高，既要懂政策又要熟悉专业。虽然《巡察工作办法（试行）》对巡察组人员构成有 3+N 的制度设计，但从两年开展的情况来看，要保证巡察工作的有效开展，人员数量、质量均是此项工作的短板。

（三）由于体制机制的原因，存在监督同级力度不够、成效不明显等问题

规定不具体，缺乏有效监督方式，虽然党章、党内监督条例、党内有关决议对同级监督都有明确规定，但规定仅是原则性的，对监督的范围、内容、方式缺少明确具体的规定，也没有相应的配套制度和实施办法，基层纪检机构不知如何操作、如何落实，监督制度执行起来刚性不足；加之营业管理部的平行

机构设置，对同级监督在思想上尚有顾虑，也在一定程度上制约了监督效果。

五、对下一步开展巡察监督工作的思考

下一步，营业管理部要在制度机制、方式方法等方面大胆探索，不断提升巡察监督质效。要全面系统总结两年巡察经验做法，及时固化制度成果，突出重点，科学谋划好今后的巡察工作。

（一）突出纠建并举，把巡察作为一次整改提高过程，扎实做好巡察"后半篇文章"

习近平总书记指出，发现问题是巡察工作的生命线，推动解决问题是巡察工作的落脚点。只有强化问题整改的督导跟进，深化巡察结果运用，才能切实形成震慑。

一要及时反馈通报，明确问题所在。整改工作的好坏是巡察利剑作用能否发挥、形成震慑的重要环节。向各部门分别发出《巡察整改通知书》，为其找"病灶"、开"药方"。既向被巡察党组织通报，也向其分管领导通报。督促认清自身存在问题，拿出针对性强、符合实际的整改措施，确保巡察发现的问题可以得到有效解决。整改不彻底不过关，整改不见效不过关，对不重视或整改不到位的要杀"回马枪"，对拒不整改的严肃追究责任。

二要以巡治本，力求标本兼治。巡察不是以移交多少问题线索、查处多少干部为标准的，"治未病"才是营业管理部开展巡察监督工作的目的。针对巡察发现的普遍性、倾向性、规律性等问题（共性问题）和倾向，以及制度建设上存在的不规范、不全面、滞后等各种问题和不足，积极探索源头治理的有效途径，向党委提出对策建议，推动堵塞管理漏洞，把不能腐的制度笼子扎得更紧更牢，促进全面从严治党向基层延伸，从而达到事半功倍的效果。

（二）突出担当落实，把巡察作为扛起主体责任的过程，切实发挥巡察监督利剑作用

巡察工作是营业管理部党委落实全面从严治党主体责任的具体表现之一，必须站在讲政治的高度，将巡察工作纳入全面从严治党总体布局，摆上党委工作重要议事日程，才能推动巡察工作向纵深发展。

要善于从全局谋划。巡察监督是党委工作全局中的重要内容，而不是哪个

部门的工作。在党委统一领导、巡察机构具体负责、相关部门支持配合的巡察工作机制下，确保巡察工作高站位、高标准、高质量。研究巡察工作部署，听取巡察工作情况汇报，研究解决巡察工作中发现的问题，保证政治巡察方向不偏、重点不移。

（三）始终把抓好巡察干部队伍建设作为基础性工作

在人才选配、教育培训上下功夫，建立健全巡察人才库，明确巡察干部准入标准和条件，从纪检监察、组织人事、办公室、审计等部门，把政治过硬、责任过硬、能力过硬、作风过硬的干部选配到巡察队伍中。同时，注重提高巡察队伍履职能力，采取集中培训、专题辅导、以干代训等形式，增强巡察干部分析研判、发现问题的能力。

（四）在实践中探索适合营业管理部特点的有效的巡察监督方式方法

重点聚焦有无"七个有之"及违反人民银行"十条禁令"等现象，是否树立"金融为民"的工作根基，在日常工作中坚决维护人民利益，增强人民获得感意识以及推动解决各自领域中的乱象和监管盲区，维护首都金融市场及社会的安定等问题。在开展常规政治巡察的基础上，尝试开展专项巡察，打好巡察监督"组合拳"。综合运用个别谈话、听取汇报、实地查访、查阅资料、问卷调查、受理信访举报等方式，看被巡察党组织的领导核心作用发挥得够不够、领导班子凝聚力强不强，是不是坚定地与党中央、总行和营业管理部党委保持高度一致，能不能在管党治党上体现"严"的要求，着力从政治上查找、发现、解决问题。

关于加强和改进人民银行营业管理部离退休干部党建工作的调查与思考

王保庆[①]

党的十八大以来，中央对加强和创新离退休干部党组织建设、加强离退休干部党员教育管理提出了新要求、新任务。如何按照中央提出的"四个更加注重"要求，进一步加强和改进离退休干部党建工作，不仅是摆在我们老干部工作面前的一个重要课题，也是老干部工作深入贯彻中央全面从严治党的重要体现，责任重大、意义深远。今年以来，按照人民银行总行老干部局的工作要求，我们对人民银行营业管理部离退休老干部的党建工作情况进行了调研分析。通过调研，对加强和改进离退休老干部党建工作方面的做法、取得的效果和成绩，存在的问题和困难，以及离退休党员较普遍的一些呼声与建议有了一定了解。

一、人民银行营业管理部离退休党员及党组织基本情况

目前，人民银行营业管理部共有离退休人员 240 人，与在职职工的比例为 42.7%。其中离休干部 10 人，退休人员 230 人，80 岁（含）以上有 44 人，70~79 岁有 41 人，60~69 岁有 125 人，60 岁以下有 30 人；党员 165 人，占比 68.6%，其中 80 岁以上党员有 35 人，70~79 岁党员有 36 人，60~69 岁党员有 78 人，60 岁以下党员有 16 人。设有离退休党总支 1 个，党支部 3 个。

二、党建工作基本做法、取得的效果和成绩

近年来，人民银行营业管理部党委紧紧围绕"加强党的建设""全面从严治党"这一时代主旋律，提高政治站位，把离退休干部党建工作纳入"大党建"工作范畴，结合离退休党员实际，坚持把加强离退休干部党组织基础建

---

① 王保庆：中国人民银行营业管理部离退休干部处处长。

设、加强离退休干部党员教育管理、引导离退休党员发挥优势作用作为加强离退休干部党建工作的重中之重，积极探索党建工作新路子，切实从思想上关心、组织上凝聚、行动上引领老干部，努力把离退休干部党组织建成凝聚人心、交流思想、愉悦身心、发挥作用的重要堡垒和阵地。营业管理部离退休干部党组织健全，党建工作顺利开展；党员队伍整体和谐稳定，精神面貌积极向上，取得了明显的效果和成绩。

（一）转变思想观念，调整工作思路

在从严治党新常态要求下，按照上级党委要求，较好地完成了从以服务老干部为中心向管理与服务并重的转变，寓管理于服务，明确"围绕党建抓服务，抓好党建促服务"的新思路，从工作目标、计划、部署及检查等各个环节，都较好地做到将党建挺在前面，强调党建与服务的双重作用。2018 年 6 月和 2019 年 7 月，离退休干部党总支先后两次召开全体离退休党员大会，提出了离退休党建工作应明确自己的总体目标、主要工作及考评措施等内容，在全体离退休党员中引起了积极的、强烈的反响；要求离退休三个党支部每年年初至少召开一次专题会议，研究支部建设和思想政治工作，明确支部任务和需要解决的问题；支部书记要发挥"领头雁"的示范带头作用，注重对党的建设和思想政治工作的调查研究，一年至少上一次党课；将离退休支部工作与营业管理部党建工作相结合，尽量做到同部署、同落实、同学习，等等。这些新举措、新做法为提高离退休党建工作地位、加大离退休党建工作力度提供了良好的环境，营造了浓厚的氛围。

（二）重视离退休党员政治建设，强化政治建设的引领作用

党的十八大以来，离退休党员每年都针对性地开展政治学习，与在职党员一样，先后开展了党的群众路线教育活动、"三严三实"等专项教育活动；党的十九大召开后，离退休党员政治学习转向突出理想信念和法治教育，以学习宣传新时代习近平中国特色社会主义思想为主线，通过传达中央、总行会议精神、听辅导报告等多种宣传形式，引导广大离退休党员不断加强政治理论的学习，在政治上、思想上始终与党中央保持高度一致。开展了"两学一做"教育活动，先后组织学习过十九大报告及十九大精神知识测试活动、全国两会辅导报告、习近平同志在纪念马克思诞辰 200 周年大会上的讲话、《宪法修正案》、人民银行党委书记郭树清同志在人民银行党建工作交流会上的讲话精神、总行党风廉

政工作会议等。通过政治引领，坚定离退休党员的思想信念，强化理论认同。

（三）重视离退休党员的思想建设，提高离退休党员的理论水平

一是理论学习常态化。各离退休党支部每月组织 1 次党员的集中学习、为党员订阅报纸刊物、每半年组织 1 次情况通报会或形势报告会。在此基础上，我们重视对离退休干部党支部书记（理论骨干）的学习培训，每年组织一次支部书记（理论骨干）培训班，请有关人员进行集中学习辅导，做到先学一步、学深一步，提高他们主动参与和钻研理论的积极性。二是教育活动多样化。围绕学习贯彻"党的十九大""两学一做"学习教育等主题，采取集中学习、自主学习、编发专刊、座谈讨论、微信推送等多种方式，先后开展"畅谈十八大以来变化、展望十九大胜利召开""不忘初心 牢记使命"等主题教育活动；向离退休干部支部书记赠送"两学一做"学习读本，举行"两学一做"学习教育辅导报告；组织离退休干部党员参观中关村高科技园区等活动。三是制度落实严格化。开展党员民主测评活动，发挥好批评和自我批评的净化作用，履行党员义务，要求不得无故缺席党组织活动，按时交纳党费，明确党员身份，对加强离退休干部党员学习教育、发挥优势作用、提高理论水平，起到积极的促进作用。

（四）强化离退休党员的组织建设，打造组织建设的坚强堡垒

根据党员的居住地、党员人数分布情况，结合实际，成立了 3 个党支部，确保了哪里有离退休党员哪里就有离退休党组织、哪里有离退休党组织哪里就有健全的组织生活。针对离退休党员各自特点优势和学习活动的实际情况，对离休和退休党员进行合并混编，使离退休干部党员年龄结构得到了优化，形成了新老结合、互补互促、携手共进的氛围和活力。同时，严格按照组织程序，按时进行换届选举，选举政治素质过硬、领导经验丰富、威信高、有组织能力的退休干部党员担任支部书记，保证各支部领导班子构成有书记 1 名、支委 3~4 名，确保有一个坚强的支部堡垒。

（五）依托离退休干部工作领导小组的力量，形成齐抓共管的党建工作新格局

成立离退休干部工作领导小组，下设办公室（党委办公室）、人事处（组织部）、宣传部、会计处、内审处、工会办公室、后勤服务中心、离退休干部

处，在明确职责与任务、建立分级分工负责制的同时，发挥好各个党务工作部门及综合部门的整体合力，强化党建工作"一盘棋"意识，加强与这些部门的联系与协调，争取最大的支持与帮助，推动了离退休干部党建工作的进步。如由组织部门牵头，其他有关部门积极配合，离退休干部处具体承办了离退休党员"两学一做"的大量工作；由宣传部门负责，在全体离退休党员中组织开展了广泛深入的十九大精神学习活动；等等。这样，初步构建了党委统揽全局，分管行领导分工负责，党委各部门各司其职，离退休干部处具体实施，离退休党员参与，全行上下通力协作、齐抓共管的党建工作新格局，为进一步加强和改进离退休干部党建工作打下了比较扎实的基础。

三、离退休干部党建工作中存在的问题和面临的困难

虽然营业管理部离退休干部党建工作取得了一定的成效，但随着新形势下离退休干部队伍结构、老干部党员退休后的特点和思想变化，对照中央全面从严治党的新要求，我们的工作也逐渐暴露出一些问题和不足。主要表现在：

一是支部活动形式单一。学习主要就是读文件，活动就是外出参观，这些活动缺乏吸引力和凝聚力，离退休党员参与不积极，尽管提出过党员应自觉主动组织生活活动的要求，但参加支部活动党员人数不到50%。即使参与进来，大多党员也是迫于组织要求，走形式似的"蜻蜓点水"，起不到真正的教育作用。

二是支部建设参差不齐。虽然建立了相应的组织生活制度、学习制度，但具体实施却不尽人意，离退休党支部没有自己独立的活动阵地，都集中在甘家口活动中心，做不到在党员居住地附近活动，活动起来不太好集中，影响党员的参与度；党员活动阵地设备不全，有的陈旧简陋，硬件建设相对落后；一些党支部开展组织生活不固定，各项支部活动全凭党总支安排，特色活动几乎没有，管理制度执行也不够严格。

三是支部组织建设困难重重。每到支部换届改选，许多离退休党员都以家务事和儿女家事较多、居住地较远等为由，不愿承担支部工作。目前，营业管理部离退休党员支委年龄普遍偏高，离退休支部书记平均年龄在72岁，最大年龄76岁；支部委员平均年龄70.5岁，最大年龄79岁。许多支部工作都需要由这些"老"字号委员来承担，支部工作人员又没有任何工作补助，全凭他们对党的忠诚和自身的党性要求在积极工作。但因年事较高，精力和身体的限制，领导组织活动的成效必然有所减弱。

四是党员党性观念有所弱化。一些离退休干部党员认为退休了，应该多享受生活和休闲时光，党员教育管理就不要搞得"一本正经"，因此便放松了自我

要求，在讲政治、讲纪律、讲奉献方面做得不够，对组织归属感和认同感较弱。

五是党费收缴形式单一。按照组织原则，党员应积极自觉按时交纳党费。但由于身体健康状况、行动出行不便、居住地较远、不在北京居住等原因，有些离退休党员很难每月按时到支部交纳党费。有的党员反映出行费比党费还多，拖欠延误交纳党费现象比较普遍。很多离退休党员希望能从工资中代缴党费。

六是离退休干部队伍人员短缺，年龄偏大。截至 2018 年 10 月底，营管部已有离退休人员 240 人，而营管部离退休干部处的 6 名工作人员平均年龄近 53 岁，人均服务离退休干部为 40 人，与 10 年前人均服务离退休干部的 15 人，增加了 16 倍多，远远超过人行系统人均服务离退休干部 23 人的比例。存在人员少、年龄大、工作衔接容易断档的问题。而在离退休干部党建工作中，许多具体工作如支部活动安排、党费收缴、组织学习参观等，都由离退休干部处的党员帮助组织实施，人员问题或多或少地制约着离退休干部党建工作的开展和水平的提升。

四、进一步加强离退休干部党建工作的思考

针对当前离退休干部党建工作存在的问题，我们可以从以下几个方面加强离退休干部党建工作。

（一）坚持党性原则不动摇，进一步加强对离退休党员的教育管理

离退休干部党员虽然离开工作岗位，不再履行工作职责，但对党的忠诚和热爱，贯彻党的政治路线、思想路线、组织路线和作风建设是永恒的主题。因此，做好离退休干部党建工作，要坚持以习近平新时代中国特色社会主义思想和党的十九大精神为指导，全面落实新时代党的建设总要求，坚持稳中求进工作基调，坚持精准服务工作理念，坚持求真务实工作作风，进一步加强离退休干部的政治建设、思想建设和党组织建设，加强对离退休党员的教育管理，精心做好离退休干部服务工作，积极引导离退休党员"退休不退岗，退休不褪色"，为党和人民事业增添正能量。

（二）以上贯下，加强和改进对离退休干部党建工作的指导

人民银行的党建工作是垂直领导体系，地方政府一般不对当地人民银行离退休干部党建工作进行指导，许多关于离退休干部党建方面的文件我们也接收

不到，而且很多文件针对性、指导性也不强。希望总行能进一步加强指导，出台相关文件和政策，对离退休干部党支部在工作要求、主要职责、思想政治建设、组织建设、制度建设、加强领导等方面提出要求，切实履行好对下的领导、指导、协调、监督职能，提高基层央行离退休干部党建工作整体水平。

（三）探索党组织生活方式，创新学习教育形式

认真贯彻各项要求，发挥好党组织组织、教育、管理党员的主体作用。进一步规范"三会一课"制度，严肃党内政治生活，通过持续不断的教育引导、思想"浸润"，激励老同志继续做全面从严治党的坚定支持者和模范践行者。加强支部阵地建设，可在离退休党员居住地相对集中的地方建设支部活动场所，解决离退休党员离甘家口较远、出行不方便、参加活动不容易的客观因素，提高党员参加支部活动的积极性；同时，探索开展双重组织生活方式，针对离退休党员生活在外地、郊区、离甘家口较远的实际问题，可与其居住地街道联系，离退休党员也可参加街道党组织的活动，接受街道党组织的领导，力争做到离退休党员教育全覆盖，不断提高离退休党员的教育水平。强化活动载体创新，丰富创新组织活动的形式和内涵，做到在职与退休、分散与集中、网上与网下相结合，推动离退休干部党建传统优势与信息技术有机融合，扩大离退休党员参与面、提高实效性，使离退休党组织活动更好地融入离退休党员需求、融入对离退休党员的关切。

（四）注重对党员的引导和关心，提高离退休干部的党员意识

要牢牢把握离退休干部党员的思想行为特点，把发挥离退休干部优势作用作为离退休干部党建工作的重要任务，围绕"经验、威望、特长、专业"优势，积极引导离退休干部党员在建言献策、调解矛盾、宣传教育等方面发挥优势和作用，为党和人民事业增添正能量；要建立党组织内部关爱机制，通过结对关怀、志愿服务、困难帮扶、先进评选等多种形式，使党员时刻感受到组织的存在、关心和爱护，努力提升离退休党员干部对党组织的归属感和认同感。

（五）做好支部换届选举工作，提升离退休干部党组织功能

坚持把强化党组织政治功能作为党建工作的重中之重，落实执行好党员教育管理、联系服务群众、支部换届改选等制度，选好配强党支部班子成员。在

离退休干部退休谈话时，组织应做好教育引导工作，特别是对一些在职时做过支部工作的处级退休人员，应要求其积极参加离退休支部工作，发挥其做过支部工作的优势和经验，提高党性意识，勇于和乐于担当离退休支部工作。同时，选拔党性强、威望高、身体较好、经验丰富、乐于奉献的退休党员干部担任党支部书记，任职年龄一般不超过 70 周岁为宜。全面落实离退休干部党支部书记工作补贴，建立支部书记关爱慰问制度，在政策范围内适当给予离退休干部支部委员一定的工作补助，调动其工作的积极性和主动性。培养树立一批站得住、树得起、叫得响、推得开的离退休干部党建队伍，使营业管理部离退休干部党建工作做得更好更优。

（六）加大对离退休党务工作者的教育培训力度，进一步提高其党务工作水平

建立离退休党员骨干队伍培训制度，将离退休干部党支部委员一并纳入全行党务工作者培训计划里，培训内容既包含以习近平新时代中国特色社会主义思想为重点的理论灌输和党建工作的知识讲授，也可通过订阅党报党刊、专家讲座、报告会、研讨会等方式，加大对离退休干部党支部书记、委员等兼职党务工作者的教育培训，拓宽知识面，使他们保持思想常新、与时俱进，激发他们开拓进取、积极向上的主动性。

（七）破解困难，加强充实离退休干部队伍建设

要从实际和解决困难出发，结合离退休干部党员队伍的特点，在交纳党费形式上可灵活多样、不拘形式，如可通过微信转账、本人委托代扣代缴等方式，解决离退休党员居住地远、生活居住外地、身体出行不方便等问题，确保按时足额上缴党费；要重视离退休干部队伍建设，他们是离退休干部工作的桥梁和中坚，上情下达、组织实施都需离退休干部处的职工来完成，应选配政治素质高、热心老干部工作、年富力强的人员加入老干部工作队伍，按每名员工服务 25~30 名退休干部的比例充实离退休干部队伍，使离退休干部党建工作切实有一定的人员保障，推动离退休干部党建工作的发展。

借鉴商业银行科技外包管理经验　提升人民银行信息化外包风险管理水平

吕伟梅　等[①]

2018年2月，人民银行总行下发《中国人民银行办公厅关于印发〈中国人民银行信息化外包风险管理办法（试行）〉的通知》（银办发〔2018〕29号）。明确提出人民银行信息化外包风险管理的目标是通过建立有效的机制，实现对人民银行信息化外包项目的风险控制，保障人民银行信息系统安全、持续、稳健运行，提高信息科技队伍能力和技术水平，进一步提升科技管理水平。

一、人民银行自身科技人员紧缺，外包人员力量不足

（一）业务连续性要求高，科技人员紧缺

近年来，总行对支付系统业务连续性的要求及运行保障标准不断提高。总行要求自2018年5月2日起，调整大额支付系统的运行时间，每周实行5×21+12小时运行。清算总中心要求出现紧急情况时，确保具备业务和技术处置能力的人员15分钟内到达现场。

为确保大额支付系统平稳运行，清算总中心下发了《清算总中心关于做好大额支付系统调整运行时间后相关工作的通知》（银清发〔2018〕2号），对各清算中心开展支付系统运行保障工作提出以下要求：

一是在7×24小时运行值班基础上，合理安排人员，加强大额支付系统运行期间的业务管理和技术保障，做好业务和系统监控，确保系统正常完成日终批处理并进入第二日日间状态，确保系统稳定运行。出现紧急情况时，应确保具备业务和技术处置能力的人员15分钟内到达现场。

---

① 吕伟梅：供职于中国人民银行营业管理部清算中心。参与课题研究人员：李伟，供职于中国人民银行营业管理部支付结算处；陈涛、李文姣、张骁，均供职于中国人民银行营业管理部清算中心。

二是为保证应急处置人员及时到位，清算中心应协调行内相关部门，提供必要的交通、住宿等后勤保障条件。在现有人力资源不足的情况下，可在部分岗位安排聘用制人员或适当引入外包服务。使用外包服务应遵循"服务外包、责任不外包"的原则，参照人民银行关于信息化外包风险管理的相关要求，做好外包风险管理工作。

（二）外包人员管理难度大，能力不足

前期，清算中心为了弥补人员不足的问题，在现有人力资源不足的情况下，安排聘用制人员或适当引入外包服务。使用外包服务应遵循"服务外包、责任不外包"的原则，参照人民银行关于信息化外包风险管理的相关要求，做好外包风险管理工作。

将日常监控工作外包，但现有外包工作存在以下问题：一是工作性质特殊，招聘难度大。支付系统 7×24 小时运行，需安排人员值夜班，且支付系统运维及变更工作多集中在夜间，因此招聘难度大。二是外包人员流失率高。目前技术监控在岗员工最长工作时间为 2 年，此外，前期招聘的一名协助运维工作的本科生，仅工作半年就离职了。三是工资薪酬相对较低。北京地区互联网公司多，技术人员选择余地大，很难招聘到高素质且能长期工作的外包人员。因此，现有外包模式下科技人员短缺矛盾较为凸显。

二、商业银行科技外包日趋规范

（一）现有商业银行科技外包状况

为做好新形势下支付系统运行保障工作，我们通过电话沟通、问卷调查、邀请座谈、现场调研等多种方式对部分运维厂商和 8 家商业银行开展调研。

其中，两家政策性银行科技外包比例相对较高，而股份制银行的科技外包比例都相对较低。近年来许多商业银行高度重视科技力量，强调自主可控，多家商业银行成立科技公司，科技队伍逐渐壮大，外包人员相应减少。实践表明，运维外包服务是对商业银行科技服务的重要补充，发挥了积极作用。但仅靠外包服务并不能解决所有问题，保障系统安全运行的关键在于建设一支政治素质过硬、技术能力强、作风扎实的核心技术运维团队，提高运维管理水平，真正肩负起保障安全运行的责任。

（二）商业银行科技外包存在的风险

在调研中笔者发现，商业银行虽然采用各种措施稳定外包服务队伍，但仍存在外包服务人力成本不断上涨、人员稳定性差、质量无保证、风险难控制等相关问题。

一是对外包服务商的过分依赖。部分银行由于前期科技力量薄弱，在核心系统的开发中，主要依靠外包力量，因此，对外包服务商的依赖性较强，导致银行可能存在被某个服务商套牢的情况，如果后续想替换服务商，则需要投入更高的成本，因此服务商可能利用这种情况提出一些额外的要求，来获取后续合同和更多的利润，而银行只能满足外包服务商的额外要求。

二是科技外包可能存在法律风险。国内信息技术外包业务起步较晚，对应的市场机制和调节功能并不健全，没有对外包服务商的运作和维护等服务提出明确的规定和规章，服务的条款也是由银行和外包服务商制定，因此外包市场的稳定性较差。当出现法律纠纷或者外包人员因操作不当引起系统故障时，很难通过法律去制约服务商。

三是服务商缺乏有效的评级机制。提供外包服务的关键是外包服务商强大的技术力量，外包服务商专业技术是否强大直接决定了外包服务项目能否保质按时完成。目前，没有专门的机构或监管部门对科技外包服务商进行评级。因此，银行在选择外包服务商时，只能通过服务商在金融行业的口碑、公司规模以及外包服务商的专业技能来考虑。但如果外包服务商的技术人员流失率高，新员工的专业化技术知识和经验欠缺，将会严重影响外包项目的完成。

三、对央行信息化外包风险管理的启示

（一）对外包服务商开展评级工作

目前，多数人民银行分支机构都引入了外包服务人员，但没有对外包服务商进行考核和评级，建议组织辖内金融机构共同对外包服务商进行等级评定，提高外包服务商的自律意识和竞争意识，提升外包服务商的服务水平。

（二）建立和完善运行制度框架体系

梳理现行运行管理制度、操作手册、应急处置方案等文档资料，建立外包服务质量管理体系，防控外包服务操作风险和管理风险。优化内设科室岗位设

置，合理配备人员、明确职责，保障系统安全运行。制定外聘人员岗位设置和薪酬绩效考核方案等一系列相关管理制度，保障短期方案顺利实施。

（三）建设总体风险控制机制

全面开展运维外包服务风险分析工作，研究风险反馈传导路径和机制，建立风险控制手段。综合运用划定外包服务角色定位，明确权责边界，采取合理授权、行为审计、法律手段等多种措施，全面建立风险控制机制，并不断持续改进。

（四）制定完善的外包服务人员管理制度和考核办法

完善外包服务人员的管理制度，细化操作规程、制定应急处置预案，确保外包服务人员的操作有据可依。加强对外包服务人员的日常管理，量化日常工作指标，构建一套完善的考核管理机制，将外包服务人员的日常表现和考核挂钩，提高员工的积极性和归属感。加强对外聘人员的党建、团建工作。以党建、团建为抓手，掌握外聘同志的思想动态、工作情况、生活情况，提升外聘人员的凝聚力、战斗力。

（五）加强培训，建设一支高素质的科技团队

在金融科技快速发展的时代，央行应通过科技手段提高监管水平、维护央行金融基础设施，建设一支高素质的科技团队。基于目前央行自身科技人员较少的现状，要建设高素质的科技团队，需加强对外包服务人员进行系统化的专业培训，减少人员流失率，提高外包服务人员的履职能力。采用"专业化培训机构＋服务厂商培训＋借调交流"相结合的方式，逐步提升外聘人员技能，满足履职要求。初期，为快速提升外聘人员技能并稳定外聘人员队伍，满足岗位履职要求，我们拟设置期限为6个月培养期。培养期内，组织开展基础岗位和专业技能培训，并进行培训考核。通过培养期考核和考察的，评定相应基础岗位。

通过多种方式，积极营造激烈竞争、干事创业的氛围，让那些有事业心、学习能力强、责任心强的外聘人员脱颖而出，快速提升技能，满足岗位履职要求。此外，通过为外聘人员设计足够的岗位晋升通道、技术成长路线，规划其职业发展路径，能够极大地增强外聘人员的归属感，提高忠诚度，最大限度发挥外聘人员的力量。